职业教育汽车专业课程改革创新教材

汽车底盘维修

Maintenance of Automobile Chassis

张俊宾 杨秀强 ◎ 主编
蒋余强 李兴瑞 王轶闻 ◎ 副主编

人民邮电出版社
北京

图书在版编目（CIP）数据

汽车底盘维修 / 张俊宾，杨秀强主编. -- 北京 : 人民邮电出版社，2014.9
职业教育汽车专业课程改革创新教材
ISBN 978-7-115-35890-5

Ⅰ. ①汽… Ⅱ. ①张… ②杨… Ⅲ. ①汽车－底盘－车辆修理－职业教育－教材 Ⅳ. ①U472.41

中国版本图书馆CIP数据核字(2014)第115362号

内容提要

《汽车底盘维修》理实一体化教材是根据国家中等职业教育改革发展示范学校建设指导精神，以培养汽车维修专业学生综合职业能力为出发点，同时参考汽车维修高级工职业资格标准编写而成的。

本书主要内容包括绪论、离合器的构造与维修、手动变速器的构造与维修、自动变速器的构造与维修、万向传动装置的构造与拆装、驱动桥的构造与维修、车架和车桥的构造与维修、车轮和轮胎的构造与维修、悬架的构造与维修、转向系统的构造与维修、制动系统的构造与维修。

本书可作为职业院校汽车维修专业的教材，也可作为职业技能培训岗位的培训用书和其他从事汽车相关专业人员的参考书。

◆ 主　　编　张俊宾　杨秀强
副 主 编　蒋余强　李兴瑞　王轶闻
责任编辑　刘盛平
执行编辑　王丽美
责任印制　焦志炜

◆ 人民邮电出版社出版发行　　北京市丰台区成寿寺路 11 号
邮编　100164　　电子邮件　315@ptpress.com.cn
网址　http://www.ptpress.com.cn
北京中新伟业印刷有限公司印刷

◆ 开本：787×1092　1/16
印张：15　　　　　2014 年 9 月第 1 版
字数：385 千字　　2014 年 9 月北京第 1 次印刷

定价：35.00 元

读者服务热线：(010)81055256　印装质量热线：(010)81055316
反盗版热线：(010)81055315
广告经营许可证：京崇工商广字第 0021 号

前言 PREFACE

2013年我国的汽车保有量居全球第二，仅次于美国。仅2013年一年的汽车产销量就达2000万辆，巨大的汽车保有量形成了对汽车维修人员的强大需求。但随着汽车工业的发展，新工艺、新技术的不断应用，企业对汽车维修专业人才的要求从单一的技能型逐渐转化为具有综合职业能力的技术型，传统的汽车维修专业教学模式、教学内容和教学方法已不适应学生综合职业能力的培养。

本书作为国家中等职业教育改革发展示范学校建设项目的优秀成果，按照国家中等职业教育改革发展示范学校建设指导精神，以培养汽车维修专业学生综合职业能力为出发点，采用“理实一体化”的教学模式进行编写。

本书基于汽车维修工作过程，指导学生的学习工作，使学生通过“汽车底盘维修”这门课程的学习，认识汽车底盘的构造和工作原理，学会对汽车底盘典型工作任务的拆装和维修，使学生在学习的过程中逐渐掌握职业技能。本书主要内容包括绪论、离合器构造与维修、手动变速器的构造与维修、自动变速器的构造与维修、万向传动装置的构造与维修、驱动桥的构造与维修、车架与车桥的构造与维修、车轮和轮胎的构造与维修、悬架的构造与维修、转向系统的构造与维修、制动系统的构造与维修等11个项目。

本书由江苏省徐州技师学院张俊宾、杨秀强任主编，蒋余强、李兴瑞、王轶闻任副主编。绪论、项目一、项目十由李兴瑞编写，项目二、项目三由蒋余强编写，项目四、项目五由杨秀强编写，项目六、项目七由王轶闻编写，项目八、项目九由张俊宾编写。本书的编写得到了徐州市汽车协会、江苏省徐州技师学院国家中等职业教育改革发展示范学校创建办和汽车工程系相关领导的大力支持，在此表示衷心的感谢。

由于编者的水平有限，书中可能存在疏漏和不足之处，敬请读者批评指正。

编者

2014年3月

目录

CONTENTS

绪论

知识目标

◎ 熟悉汽车底盘的功用、组成。

◎ 掌握汽车底盘各系统的功用、组成。

◎ 熟悉汽车底盘的驱动形式。

◎ 熟悉汽车底盘电控装置的应用。

能力目标

◎ 能够正确进行汽车底盘各系统结构的认知。

任务 汽车底盘总体构造的认知

一、汽车底盘的功用、组成

汽车底盘的功用是接受发动机的动力，使汽车产生运动，并保证汽车能够按照驾驶员的操纵而正常行驶。同时支撑和安装汽车其他各部件、总成。汽车底盘由传动系统、行驶系统、转向系统和制动系统四大系统组成。汽车底盘在汽车上的安装位置如图 0-1 所示。

1．传动系统

（1）传动系统的功用。汽车传动系统的功用是将发动机发出的动力按需要传递给驱动轮。按行驶需要，实现汽车行驶速度和输出转矩的变化（降速增矩）；按需要实现汽车倒向行驶；必要时中断动力传递；实现左右驱动轮的差速行驶。

图 0-1　汽车底盘在汽车上的安装位置

（2）传动系统的组成。汽车传动系统由离合器、变速器、万向传动装置、主减速器、差速器和半轴组成，如图 0-2 所示。

① 离合器。布置在发动机与手动变速器之间，按需要中断或接合发动机与变速器之间的动力传递。

② 变速器。实现变速、增矩和倒车，利用空挡中断动力传递。

③ 万向传动装置。将变速器输出的动力传递给主减速器，并适应两者之间的距离和轴线夹角的变化。

④ 主减速器。进一步降速增矩，并改变动力传递方向。

⑤ 差速器。将主减速器传来的动力分配给左、右半轴，并允许左、右半轴以不同角速度旋转，满足差速要求。

⑥ 半轴。将差速器传来的动力传给驱动轮。

2．行驶系统

行驶系统产生驱动力并承受各个方向的力，对全车起支撑作用，保证汽车的正常行驶。行驶系统包括车轮与轮胎、车桥、车架、悬架等。

（1）行驶系统的功用。通过驱动轮与路面之间的附着作用，使传动系统传来的转矩变为汽车行驶的驱动力；支撑汽车总质量，传递路面作用于车轮上的各项力及其所形成的力矩；缓和冲击，减小振动，保证汽车的行驶平顺性；与转向系统配合保证汽车的操纵稳定性。

（2）行驶系统的组成。汽车行驶系统由车架、车桥、悬架及车轮组成，如图 0-3 所示。

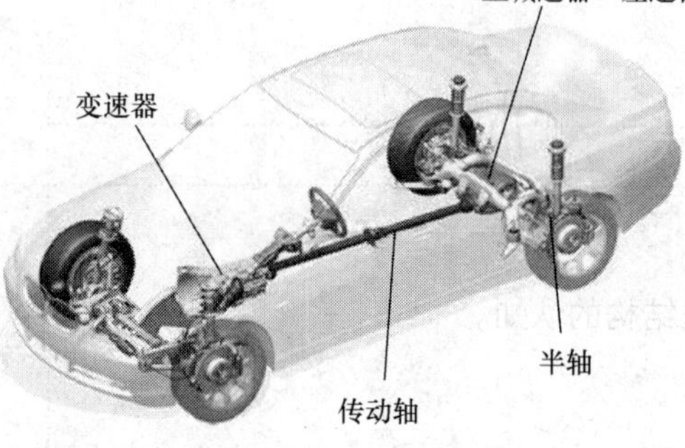

图 0-2 传动系统的组成

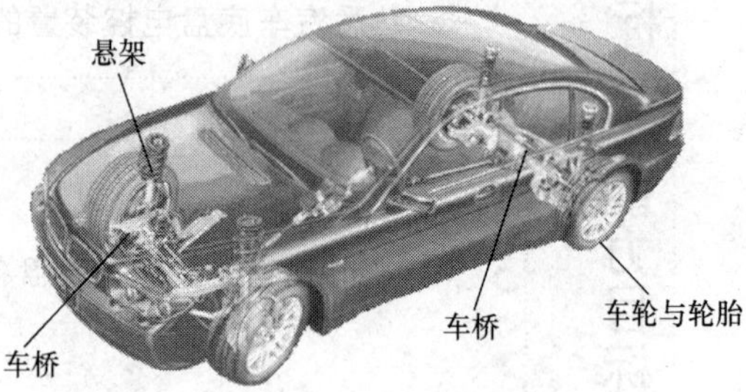

图 0-3 行驶系统的组成

① 车架。车架是整个汽车的安装基础，保证各总成、部件正确的相对位置，并承受各种动、静载荷。

② 车桥。车桥通过悬架与车架或承载式车身相连，两端安装车轮。

③ 悬架。弹性地连接车架或车身与车桥的装置。

④ 车轮。安装于车桥两端，承受各种汽车质量和汽车行驶时的各种驱动力和阻力的旋转部件。

3．转向系统

（1）转向系统的功用。转向系统可按驾驶员的意愿改变或恢复汽车行驶方向。

（2）转向系统的组成。汽车转向系统由转向操纵机构、转向器和转向传动机构组成，如图 0-4 所示。

① 转向操纵机构。转向操纵机构一般由转向盘、转向轴、转向柱管、万向节及转向传动轴等组成。

② 转向器。转向器是转向系统中的减速增矩传动装置，并改变转向力的传递方向。

③ 转向传动机构。转向传动机构是位于转向器与转向轮之间的传动机构，将转向器输出的力和运动传给转向轮，使两侧转向轮偏转，实现汽车转向行驶。

4．制动系统

（1）制动系统的功用。使行驶中的汽车减速或停车；使下坡行驶的汽车速度保持稳定；使已停驶的汽车在驾驶员离去后可靠停驻。

（2）制动系统的组成。汽车制动系统由行车制动系统和驻车制动系统组成，如图 0-5 所示。

① 行车制动系统。一般包含制动踏板、制动主缸、制动轮缸、制动管路、车轮制动器等。

② 驻车制动系统。一般包含驻车制动操纵杆、拉索（或拉杆）、制动器等。

二、汽车底盘的驱动形式

汽车按照发动机与驱动桥的相对位置可以将汽车的驱动形式分为发动机前置后轮驱动、发动机前置前轮驱动、发动机后置后轮驱动、发动机中置后轮驱动和全轮驱动等几种形式。

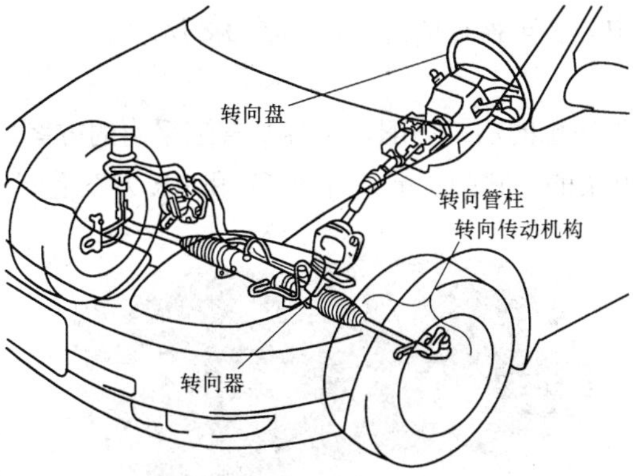

图 0-4　转向系统的组成

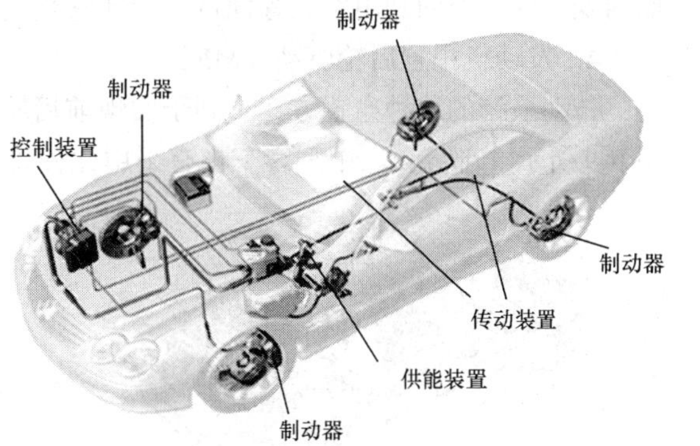

图 0-5　制动系统的基本组成

1．发动机前置后轮驱动（FR）

该方案的优点是，前后轮的质量分配比较理想；其缺点是，需要一根较长的传动轴，这不仅增加了车重，而且也影响了传动系统的效率。这种布置方案目前已广泛地应用于货车和高级轿车上，例如，东风 EQ1090E 型、解放 CA1091 型、宝马 7 系列、奔驰 S 级等，如图 0-6 所示。

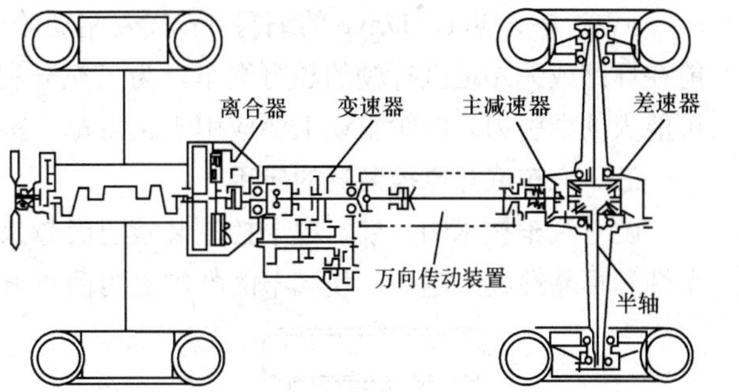

图 0-6　发动机前置后轮驱动（FR）传动示意图

2．发动机前置前轮驱动（FF）

发动机、离合器与变速器、主减速器、差速器等装配成十分紧凑的整体。此结构有助于提高汽车高速行驶时的操纵稳定性。这种布置方案目前已广泛地应用于微型和中级轿车上，例如，一汽大众、上海大众、广州本田、广州丰田等国产中高级轿车均采用这种布置形式如图 0-7 所示。

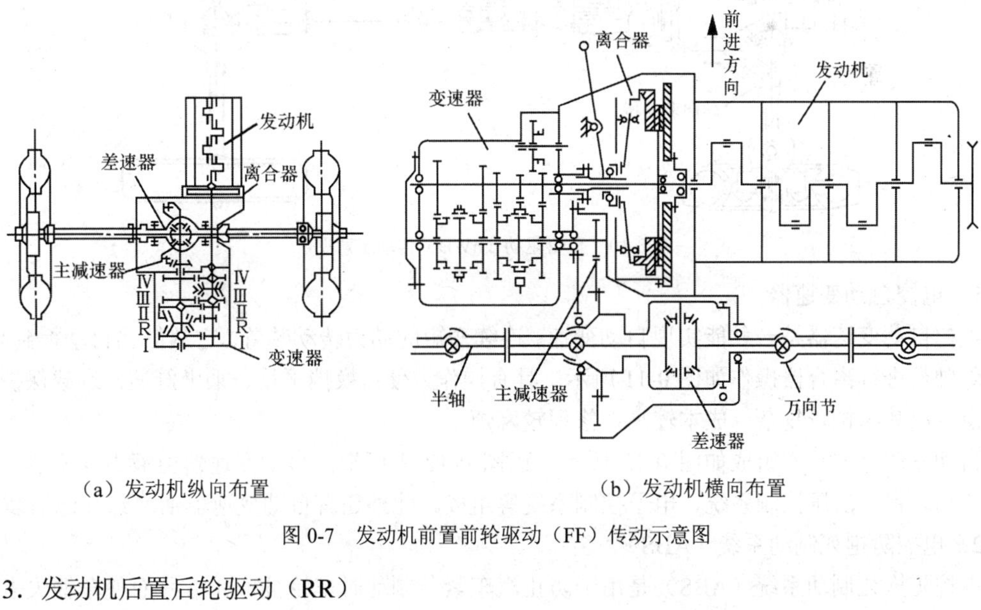

（a）发动机纵向布置　　（b）发动机横向布置

图 0-7　发动机前置前轮驱动（FF）传动示意图

3．发动机后置后轮驱动（RR）

大型客车采用这种布置方案更容易做到汽车总质量在前后车轴之间的合理分配，而且具有车厢内噪声低、空间利用率高等优点，因此它是大、中型客车盛行的方案，如图 0-8 所示。

4．发动机中置后轮驱动（MR）

传动系统的这种布置方案有利于实现前后轮较为理想的质量分配，是赛车普遍采用的方案如图 0-9 所示。部分大、中型客车也有采用此种布置方案的。它的优缺点介于 FF 和 RR 方案之间。

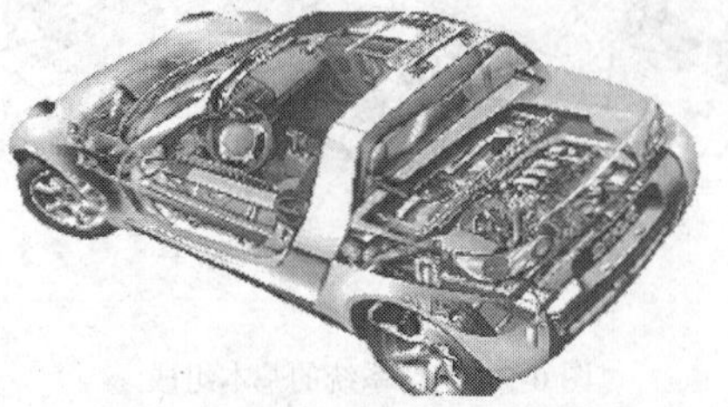

图 0-8 发动机后置后轮驱动（RR）传动示意图

图 0-9 发动机中置后轮驱动（MR）传动示意图

5．全轮驱动（nWD）

nWD 是 n Wheel Drive 的缩写（n 代表驱动轮数），表示传动系统为全轮驱动方案。对于要求能在坏路或无路地区行驶的越野汽车，为了充分利用所有车轮与地面之间的附着条件，以获得尽可能大的牵引力。四轮驱动主要应用于越野车、特种车和军用轿车上，如图 0-10 所示。

三、汽车底盘电控装置的应用

随着汽车技术的发展，电子控制装置已经越来越多应用在汽车底盘上，使汽车的舒适性、安全性和可靠性越来越高，使汽车的驾驶更为简单方便。

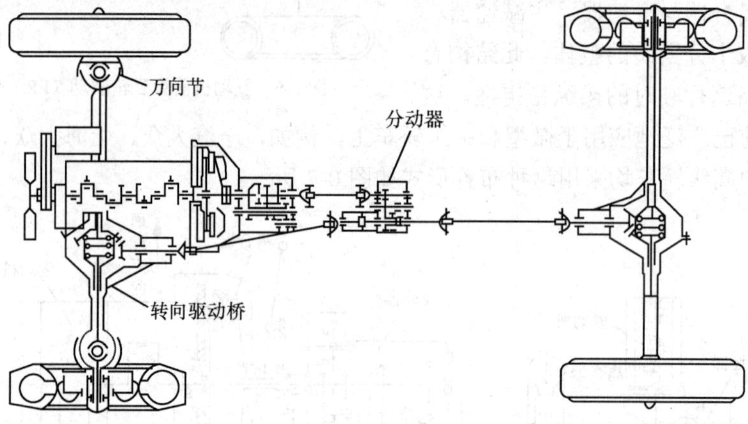

图 0-10 全轮驱动（nWD）传动示意图

1．电控自动变速器

电控自动变速器是一种能实现自动变速、连续变矩的动力传动装置。它从低挡自动换到高挡，无需驾驶员进行离合器操作如图 0-11 所示。具有操作方便；换挡平稳、乘坐舒适；过载保护性好等特点。但其结构较复杂，成本较高，修理较麻烦。

自动变速器的基本组成如图 0-12 所示。由图 0-12 中可知，自动变速器由液力变矩器、齿轮变速传动装置、液压控制系统、电子控制系统等组成。此外还有自动变速器油冷却和滤清装置。

2．电控防抱死制动系统（ABS）

电控防抱死制动系统（ABS）是用于防止汽车紧急制动时车轮被抱死滑移而使车辆失去转向或导致侧滑甩尾的一种安全装置。

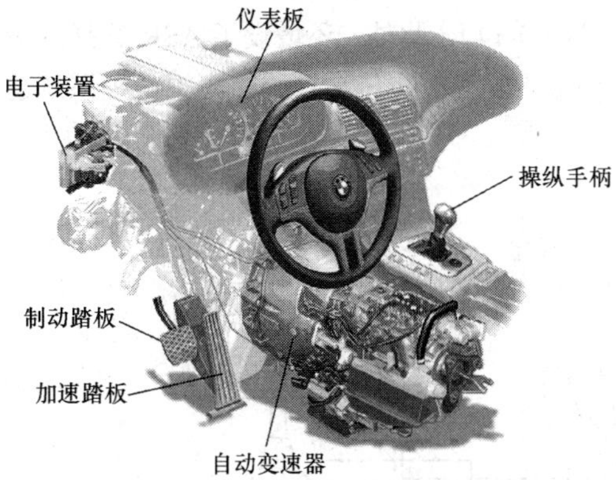

图 0-11　电控自动变速器的外部图

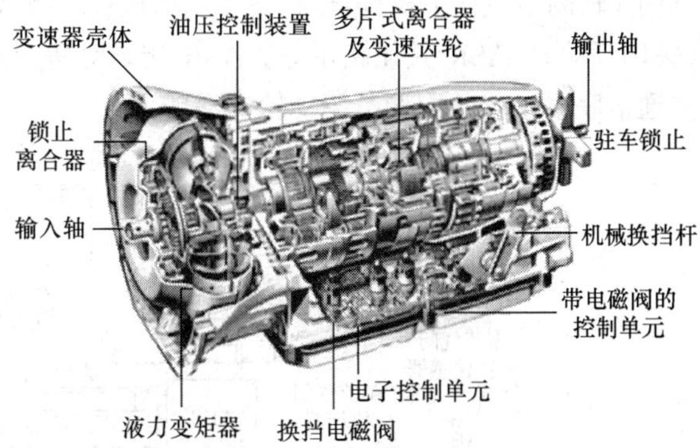

图 0-12　电控自动变速器的组成

ABS 的基本功能如下。

（1）提高汽车制动过程中的方向稳定性，防止汽车侧滑甩尾。

（2）使汽车在最短的距离内停车。

（3）在制动过程中保持对汽车的转向控制。

（4）防止轮胎抱死拖滑，减轻轮胎磨损。

（5）减少驾驶员的紧张情绪。

ABS 的基本组成如下。

一般 ABS 都是由传感器、电控单元（ECU）、执行器 3 大部分组成。其中传感器主要是指车轮转速传感器，执行器主要是指制动压力调节器，ABS 系统的组成如图 0-13 所示。

3．驱动防滑系统

驱动防滑系统（Acceleration Slip Regulation，ASR）是防止车辆在起步、加速或泥泞、冰雪路面上行驶时驱动轮产生滑转，用以提高汽车的驱动性能，改善操纵稳定性的装置。

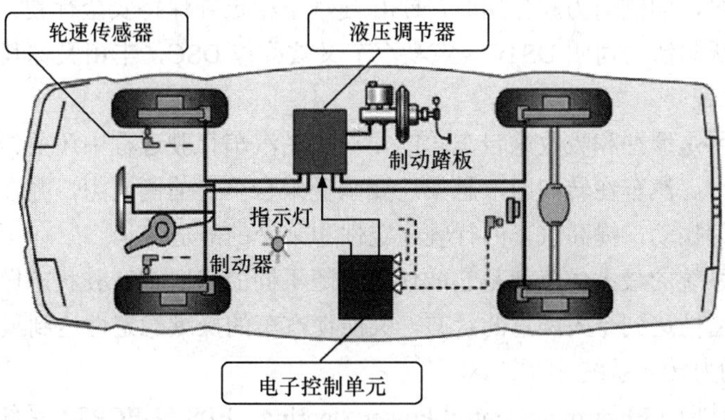

图 0-13　电控防抱死制动（ABS）系统的组成

ASR 的功能有以下几点。

（1）能有效地提高车辆在各种路面上的附着能力，从而改善起步和加速性能。

（2）能提高车辆行驶的稳定性和乘坐的舒适性。

（3）能减少轮胎的磨损与发动机的功率消耗。

ASR 的主要由车轮转速传感器、电子控制单元（ECU）、制动压力调节器，以及发动机副节气门（辅助节气门）执行器与ASR制动执行器组成（见图0-14）。此外，还增设了ASR选择开关（关闭开关）、ASR关闭指示灯、ASR警告灯等。ASR还同发动机与传动系统的集中电控系统建立通信联系，以共同调节驱动轮的滑转率。

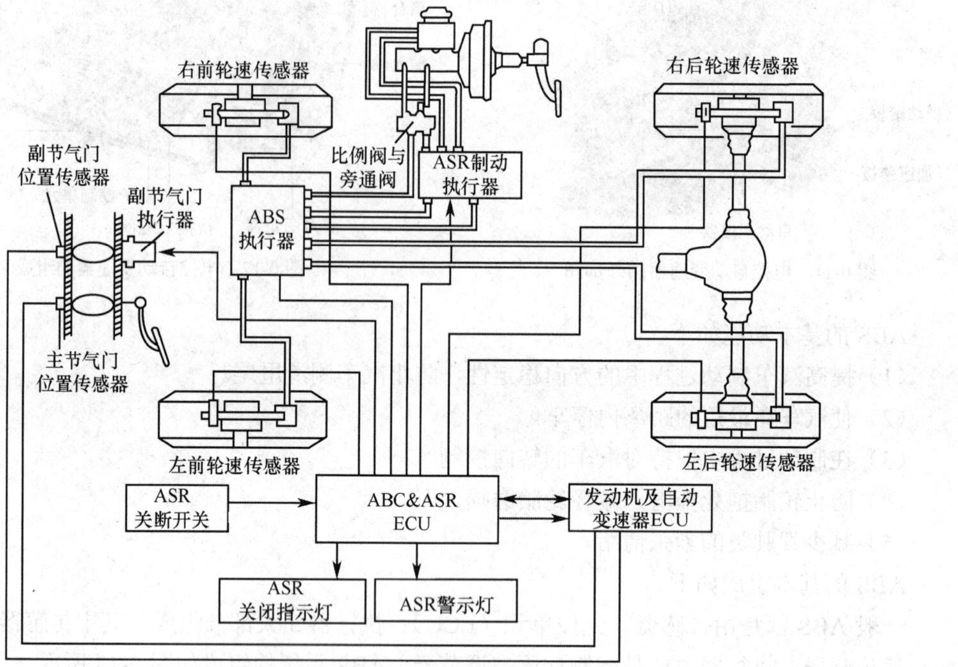

图0-14 驱动防滑（ASR）系统的组成

4．电子稳定程序控制系统

电子稳定程序控制系统（Electronic Stability Program，ESP）可提高汽车行驶条件下的主动安全，特别是在转弯时，即侧向力起作用时，ESP使汽车稳定并保持安全行驶。有些汽车公司采用自己的缩写，比如沃尔沃公司叫DSTC，宝马汽车又被称作DSC，丰田又称其为VSC。

5．电控悬架系统

汽车悬架的作用是缓冲和吸收来自车轮的振动，在汽车行驶过程中还要传递车轮与路面间产生的驱动力和制动力。汽车在转向时，悬架还要承受来自车身的侧向力，并在汽车起步和制动时能够抑制车身的俯仰振动，提高汽车的行驶稳定性和乘坐的舒适性。

电子控制悬架系统的最大优点就是它能使悬架随不同的路况和行驶状态做出不同的反应。既能使汽车的乘坐舒适性达到令人满意的状态，又能使汽车的操纵稳定性达到最佳状态。

6．电子控制动力转向系统

电子控制动力转向（Electronic Control Power Steering，EPS或ECPS）系统是根据车速、转向情况等对转向助力实施控制，使动力转向系统在不同的行驶条件下都有最佳的放大倍率。在低速时有较大的放大倍率，可以减轻转向操纵力，使转向轻便、灵活；在高速时则适当减小放大倍率，以稳定转向手感，提高高速行驶的操纵稳定性。

发动机前置及前轮驱动式轿车其前轴负荷的增加使得转向轻便性也成为受到普遍关注的问题，由于电子控制动力转向系统不仅能很好地解决转向轻便与转向灵活的矛盾，还能提高行驶安全性和舒适性，因此，在轿车上使用电子控制动力转向系统已日渐增多。

7．电控四轮驱动

过去只有越野车采用四轮驱动，越野汽车为了充分利用所有车轮与地面之间的附着条件，以获得尽可能大的牵引力，而采用四轮驱动。越野车一般在变速器后面装有手动的分力器，前后车桥均为驱动桥。变速器输出的扭矩通过分力器和传动轴分别传递到前后驱动桥，再通过差速器将扭矩传递到4个车轮上。现在有些轿车和一些多功能车也采用了四轮驱动装置，如宝马X5、雷克萨斯LEXUS RX300、奥迪A4等。轿车的车架结构与越野车的车架结构有所不同，作用目的也有差异。轿车上的四轮驱动装置是常啮合式，而且多采用电子计算机控制中央差速器，省去了手动分力器；四轮驱动的电控单元根据路面状态的反馈信息，自动将扭矩按需分配给前后车轮。

8．汽车轮胎监测系统

随着道路交通的进一步改进，汽车行驶速度越来越高，据统计，在高速公路上发生的交通事故中，由于汽车爆胎所引起的占有极高比例，占据了高速公路上交通事故的70%。轮胎监测系统（TPMS）则能防患于未然，保持标准的车胎气压行驶和及时发现轮胎漏气是避免轮胎故障发生的关键。非标准气压行驶，将会使轮胎寿命缩短。TPMS能实时监测轮胎的压力及温度，并分别在压力过高、过低、轮胎被扎和温度过高时发出警示，从而起到保障行车安全、延长车胎寿命的作用。

四、活动页

1．填空题

（1）汽车底盘由____________、____________、____________、____________四大系统组成。

（2）汽车传动系统是由____________、____________、____________、____________和____________等组成。

（3）汽车行驶系统主要由____________、____________、____________、____________等组成。

（4）转向系统的功用是____________________________________。它由____________、____________和____________3部分组成。

（5）汽车制动系统一般至少装有各自独立的系统，即主要用于____________时制动的装置和主要用于____________时制动的装置。

（6）汽车按照发动机与驱动桥的相对位置可以将汽车的驱动形式分为____________、____________、____________、____________、____________等几种形式。

2．填图题

下图为发动机前置后轮驱动（FR）组成图，请填出各部位名称。

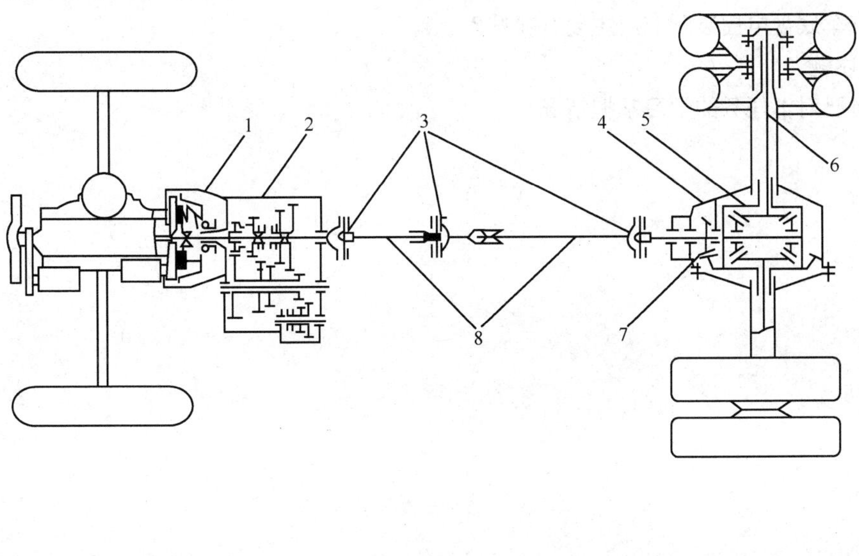

（1）__________（2）__________（3）__________（4）__________

（5）__________（6）__________（7）__________（8）__________

3．选择题

（1）下面不是传动系统的部件（　　）。

A．离合器　　B．变速器　　C．轮胎　　D．主减速器及差速器

（2）汽车行驶系统由车架、车桥、（　　）及车轮组成。

A．悬架　　B．轮胎　　C．减震器　　D．制动盘

（3）桑塔纳 2000GSi 轿车驱动形式是________。

A．发动机前置、后轮驱动　　B．发动机后置、后轮驱动

C．发动机前置、前轮驱动　　D．发动机后置、前轮驱动

（4）使已停驶的汽车在原地不动的制动系统是（　　）。

A．行车制动系统　　B．驻车制动系统　　C．第二制动系统　　D．辅助制动系统

（5）用于防止汽车紧急制动时车轮被抱死滑移而使车辆失去转向或导致侧滑甩尾的一种安全装置是（　　）。

A．电控防抱死制动（ABS）系统　　B．驱动防滑（ASR）系统

C．电子稳定程序控制（ESP）系统　　D．四轮驱动

4．判断题（正确打√、错误打×）

（1）汽车底盘由传动系统、行驶系统、转向系统和制动系统四大系统组成。（　　）

（2）汽车行驶系统由离合器、变速器、万向传动装置、主减速器、差速器和半轴组成。（　　）

（3）转向传动机构一般由转向盘、转向轴、转向柱管、万向节及转向传动轴等组成。（　　）

（4）发动机前置前轮驱动的轿车前后轮的质量分配比较理想。（　　）

（5）电控自动变速器从低挡自动换到高挡，无需驾驶员进行离合器操作。（　　）

（6）越野汽车为了充分利用所有车轮与地面之间的附着条件，以获得尽可能大的牵引力，而采用四轮驱动。（　　）

（7）TPMS 能实时监测轮胎的压力及温度，并分别在压力过高、过低、轮胎被扎和温度过高时发出警示，从而起到保障行车安全、延长车胎寿命的作用。（　　）

5．问答题

（1）简述汽车底盘各系统的作用及组成。

（2）汽车底盘电控装置应用主要有哪些？

6．论述题

评价自己对本任务的学习掌握情况。

项目一 1 离合器的构造与维修

知识目标

- ◎ 熟悉离合器的功用、要求、类型。
- ◎ 掌握离合器的结构与工作原理。
- ◎ 熟悉离合器调整方法。
- ◎ 掌握离合器维修与故障诊断的基本理论知识。

能力目标

- ◎ 能够正确选择与使用工具、设备，并规范进行离合器的拆卸、装配。
- ◎ 能对离合器的主要零件进行检修。
- ◎ 能熟练调整离合器。
- ◎ 会分析离合器的一般故障原因并排除故障。

任务一 离合器的认知

一、离合器的功用、要求和类型

1．离合器的功用

离合器是汽车传动系统中直接与发动机相联系的部件，其作用是使发动机的动力与传动装置平稳地接合或暂时分离，可靠传递发动机扭矩，以便于驾驶员进行汽车的起步、停车、换挡等操作。离合器在汽车上的安装位置如图 1-1（a）和图 1-1（b）所示。

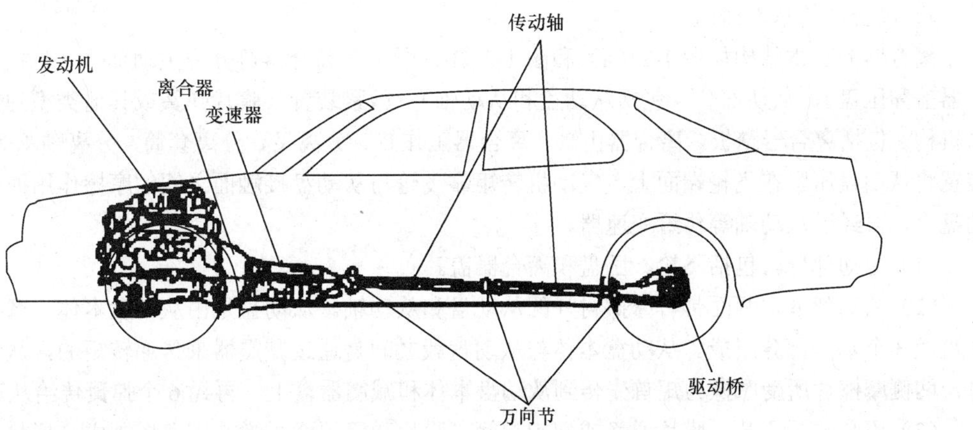

（a）

图 1 1　离合器统在汽车上的安装位置

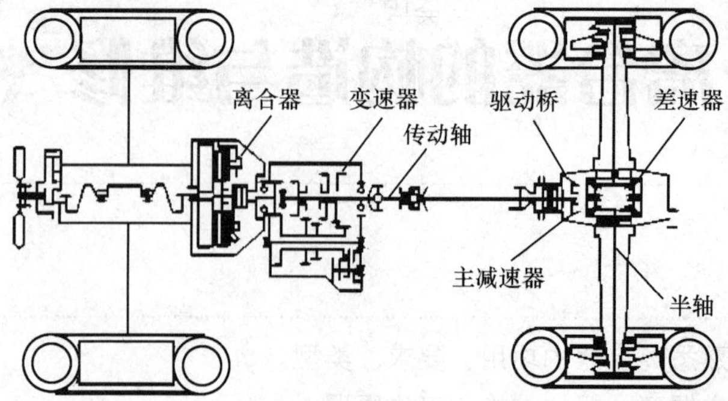

（b）

图 1-1 离合器统在汽车上的安装位置（续）

2．对离合器的要求

（1）保证能传递发动机发出的最大转矩，并且还有一定的传递转矩余力。

（2）能做到分离时，彻底分离，接合时柔和，并具有良好的散热能力。

（3）从动部分的转动惯量尽量小一些。这样，在分离离合器换挡时，与变速器输入轴相连部分的转速就比较容易变化，从而减轻齿轮间冲击。

（4）具有缓和转动方向冲击，衰减该方向振动的能力，且噪声小。

（5）压盘压力和摩擦片的摩擦系数变化小，工作稳定。

（6）操纵省力，维修保养方便。

3．离合器的类型

离合器按照工作原理可以分为摩擦式离合器、液力离合器和电磁离合器等几种形式。

（1）摩擦式离合器。摩擦式离合器结构简单、动力传递损失小而被广泛应用在轿车、客车、货车以及工程用车上。

（2）液力离合器。液力离合器靠工作液（油液）传递转矩。外壳与泵轮连为一体，是主动件；涡轮与泵轮相对，是从动件。

（3）电磁离合器。电磁离合器靠线圈的通断电来控制离合器的接合与分离。

二、离合器的基本结构

1．离合器的基本结构

离合器的基本结构如图 1-2（a）和图 1-2（b）所示，离合器可分为主动部分（包括飞轮、离合器盖和压盘）、从动部分（包括从动盘和从动轴）、压紧装置（膜片弹簧或其他类型弹簧）和操纵机构（包括离合器踏板、离合器主缸、离合器工作缸、分离叉、分离套筒、分离轴承等）。压紧装置将从动盘压紧在飞轮端面上，发动机转矩靠飞轮与从动盘接触面之间的摩擦作用而传递到从动盘上，再经过从动轴等传给变速器。

（1）主动部分。包括飞轮、压盘和离合器盖。

（2）从动部分。两面带有摩擦衬片的从动盘和从动轴。从动盘是由从动盘本体、摩擦片和从动盘毂 3 个基本部分组成。从动盘本体与从动盘毂之间是通过减震器来传递转矩的，从动盘工作时，两侧摩擦片所受摩擦力矩首先传到从动盘本体和减震器盘上，再经 6 个弹簧传给从动盘毂。

（3）压紧装置。若干膜片弹簧或螺旋弹簧。膜片弹簧用优质弹簧钢薄板制成，形状为碟形，开有径向切槽，切槽内端开通，外端为圆孔，形成多个弹性杠杆，它既是压紧杠杆，又是分离杠杆，简化了离合器的结构，而且膜片弹簧不会因高转速产生的离心力而发生弯曲变形，以致压紧力下降。此外，膜片弹簧具有理想非线性特征，磨损后，弹簧压力几乎保持不变。

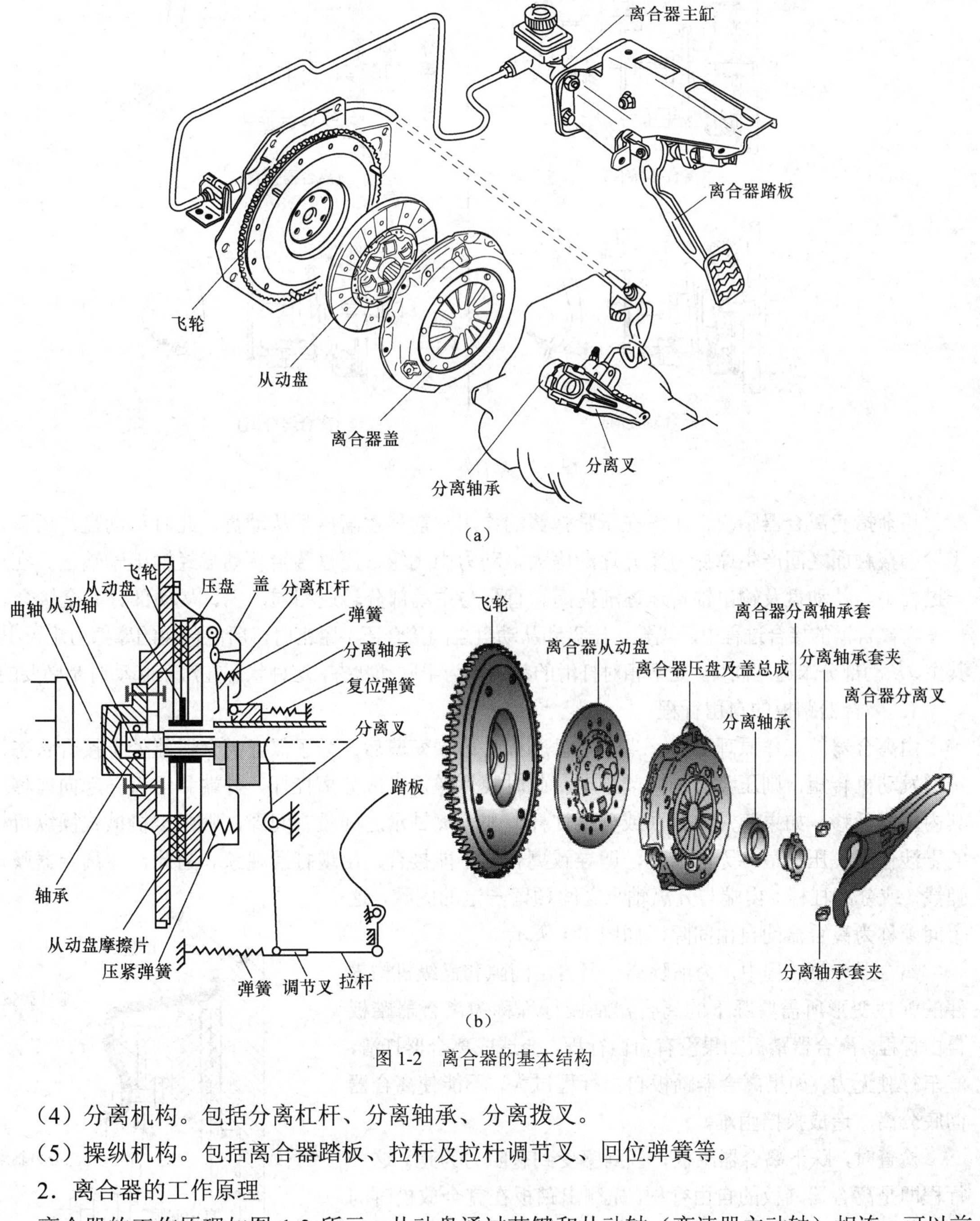

（a）

（b）

图 1-2　离合器的基本结构

（4）分离机构。包括分离杠杆、分离轴承、分离拨叉。

（5）操纵机构。包括离合器踏板、拉杆及拉杆调节叉、回位弹簧等。

2．离合器的工作原理

离合器的工作原理如图 1-3 所示。从动盘通过花键和从动轴（变速器主动轴）相连，可以前后运动。在压紧弹簧作用下，离合器处于接合状态。

当驾驶人踩下离合器踏板，分离套筒和分离轴承在分离叉的推动下，推动从动盘克服压紧弹簧的力而后移，使离合器处于分离状态，中断动力传动。

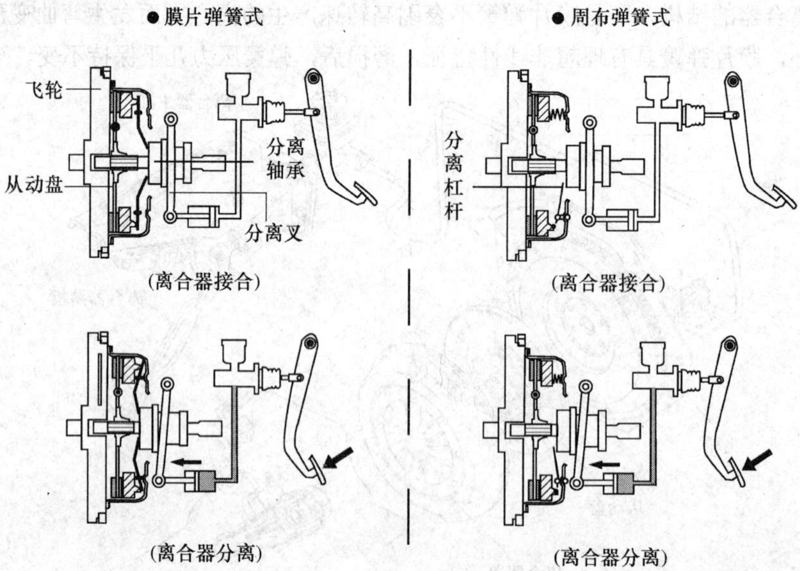

图 1-3　离合器工作原理

逐渐抬起离合器踏板，压盘在压紧弹簧的作用下前移逐渐压紧从动盘，此时从动盘与压盘、飞轮的接触面之间产生摩擦力矩并逐渐增大，动力由飞轮、压盘传给从动盘经输出轴输出。在这一过程中，从动盘及输出轴转速逐渐提高，直至与主动部分转速相同，主、从动部分完全接合。

在离合器的接合过程中，飞轮、压盘和从动盘之间接合还不紧密时，所能传递的摩擦力矩较小，其主、从动部分未达到同步，处于相对打滑的状态称为半联动状态，这种状态在汽车起动时是必要的。

3．离合器踏板的自由行程

由离合器的工作原理可知，当从动盘摩擦片磨损变薄后，为了保证离合器能处于接合状态，传递发动机转矩，则压盘必须向前移动。此时膜片弹簧（或分离杠杆）外端和压盘一起向前移，其内端向后移。如果膜片弹簧（或分离杠杆）与分离轴承之间没有间隙，则由于机械式操纵机构的干涉作用，压盘最终无法前移，即导致离合器不能接合，出现打滑现象。为此，在离合器膜片弹簧（或分离杠杆）内端与分离轴承之间预留一定的间隙，这个间隙称为离合器的自由间隙，如图 1-4 所示。

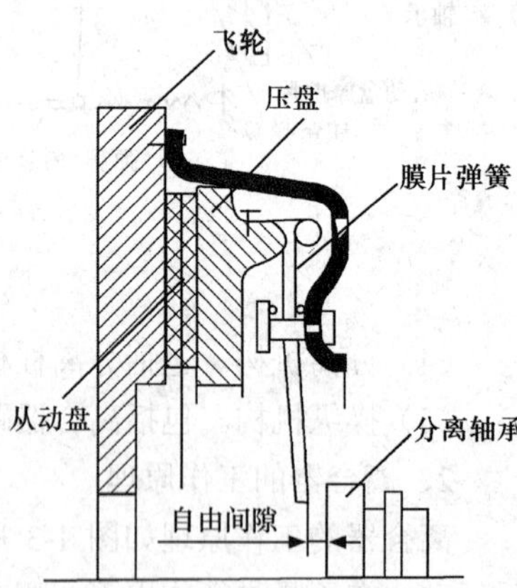

图 1-4　离合器踏板的自由行程

离合器分离过程中，为消除离合器自由间隙和操纵机构零件的弹性变形所需要踩下的离合器踏板行程称为离合器踏板自由行程。离合器踏板如果没有自由行程，会造成离合器打滑，汽车行驶无力；如果离合器踏板自由行程过大，不能使离合器彻底分离，造成换挡困难。

检查时，踩下离合器踏板，直到感受到有阻力为止。这一行程即是离合器踏板的自由行程。先测出踏板在完全放松时的高度，再测出用手掌按下踏板感觉有阻力时的高度，两次数值之差就是自由行程值，解放 CA1091 汽车为 20～30mm，上海桑塔纳、神龙富康轿车为 15～25mm。机械杆件式操纵的离合器自由行程调整，一般都是调整踏板拉杆上的调整螺母，以改变分离轴承与分离杠杆间的间隙。

部分常见车型离合器踏板自由行程，见表 1-1。

表 1–1　　常见车型离合器踏板自由行程

项目	摩擦片厚度/mm		分离杠杆与轴承间隙/mm	踏板自由程/mm	摩擦片铆钉头最小深度/mm	分离杆断头与飞轮平面的距离
车型	标准	使用极限				
解放 CA1091	4	2.8	3～4	30～40		71±0.5mm
EQ1092	4		3～4	30～40	0.5	56±0.2mm
奥迪 100			1.5～2.0	15～25	0.3	
上海桑塔纳			1.5	15～20	0.3	

4．离合器操纵机构

离合器操纵机构是驾驶员借以使离合器分离，而后又柔和接合的一套机构。按照分离离合器所需的操纵能源，离合器操纵机构有人力式和气压助力式两类。目前轿车和面包车广泛采用人力式离合器操纵机构，客车和大型货车采用气压助力式离合器操纵机构。按所用传动装置的形式分为机械式和液压式两种，机械式离合器操纵机构又分为杆系操纵机构和绳索式操纵机构。

（1）绳索式离合器操纵机构。桑塔纳 LX 型和捷达等轿车离合器采用机械式绳索式操纵机构，主要由离合器踏板、传动臂、拉索、分离轴和分离轴承等组成，如图 1-5 所示。绳索式操纵机构结构简单紧凑、柔性强。但操纵绳索寿命较短，拉伸刚度较小，适用于轻型和微型轿车。

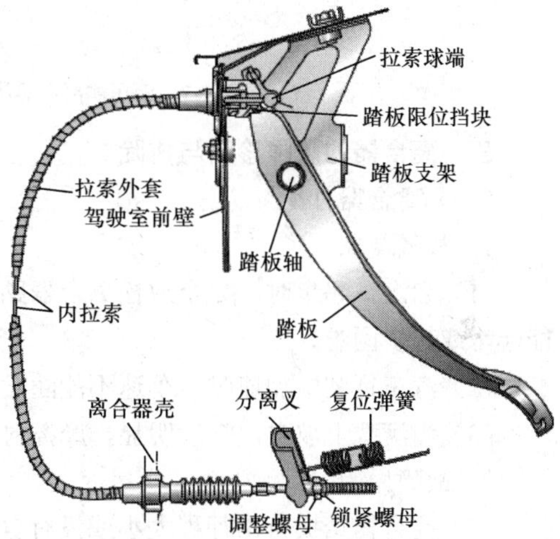

图 1-5　绳索式离合器操纵机构

（2）液压式离合器操纵机构。桑塔纳 2000GSi 型轿车离合器采用液压式离合器操纵机构，主要由主缸、工作缸及管路系统组成，如图 1-6 所示

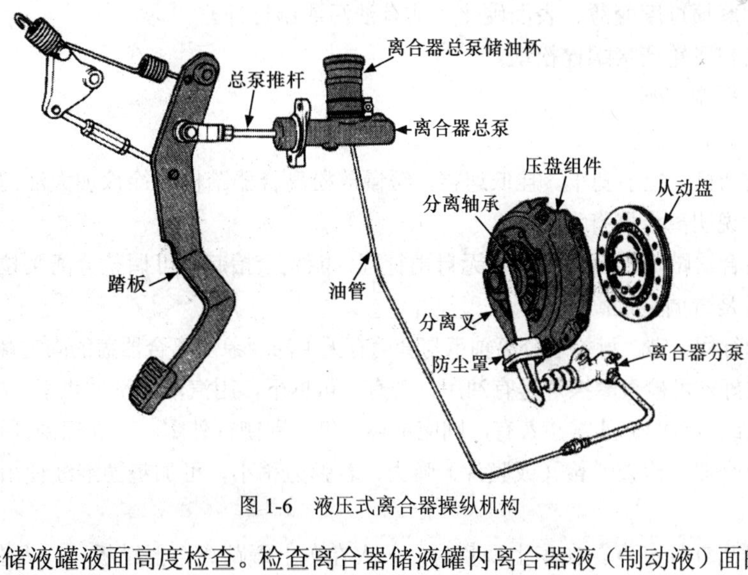

图 1-6　液压式离合器操纵机构

① 离合器储液罐液面高度检查。检查离合器储液罐内离合器液（制动液）面的高度如果低于“MIN”的标记应补加，如图 1-7（a）所示；如果离合器液溅到油漆表面，则应立即用水漂洗。否

则，离合器液将损坏油漆表面。

② 离合器液压操纵机构泄漏检查。液压操纵机构泄漏检查主要是检查主缸与油管、工作缸与油管及油封等部位是否有离合器液的痕迹，如图 1-7（b）所示。

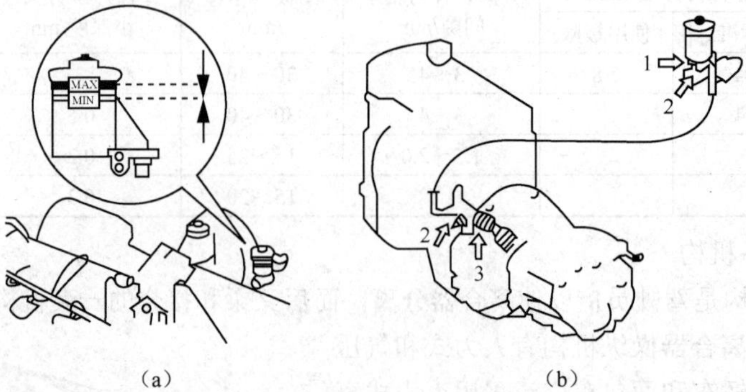

图 1-7 液压式离合器储液罐液面高度和操纵机构泄漏检查

三、离合器的故障诊断与排除

（一）离合器打滑

1．故障现象

（1）当汽车起步时，完全放松离合器踏板，发动机动力不能完全传至变速器第一轴，汽车不能起步或起步困难。

（2）汽车行驶中加速时，车速不能随发动机转速的提高而加快，造成行驶无力。

（3）当满载上坡时，打滑明显，摩擦衬片过热，产生焦臭味。

2．故障原因

（1）离合器踏板自由行程太小或没有自由行程，分离轴承经常压在膜片弹簧上，使压盘处于半分离状态。

（2）压盘弹簧过软或折断，膜片弹簧弹力下降。

（3）摩擦片磨损过度变薄、表面硬化、沾有油污或铆钉外露。

（4）离合器与飞轮连接螺栓松动。

（5）分离杠杆调整不当。

3．故障的判断与排除

（1）起动发动机，拉手刹车，挂低速挡，缓慢放松离合器踏板并徐徐加大油门，若车身不动，发动机不熄火，说明离合器打滑。

（2）检查离合器踏板的自由行程，无自由行程，能完全抬起，可调整分离叉拉杆长度；无效，应检查分离杠杆是否调整过高。

（3）若自由行程正常，可检查分离轴承与套筒有无卡滞现象及离合器盖的固定螺栓是否松动等。

如上述均良好，可检查摩擦片是有油污，若有，可拆下，用汽油清洗并烘干，检查摩擦片是否磨损过薄、硬化或多数铆钉外露，若有，则应更换，仅个别铆钉外露，可加深铆钉孔重新铆合。

（4）分解离合器，检查弹簧（或膜片）弹力，若弹力稍小，可加垫圈继续使用，过小或折断，应予更换。

（5）调整分离杠杆高度。在车上调整时，一人在车上缓踏离合器踏板，一人在车下观察分离杠杆端部与分离轴承的接触情况，并对分离杠杆端部与分离轴承的间隙进行调整。

（二）离合器分离不彻底

1．故障现象

（1）汽车起步时，将离合器踏板踩到底，挂挡困难；勉强挂上挡，不抬离合器踏板，汽车前移，有时还会造成发动机熄火。

（2）变速时，踩下离合器踏板，换挡仍困难，并伴有变速器齿轮撞击声。

2．故障原因

（1）离合器踏板自由行程过大，踩下踏板，仍然分离不彻底。

（2）摩擦片翘曲、铆钉松动、新更换的摩擦衬片过厚或旧的摩擦衬片破碎。

（3）膜片弹簧分离指端或分离杠杆内端不在同一平面上，个别分离杠杆或调整螺钉折断。

（4）从动盘毂花键槽与变速器第一轴花键齿磨损过度、锈蚀发卡，影响从动盘的移动。

（5）双片或摩擦片中间主动盘限位螺钉调整不当，分离弹簧过软或折断。

（6）从动盘正反面装反。

（7）离合器液压操纵机构中油管内有空气。

3．故障的判断与排除

（1）检查并调整离合器踏板的自由行程。

（2）液压式操纵机构，应检查系统是否漏油，检查总泵、分泵工作行程及推杆工作行程，并为系统放气。

（3）检查分离杠杆是否在同一平面内，支承螺栓是否松动，必要时进行调整或拧紧。新换摩擦片过厚，可在离合器盖与飞轮间适当增加垫片进行调整，

（4）若上述检查仍无效，则应将离合器拆下分解，检查各总成部件的技术状况，必要时进行修理应换件；若从动盘装反，应重新组装。

（三）起步时离合器发抖

1．故障现象

汽车起步时，缓抬离合器踏板，离合器接合不平稳，车身发生抖动，不能平稳起步。

2．故障原因

（1）分离杠杆调整不当，各外端高度不一致，不在同一平面内。

（2）压盘或从动盘翘曲不平、磨损出槽，从动盘铆钉松动。

（3）摩擦衬片破裂变形、有油污或铆钉外露。

（4）压紧弹簧弹力不均。

（5）离合器与飞轮固定螺钉松动。

3．故障的判断与排除

（1）发动机怠速运转，挂低速挡，缓抬离合器踏板，加速，起步，车身抖动，为离合器发抖。

（2）检查变速器与飞轮壳、离合器盖与飞轮固定螺钉是否松动。

（3）检查分离杠杆外端高度是否在同一平面内，必要时进行调整。

（4）分解离合器，检查从动盘摩擦衬片及压盘是否翘曲、起槽；花键毂与第一轴花键是否磨蚀、积污，若有应予排出。

（四）离合器异响

1．故障现象

使用时，离合器发出不正常响声。一种是在踩下踏板时发响，另一种是在抬起踏板时发响。

2．故障原因

（1）分离轴承缺少润滑剂，造成干磨或轴承损坏。

（2）分离轴承与分离杠杆内端之间无间隙。

（3）分离轴承套筒与导管之间油污、尘腻严重或分离轴承回位弹簧与踏板回位弹簧疲劳、折断、脱落，使分离轴承回位不佳。

（4）从动盘花键孔与其花键轴配合松旷。

（5）从动盘减振弹簧退火、疲劳或折断。

（6）从动盘摩擦片铆钉松动或铆钉头外露。

3．故障的判断与排除

（1）稍稍踩下离合器踏板，使分离轴承与分离杠杆接触，如果有“沙沙”响声则为分离轴承响；如果加油后仍响，则说明分离轴承磨损过度、松旷或损坏，应更换分离轴承。

（2）踩下、抬起离合器踏板，如果出现间断的碰撞声，说明分离轴承前后有窜动，应更换分离轴承回位弹簧。

（3）连踩踏板，如果离合器刚接合或刚分开时有响声，则说明从动盘铆钉松动或外露，应更换从动盘。

四、活动页

1．填空题

（1）离合器的功用有__________、__________、__________。

（2）摩擦片式离合器基本上是由__________、__________、__________和________4部分组成。

（3）膜片弹簧离合器的膜片弹簧本身兼起__________和__________的作用。

（4）当膜片式离合器摩擦片磨损后，离合器踏板的自由行程将变__________。

（5）离合器的从动部分由__________和__________组成。

（6）摩擦片的磨损程度可用游标卡尺进行测量，铆钉头埋入深度应不小于__________。

（7）离合器压盘平面度不应超过0.2mm，检查方法是用钢直尺压在压盘上，然后用__________测量。

2．填图题

下图为离合器的组成示意图，请填出各部位名称。

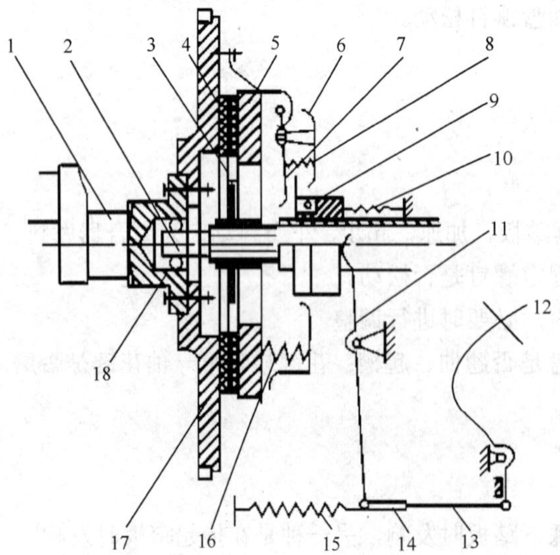

（1）__________ （2）__________

（3）__________ （4）__________

（5）__________ （6）__________

（7）__________ （8）__________

（9）__________ （10）__________

（11）__________ （12）__________

（13）__________ （14）__________

（15）__________ （16）__________

（17）__________ （18）__________

3．选择题

（1）离合器从动盘安装在（　　）上。

A．发动机曲轴　　B．变速器输入轴　　C．变速器输出轴　　D．变速器中间轴

（2）属于单盘离合器从动部分的是（　　）。

A．飞轮　　B．压盘　　C．从动盘　　D．离合器盖

（3）当发动机运转，离合器处于完全接合状态时，变速器的第一轴（　　）。

A．不转动　　B．比发动机曲轴转速低

C．与发动机曲轴转速相同　　D．比发动机曲轴转速高

（4）以下哪一个选项不是对离合器基本性能的要求（　　）。

A．分离彻底　　B．接合柔和　　C．操纵轻便　　D．从动部分转动惯量大

（5）离合器分离轴承与分离杠杆之间的间隙是为了（　　）。

A．实现离合器踏板的自由行程　　B．减轻从动盘磨损

C．防止热膨胀失效　　D．保证摩擦片正常磨损后离合器不失效

（6）关于离合器打滑的原因错误的说法是（　　）。

A．离合器踏板没有自由行程，使分离轴承压在分离杠杆上

B．离合器踏板自由行程过大

C．从动盘摩擦片、压盘或飞轮工作面磨损严重，离合器盖与飞轮的连接松动

D．从动盘摩擦片油污、烧蚀、表面硬化、铆钉外露、表面不平，使摩擦系数下降

（7）关于离合器分离不彻底的原因错误的说法是（　　）。

A．离合器踏板自由行程过大

B．分离杠杆调整不当，其内端不在同一平面内或内端高度太低

C．新换的摩擦片太厚或从动盘正反装错

D．压力弹簧疲劳或折断，膜片弹簧疲劳或开裂，使压紧力下降

（8）起步发抖的原因是（　　）。

A．分离轴承套筒与导管油污、尘腻严重，使分离轴承不能回位

B．从动盘或压盘翘曲变形，飞轮工作端面的端面圆跳动严重

C．分离轴承缺少润滑剂，造成干磨或轴承损坏

D．新换的摩擦片太厚或从动盘正反装错

4．判断题（正确打√、错误打×）

（1）双片离合器有两个从动盘、两个压盘、两个摩擦面。（　　）

（2）离合器在使用过程中，不允许出现摩擦片与压盘、飞轮之间有任何相对滑移的现象。（　　）

（3）膜片弹簧离合器的结构特点之一是用膜片弹簧取代压紧弹簧和分离杠杆。（　　）

（4）在离合器接合情况下，汽车无法切断发动机与传动系统的动力传递。（　　）

（5）离合器踏板自由行程过大，使分离轴承压在分离杠杆上，造成离合器打滑。（　　）

（6）从动盘摩擦片、压盘或飞轮工作面磨损严重，离合器盖与飞轮的连接松动，使压紧力减弱，造成离合器打滑。（　　）

（7）离合器液压操纵机构漏油、空气或油量不足，会造成离合器分离不彻底。（　　）

（8）从动盘或压盘翘曲变形，飞轮工作端面的端面圆跳动严重会造成起步发抖现象。（　　）

5．问答题

（1）简述离合器的工作原理。

（2）请述说离合器打滑故障的原因。

6．论述题

评价自己本任务的学习掌握情况。

任务二 离合器的拆装与检修

一、实训准备

1．实训器材

（1）桑塔纳 2000GLi 轿车。

（2）举升机、组合工具、专用工具、直尺、塑料管和容器、转向盘护套、变速杆手柄套、座位套、脚垫、翼子板和前格栅磁力护裙等。

2．准备工作

（1）汽车进入工位前，将工位清理干净，准备好相关的器材。

（2）将汽车停驻在举升机中央位置。

（3）拉紧驻车制动器操纵杆，并将变速杆置于空挡位置。

（4）套上转向盘护套、变速杆手柄套和座位套，铺设脚垫。

（5）在车内拉动发动机舱盖手柄。

（6）在车外打开并支撑发动机舱盖。

（7）粘贴翼子板和前格栅磁力护裙。

二、离合器的拆装

1．离合器的拆卸

（1）首先拆下变速器（详见变速器拆卸与安装部分）。

（2）用专用工具将飞轮固定（见图 1-8），然后逐渐将离合器压盘的固定螺栓对角拧松，取下离合器盖及压盘总成，并取下离合器从动盘。

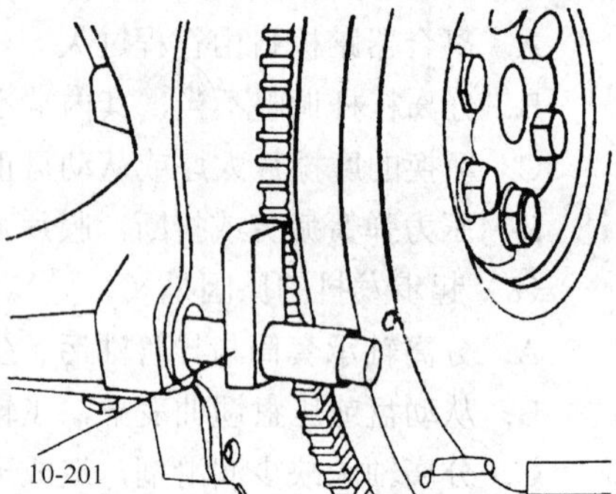

图 1-8　用专用工具固定飞轮

（3）按图 1-9 所示的顺序分解离合器各部件。离合器压盘和从动盘示意图，如图 1-10 所示。

2．离合器的安装

（1）用专用工具将飞轮固定。

（2）如图 1-11 所示，用专用工具将离合器从动盘定位于飞轮和压盘中心。

（3）装上紧固螺栓，并用 25N·m 的力矩对角逐渐旋紧。

三、离合器的检修

1．检修注意事项

（1）衬垫。应更换纸质密封垫圈，更换 O 形环。

（2）调整垫片。用千分尺多点检测调整垫片，可以精确地测出所需垫片的厚度。检查调整垫片边缘是否有损坏，只能装入完好的调整垫片。

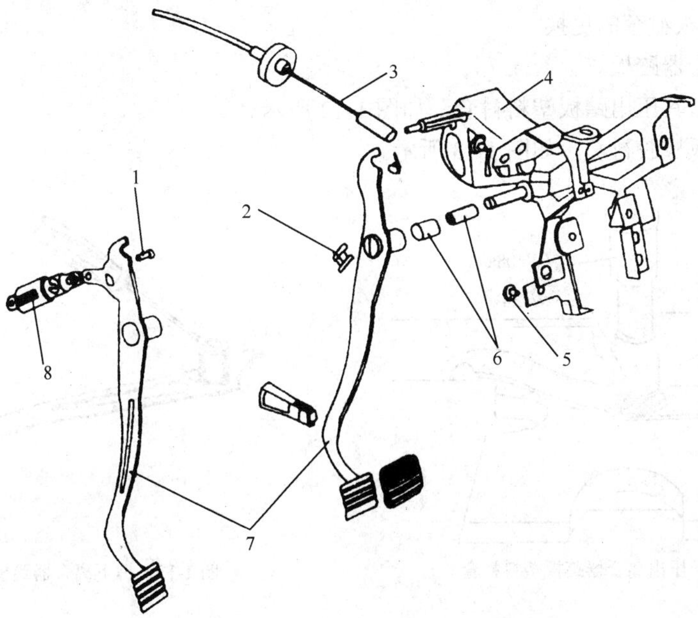

图 1-9　离合器踏板装置分解图

1—连接销；2—保险装置；3—离合器拉索；4—踏板支架；5—限位块；6—轴承衬套；7—离合器踏板；8—助力弹簧

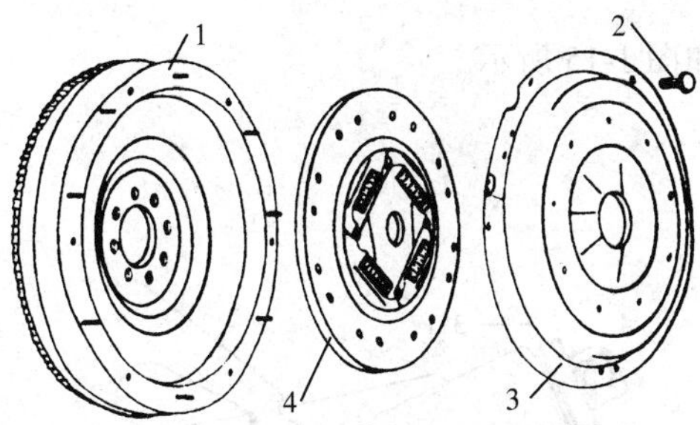

图 1-10　离合器压盘和从动盘

1—飞轮；2—六角螺栓或圆柱头螺栓（拧紧力矩 25N·m）；

3—压盘；4—从动盘（弹簧保持架朝向压盘）

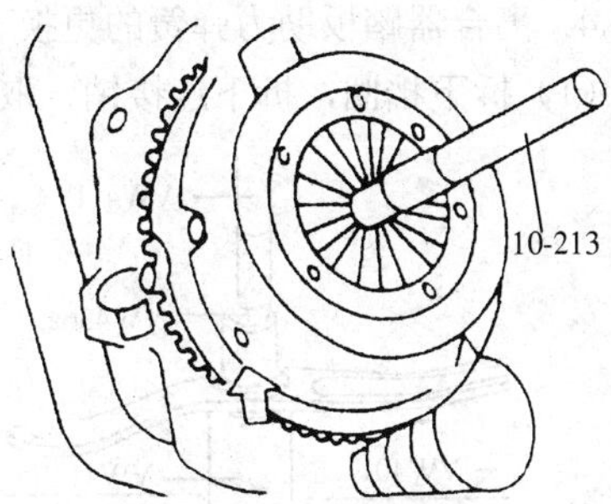

图 1-11　离合器的安装

（3）挡圈、锁圈。调整挡圈及锁圈不能拉开过度，必须将其完全放在槽内。

（4）螺栓、螺母。固定盖和罩壳的螺栓和螺母应交叉拧紧和拧松（特别是易损件），并且应按规定的拧紧力矩拧紧螺栓和螺母。

（5）轴承。将有标志的一面的滚针轴承（壁厚较大）朝向安装工具，在轴与轴承之间涂一层润滑油。所有的轴承和接触表面均使用白色 ET-Nr.AOS12600005 润滑脂润滑。

（6）在进行离合器踏板修理工作时，应将蓄电池搭铁线拆下。

2．离合器踏板的更换

（1）拉开并拆下离合器拉索。

（2）拆下离合器踏板固定在踏板轴上的保险装置。

（3）取下离合器踏板。

（4）装上新的离合器踏板。

3．离合器踏板衬套的更换

（1）拆下离合器踏板。

（2）用专用工具压出踏板塑料衬套，如图 1-12 所示。

（3）拆下踏板橡胶衬套，如图 1-13 所示。

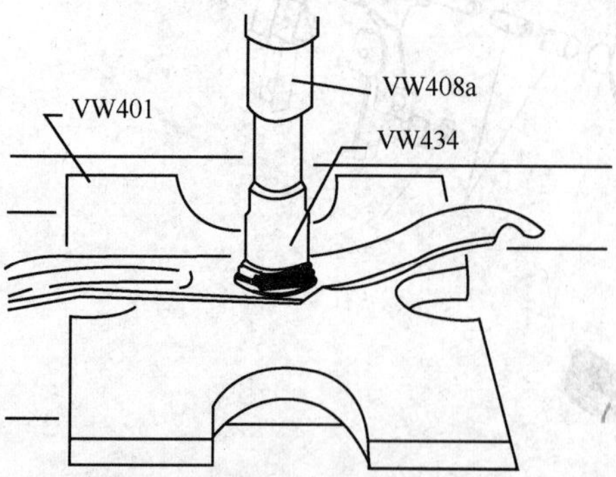

图 1-12 压出离合器踏板塑料衬套

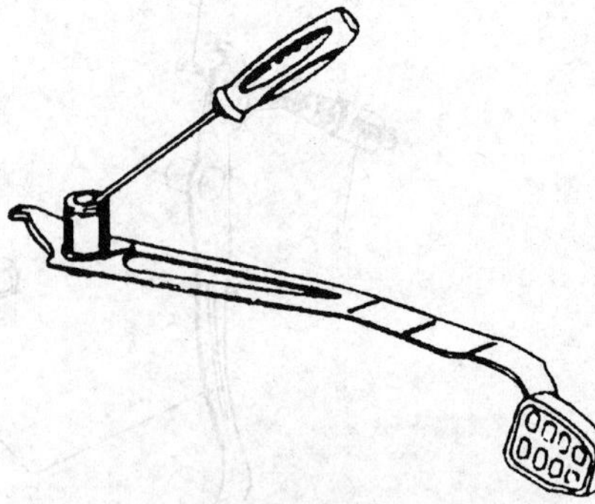

图 1-13 拆下离合器踏板橡胶衬套

（4）装上橡胶衬套，涂上无酸润滑脂。

（5）使塑料衬套与导管长的一端齐平，如图 1-14 所示。

4．离合器踏板助力弹簧的更换

（1）拆下挡圈，拆下连接销，取下助力弹簧，如图 1-15 所示。

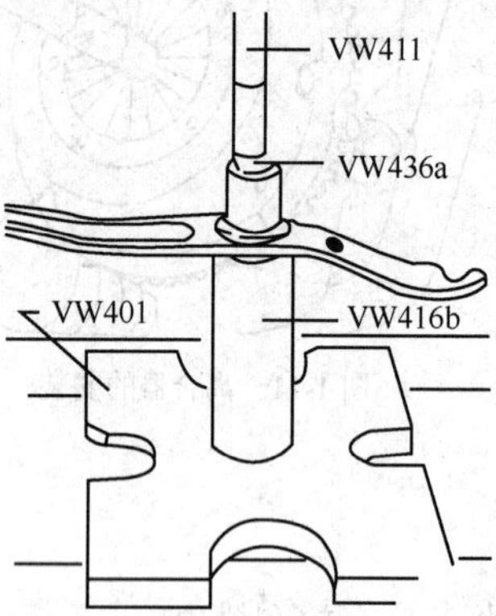

图 1-14 压入离合器踏板衬套

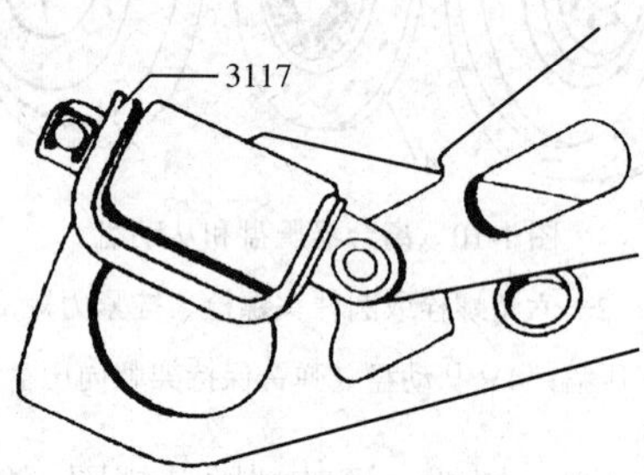

图 1-15 离合器踏板助力弹簧的更换

（2）装上新的助力弹簧。

5．拉索的更换

（1）旋松调整踏板自由行程的防松螺母，并放松拉索，如图 1-16 所示。

（2）取下拉索。

（3）装上新的拉索，用润滑脂润滑，用于连接的两端。

6．分离叉轴的更换

（1）拆卸变速器。

（2）拆下离合器分离叉轴传动杆。

（3）拆下分离轴承。拆下挡圈，如图 1-17 所示。

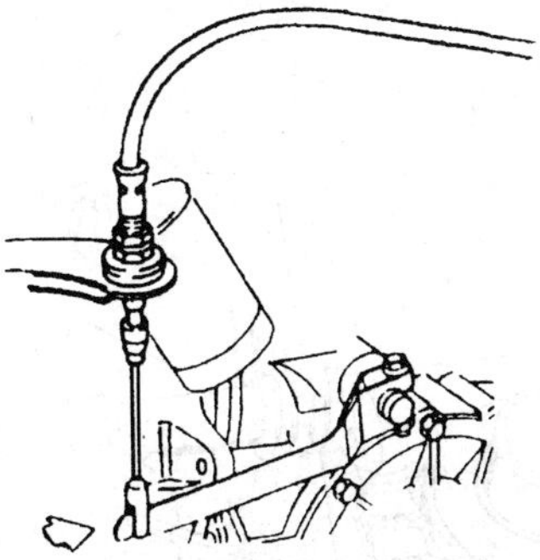

图 1-16　离合器拉索的更换

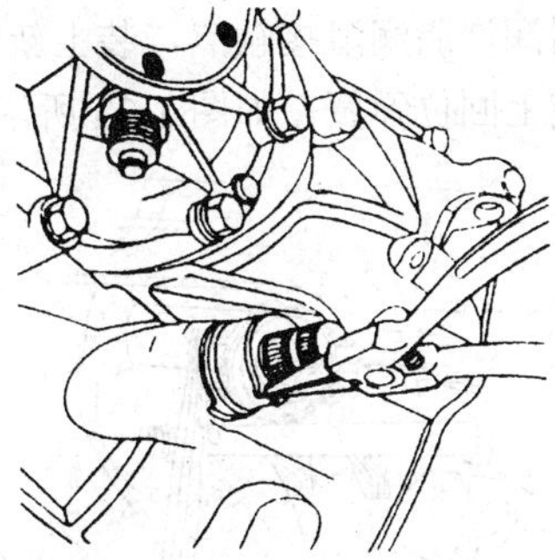

图 1-17　拆下分离叉轴的挡圈

（4）取下橡胶防尘套，拆下分离套筒。

（5）拆下分离叉轴的定位螺栓。

（6）拆下分离叉轴左衬套，取下分离叉轴。

（7）拆下分离叉轴右衬套（见图 1-18），使用 A＝18.5～23.5mm 的内拉头。

（8）装上新的离合器分离叉轴右衬套。

（9）装上分离叉轴，用适量的润滑脂润滑衬套及分离叉轴的支撑位置，并安装。

（10）用 15N・m 的力矩旋紧分离叉轴的定位螺栓（见图 1-19 中箭头所示位置）。

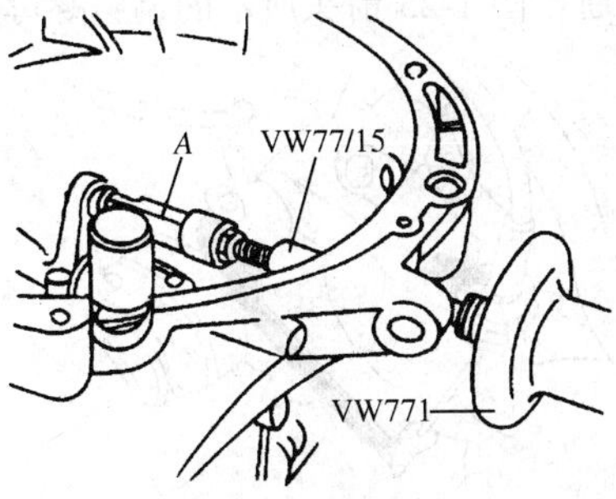

图 1-18　拉出离合器分离叉轴衬套

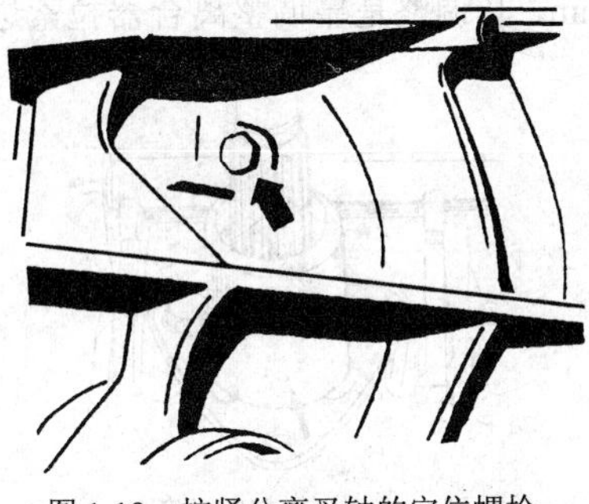

图 1-19　拧紧分离叉轴的定位螺栓

（11）装上分离套筒。将防尘套推入分离叉轴，挡圈压至尺寸 A＝18mm 的位置，如图 1-20 所示。

（12）装上分离轴承，并使分离叉轴传动杆的安装位置达到 a=（20±5）mm，如图 1-21 所示。

图 1-20　分离轴承挡圈的安装位置

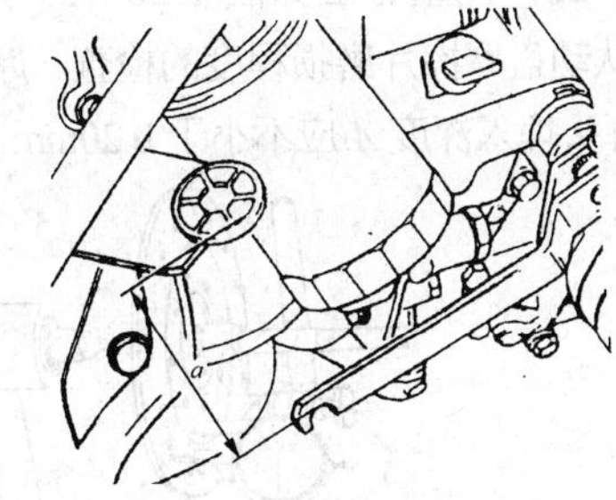

图 1-21　离合器分离叉轴传动臂的安装位置

7．分离轴承的更换

（1）拆卸变速器。

（2）拆下分离轴承，如图 1-22 所示。

（3）用润滑脂润滑接触点，装上新的轴承。

（4）装上回位弹簧，如图 1-23 所示。

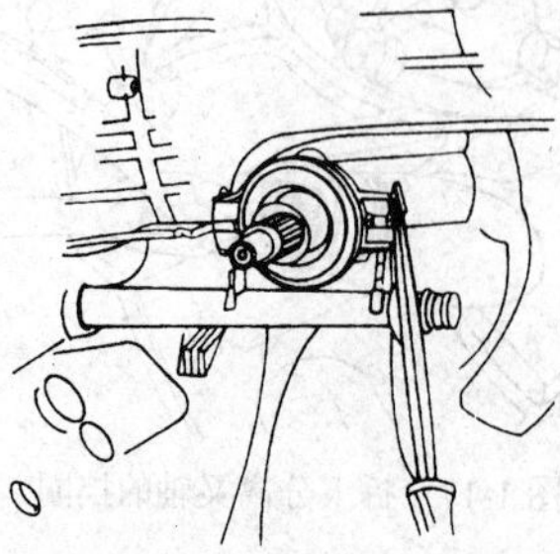

图 1-22　拆下离合器分离轴承

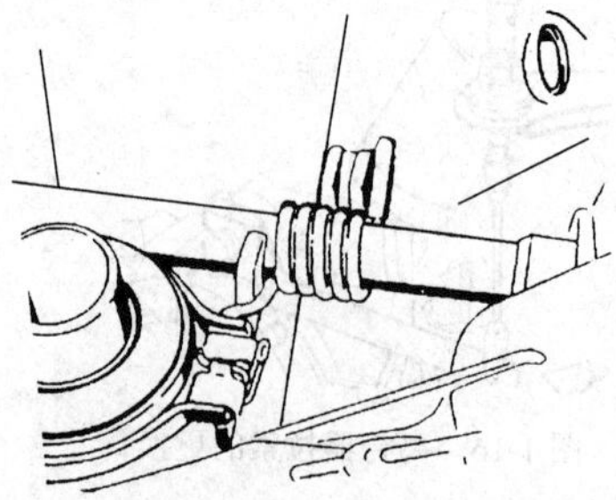

图 1-23　回位弹簧的安装位置

8．分离套筒的更换

（1）拆卸变速器。

（2）拆下分离轴承，再拆下分离套筒。

（3）安装时，排油孔应朝下，如图 1-24 所示。

9．离合器踏板自由行程的调整

桑塔纳轿车离合器的调整主要是离合器踏板自由行程的调整。离合器踏板自由行程应为 15～20mm，其调整是靠调整离合器拉索进行的，具体可通过图 1-25 箭头所示的调整螺母来进行。

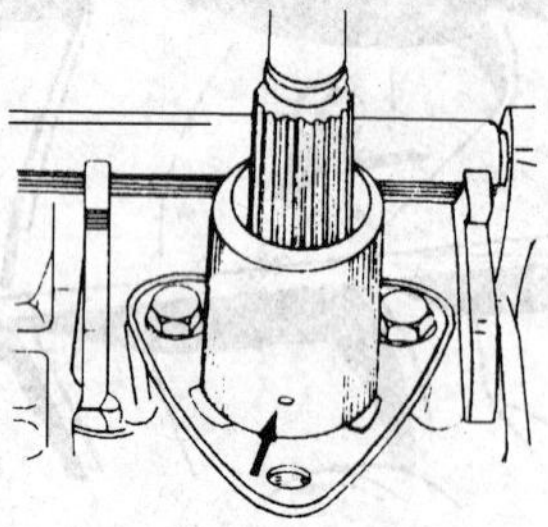

图 1-24　分离套筒的更换

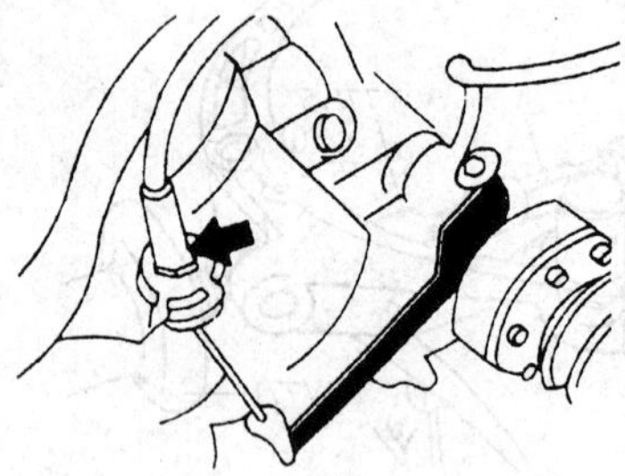

图 1-25　离合器踏板自由行程的调整

10．从动盘的检查

（1）从动盘径向圆跳动的检查。在距从动盘外边缘 2.5mm 处测量，离合器从动盘最大径向圆跳动为 0.4mm，测量方法如图 1-26（a）所示。

（2）从动盘摩擦片磨损程度的检查。摩擦片的磨损程度，可用游标卡尺进行测量，如图 1-26（b）所示。铆钉头埋入深度 *A* 应不小于 0.20mm。

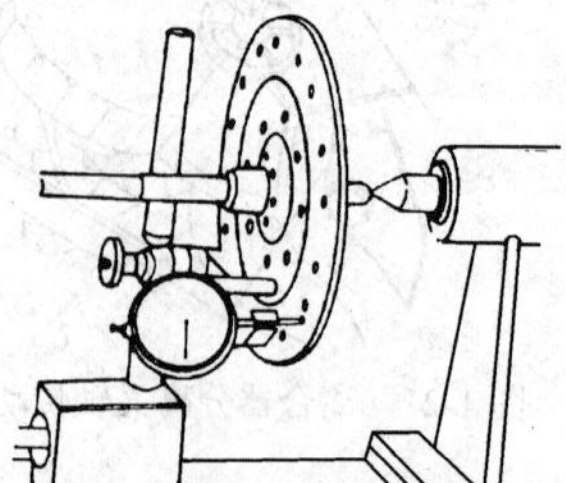

（a）检查径向圆跳动

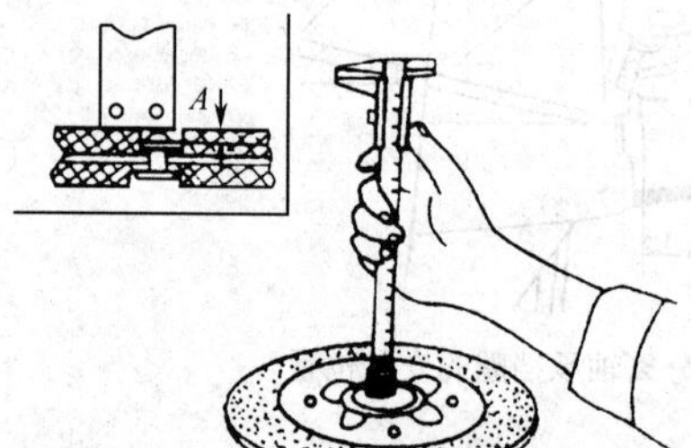

（b）检查摩擦片磨损程度

图 1-26　离合器从动盘的检查

11．压盘平面度的检查

离合器压盘平面度不应超过 0.2mm，检查方法可用直尺放平后以厚薄规测量，如图 1-27 所示。

12．机械线束式操纵机构的检修

（1）检查分离叉轴两端衬套的磨损情况，两衬套必须同心，有必要时更换。

（2）检查分离轴承磨损情况，润滑分离轴承，必要时更换分离轴承。

（3）安装分离轴承导向座回位弹簧。

（4）按图 1-28 所示安装橡胶防尘套，将其推入分离叉轴使挡圈顶至尺寸 A 约为 18mm 为止。

（5）安装拉索式离合器驱动臂，通过转动螺母（见图 1-25）可以调整离合器踏板自由行程。

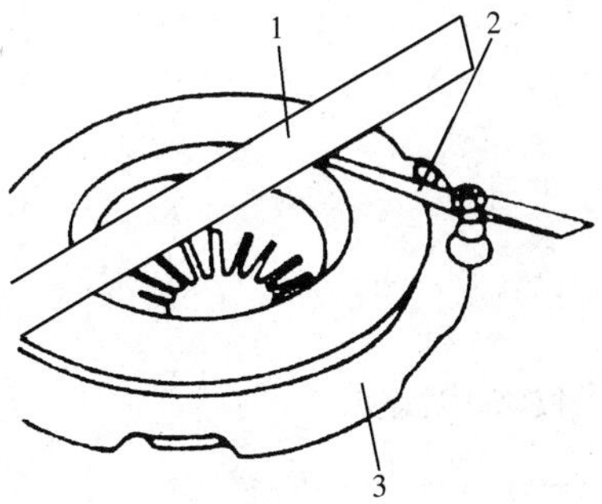

图 1-27　离合器压盘平面的检查

1—直尺；2—厚薄规；3—压盘

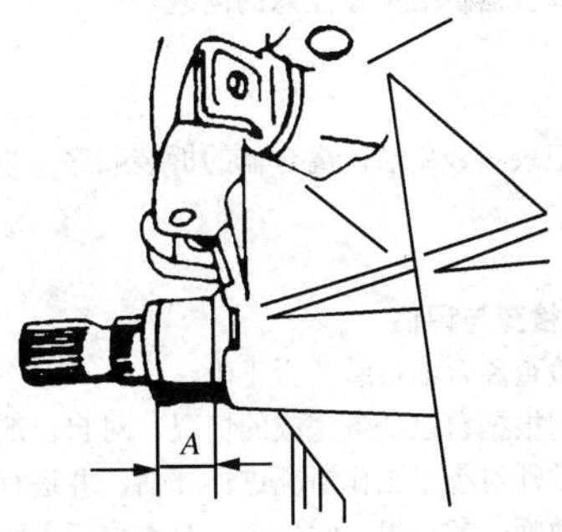

图 1-28　橡胶防尘套的安装

四、工作页

学生依据学习手册的要求及操作步骤，在教师的指导下完成本工作任务，并填写任务工单。

任务名称	离合器的拆装	实训设备	专用工具、组合工具、 桑塔纳 2000GLi 轿车
客户任务	桑塔纳 2000GLi 轿车更换离合器摩擦片后，在车辆行驶几天后，出现离合器踏板沉重的故障。请进行正确的拆装		
任务目的	能正确使用工具，能够根据规范正确拆装与检修离合器		
一、知识要点 1．离合器的工作原理。 2．离合器的组成部分及功用。 **二、决策与计划** 根据任务要求，确定所需要的设备、工具，并对小组成员进行合理分工，制订详细的工作计划。 1．讨论确定离合器的拆装所需要的设备、工具。 2．小组成员分工。 3．制订离合器拆装的操作步骤。 （1）			

（2）

（3）

（4）

三、实施过程记录

1．分析所实践用的离合器结构特点。

2．离合器拆装应该注意的问题。

3．记录实践用法，离合器的拆装顺序、规定扭矩。

四、检查与评估

1．检查离合器拆装是否正确。

2．请根据自己任务完成的情况，对自己的工作进行自我评估，并总结改进意见。

3．教师对小组工作情况进行评估，并进行点评。

4．教师、各小组、学生个人对本次任务的评价给出量化。

考核项目	评分标准	分数	学生自评	小组评价	教师评价	小计
安全生产	有无安全隐患	10				
活动情况	积极主动	5				
团队协作	和谐愉快	5				
现场 5S	做到	10				
劳动纪律	严格遵守	5				
工具设备使用	规范、标准	10				
操作过程	规范、正确	50				
工作页填写	认真、规范	5				
总分						
教师签名：		时间：			总评	

任务三 离合器液压系统的拆装与检修

一、实训准备

1．实训器材

（1）桑塔纳 2000GSi 轿车。

（2）举升机、组合工具、专用工具、塑料管和容器、转向盘护套、变速杆手柄套、座位套、脚垫、翼子板和前格栅磁力护裙等。

2．准备工作

（1）汽车进入工位前，将工位清理干净，准备好相关的器材。

（2）将汽车停驻在举升机中央位置。

（3）拉紧驻车制动器操纵杆，并将变速杆置于空挡位置。

（4）套上转向盘护套、变速杆手柄套和座位套，铺设脚垫。

（5）在车内拉动发动机舱盖手柄。

（6）在车外打开并支撑发动机舱盖。

（7）粘贴翼子板和前格栅磁力护裙。

二、离合器主缸和工作缸拆装

桑塔纳2000GSi型轿车离合器液压操纵系统由离合器踏板、储液罐、进油软管、离合器主缸、离合器工作缸、油管总成、分离叉、分离轴承等组成，如图1-29所示。

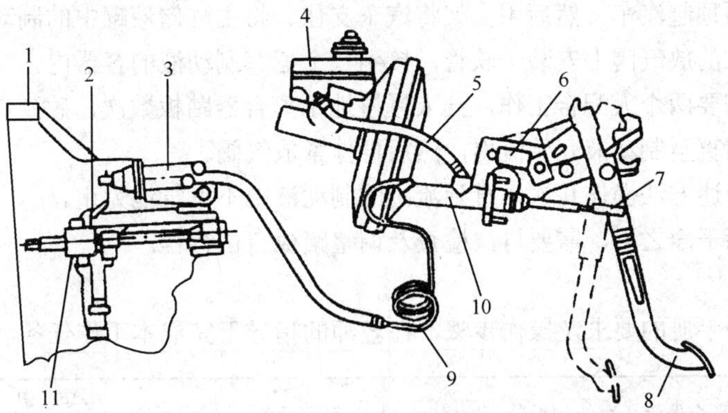

图1-29　离合器液压操纵系统

1—变速器壳体；2—分离叉；3—工作缸；4—储液罐；5—进油软管；6—助力弹簧；7—推杆接头；8—离合器踏板；9—油管总成；10—主缸；11—分离轴承

1．离合器主缸的拆卸与分解

（1）取下离合器踏板与主缸推杆叉的连接销轴。

（2）从主缸上拧下进油管和出油管接头。

（3）拧下主缸固定螺栓，拉出主缸。

在解体离合器主缸前，应排净主缸中的制动液。主缸分解过程是先取下防尘罩，用改锥或卡环钳拆下卡环，拉出主缸推杆、压盖和活塞。

2．离合器工作缸的拆卸与分解

拧下工作缸进油管接头，再拆下工作缸固定螺栓，即可拉出工作缸。

工作缸的分解过程是先拉出工作缸推杆，拆下防尘罩，然后用压缩空气将工作缸活塞从缸筒内压出来。

3．离合器主缸、工作缸的装配

主缸和工作缸的装配，按拆卸与分解相反顺序进行，但装配时应注意以下事项。

（1）零件在装配前要用非腐蚀性液体清洗干净，并在活塞、皮碗、皮圈、缸套等零件上涂一层制动液。装合后推杆在缸筒内运动应灵活。在放松（不工作）位置时，主缸皮碗和活塞头部应位于进油孔和补偿孔之间，两孔都开放。工作缸上带有塑料支承环，安装时外表面要涂上一层薄薄的润滑油，工作缸推杆末端也要涂上润滑脂润滑。

（2）安装离合器工作缸时，需要用一个适应的杠杆克服弹簧的弹力，将其压向变速器壳相应的孔中后，方能将固定螺栓旋入。

三、主缸和工作缸的检修

主缸和工作缸是离合器液压操纵系统的主要部件，其工作性能的好坏直接影响离合器的工作性能。当出现缸筒内壁磨损超过 0.125mm、活塞与缸筒的间隙超过 0.20mm、皮圈老化及回位弹簧失效等情况时，应更换相应零件。

四、离合器液压系统中空气的排出

离合器液压操纵系统在经过检修之后，管路内可能进入空气，在添加制动液时也可能使液压系统中进入空气。空气进入后，由于缩短了主缸推杆行程即踏板工作行程，从而使离合器分离不彻底。因此，液压系统检修后或怀疑液压系统进入空气时，就要排除液压系统中的空气。排除方法如下。

（1）用千斤顶顶起汽车，然后用支架将汽车支住。将主缸储液罐中的制动液加至规定高度。

（2）在工作缸的放气阀上安装一软管，接到一个盛有制动液的容器内。

（3）排空气需要两个人配合工作，一人慢慢地踏离合器踏板数次，感到有阻力时踏住不动，另一人拧松放气阀直至制动液开始流出，然后再拧紧放气阀。

（4）连续按上述方法操作几次，直到流出的制动液中不见气泡为止。

（5）空气排除干净之后，需要再次检查及调整踏板自由行程。

五、工作页

学生依据维修手册的要求及操作步骤，在教师的指导下完成本工作任务，并填写任务工单。

任务名称	离合器液压系统的拆装与检修	实训设备	专用工具、组合工具、 桑塔纳 2000GSi 轿车
客户任务	桑塔纳 2000GSi 轿车离合器分离不彻底，自由行程过大，请正确进行调整		
任务目的	能正确使用工具，能够根据规范正确调整离合器		
一、知识要点 1．离合器液压系统主要部件的拆装与检修。 2．离合器液压系统故障的判定及其解决办法。 二、决策与计划 根据任务要求，确定所需要的设备、工具，并对小组成员进行合理分工，制订详细的工作计划。 1．讨论确定离合器液压系统的拆装与检修所需要的设备、工具。 2．小组成员分工。 3．制订离合器液压系统拆装与检修的操作步骤。 （1）			

（2）

（3）

（4）

三、实施过程记录

1．离合器液压系统主要部件检修时应该注意的问题。

2．记录所实践所用离合器液压系统的故障诊断程序。

四、检查与评估

1．检查离合器液压系统拆装与检修是否正确。

2．请根据自己任务完成的情况，对自己的工作进行自我评估，并总结改进意见。

3．教师对小组工作情况进行评估，并进行点评。

4．教师、各小组、学生个人对本次任务的评价给出量化。

考核项目	评分标准	分数	学生自评	小组评价	教师评价	小计
安全生产	有无安全隐患	10				
活动情况	积极主动	5				
团队协作	和谐愉快	5				
现场 5S	做到	10				
劳动纪律	严格遵守	5				
工具设备使用	规范、标准	10				
操作过程	规范、正确	50				
工作页填写	认真、规范	5				
总分						
教师签名：		时间：			总评	

项目二 2 手动变速器的构造与维修

知识目标

◎ 熟悉手动变速器的功用、构造和工作过程。
◎ 掌握同步器的功用、类型、结构与工作原理。
◎ 掌握手动变速器操纵机构的功用、要求、结构。
◎ 了解手动变速器的常见故障，并能进行诊断与排除。

能力目标

◎ 能够正确选择与使用工具、设备，并规范进行手动变速器拆卸、检修、装配与磨合。
◎ 能解决手动变速器一般故障的诊断与排除。

任务一 手动变速器的认知

一、变速器的功用、类型和齿轮传动的基本原理

1．变速器的功用

变速器在汽车上的安装位置如图 2-1 所示。

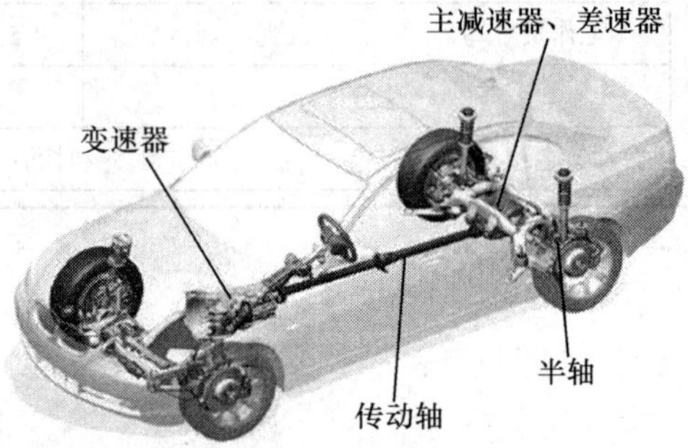

图 2-1　变速器在汽车上的安装位置

汽车行驶条件是比较复杂的，行驶速度和行驶阻力的变化非常大，这就要求汽车的驱动力和车速能在相当大的范围内变化，而汽车上普遍采用的动力装置是汽油或柴油发动机，其转矩与转速变化范围都较小，因此在汽车传动系统中设置了变速器来解决这一矛盾。

（1）改变传动比。扩大驱动轮转矩和转速的变化范围，以适应汽车在各种行驶条件下所需的牵引力和合适的行驶速度，并使发动机经常能够在动力性和经济性比较有利的工况下工作。

（2）实现倒车。利用倒挡，改变驱动轮的旋转方向，从而实现汽车倒向行驶。

（3）中断动力。利用空挡，切断离合器与传动轴之间的动力传递，以便发动机启动及怠速运转。

2．变速器的类型

变速器的类型如表 2-1 所示。

变速器按操纵方式可分为手动变速器、自动变速器和半自动变速器 3 种。

按传动比的级数可分为有级变速器、无级变速器和综合式变速器 3 种。

表 2–1　　汽车变速器的类型

分类方法	分类		特征
操纵方式	手动变速器		靠驾驶员直接操纵变速杆进行换挡，换挡机构简单，工作可靠，操作复杂
	自动变速器		根据汽车的运行状况自动换挡，无离合器，通过加速踏板控制车速，操作简单，结构复杂
	半自动变速器	组合式	常用挡位采用自动换挡，其余挡位由驾驶员手动操作
		预选式	驾驶员先用按钮选定挡位，在踩下离合器踏板或松开加速踏板时，接通自动控制和执行机构进行自动换挡
传动比变化方式	有级变速器	平行轴齿轮式	变速器具若干个数值、一定的传动比
		行星齿轮式	
	无级变速器	机械传动	传动比在一定范围内连续变化
		液力传动	
		电力传动	
	综合式变速器（液力自动变速器）		一般由液力变矩器和齿轮式有级变速器组成的液力机械式变速器，其传动比在几个区段内无级变化。这种结构既可得到较大的传动比，又可实现无级变速

3．齿轮传动的基本原理

手动变速器通常采用平行轴式，由齿轮传动的原理可知，一对齿数不同的齿轮啮合传动时可以变速变矩如图 2-2 所示。

设主动齿轮转速为 n_1、齿数为 z_1；从动齿轮转速为 n_2、齿数为 z_2；主动齿轮（即输入轴）转速与从动齿轮（即输出轴）转速之比值为传动比（i_{12}），则由 1 传到 2 的传动比 $i_{12}=n_1/n_2=z_2/z_1$。

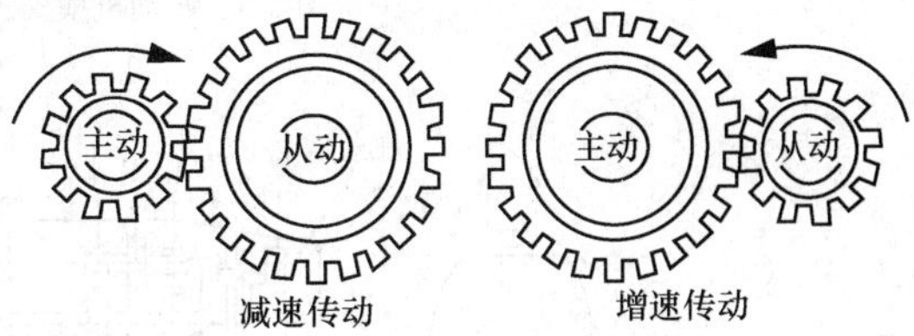

图 2-2　一对齿数不同的齿轮啮合传动

当小齿轮为主动齿轮，带动大齿轮转动时，输出转速降低，即 $n_2<n_1$，为减速传动，此时传动比大于 1；当大齿轮驱动小齿轮时，输出转速升高，即 $n_2>n_1$，为增速传动，此时传动比小于 1。汽车手动变速器就是根据这一原理，利用若干大小不同的齿轮副传动而实现变速的。

一对齿轮传动只能得到一个固定的传动比，从而得到一种输出转速，并构成一个挡位。为了扩大变速器输出转速的变化范围，普通齿轮式变速器通常都采用多组大小不同的齿轮啮合传动，这样就构成了多个不同的挡位。不同的挡位对应于不同的传动比值，从而得到各种不同的输出转速。

二、手动变速器的结构和工作原理

手动变速器由变速传动机构和操纵机构两大部分组成。变速传动机构的主要作用是改变传动比和旋转方向；操纵机构的作用是实现换挡。

1．变速传动机构

变速传动机构是变速器的主体，按工作轴的数量（不包括倒挡轴）可分为二轴式变速器和三轴式变速器。

（1）二轴式手动变速器的变速传动机构。二轴式变速器用于发动机前置前轮驱动的汽车，一般与驱动桥（前桥）合称为手动变速驱动桥。目前，我国常见的国产轿车多采用这种变速器，如桑塔纳、捷达、标致、奥迪等。发动机横置时，主减速器采用一对圆柱齿轮，如捷达轿车（见

图 2-3），所有前进挡齿轮和倒挡齿轮都采用常啮合斜齿轮，并采用锁环式同步器换挡。发动机纵置时，主减速器为一对圆锥齿轮，如奥迪 100、桑塔纳 2000 轿车（见图 2-4），前进挡和一个倒挡，全部采用锁环式惯性同步器作换挡。

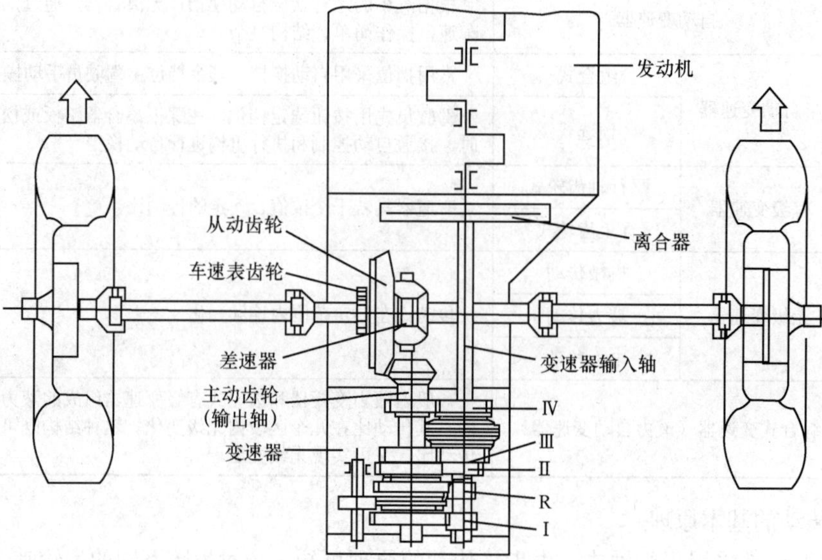

图 2-3 发动机横置的二轴变速器传动示意图

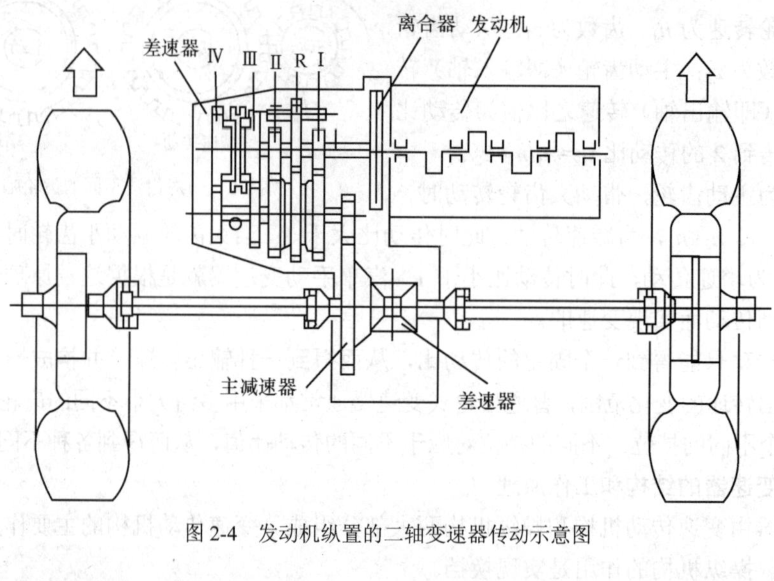

图 2-4 发动机纵置的二轴变速器传动示意图

下面以桑塔纳 2000 型轿车二轴式五挡手动变速器为例进行介绍，其变速传动机构的结构图和传动示意图如图 2-5 和图 2-6 所示。

该变速器的变速传动机构有输入轴和输出轴两根轴，二轴平行布置，输入轴也是离合器的从动轴，输出轴也是主减速器的主动锥齿轮轴。该变速器具有五个前进挡和一个倒挡，全部采用锁环式惯性同步器作为换挡装置。输入轴上有一～五挡主动齿轮，其中一、二挡主动齿轮与轴制成一体，三、四、五挡主动齿轮通过滚针轴承空套在轴上。输入轴上还有倒挡主动齿轮，它与轴制成一体。三、四挡同步器和五挡同步器也装在输入轴上。输出轴上有一～五挡从动齿轮，其中一、二挡从动齿轮通过滚针轴承空套在轴上，三、四、五挡齿轮通过花键套装在轴上。一、二挡同步器也装在输出轴上。在变速器壳体的右端还装有倒挡轴，上面通过滚针轴承空套着倒挡中间齿轮。

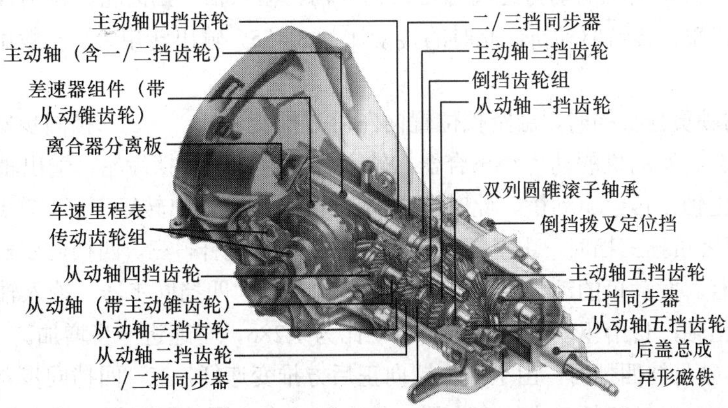

图 2-5　桑塔纳 2000GSi 两轴式手动变速器结构图

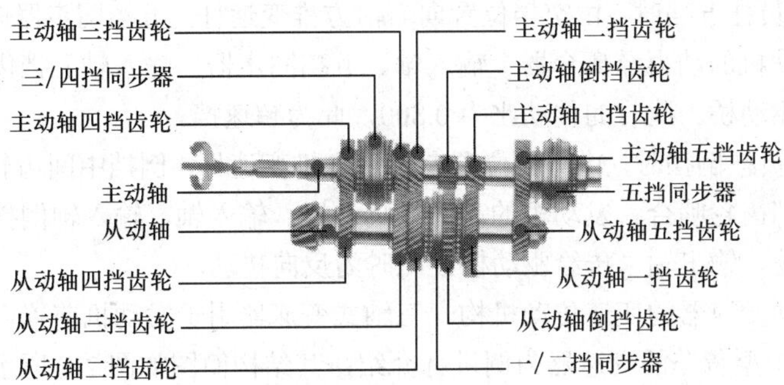

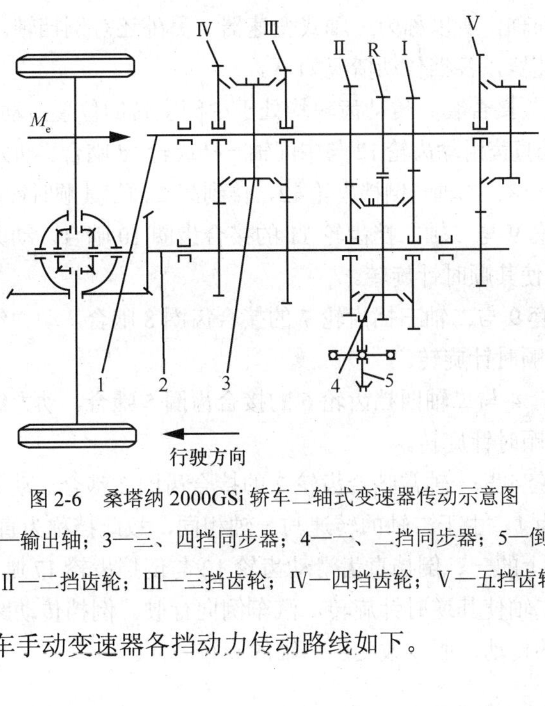

图 2-6　桑塔纳 2000GSi 轿车二轴式变速器传动示意图

1—输入轴；2—输出轴；3—三、四挡同步器；4—一、二挡同步器；5—倒挡中间齿轮；
Ⅰ—一挡齿轮；Ⅱ—二挡齿轮；Ⅲ—三挡齿轮；Ⅳ—四挡齿轮；Ⅴ—五挡齿轮；R—倒挡齿轮

桑塔纳 2000GSi 轿车手动变速器各挡动力传动路线如下。

① 空挡。如图 2-6 所示即为空挡。当离合器接合时，发动机动力传到输入轴，输入轴驱动一挡和二挡齿轮转动，由于同步器未起作用，因此动力不能传到输出轴，没有动力输出。

② 一挡。驾驶员挂一挡时，由空挡位置向左前方推变速杆，一、二挡同步器向后移动，与输出轴一挡齿轮啮合。发动机的动力经离合器、输入轴、输入轴一挡齿轮、输出轴一挡齿轮、一、二挡同步器、输出轴，传给驱动桥。此时的传动比为 3.455，输出转矩大，一般用于车辆起步、爬坡等行驶条件。

③ 二挡。驾驶员挂二挡时，由空挡位置向左后方推变速杆，一、二挡同步器向前移动，与输出轴二挡齿轮啮合。发动机的动力经离合器、输入轴、输入轴二挡齿轮、输出轴二挡齿轮、一、二挡同步器、输出轴，传给驱动桥。此时的传动比为 1.944，输出转矩下降，车速增加。

④ 三挡。驾驶员挂三挡时，由空挡位置向正前方推变速杆，三、四挡同步器向后移动，与输入轴三挡齿轮啮合。发动机的动力经离合器、输入轴、三、四挡同步器、输入轴三挡齿轮、输出轴三挡齿轮、输出轴，传给驱动桥。此时的传动比为 1.286，车速进一步增加。

⑤ 四挡。驾驶员挂四挡时，由空挡位置向正后方推变速杆，三、四挡同步器向前移动，与输入轴四挡齿轮啮合。发动机的动力经离合器、输入轴、三、四挡同步器、输入轴四挡齿轮、输出轴四挡齿轮、输出轴，传给驱动桥。此时的传动比为 0.969，应为直接挡。

⑥ 五挡。驾驶员挂五挡时，由空挡位置向右前方推变速杆，五挡同步器向后移动，与输入轴五挡齿轮啮合。发动机的动力经离合器、输入轴、五挡同步器、输入轴五挡齿轮、输出轴五挡齿轮、输出轴，传给驱动桥。此时的传动比为 0.800，此为超速挡。

⑦ 倒挡。驾驶员挂倒挡时，由空挡位置向右后方推变速杆，倒挡中间齿轮向后移动，同时与输入轴和输出轴倒挡齿轮啮合。发动机的动力经离合器、输入轴、输入轴倒挡齿轮、倒挡中间齿轮、输出轴倒挡齿轮、输出轴，传给驱动桥，此时为反向传动。

（2）三轴式手动变速器的变速传动机构。三轴式变速器用于发动机前置后轮驱动的汽车。下面以东风 EQl090E 中型货车的变速器为例进行介绍，其结构简图如图 2-7 所示，有 3 根主要的传动轴，一轴、二轴和中间轴，所以称为三轴式变速器。另外还有倒挡轴。

该变速器为五挡变速器，各挡传动情况如下。

① 空挡。二轴上的各接合套、传动齿轮均处于中间空转的位置，动力不传给第二轴。

② 1 挡。前移一倒挡直齿滑动齿轮 12 与中间轴一挡齿轮 18 啮合。动力经一轴齿轮 2、中间轴常啮合齿轮 23、中间轴齿轮 18、二轴一倒挡齿轮 12，传到第二轴使其顺时针旋转（与第一轴同向）。

③ 2 挡。后移接合套 9 与二轴二挡齿轮 11 的接合齿圈 10 啮合。动力经部件 2、23、20、11、10、9、24，传到二轴，使其顺时针旋转。

④ 3 挡。前移接合套 9 与二轴三挡齿轮 7 的接合齿圈 8 啮合。动力经部件 2、23、21、7、8、9、24，传到二轴，使其顺时针旋转。

⑤ 4 挡。后移接合套 4 与二轴四挡齿轮 6 的接合齿圈 5 啮合。动力经部件 2、23、22、6、5、4、25，传到二轴，使其顺时针旋转。

⑥ 5 挡。前移接合套 4 与一轴常啮合齿轮 2 的接合齿圈 3 啮合。动力直接由一轴、2、3、4、25，传到二轴，传动比为 1。由于二轴的转速与一轴相同，故此挡称为直接挡。

⑦ 倒挡。后移二轴上的一、倒挡直齿滑动齿轮 12 与倒挡齿轮 17 啮合。动力经部件 2、23、18、19、17、12，传给二轴使其逆时针旋转，汽车倒向行驶。倒挡传动路线与其他挡位相比较，由于多了倒挡中间齿轮的传动，所以改变了二轴的旋转方向。

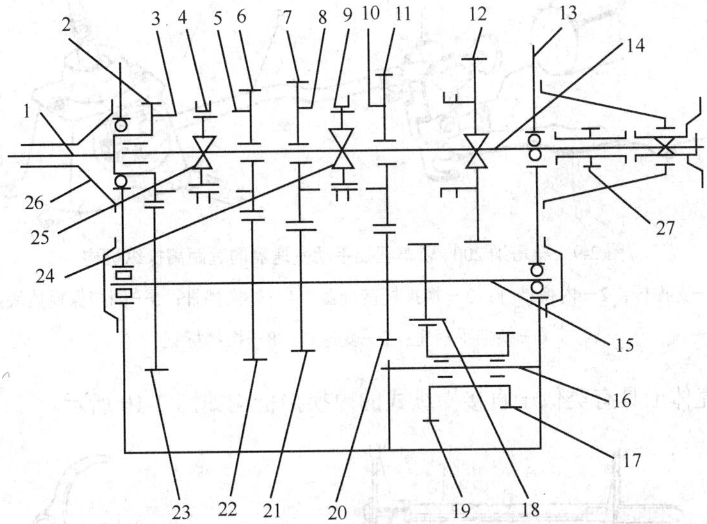

图 2-7 东风 EQ1092 中型货车的三轴式变速器结构简图

1—一轴；2—一轴常啮合齿轮；3—一轴常啮合齿轮接合齿圈；4、9—接合套；5—四挡齿轮接合齿圈；6—二轴四挡齿轮；7—二轴三挡齿轮；8—三挡齿轮接合齿圈；10—二挡齿轮接合齿圈；11—二轴二挡齿轮；12—二轴一、倒挡直齿滑动齿轮；13—变速器壳体；14—二轴；15—中间轴；16—倒挡轴；17、19—倒挡中间齿轮；18—中间轴一、倒挡齿轮；20—中间轴二挡齿轮；21—中间轴三挡齿轮；22—中间轴四挡齿轮；23—中间轴常啮合齿轮；24、25—花键毂；26—一轴轴承盖；27—回油螺纹

2．手动变速器操纵机构

手动变速器操纵机构用于执行驾驶员的换挡操作，保证驾驶员能准确可靠地将变速器挂入所需要的挡位，并根据需要随时退至空挡。

变速器操纵机构按照变速操纵杆（变速杆）与变速器相对位置的不同，可分为直接操纵式和远距离操纵式两种类型。

（1）直接操纵式操纵机构。直接操纵式变速器布置在驾驶员座椅旁，变速杆由驾驶室地板伸出，变速杆及所有操纵装置都设置在变速器壳体上，驾驶员可以直接操纵变速器进行换挡。如图 2-8 所示，东风 EQ1092 中型货车五挡变速器操纵机构就采用这种形式。

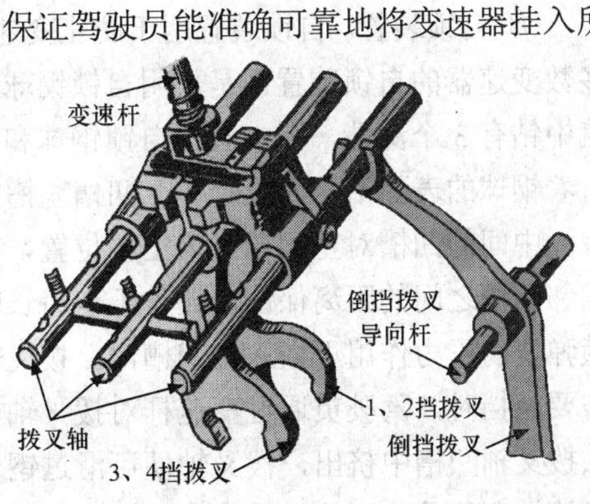

图 2-8 东风 EQ1092 货车的三轴式变速器操纵机构

（2）远距离操纵式操纵机构。在有些汽车上，由于变速器离驾驶员座位较远，变速杆及其他操纵装置不能安装在变速器壳上，则需要在变速杆与拨叉之间加装一些辅助杠杆或一套传动机构，构成远距离操纵机构。这种操纵机构多用于发动机前置前轮驱动的轿车，如桑塔纳 2000 轿车的五挡手动变速器，由于其变速器安装在前驱动桥处，远离驾驶员座椅，需要采用这种操纵方式，如图 2-9 所示。

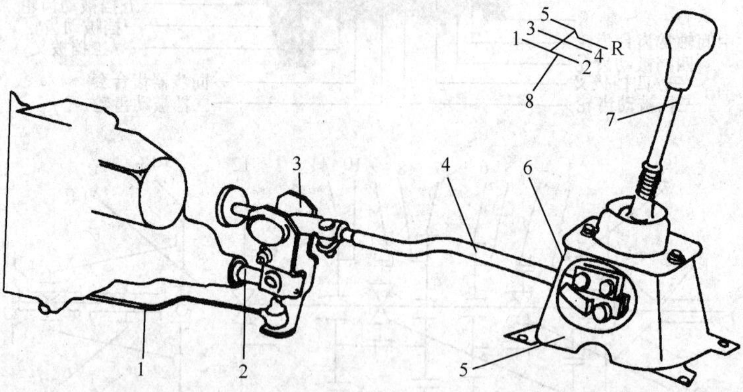

图 2-9 桑塔纳 2000 轿车五挡手动变速器的远距离操纵机构

1—支撑杆；2—内换挡杆；3—换挡杆接合器；4—外换挡杆；5—倒挡保险挡块；6—换挡手柄座；7—变速杆；8—换挡标记

而在变速器壳体上具有类似于直接操纵式的内换挡机构如图 2-10 所示。

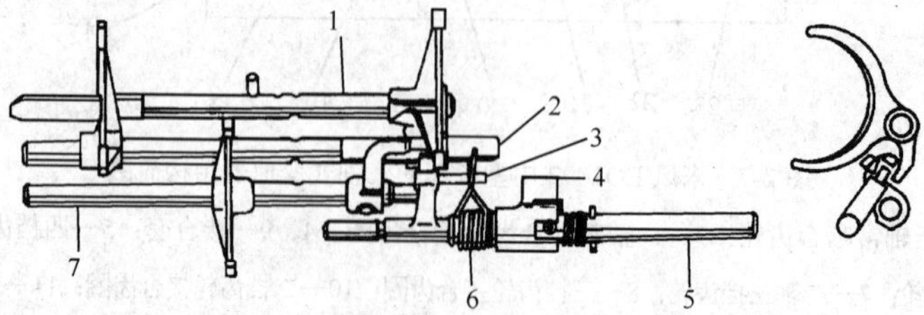

图 2-10 桑塔纳 2000 轿车五挡手动变速器的内换挡机构

1—五、倒挡拨叉轴；2—三、四挡拨叉轴；3—定位拨销；4—倒挡保险挡块；5—内换挡杆；6—定位弹簧；7—一、二挡拨叉轴

（3）换挡锁装置。为了保证变速器在任何情况下都能准确无误地换挡，并安全、可靠地工作，变速器操纵机构一般都具有换挡锁装置，包括自锁装置、互锁装置和倒挡锁装置。

① 自锁装置。自锁装置用于防止变速器自动脱挡或自动挂挡，并保证轮齿以全齿宽啮合。大多数变速器的自锁装置都是采用自锁钢球对拨叉轴进行轴向定位锁止。如图 2-11 所示，在变速器盖中钻有 3 个深孔，孔中装入自锁钢球和自锁弹簧，其位置正处于拨叉轴的正上方，每根拨叉轴对着钢球的表面沿轴向设有 3 个凹槽，槽的深度小于钢球的半径。

中间的凹槽对正钢球时为空挡位置，前边或后边的凹槽对正钢球时则处于某一工作挡位置，相邻凹槽之间的距离保证齿轮处于全齿长啮合或是完全退出啮合。凹槽对正钢球时，钢球便在自锁弹簧的压力作用下嵌入该凹槽内，拨叉轴的轴向位置便被固定，不能自行挂挡或自行脱挡。当需要换挡时，驾驶员通过变速杆对拨叉轴施加一定的轴向力，克服自锁弹簧的压力而将自锁钢球从拨叉轴凹槽中挤出，拨叉轴便可滑过钢球进行轴向移动，并通过拨叉带动相应的接合套或滑动齿轮轴向移动，当拨叉轴移至其另一凹槽与钢球相对正时，钢球又被压入凹槽，驾驶员具有很强的手感，此时拨叉所带动的接合套或滑动齿轮便被拨入空挡或被拨入另一挡位。

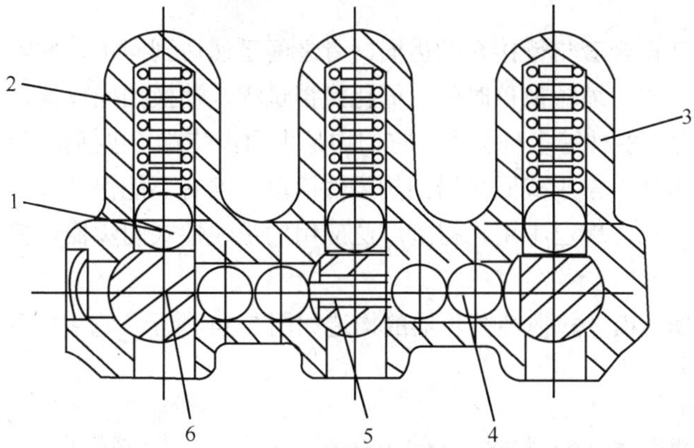

图 2-11 自锁和互锁装置

1—自锁钢球；2—自锁弹簧；3—变速器盖；4—互锁钢球；5—互锁销；6—拨叉轴

② 互锁装置。互锁装置用于防止同时挂上两个挡位。如图 2-12 所示，互锁装置由互锁钢球和互锁销组成。

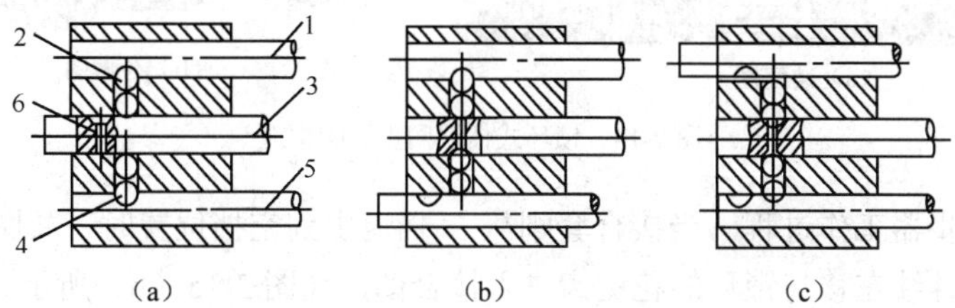

图 2-12 互锁装置工作示意图

1、3、5—拨叉轴；2、4—互锁钢球；6—互锁销

当变速器处于空挡时，所有拨叉轴的侧面凹槽同互锁钢球、互锁销都在一条直线上。当移动中间拨叉轴 3 时，如图 2-12（a）所示，轴 3 两侧的内钢球从其侧凹槽中被挤出，而两外钢球 2 和 4 则分别嵌入拨叉轴 1 和轴 5 的侧面凹槽中，因而将轴 1 和轴 5 刚性地锁止在其空挡位置。若欲移动拨叉轴 5，则应先将拨叉轴 3 退回到空挡位置。于是在移动拨叉轴 5 时，钢球 4 便从轴 5 的凹槽中被挤出，同时通过互锁销 6 和其他钢球将轴 3 和轴 1 均锁止在空挡位置，如图 2-12（b）所示。同理，当移动拨叉轴 1 时，则轴 3 和轴 5 被锁止在空挡位置，如图 2-12（c）所示。因此，互锁装置工作的原理是当驾驶员用变速杆推动某一拨叉轴时，自动锁止其余拨叉轴，从而防止同时挂上两个挡位。

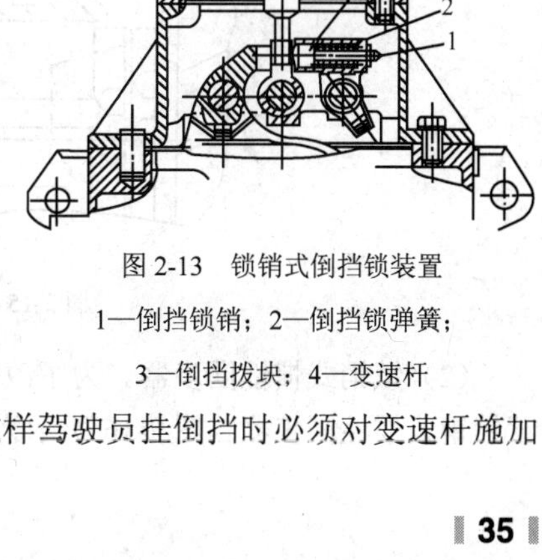

图 2-13 锁销式倒挡锁装置

1—倒挡锁销；2—倒挡锁弹簧；3—倒挡拨块；4—变速杆

③ 倒挡锁装置。倒挡锁装置用于防止误挂倒挡。图 2-13 所示为常见的锁销式倒挡锁装置。当驾驶员想挂倒挡时，必须用较大的力使变速杆 4 下端压缩弹簧 2，将锁销推入锁销孔内，才能使变速杆下端进入拨块 3 的凹槽中进行换挡。这样驾驶员挂倒挡时必须对变速杆施加

更大的力，才能挂入倒挡，起到警示注意作用，以防误挂倒挡。

3．同步器

同步器的功用是使接合套与待接合的齿圈二者之间迅速达到同步，并阻止二者在同步前进入啮合；消除换挡时的冲击，缩短换挡时间；简化换挡过程，使换挡操作简洁而轻便。同步器有惯性式、常压式、自增力式多种等多种类型，它们均是由同步装置（包括推动件和摩擦件）、锁止装置和接合装置 3 部分组成。常压式同步器结构虽然简单，但有不能保证啮合件在同步状态下（即角速度相等）换挡的缺点，现已不用，得到广泛应用的是惯性式同步器。惯性同步器有锁环式和锁销式等形式。

（1）锁环式同步器。锁环式惯性同步器的构造如图 2-14 所示；它由锁环滑块、弹簧圈、花键毂及接合套等组成。

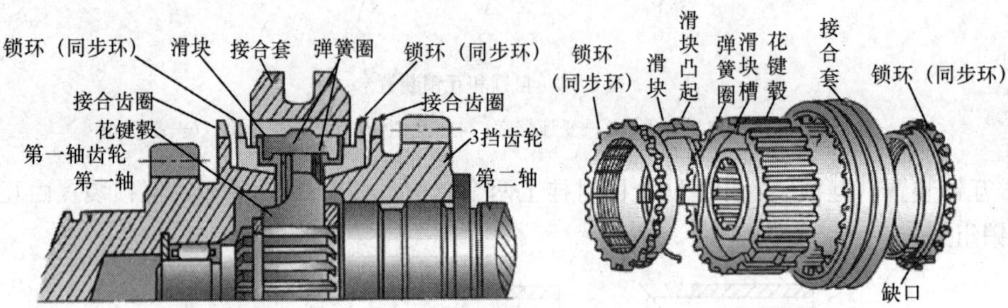

（a）装配图　（b）分解图

图 2-14　锁环式惯性同步器的构造

锁环式惯性同步器工作过程。当接合套刚从 3 挡退出到空挡位置时，如图 2-15（a）所示，接合套压下弹簧圈继续左移与锁环的花键齿进入接合图，如图 2-15（b）所示。

如果此时接合套花键齿与接合齿圈的花键齿发生抵触，如图 2-15（c）所示，接合套与接合齿圈的花键齿圈进入接合，如图 2-15（d）所示，最后完成了换入 4 挡的全过程。

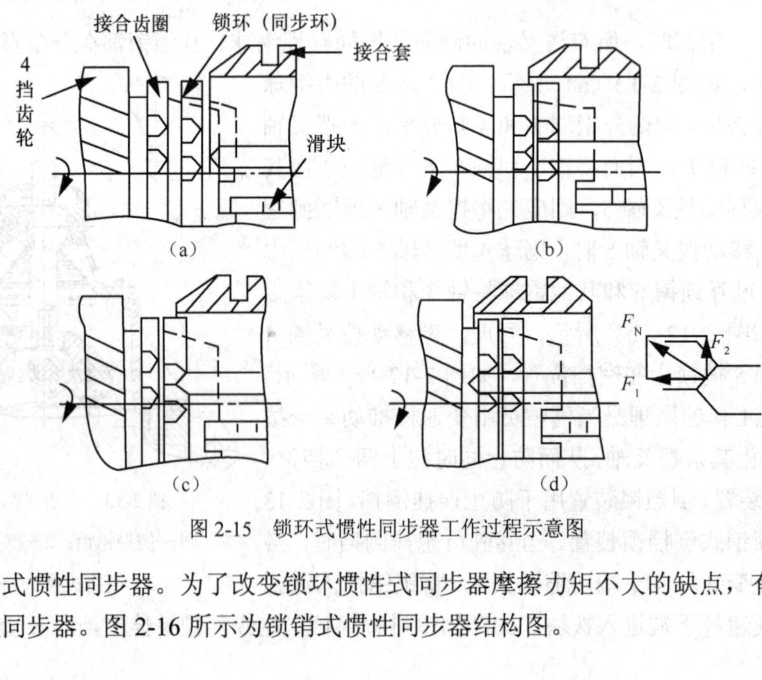

图 2-15　锁环式惯性同步器工作过程示意图

（2）锁销式惯性同步器。为了改变锁环惯性式同步器摩擦力矩不大的缺点，有的货车上采用了锁销式惯性同步器。图 2-16 所示为锁销式惯性同步器结构图。

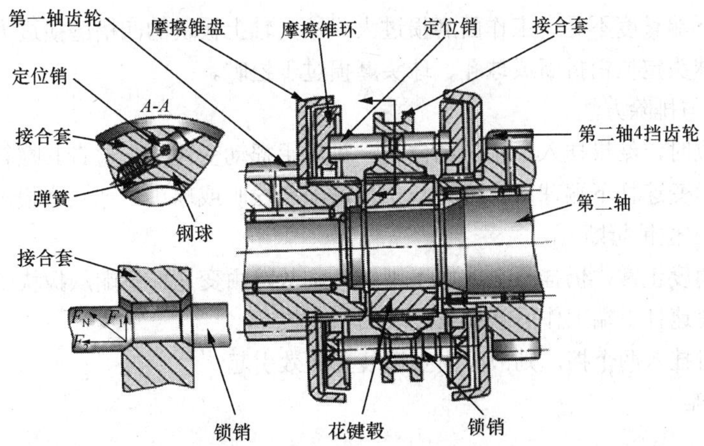

图 2-16　锁环式惯性同步器结构图

三、手动变速器的常见故障与排除

手动变速器的常见故障主要有跳挡、乱挡、挂挡困难、异响等。

（一）跳挡

1．故障现象

汽车在加速、减速、爬坡或汽车剧烈振动时，变速杆自动跳回空挡位置。

2．故障原因

（1）操纵机构磨损严重，导致齿轮啮合不能达到全齿长啮合。

（2）自锁装置的钢球或凹槽磨损严重，自锁弹簧疲劳过软或折断。

（3）齿轮沿齿长方向磨损成锥形。

（4）轴、轴承磨损松旷，使一、二轴不平行。

（5）二轴上的常啮合齿轮轴向或径向间隙过大。

（6）各轴轴向或径向间隙过大。

3．故障诊断与排除方法

（1）进行路试，逐挡反复做挂挡、退挡动作，并体验手感。

（2）如果感觉阻力很小，甚至没有自锁钢球落入凹槽的感觉，说明故障是由自锁装置失效引起，进一步检查自锁装置。

（3）如果手感正常，继续进行路试，采用连续加、减速的方法逐挡查找跳挡挡位。

（4）将变速杆挂入跳挡挡位，发动机熄火，小心拆下变速器盖，观察跳挡齿轮的啮合情况。

（5）如果跳挡齿轮未达到全长啮合，则故障由此引起。

（6）如果达到全长啮合，检查啮合部位磨损情况，磨损成锥形，则故障可能由此引起。

（7）检查该挡齿轮和各轴的轴向和径向间隙，间隙过大，则故障可能由此引起。

（8）否则，故障为离合器壳体和变速器壳体的接合平面与曲轴轴线不垂直而引起。

（二）乱挡

1．故障现象

在离合器技术条件正常的情况下，变速器挂不上所需要挡位或者同时挂上两个挡位。

2．故障原因

（1）互锁装置失效。如拨叉轴、互锁销或互锁钢球磨损严重。

（2）变速杆下端长度不足、工作面磨损过大或拨叉轴上拨块的凹槽磨损过大。

（3）变速杆球头定位销折断或球孔、球头磨损过于松旷。

3．故障诊断与排除方法

（1）挂某挡位时，结果挂入了别的挡位时，可用手摇动变速杆，检查其摆转角度，若超出正常范围，则故障由变速杆下端球头定位销与定位槽配合松旷或球头、球孔磨损过大引起。变速杆摆转 360°，则为定位销折断。

（2）如摆转角度正常，仍挂不上或摘不下挡，则故障由变速杆下端从拨块凹槽中脱出引起，脱出的原因多为变速杆下端工作面磨损或导块凹槽磨损。

（3）如果同时挂入两个挡，则故障由互锁装置失效引起。

（三）挂挡困难

1．故障现象

离合器技术状况良好，但挂挡时不能顺利挂入挡位，常发生齿轮撞击声。

2．故障原因

（1）同步器故障。

（2）拨叉轴弯曲、锁紧弹簧过硬、钢球损伤等。

（3）一轴花键损伤或一轴弯曲。

（4）齿轮油不足或过量、齿轮油不符合规格。

3．故障诊断与排除方法

（1）检查同步器是否松散、锁环或锥环内锥面螺旋槽是否磨损、滑块是否磨损、弹簧弹力是否过软等。

（2）如果同步器正常，检查一轴是否弯曲、花键是否磨损严重。

（3）检查拨叉轴是否移动正常。

（四）变速器异响

1．故障现象

变速器异响是指变速器工作时发出的不正常响声，如齿轮撞击声、轴承运转噪声等。

2．故障原因

（1）齿轮异响。齿轮磨损过度变薄，间隙过大，运转中有冲击；齿面啮合不良，如修理时没有成对更换齿轮。新、旧齿轮搭配，齿轮不能正确啮合；齿面有金属疲劳剥落或个别齿损坏折断；齿轮与轴上的花键配合松旷，或齿轮的轴向间隙过大；轴弯曲或轴承松旷引起齿轮啮合间隙改变。

（2）轴承响。轴承磨损严重；轴承内（外）座圈与轴颈（孔）配合松动；轴承滚珠碎裂或滚道表面烧蚀、剥落，出现麻点等异常。

（3）其他原因异响。如变速器内缺油，润滑油过稀、过稠或质量变坏；变速器内掉入异物；某些紧固螺栓松动；里程表软轴或里程表齿轮发响等。

3．故障诊断与排除

（1）变速器发出金属干摩擦声，即为缺油和油的质量不好。应加油和检查油的质量，必要时更换。

（2）行驶时换入某挡若响声明显，即为该挡齿轮轮齿磨损；若发生周期性的响声，则为个别齿损坏。

（3）空挡时响，而踏下离合器踏板后响声消失，一般为一轴前、后轴承或常啮合齿轮响；如换入任何挡都响，多为二轴后轴承响。

（4）变速器工作时发生突然撞击声，多为轮齿断裂，应及时拆下变速器盖检查，以防机件损坏。

（5）行驶时，变速器只有在换入某挡时齿轮发响，在上述完好的前提下，应检查啮合齿轮是否搭配不当，必要时应重新装配一对新齿轮。此外，也可能是同步器齿轮磨损或损坏，视情况修复或更换。

（6）换挡时齿轮撞击而发响，则可能是离合器不能分离或离合器踏板行程不正确、同步器损坏、怠速过大、变速杆调整不当或导向衬套紧等。遇到这种情况，先检查离合器能否分离，再分别调整怠速或变速杆位置，检查导向衬套与分离轴承配合的松紧度。

（7）如经上述检查排除后，变速器仍发响，应检查各轴轴承与轴孔配合情况、轴承本身的技术状态等；如完好，再查看里程表软轴及齿轮是否发响，必要时予以修理或更换。

（五）变速器漏油

1．故障现象

变速器盖、侧盖、轴承盖、油封等处出现齿轮润滑油，变速器齿轮箱的油量减少。

2．故障原因及排除方法

（1）润滑油选用不当或润滑油量太多，产生过多泡沫，此时需更换润滑油或调节润滑油。

（2）侧盖太松、密封垫损坏、油封损坏、密封和油封损坏等情况，此时应更换新件。

（3）各处固定螺栓松动，应按规定力矩拧紧。

（4）变速器壳体破裂，此时应更换。

（5）里程表齿轮限位器松脱破损，必须锁紧或更换；变速杆油封漏油应更换油封。

四、活动页

1．填空题

（1）变速器操纵机构的作用是________________________________。

（2）变速器按传动比变化方式不同可分为__________、__________和__________3 种。按操纵方式不同可分为__________、__________和__________3 种。

（3）普通齿轮变速器由__________机构和__________机构所组成。

（4）变速器输入轴的前端与离合器的__________相连，输出轴的后端通过凸缘与__________相连。

（5）倒挡锁的作用是________________________________。它由__________、__________和__________组成。

（6）变速器挂倒挡时，第二轴的旋转方向与发动机曲轴的旋转方向__________。

（7）锁环式同步器由__________、__________、__________和__________等零件组成。

2．填图题

下图为桑塔纳 2000GSi 轿车两轴式变速器传动示意图，请填出名称。

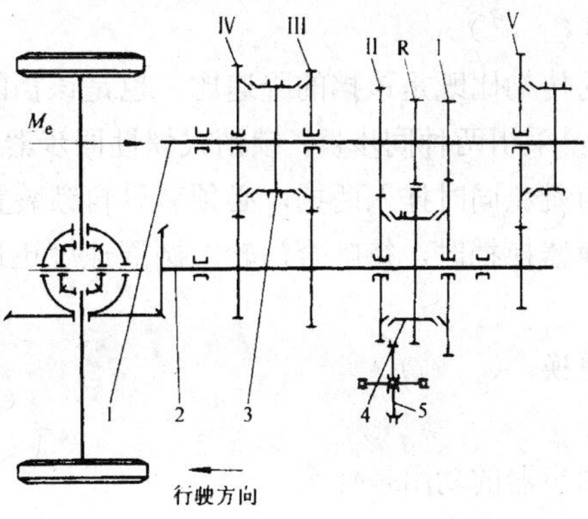

（1）________（2）________（3）________（4）________（5）________

Ⅰ________ Ⅱ________ Ⅲ________ Ⅳ________ Ⅴ________ R________

3．选择题

（1）变速器中超速挡的齿轮传动比（ ）。

A．大于 1　　B．小于 1　　C．等于 1　　D．以上都不是

（2）三轴式变速器前进挡一般需要（ ）齿轮传动才能将动力传出。

A．一对　　B．二对　　C．三对　　D．四对

（3）两轴式变速器的特点是输入轴与输出轴（ ），且无中间轴。

A．重合　　B．垂直　　C．平行　　D．斜交

（4）当离合器处于完全结合状态时，变速器一轴（ ）。

A．不转动　　B．大于发动机曲轴转速不同

C．与发动机曲轴转速相同　　D．小于发动机曲轴转速不同

（5）锁环式惯性同步器加速同步过程的主要原因是（ ）。

A．作用在锁环上的推力　　B．惯性力

C．摩擦力　　D．以上各因素综合

（6）齿轮沿齿长方向磨损成锥形会造成（ ）。

A．跳挡　　B．乱挡

C．挂挡困难　　D．换挡时齿轮相撞击而发响

（7）关于乱挡原因，下列说法错误的是（ ）。

A．互锁装置失效，如拨叉轴、互锁销或互锁钢球磨损过度

B．变速杆下端弧形工作面磨损过大或拨叉轴上拨块的凹槽磨损过大

C．变速杆球头定位销折断或球孔、球头磨损过于松旷

D．自锁装置的钢球或凹槽磨损严重，自锁弹簧疲劳过软或折断

（8）关于换挡时齿轮撞击而发出异响的原因，下列说法错误的是（ ）。

A．离合器踏板行程不正确　　B．同步器损坏

C．缺油和油的质量不好　　D．变速杆调整不当

4．判断题（正确打√、错误打×）

（1）变速器第一轴与第二轴相互平行且在同一条直线上，因此，第一轴转动第二轴也随着转动。（ ）

（2）变速器倒挡传动比数值设计得较大，一般与一挡传动比数值相近。这主要是为了倒车时，汽车应具有足够大的驱动力。（ ）

（3）变速器的某一挡位的传动比既是该挡的降速比，也是该挡的增矩比。（ ）

（4）CA1092 型汽车变速器采用两种同步器，锁销式惯性同步器和锁环式惯性同步器。（ ）

（5）变速器在换挡时，为避免同时挂入两挡，必须装设自锁装置。（ ）

（6）同步器能够保证变速器换挡时，待啮合齿轮的圆周速度迅速达到一致，以减少冲击和磨损。（ ）

（7）变速器齿轮应成对更换。（ ）

5．问答题

（1）分别说明变速器和同步器的功用是什么。

（2）变速器操纵机构有哪些功用及要求？

（3）变速器常见的故障有哪些？分别由哪些原因引起？

6．论述题

评价自己对本任务的学习掌握情况。

任务二　二轴式手动变速器的拆装与检修

一、实训准备

1．实训器材

（1）桑塔纳 2000GLi 轿车。

（2）拉器、扭力扳手、轮式千斤顶、弹簧秤、卡环钳、百分表、塞尺、举升机、组合工具、转向盘护套、变速杆手柄套、座位套、脚垫等。

2．准备工作

（1）汽车进入工位前，将工位清理干净，准备好相关的器材。

（2）将汽车停驻在举升机中央位置。

（3）拉紧驻车制动器操纵杆，并将变速杆置于空挡位置。

（4）套上转向盘护套、变速杆手柄套和座位套，铺设脚垫。

（5）在车内拉动发动机舱盖手柄。

（6）在车外打开并支撑发动机舱盖。

（7）粘贴翼子板和前格栅磁力护裙。

3．拆装注意事项

（1）变速器解体前要进行清洗，以免拆开变速器后，灰尘、异物进入箱体内。

（2）拆装过程中要使用正确的工具，特别是要按照厂家维修手册的要求使用专用工具。

（3）装配前，必须对零件进行认真的清洗，除去污物、毛刺和铁屑等。尤其要注意各润滑油孔的畅通。

（4）装配轴承、齿轮、键槽时，应涂抹齿轮油进行预润滑。

（5）装配密封衬垫时，应在密封衬垫的两侧涂以密封胶，确保密封效果。

（6）装入油封前，需在油封的刃口涂少量润滑脂，要垂直压入，并注意安装方向。

（7）变速器装配时要按规定的力矩拧紧全部螺栓。

二、手动变速器的拆装

正确地拆装手动变速器是手动变速器故障诊断与检修的前提。下面以桑塔纳 2000 为例介绍手动变速器的拆装，以了解手动变速器内部结构，掌握其工作过程，并为故障诊断与检修打下基础。

1．变速器总成的拆卸

（1）拆下蓄电池的搭铁线。

（2）拆下离合器拉索，如图 2-17 所示。

（3）举升起汽车。将传动轴（半轴）从变速器上拆下来并支撑好，如图 2-18 所示。

（4）旋松变速操纵机构的内换挡杆螺栓，如图 2-19 所示。

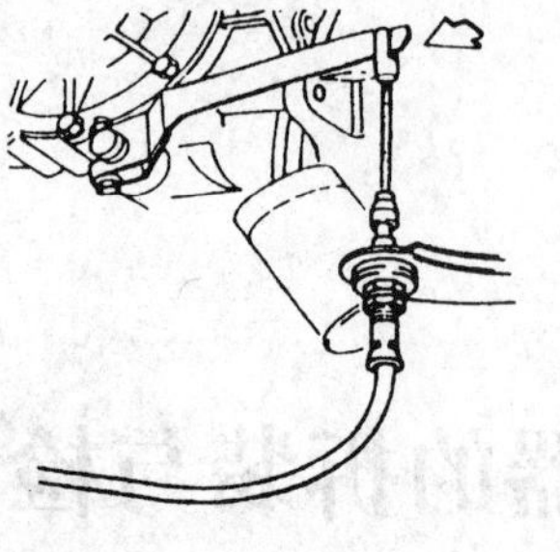

图 2-17　拆下离合器拉索

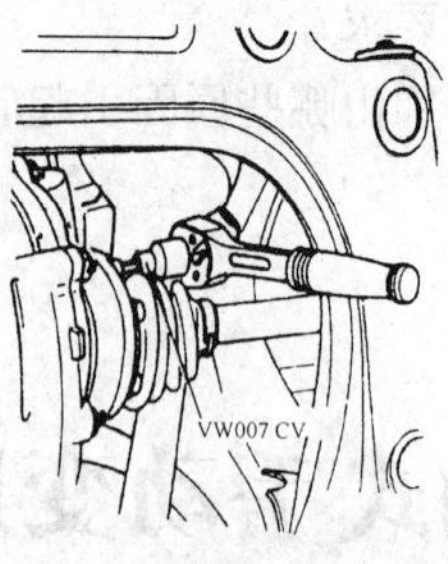

图 2-18　拆卸传动轴

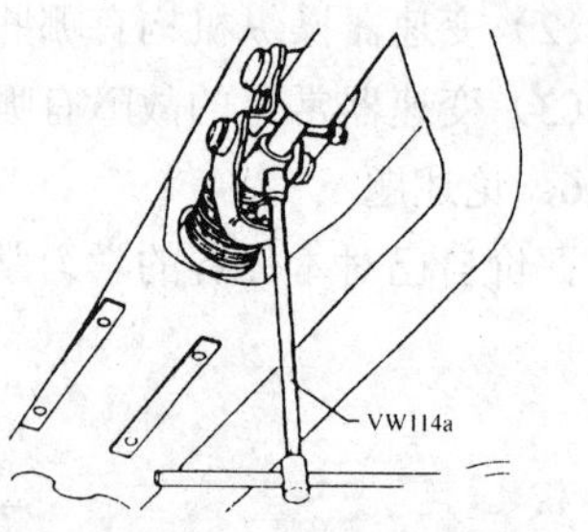

图 2-19　旋松内换挡杆螺栓

（5）压出支撑杆球头并将内换挡杆与离合块分离，如图 2-20 所示。

（6）拆下倒挡灯开关的接头。

（7）拆下车速里程表软轴，如图 2-21 所示。

（8）卸下离合器盖板，如图 2-22 所示。

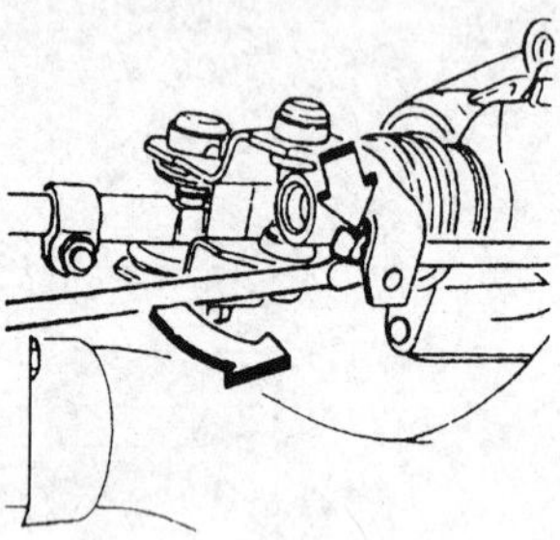

图 2-20　压出支撑杆球头

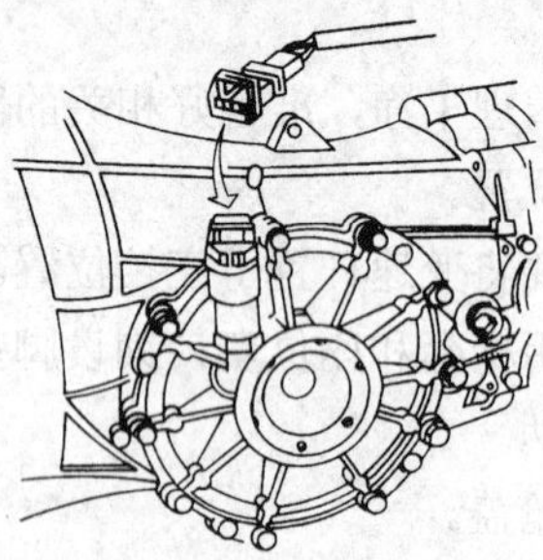

图 2-21　拆下车速里程表软轴

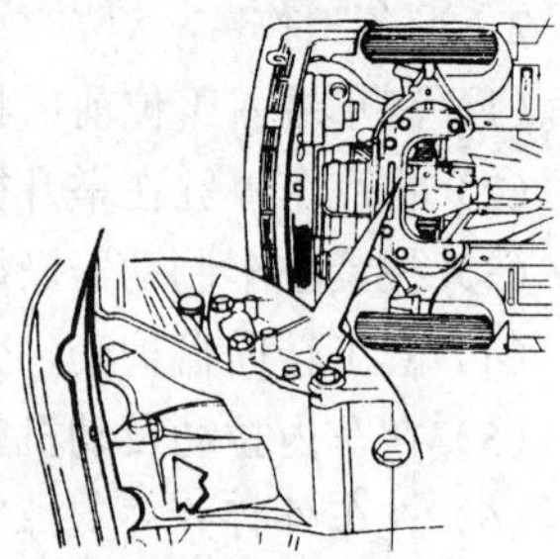

图 2-22　拆下离合器盖板

（9）拆下排气管。必要时将化油器上的滤清器取下，有利于拆下排气管的螺母。

（10）放下汽车并将发动机固定好，如图 2-23 所示。拆下发动机与变速器上部连接螺栓。

（11）举升起汽车。拆下起动机的紧固螺栓。

（12）拆下发动机中间支架，如图 2-24 所示。

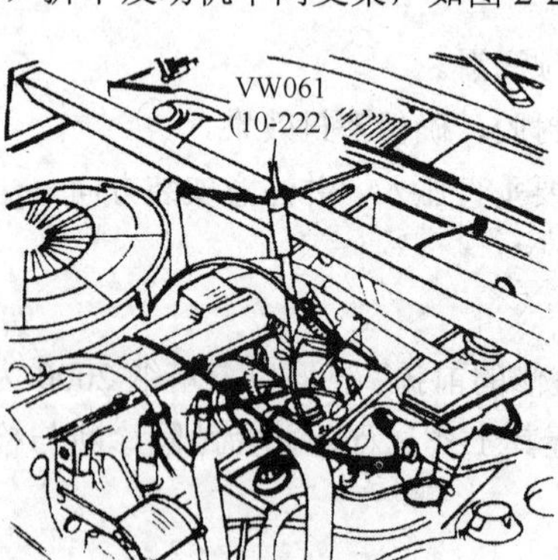

图 2-23　固定发动机

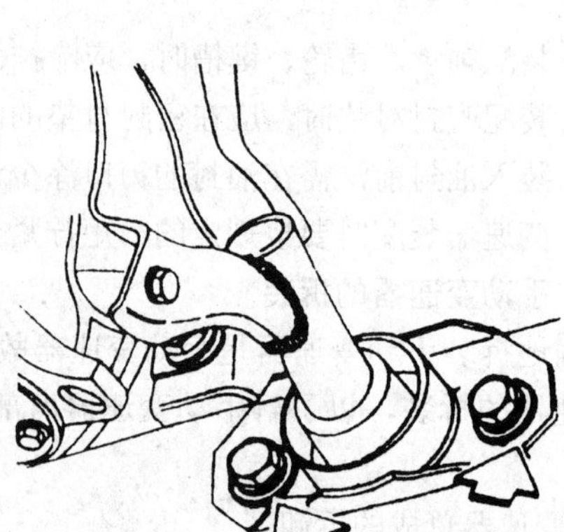

图 2-24　拆下发动机中间支架

（13）拆下螺栓 1，并旋松螺栓 2，如图 2-25 所示。拆下变速器减振垫和减振垫前支架。

（14）拆下发动机与变速器下部连接螺栓，并拆卸变速器，如图 2-26 所示。

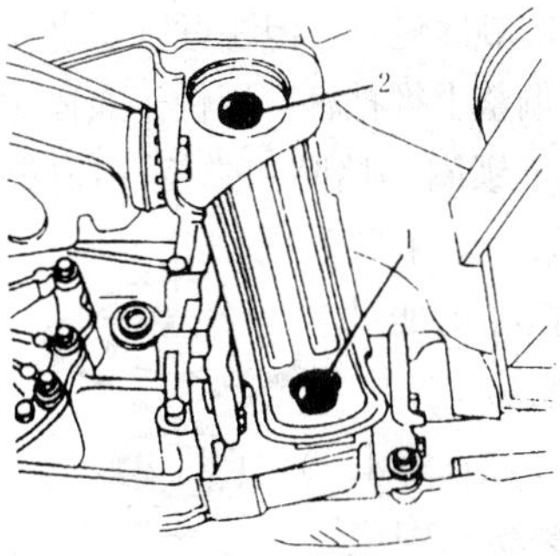

图 2-25　拆下螺栓

1、2—螺栓

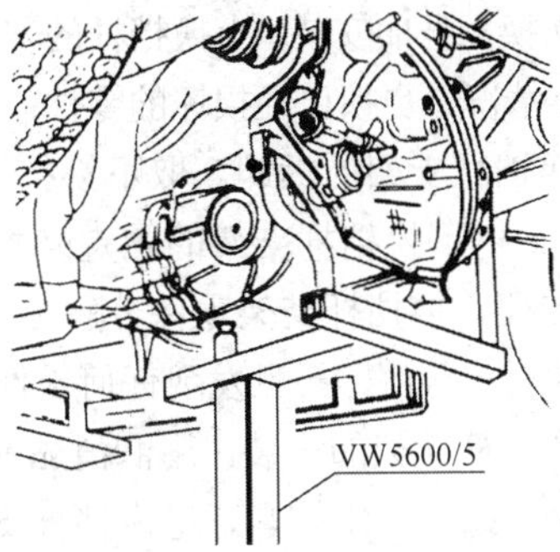

图 2-26　拆卸变速器

2．变速器操纵机构的拆装

图 2-27 所示为桑塔纳 2000 轿车五挡手动变速器操纵机构分解图。

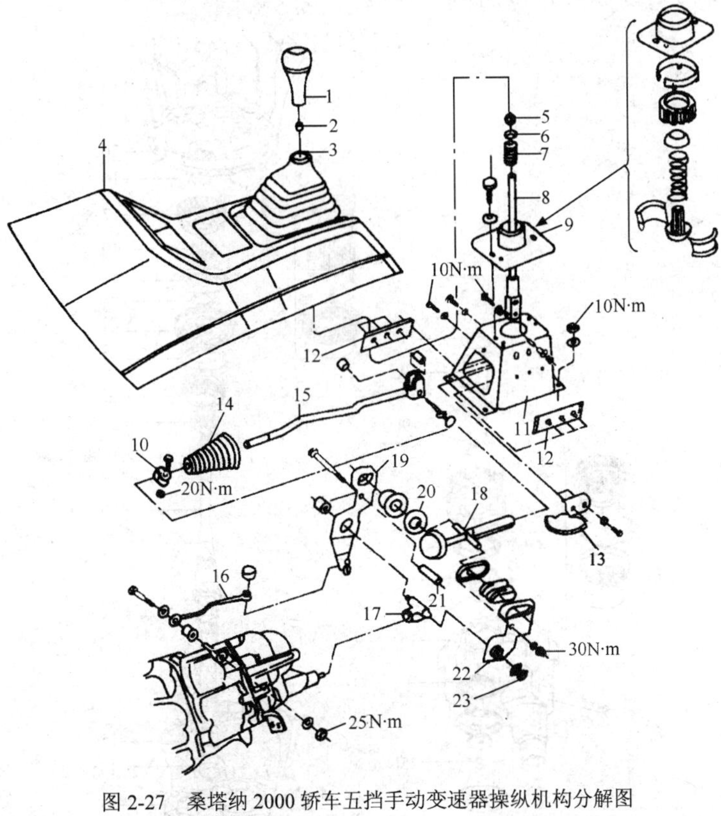

图 2-27　桑塔纳 2000 轿车五挡手动变速器操纵机构分解图

1—换挡手柄；2—防尘罩衬套；3—防尘罩；4—仪表板；5—锁圈；6—挡圈；7—弹簧；8—上换挡杆；9—换挡杆支架；10—夹箍；11—变速杆罩壳；12—缓冲垫；13—倒挡缓冲垫；14—密封罩；15—下换挡杆；16—支撑杆；17—离合块；18—换挡连接套；19—轴承右侧压板；20—罩盖；21—支撑轴；22—轴承左侧压板；23—塑料衬套

（1）上换挡杆的拆卸。拆下换挡手柄，取下防尘罩。取下仪表板。拆下固定在上换挡杆的弹簧锁圈（注意锁圈一经拆卸，就要更换），取下挡圈和弹簧。拆下换挡杆支架。拆下变速控制器罩壳，使上、下换挡杆脱离。

（2）上换挡杆的安装。上换挡杆的安装按照与拆卸相反的顺序进行，但注意以下事项：检查所有零件的完好情况，更换已经损坏的零件；润滑衬套和挡圈；调整上换挡杆；用快干胶固定换挡手柄。

（3）换挡杆支架的拆卸。取下换挡手柄和防尘罩。拆下锁圈、挡圈和弹簧（锁圈一经拆卸，就要更换）。拆下换挡杆支架的固定螺栓，取下换挡杆支架。用手取下换挡杆支架，换挡杆支架零件分解如图 2-28 所示。换挡杆支架只有加润滑油时才分解，一旦发现任何零件损坏，就要全部更换。

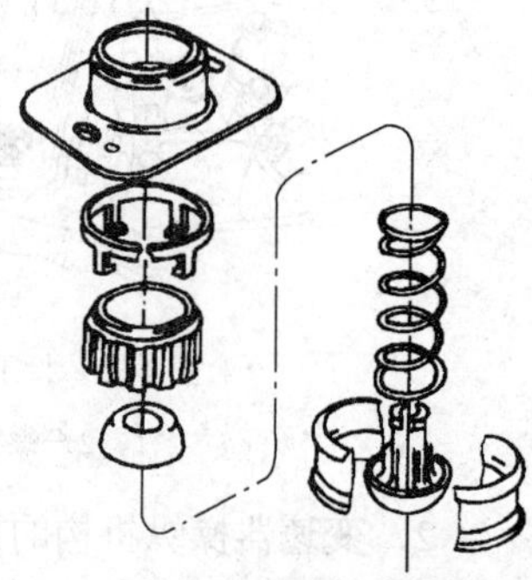

图 2-28 换挡杆支架零件分解图

（4）换挡杆支架的安装。用润滑脂润滑换挡杆支架内部件，装上换挡杆支架，螺栓不用旋紧，将换挡杆支架上的孔与变速操纵机构罩壳上的孔对准，用 10N·m 的力矩旋紧螺栓。装上弹簧挡圈和新的锁圈。检查各挡的啮合情况。装上防尘罩和手柄。

3．变速器总成分解

变速传动机构包括输入轴、输出轴及其上的齿轮。输入轴和输出轴的分解图分别如图 2-29 和图 2-30 所示。

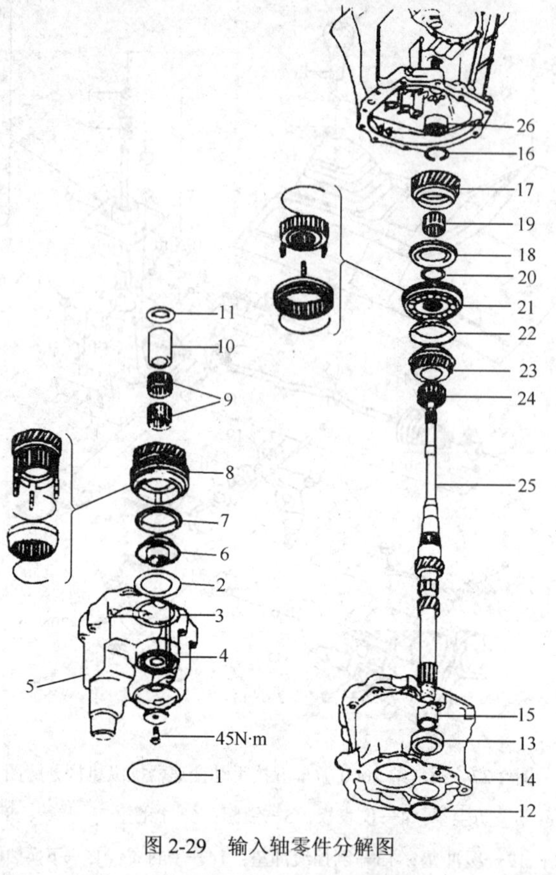

图 2-29 输入轴零件分解图

1—后轴承的罩盖；2—挡油圈；3—卡环；4—输入轴后轴承；5—变速器后盖；6—五挡同步套管；7—五挡同步环；8—五挡同步器和齿轮；9—五挡齿轮滚针轴承；10—五挡齿轮滚针轴承内座圈；11—固定垫圈；12—卡环；13—中间轴承；14—轴承支座；15—中间轴承内座圈；16—卡环；17—四挡齿轮；18—四挡同步环；19—四挡齿轮滚针轴承；20—卡环；21—三挡和四挡同步器；22—三挡同步环；23—三挡齿轮；24—三挡齿轮滚针轴承；25—输入轴；26—输入轴滚针轴承

（1）把变速器放在修理台或修理架上，放出变速器机油。

（2）将变速器后盖拆下，取出调整垫片和密封圈。

（3）小心地将第三、四挡换挡滑杆向第三挡方向拉至小的挡块取出，将换挡杆重新推至空挡位置（注意：换挡滑杆不能拉出太远，否则同步器内的挡块会弹出来，换挡滑杆不能回到空挡位置）。

（4）倒挡和一挡齿轮同时啮合，锁住轴，旋下主动锥齿轮螺母。

（5）用工具顶住输入轴的中心，取下输入轴的挡圈和垫片。

（6）用拉器拉出输入轴的向心轴承。

（7）若没有专用工具，先旋出壳体和后盖的连接螺栓，用塑料锤（或木锤）敲击输入轴的前端和后壳体，直至后盖和后壳体结合处出现松动。

（8）变速器壳体固定在台钳上，钳口应有较软的金属保持垫片，以防夹坏机件。

（9）取出第三、四换挡拨叉的夹紧套筒，将第三、四换挡杆往回拉，直至可以将第三、四换挡杆拨叉取出为止。

（10）将换挡拨叉重新放在空挡位置，取出输入轴。

（11）压出倒挡齿轮轴，并取出倒挡齿轮。

（12）用小冲头冲出一、二挡换挡拨块上的弹性销，并取出弹性夹片。

（13）用工具拉出输出轴总成（注意：在拉出输出轴总成的同时，应注意一、二挡拨叉轴的间隙，以防卡住）。

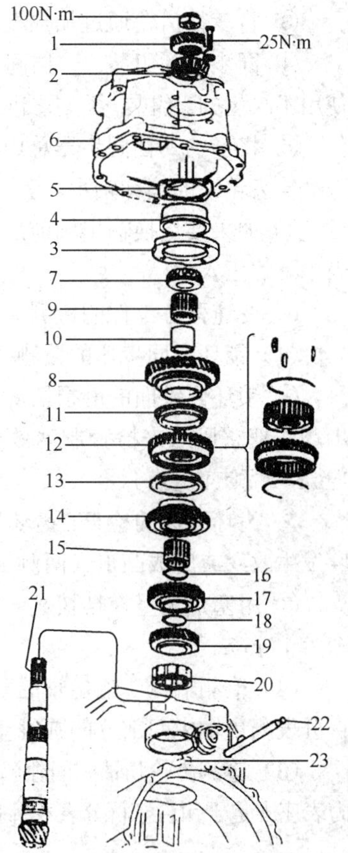

图 2-30　输出轴零件分解图

1—五挡齿轮；2—输出轴外后轴承；3—轴承保持架；4—后轴承外圈；5—调整垫片；6—轴承支座；7—输出轴内后轴承；8—一挡齿轮；9—一挡齿轮滚针轴承；10—一挡齿轮滚针轴承内座圈；11—一挡同步环；12—一挡和二挡同步器；13—二挡同步环；14—二挡齿轮；15—二挡齿轮滚针轴承；16—挡环；17—三挡齿轮（凸缘应转向四挡齿轮）；18—挡环；19—四挡齿轮（凸缘应转向主动锥齿轮）；20—输出轴前轴承；21—输出轴；22—圆柱销；23—输出轴前轴承外圈

4．变速器输入轴总成的分解与组装

（1）输入轴总成的分解。拆下挡圈，取下四挡齿轮，用压床压出三、四挡同步器齿毂。

（2）输入轴总成的组装。

① 组装好三挡齿轮和轴承，压入三、四挡齿毂齿套，齿毂内花键的倒角朝向三挡齿轮的方向。

② 压入一、二挡齿毂齿套，齿毂和齿套安装时，槽应对着一挡齿轮。

③ 安装滑块弹簧时，其开口错开 120°，弹簧弯曲端须固定在滑块内。

5．变速器输出轴总成的分解与组装

（1）输出轴总成的分解。先压出一挡齿轮和轴承，压出二挡齿轮和同步器总成，压出三挡齿轮和四挡齿轮（注意：压出前应拆下各轴向挡圈）。

（2）输出轴总成的组装。

① 压入四挡齿轮时，齿轮的凸肩应朝向轴承。

② 四挡齿轮的挡圈与挡圈槽的间隙应尽量小些，可通过选择厚度合适的挡圈来达到。

③ 将三挡齿轮通过加热板加热至 120℃后压入，凸肩朝向四挡齿轮。

④ 同步器的组装。一挡同步环有三个位置缺齿，这种同步环只能用于一挡，更换时，也可以使用不缺齿的。组装一、二挡同步器时，齿毂上有槽的一面朝向一挡，即朝向齿套拨叉环这一侧。

⑤ 将一、二挡同步器总成压入到轴上，齿毂有槽的一面朝向一挡齿轮（即朝后）。然后再装入一挡齿轮中的滚针轴承，套上一挡齿轮后，最后压入双列滚锥轴承。

⑥ 如果要更换输出轴前后轴承，那么应从变速器前后壳体中分别压出和压入轴承外座圈，应当平整的压入。

6．变速器各零件的检测

（1）锁环式同步器的检测。

① 锁环内锥面的磨损情况检查。如图 2-31 所示，将锁环套在接合齿的齿端锥面上，转动同步环，把它压入来检查制动效果，同时用塞尺测量同步环背与齿轮花键端之间的间隙，应约为 1mm，否则应更换。

② 齿环牙齿的检查。齿环牙齿的损坏主要有两种情况，一是沿轴线方向磨薄；二是齿尖端角度发生改变或磨成凸形（两侧倒角均为 45°），如果发生第二种情况，应予更换。

③ 用塞尺测量换挡拨叉与接合套的轴向间隙（注意：应沿接合套的整个圆周测量），最大间隙为 1.0mm。

（2）检测输入、输出轴的弯曲度。如图 2-32 所示，将轴支于 V 形铁上，并置于平板上，用百分表测量轴中间部分的圆跳动，最大不超过 0.06mm。

（3）检测齿轮和轴间间隙。如图 2-33 所示，将齿轮装配在对应的轴上，将轴固定于钳台上，磁力表座固定于钳台，百分表表针抵在齿轮上，用手上下推动齿轮，记录百分表读数，应小于 0.03mm。

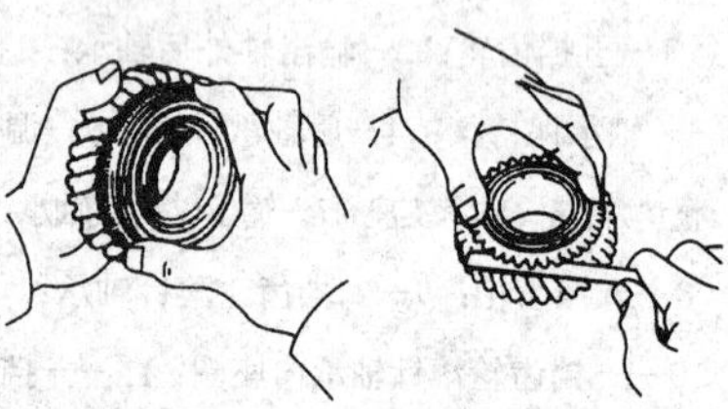

图 2-31 锁环内锥面磨损情况的检查

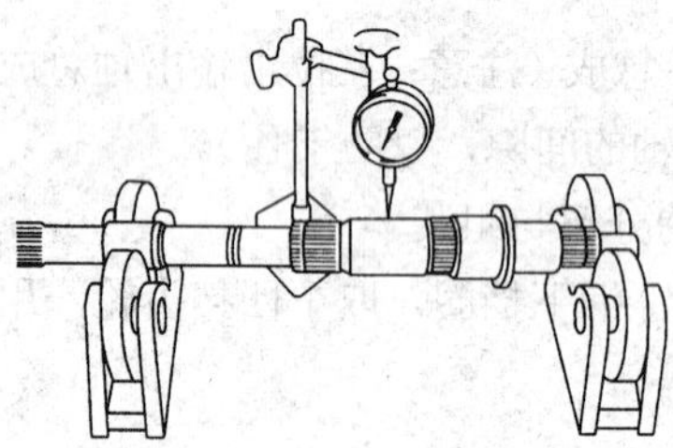

图 2-32 输入、输出轴弯曲度的检查

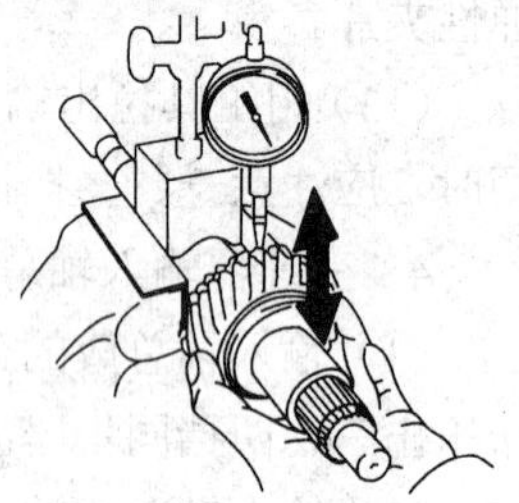

图 2-33 齿轮和轴间间隙的检查

（4）检查所有油封是否磨损或损坏。包括前轴承盖、速度计从动齿轮、选挡外杆、延伸壳上的油封等。如有必要应更换。

（5）检查各轴承是否磨损，如有必要应更换。

7. 变速器的装配

变速器变速传动机构的组装（组装时按分解的逆顺序进行）。

（1）压入输出轴总成。压入输出轴总成时，要将换挡杆与第一、二挡换挡拨叉和输出轴总成一起装入后壳体，然后再压入后轴承。压入时，请注意第一、二挡换挡滑杆的活动间隙，必要时，轻轻敲击以免卡住。

（2）安装一、二挡拨块，压入弹性销，安装倒挡齿轮，压入轴。

（3）安装输入轴时，要拉回三、四挡拨叉能够装入滑动齿套为止，同时应位于空挡位置，并用弹性销固定好拨叉。

8．变速器总成的安装

变速器总成的安装可按拆卸相反的顺序进行，如果需要，调整离合器踏板自由行程。

三、工作页

学生依据维修手册的要求及操作步骤，在教师的指导下完成本工作任务，并填写任务工单。

任务名称	手动变速器的拆装	实训设备	套筒扳手、扭力扳手、专用工具、组合工具、变速箱等
客户任务	桑塔纳 LX 轿车大修后行驶 2000 公里即产生异响，请正确进行拆解		
任务目的	能正确使用工具，能够根据规范正确找出异响所在的位置		

一、知识要点

1．变速器的组成及各部件的功用。

2．变速器的拆装顺序。

二、决策与计划

根据任务要求，确定所需要的设备、工具，并对小组成员进行合理分工，制订详细的工作计划。

1．讨论确定变速器拆装所需要的设备、工具。

2．小组成员分工。

3．制订变速器拆装的操作步骤。

（1）

（2）

（3）

（4）

三、实施过程记录

1．分析实践所用的变速器的结构特点。

2．总结变速器拆装时，应该注意的问题。

四、检查与评估

1．检查变速器拆装顺序是否正确。

2．请根据自己任务完成的情况，对自己的工作进行自我评估，并提出改进意见。

3．教师对小组工作情况进行评估，并进行点评。

4．教师、各小组、学生个人对本次任务的评价给出量化。

考核项目	评分标准	分数	学生自评	小组评价	教师评价	小计
安全生产	有无安全隐患	10				
活动情况	积极主动	5				
团队协作	和谐愉快	5				
现场 5S	做到	10				
劳动纪律	严格遵守	5				
工具设备使用	规范、标准	10				
操作过程	规范、正确	50				
工作页填写	认真、规范	5				
总分						
教师签名：		时间：			总评	

任务三 三轴式手动变速器的拆装与检修

一、实训准备

1．实训器材

（1）EQ1090E 型。

（2）拉器、扭力扳手、弹簧秤、卡环钳、平板、V 形铁、磁力表座、百分表、塞尺、举升机、组合工具、转向盘护套、变速杆手柄套、座位套、脚垫等。

2．准备工作

（1）汽车进入工位前，将工位清理干净，准备好相关的器材。

（2）将汽车停驻在举升机中央位置。

（3）拉紧驻车制动器操纵杆，并将变速杆置于空挡位置。

（4）套上转向盘护套、变速杆手柄套和座位套，铺设脚垫。

（5）在车内拉动发动机舱盖手柄。

（6）在车外打开并支撑发动机舱盖。

（7）粘贴翼子板和前格栅磁力护裙。

3．拆装注意事项

（1）变速器解体前要进行清洗，以免拆开变速器后，灰尘、异物进入箱体内。

（2）拆装过程中要使用正确的工具，特别是要按照厂家维修手册的要求使用专用工具。

（3）装配前，必须对零件进行认真的清洗，除去污物、毛刺和铁屑等。尤其要注意各润滑油孔的畅通。

（4）装配轴承、齿轮、键槽时，应涂抹齿轮油进行预润滑。

（5）装配密封衬垫时，应在密封衬垫的两侧涂以密封胶，确保密封效果。

（6）装入油封前，需在油封的刃口涂少量润滑脂，要垂直压入，并注意安装方向。

（7）变速器装配时要按规定的力矩拧紧全部螺栓。

二、EQ1090E 型变速器的拆装

1．变速器的拆卸

（1）旋出放油塞，放净变速器内的润滑油，拆卸传动轴，拆去变速器与离合壳的四个紧固螺栓，变速器带离合器分离轴承座和驻车制动器总成即可平行退出。

（2）从变速器第一轴轴承盖上取下分离轴承。

（3）拆下驻车制动鼓上两个固定螺栓，取下驻车制动鼓，拧松螺母，取下碟形弹簧，拉出突缘，然后拆去驻车制动机构的各连接件。

（4）拆下变速器上盖总成。

（5）拆下变速器第二轴后轴承盖。

（6）从变速器前端拆下紧固轴承盖的螺栓上的钢丝锁线和螺栓，然后取下轴承盖。

（7）用铜棒从左右轻轻敲击第一轴，将第一轴连同轴承一起从前端拔出，然后从第一轴中取出第二轴前端轴承。

（8）用手托起第二轴前端上下晃动，并用铜棒左右敲击第二轴的后端，将第二轴向后

退出稍许，用拉器从二轴上取下后端轴承后，将第二轴总成从变速器壳体内拿出。

（9）从第二轴取下四、五挡同步器总成，拆下四、五挡固定齿座锁环，取下止推环，则第二轴上二、三挡同步器总成和它前面的所有零件可以依次从轴上取下。

（10）从壳体上拆卸中间轴前后轴承盖，撬开后轴承锁片，拧下锁紧螺母，拆卸倒挡齿轮检查孔盖，取下倒挡齿轮轴锁片，利用倒挡轴后端的螺纹，用专用工具将轴拔出，并从倒挡检查孔取出倒挡齿轮和轴承及隔套。将铜棒顶在中间轴前端，用锤敲击铜棒，于是中间轴总成带后轴承从壳体向后脱出。用拉器从轴上拉下后轴承后，中间轴总成便可从壳体内取出。再用铜棒在壳体内侧顶住中间轴前轴承外圈，用锤敲击铜棒，取出中间轴前轴承。

（11）从中间轴上取下弹性挡圈，用压床将常啮合齿轮压出。

（12）变速器顶盖的拆卸：拆下变速器盖总成后，拆除弹簧，顶盖总成即可解体。

（13）拆除变速器叉和导块上的铜丝锁线，拧松止动螺栓，用专用工具顶住变速器叉轴后端，用力冲击，使变速叉轴顶掉变速器盖上的 3 个塞片，这样，叉轴便从箱盖前端脱出，并取出变速叉（注意：当变速叉轴从上盖内向前伸出一定距离时，可用手握住，边转动边向前拉，同时还要防止锁止弹簧和钢球从盖上弹出）。

2．变速器的装配

（1）装合中间轴总成，齿轮应依次压入（注意：齿轮的内凹槽必须对准轴上的半圆键，以免零件压坏。装合第二轴总成，并注意二、三挡同步器滑动齿套凸出的一面装时朝前）。

（2）将变速器壳体固定在工作台上，把装好的中间轴总成放入中间轴孔中，两端套上轴承。从倒挡齿轮窗口放入倒挡齿轮，齿轮内孔中放入轴承和隔套，从变速器后端插入倒挡齿轮轴。

（3）用铜棒把中间轴前后轴承敲入轴承座孔，把倒挡轴敲到安装位置。中间轴后端轴承贴紧轴颈台阶后，套上锁片，并将螺母拧紧，然后用锁片把螺母锁止。

倒挡轴到位后，卡上锁片，并用螺栓固定锁片。

在中间轴后轴承外圈外缘上套上挡圈。装上前后轴承盖和倒挡窗口盖板（注意：装盖时要装衬垫，然后用螺栓对称紧固）。

（4）将装好的第二轴总成放到壳体里。把四、五挡同步器总成套在第二轴上。

（5）从第二轴后端套上后轴承并用铜棒轻轻敲击，使轴承靠到花键部分的台肩上，套入里程表主动齿轮和隔套，然后在轴承外圈上装上挡圈。

（6）在变速器第一轴前端压入轴承，装上挡油圈，在后端主动齿轮内孔中装入第二轴支承轴承，然后把第一轴装到壳体前端轴承孔中，使第二轴前端轴颈对准第一轴轴承孔。用铜锤一边轻轻敲击，一边用手转动第一轴，使轴承平顺装入壳体座孔中。

（7）从第一轴前端先将密封纸垫安放在轴承盖贴合处，套上轴承盖，用螺栓对称紧固，并用钢丝锁线以“8”字形穿入螺柱头的孔中拧紧。

（8）在壳体上装上第二轴后轴承盖，并加上纸垫，用螺柱对称紧固。装上甩油环，把已装好的驻车制动器总成固定在轴承盖上。把驻车制动器突缘套在第二轴上，装上碟形垫圈用锁紧螺母紧固（拧紧力矩为200～250N·m）。

（9）装复变速器盖。装变速器叉轴装在变速器盖相应的孔位中，同时装上锁止弹簧及钢球、互锁圆柱销及钢球、变速叉和导块等；拧入变速叉止动螺栓，拧紧后用钢丝锁线分别将螺栓锁紧在叉轴上；打入变速器盖前端座孔塞片。

（10）在变速器处于空挡位置时，装上密封衬垫，盖上变速器盖总成。

（11）按拆卸的相反程序，装上衬垫装复变速器顶盖总成。拧上放油螺塞，加注润滑油，再拧紧加油螺塞。

三、工作页

学生依据维修手册的要求及操作步骤，在教师的指导下完成本工作任务，并填写任务工单。

<table>
<tr><td>任务名称</td><td>EQ1090E 型变速器的拆装</td><td>实训设备</td><td>EQ1090E 型变速器、扭力扳手、专用工具、组合工具</td></tr>
<tr><td>客户任务</td><td colspan="3">EQ1090E 型变速器大修后行驶 1000km 即产生异响，请正确进行拆装</td></tr>
<tr><td>任务目的</td><td colspan="3">能正确使用工具，能够根据规范正确找出异响所在的位置</td></tr>
<tr><td colspan="4">一、知识要点
1．变速器的组成及各部件的功用。

2．变速器的拆装顺序。

二、决策与计划
根据任务要求，确定所需要的设备、工具，并对小组成员进行合理分工，制订详细的工作计划。
1．讨论确定变速器拆装所需要的设备、工具。

2．小组成员分工。

3．制订变速器拆装的操作步骤。
（1）

（2）

（3）

（4）</td></tr>
</table>

三、实施过程记录

1．分析实践所用的变速器的结构特点。

2．总结变速器拆装时，应该注意的问题。

四、检查与评估

1．检查变速器拆装顺序是否正确。

2．请根据自己任务完成的情况，对自己的工作进行自我评估，并提出改进意见。

3．教师对小组工作情况进行评估，并进行点评。

4．教师、各小组、学生个人对本次任务的评价给出量化。

考核项目	评分标准	分数	学生自评	小组评价	教师评价	小计
安全生产	有无安全隐患	10				
活动情况	积极主动	5				
团队协作	和谐愉快	5				
现场 5S	做到	10				
劳动纪律	严格遵守	5				
工具设备使用	规范、标准	10				
操作过程	规范、正确	50				
工作页填写	认真、规范	5				
总分						
教师签名：		时间：			总评	

项目三 3 自动变速器的构造与维修

知识目标

◎ 熟悉自动变速器的功用、类型及组成。
◎ 掌握电控自动变速器的工作原理。
◎ 掌握自动变速器的典型结构及工作原理。
◎ 了解自动变速器的常见故障诊断与性能试验内容及方法。

能力目标

◎ 能够正确选择与使用工具、设备，并规范进行自动变速器拆卸、检验、装配与磨合。
◎ 能分析自动变速器一般故障的原因。

任务一 自动变速器的认知

一、自动变速器的功用、类型及组成

自动变速器从 1904 年第一次装配于美国通用公司和福特公司的产品上到现在，已经有 100 多年的历史。在这 100 多年中，自动变速器的机械结构、变速原理、控制机构都在不断地改进，其结构和性能在不断完善。

近年来，飞速发展的电子技术在自动变速器上的运用，出现了电控自动变速器，它包括电控液压机械传动的自动变速器和电控齿轮式机械传动的自动变速器。能够实现与发动机的最佳匹配，获得最佳的经济性、动力性、安全性。

1．自动变速器的功用

自动变速器是指在汽车行驶过程中，变速器的操纵和换挡全部或者部分实现自动化控制的变速器如图 3-1 所示。自动变速器能在行驶过程中根据发动机的转速、汽车的负荷情况、路况以及驾驶员的意愿实现自动换挡。具有操作方便，换挡平稳、乘坐舒适，过载保护性好等特点。

2．变速器的类型

自动变速器按照车辆的驱动方式可分为自动变速器（FR 车）如图 3-2（a）所示和自动变速驱动桥（FF 车）如图 3-2（b）所示。按照车辆前进的挡位数可分为四速自动变速器、五速自动变速器和六速自动变速器等。按照自动变速器的控制方式可分为全液压控制自动变速器和电子控制自动变速器。按照齿轮变速器的类型可分为普通齿轮式和行星齿轮式。

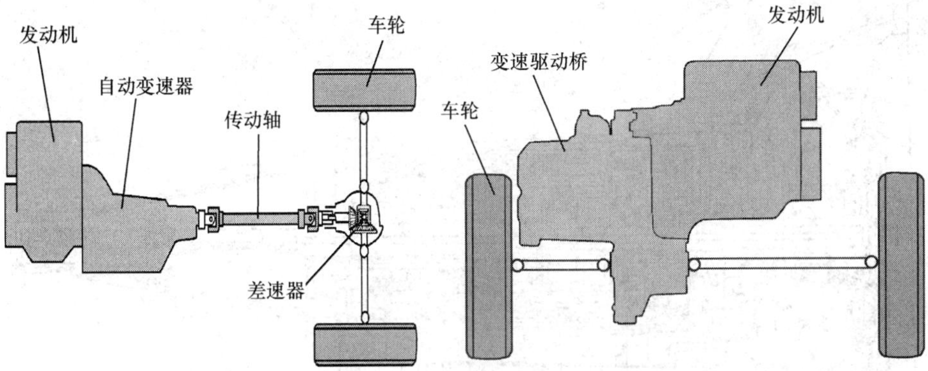

图 3-1 变速器在汽车上的安装位置示意图

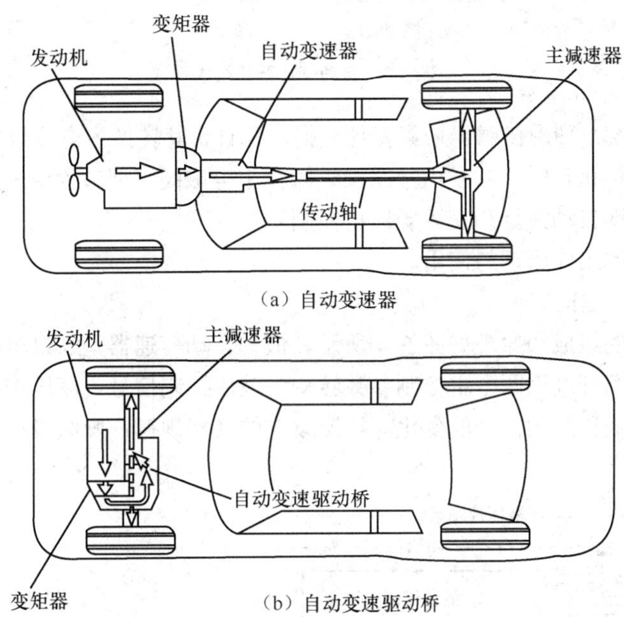

图 3-2 自动变速器和自动变速驱动桥

3．自动变速器的组成及各组成的功用

自动变速器的基本组成如图 3-3 所示。由图 3-3 中可知，自动变速器由液力变矩器、齿轮变速系统、液压控制系统、电子控制系统等组成。此外还有自动变速器油冷却和滤清装置。

（1）液力变矩器。使发动机产生的转矩成倍增长；起到自动离合器的作用，传送发动机转矩至变速器；缓冲发动机及传动系统的扭转振动；起到飞轮的作用，使发动机转动平稳；驱动液压控制系统的油泵。

（2）齿轮变速系统。根据行车条件及驾驶员所需，提供几种传动比，以获得适当的转矩及转动速度；为倒车提供倒挡；提供停车时所需要的空挡，以使发动机怠速运转。

（3）液压控制系统。向变矩器提供变速器液；控制油泵产生的液压；根据发动机载荷及车速等调节系统压力；对离合器及制动器施加液压，以控制行星齿轮机构动作；用变速器液润滑转动部件及为变矩器及变速器散热。

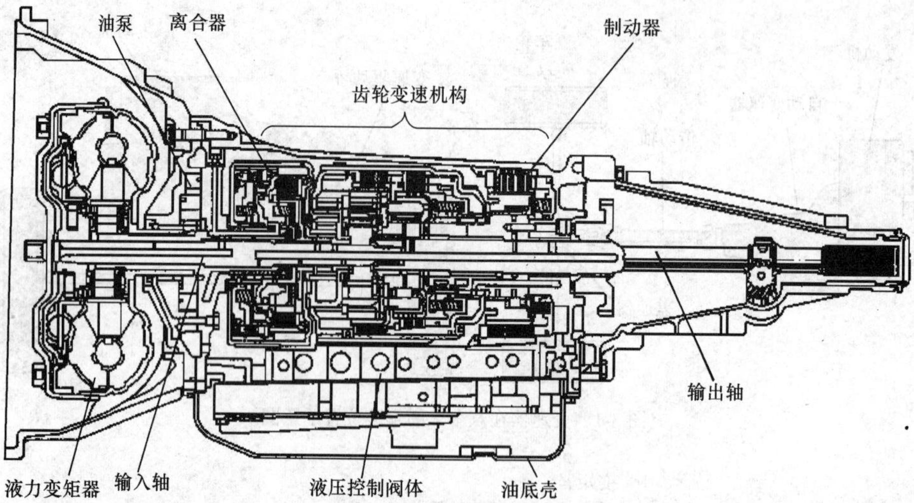

图 3-3 自动变速器的组成

（4）电子控制系统。利用传感器采集各种数据，并且将其转换为电信号；ECU 根据传感器的信息确定换挡正时及锁止正时，并发出指令操纵阀体中电磁阀，调节管道压力、控制换挡阀和锁止控制阀的动作，实现自动换挡和变矩器锁止控制。

二、自动变速器的工作原理与使用

1. 自动变速器的工作原理

液控自动变速器的组成和原理如图 3-4 所示。液控自动变速器是通过机械传动方式，将汽车行驶时的车速和节气门开度这两个主控制参数转变为液压控制信号；液压控制系统的阀板总成中的各控制阀根据这些液压控制信号的变化，按照设定的换挡规律，操纵换挡执行元件的动作实现自动换挡。

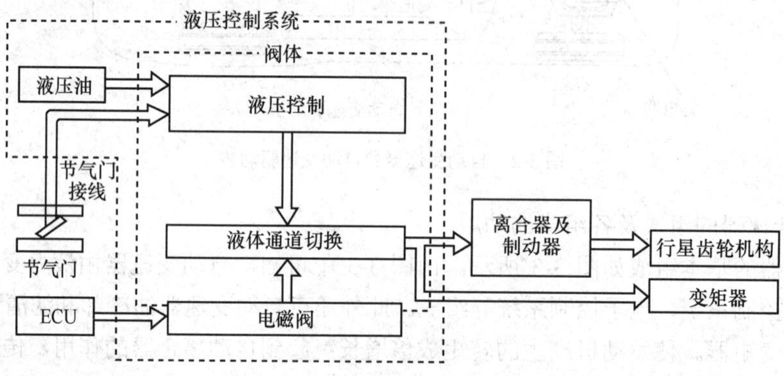

图 3-4 液控自动变速器的组成和原理

电控自动变速器的组成和原理如图 3-5 所示。电控自动变速器是通过传感器和开关监测汽车和发动机的运行状态，接受驾驶员的指令，将发动机转速、节气门开度、车速、发动机冷却液温度、自动变速器液压油温等参数转变为电信号，并输入 ECU；ECU 根据这些信号，按照设定的换挡规律，向换挡电磁阀、油压电磁阀等发出电子控制信号；换挡电磁阀和油压电磁阀再将 ECU 发出的控制信号转变为液压控制信号，阀板中的各个控制阀根据这些液压控制信号，控制换挡执行机构的动作，从而实现自动换挡。

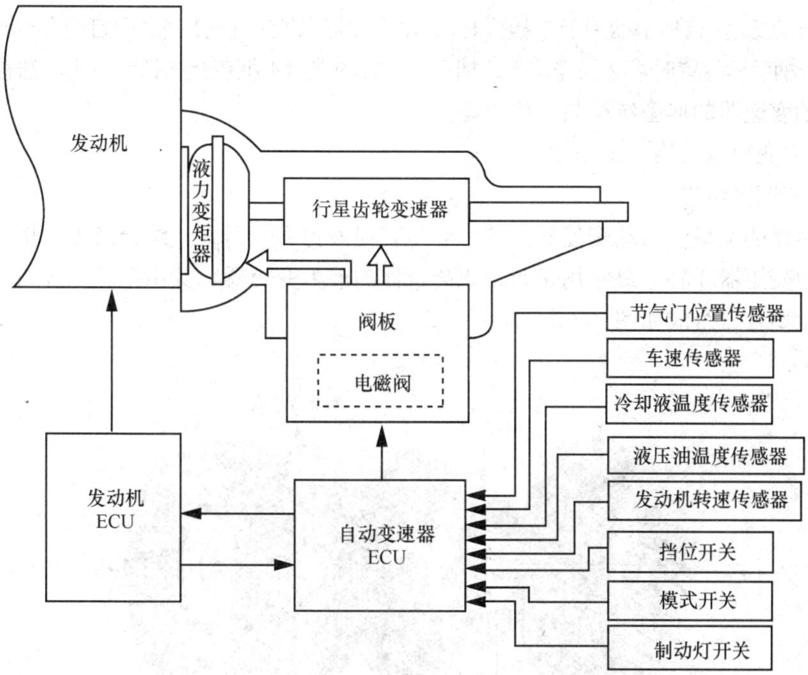

图 3-5　电控自动变速器的组成和原理

2．自动变速器的使用

常见的操纵手柄（换挡杆）的位置可布置在转向柱上或驾驶室地板上，轿车自动变速器的挡位通常有 6 或 7 个位置，如图 3-6 所示。

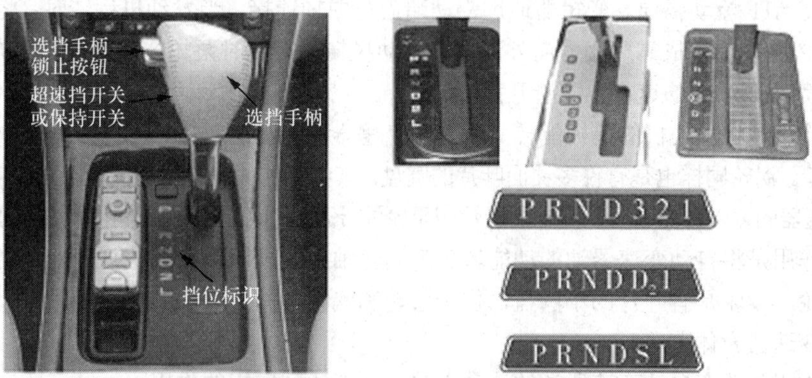

图 3-6　自动变速器换挡手柄和挡位

（1）P——停车挡位。当选挡手柄置于该位置时，自动变速器中的停车锁止机构将变速器输出轴锁止，驱动轮不能转动，以防止汽车移动，同时换挡执行机构使自动变速器处于空挡状态。当选挡手柄离开停车挡位置时，停车锁止机构即被释放。

（2）R——倒挡位。当选挡手柄置于该位置时，汽车可以倒退行驶。

（3）N——空挡位。当选挡手柄置于该位置时，换挡执行机构使自动变速器处于空挡状态。此时，发动机的动力虽经输入轴传入自动变速器，但只能使齿轮空转，输出轴无动力输出。

（4）D——前进挡位。自动变速器如设置 4 个前进挡，其中 3 挡为直接挡，4 挡为超速挡。

（5）2 挡或 S 挡、1 挡或 L 挡。均为强制前进低挡。选挡手柄置于 S 挡位时，只能在 1～3 挡或

1～2 挡之间自动变速；选柄手柄置于 L 挡位时，自动变速器只能在 1～2 挡之间自动换挡或固定在 1 挡。

在变换选柄手柄位置时，必须先按下选挡手柄上方的选挡手柄锁止按钮，否则无法移动选挡手柄。

三、自动变速器的典型结构与工作原理

（一）液力变矩器结构与工作原理

1．液力变矩器结构

液力变矩器的类型，自动变速器大致可分为普通液力变矩器式、综合液力变矩器式和带锁止离合器的液力变矩器 3 种。最常用是带锁止离合器的液力变矩器，其由泵轮、导轮、涡轮、单向离合器和锁止离合器组成如图 3-7 所示。

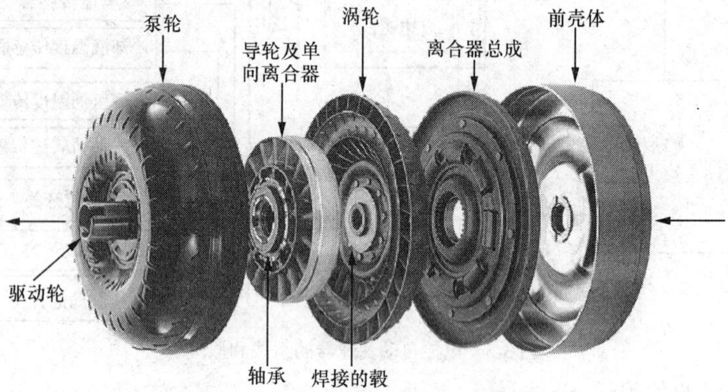

图 3-7 液力变矩器的结构解剖图

（1）泵轮。泵轮在变矩器壳体内，许多曲面叶片径向安装在内。在叶片的内缘上安装有导环，提供一通道使 ATF 流动畅通。变矩器通过驱动端盖与曲轴连接。当发动机运转时，将带动泵轮一同旋转，泵轮内的 ATF 依靠离心力向外冲出。发动机转速升高时泵轮产生的离心力亦随着升高，由泵轮向外喷射的 ATF 的速度也随着升高。

泵轮的作用是将发动机的机械能转变为自动变速器油的动能。

（2）涡轮。涡轮同样也是有许多曲面叶片的圆盘，其叶片的曲线方向不同于泵轮的叶片。涡轮通过花键与变速器的输入轴相啮合，涡轮的叶片与泵轮的叶片相对而设，相互间保持非常小的间隙。

涡轮的作用是将自动变速器油的动能转变为涡轮轴上的机械能。

（3）导轮。导轮是有叶片的小圆盘，位于泵轮和涡轮之间。它安装于导轮轴上，通过单向离合器固定于变速器壳体上。

导轮的作用是改变自动变速器油的流动方向，从而达到增矩的作用。

（4）单向离合器。单向离合器可限制一些运动元件只能做单方向的转动，或者限制两个元件在某一方向自由转动，在相反的方向相互制约。

单向离合器目前在自动变速器中应用的有滚柱式单向离合器和楔块式单向离合器两种。

① 滚柱式单向离合器工作原理（外圈主动，内圈被动）如图 3-8 所示。

② 楔块式单向离合器的工作原理（外圈主动，内圈被动）如图 3-9 所示。

（5）锁止离合器。变矩器的锁止离合器与外壳相连，也就是与泵轮相接，而锁止离合器片与涡轮相接，带锁止离合器的液力变矩器的活塞在油压的作用下，可以将多片式锁止离合器的盘与摩擦片压紧成为一体，这就使涡轮与泵轮连接成一体，此时液压传动变为离合器传动，相当于刚性连接，这样提高了传动效率，接近 100%。同时还避免变矩器的油温升高。

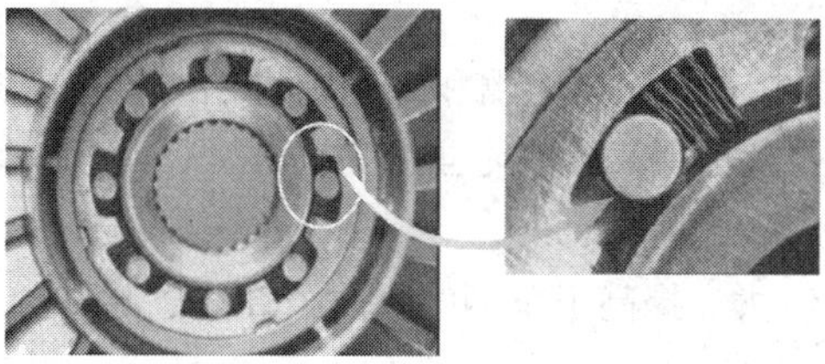

图 3-8 滚柱式单向离合器

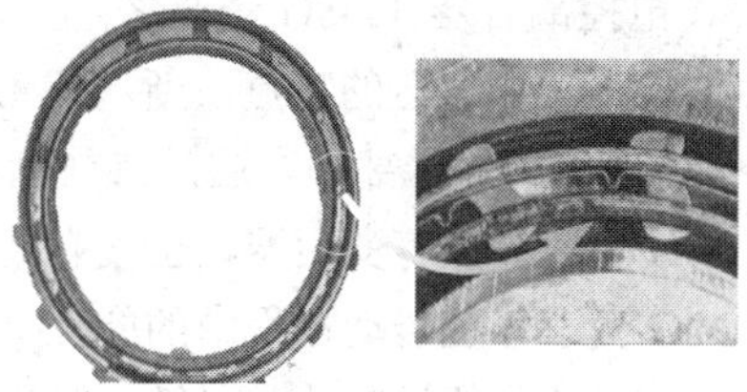

图 3-9 楔块式单向离合器

锁止离合器的工作原理。

① 锁止离合器分离状态。当车辆低速行驶时，油液流至锁止离合器片的前端。锁止离合器片前端与后端的压力相同，使锁止离合器分离，如图 3-10（a）所示。

② 锁止离合器接合状态。当车速以中速至高速行驶时，油液流至锁止离合器的后端。这样，锁止离合器处于接合状态，使锁止离合器片与前盖一起转动，如图 3-10（b）所示。

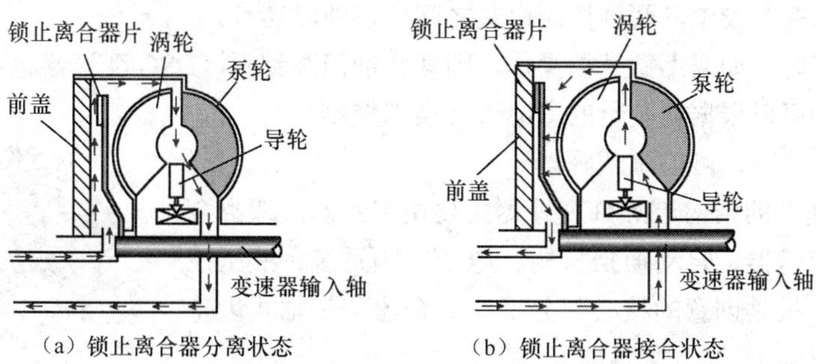

图 3-10 锁止离合器分离和接合状态

2．液力变矩器的工作原理

液力变矩器工作时，发动机带动壳体旋转，壳体带动泵轮旋转，泵轮的叶片将 ATF 带动起来，并冲击到涡轮的叶片；如果作用在涡轮叶片上冲击力大于作用在涡轮上阻力，涡轮将开始转动，并使机械变速器的输入轴一起转动。由涡轮叶片流出的 ATF 经过导轮后再流回到泵轮，形成如图 3-11 所示的循环流动。

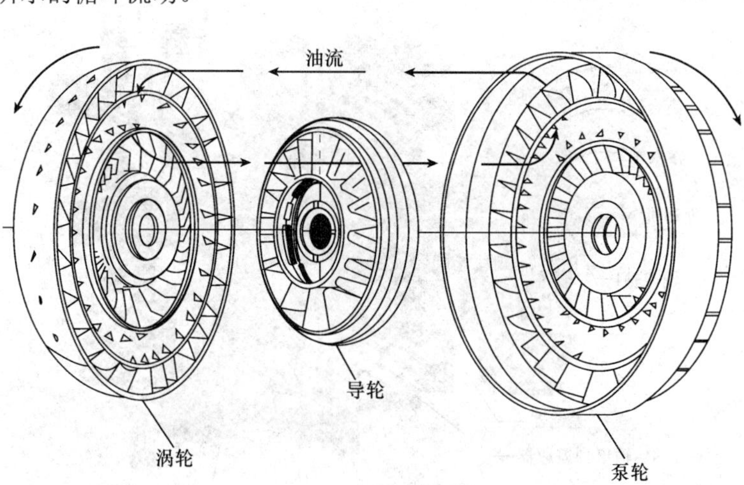

图 3-11 ATF 在液力变矩器中的循环流动

3．电控离合器（DSG 变速器）

（1）DSG 变速器的特点。新一代 DSG 变速器采用了两个离合器和 6 个前进挡的传统齿轮变速器作为动力的传送部件，这是目前世界上最先进的、具有革命性的自动变速器。

DSG 变速器没有变矩器，也没有离合器踏板。

DSG 变速器在传动过程中的能耗损失非常有限，大大提高了车辆的燃油经济性。

DSG 变速器的反应非常灵敏，具有很好的驾驶乐趣。

车辆在加速过程中不会有动力中断的感觉，使车辆的加速更加强劲、圆滑。百公里加速时间比传统手动变速器还短。

DSG 变速器的动力传送部件是一台三轴式 6 前进挡的传统齿轮变速器，增加了速比的分配。

DSG 变速器的多片湿式或干式双离合器是由电子液压控制系统来操控的。

双离合器的使用，可以使变速器同时有两个挡位啮合，使换挡操作更加快捷。

DSG 变速器也有手动和自动两种控制模式，除了换挡杆可以控制外，方向盘上还配备有手动控制的换挡按钮，在行驶中，两种控制模式之间可以随时切换。

选用手动模式时，如果不做升挡操作，即使将油门踩到底，DSG 变速器也不会升挡。

换挡逻辑控制可以根据驾驶员的意愿进行换挡控制。

在手动控制模式下，可以跳跃降挡。

（2）DSG 变速器的结构。DSG 变速器主要由多片湿式双离合器、三轴式齿轮变速器、自动换挡机构、电子控制系统、液压控制系统组成。其中最具创意的核心部分是双离合器和三轴式齿轮箱，如图 3-12 所示。

图 3-12 DSG 变速器的结构

（3）DSG 变速器的工作原理。DSG 变速器的工作过程比较特别，在一挡起步行驶时，动力传递路线如图 3-13 中直线和箭头所示，离合器 1 接合，通过输入轴 1 到一挡齿轮，再输出到差速器。同时，图 3-14 中虚线和箭头所示的路线是二挡时的动力传输路线，由于离合器 2 是分离的，这条路线实际上还没有动力传输，是预先选好挡位，为接下来的升挡做准备的。变速器进入二挡后，退出一挡，同时三挡预先结合，如图 3-14 中动力传递路线所示。所以在 DSG 变速器的工作过程中总是有两个挡位是结合的，一个正在工作，另一个则为下一步做好准备。

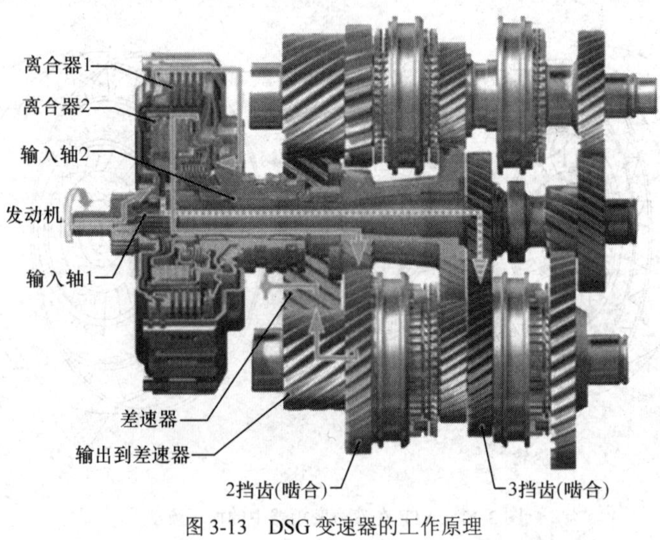

图 3-13 DSG 变速器的工作原理

DSG变速器在降挡时，同样有两个挡位是结合的，如果四挡正在工作，则三挡作为预选挡位而结合。DSG变速器的升挡或降挡是由ECU进行判断的，踩油门踏板时，ECU判定为升挡过程，做好升挡准备；踩制动踏板时，ECU判定为降挡过程，做好降挡准备。

一般变速器升挡总是一挡一挡地进行的，而降挡经常会跳跃地降挡，DSG变速器在手动控制模式下也可以进行跳跃降挡，例如，从六挡降到三挡，连续按三下降挡按钮，变速器就会从六挡直接降到三挡，但是如果从六挡降到二挡时，变速器会降到五挡，在从五挡直接降到二挡。在跳跃降挡时，如果起始挡位和最终挡位属于同一个离合器控制，则会通过另一离合器控制的挡位转换一下，如果起始挡位和最终挡位不属于同一个离合器控制，则可以直接跳跃降至所定挡位。

（二）行星齿轮变速系统

1．行星齿轮变速机构

（1）行星齿轮机构的组成如图3-14所示。单排行星齿轮机构是由一个太阳轮、一个带有两个和多个行星齿轮的行星架和一个齿圈组成的。

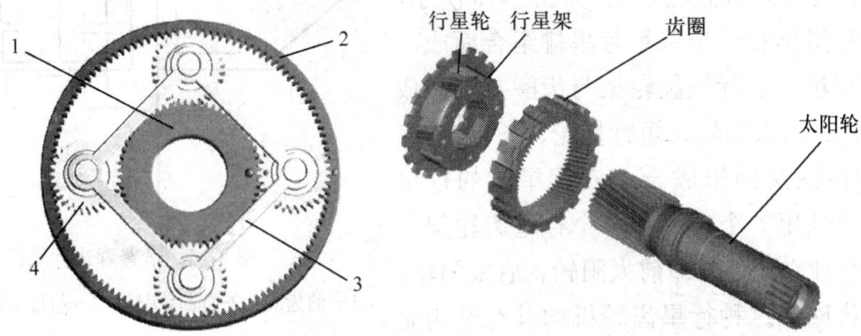

图3-14 行星齿轮机构的组成

1—太阳轮；2—齿圈；3—行星架；4—行星齿轮

（2）行星齿轮机构各种运动情况分析如下。设太阳轮、齿圈和行星架的转速分别为n_1、n_2和n_3，齿数分别为z_1、z_2和z_3。根据能量守恒定律，可得单排行星齿轮机构一般运动规律的特性方程式为

$$n_1+\alpha n_2-(1+\alpha)n_3=0$$

式中，α为齿圈与太阳轮的齿数比，$\alpha=z_2/z_1>1$。

单排行星齿轮机构的传动原理如下。

行星齿轮机构工作时将太阳轮、齿圈和行星架这三者中的任一元件作为主动件，使它与输入轴接合，将另一元件作为被动件与输出轴接合，再将第3个元件加以约束制动。这样整个行星齿轮机构即以一定的传动比传递动力见表3-1。

表3-1 行星齿轮机构的工作情况

状态	挡位	固定部件	输入部件	输出部件	旋转方向
1	降速挡	齿圈	太阳轮	行星架	相同方向
2	超速挡	齿圈	行星架	太阳轮	相同方向
3	降速挡	太阳轮	齿圈	行星架	相同方向
4	超速挡	太阳轮	行星架	齿圈	相同方向
5	倒挡位（降速）	行星架	太阳轮	齿圈	相反方向

状态	挡位	固定部件	输入部件	输出部件	旋转方向
6	倒挡位（超速）	行星架	齿圈	太阳轮	相反方向
7	直接挡	没有	任意两个	第三元件	同向同速
8	空挡位	没有	不定	不定	不转动

（3）行星齿轮机构的类型。

① 辛普森式行星齿轮机构。辛普森式行星齿轮机构采用双行星排如图 3-15 所示，其结构特点是前后两个行星排的太阳轮连成一个整体，称为太阳轮组件；前排的行星齿轮架和后排的齿圈连成一体，称为前行星齿轮架和后齿圈组件，通常输出轴与该组件相连，这样一来，该行星机构只有 4 个独立元件，即前齿圈、前后太阳轮组件、后行星齿轮架及前行星齿轮架和后齿圈组件。

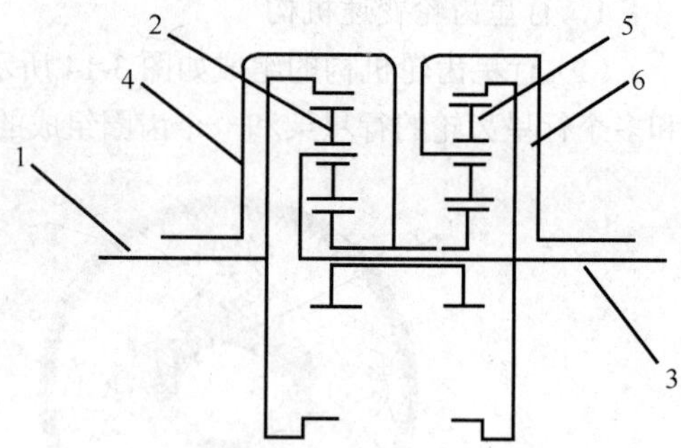

图 3-15 辛普森式行星齿轮机构

1—前齿圈；2—前行星轮；3—前行星架和后齿圈组件；4—前后太阳轮组件；5—后行星轮；6—后行星架

② 拉维奈尔赫式行星轮机构。拉维奈尔赫式行星轮机构是一种复合式行星轮机构，如图 3-16 所示，它由一个单星行星排和一个双星行星排组合而成，后太阳轮和长行星轮、行星齿轮架与齿圈共同组成一个单星行星排；前太阳轮、短行星轮、长行星轮、行星齿轮架和齿圈共同组成一个双行星轮的行星排。两个行星排共用一个齿圈和一个行星齿轮架。因此它只有四个独立元件，即前太阳轮、后太阳轮、行星齿轮架和齿圈。这种行星齿轮机构具有结构简单、尺寸小、传动比变化范围大、灵活多变等特点。

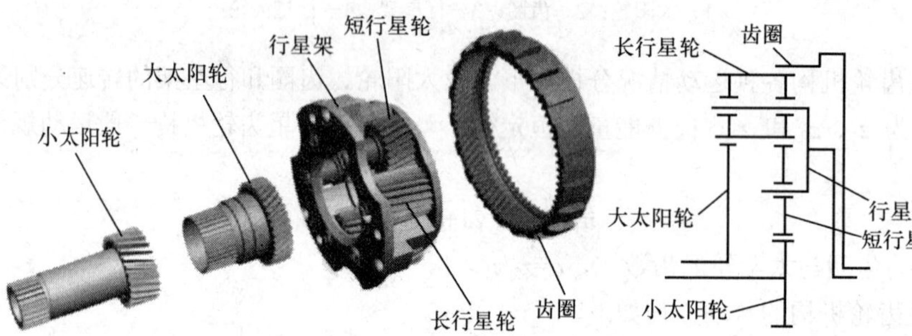

图 3-16 拉维奈尔赫式行星轮机构

2．换挡执行机构

行星齿轮变速器中的所有齿轮都处于常啮合状态，挡位变换必须通过以不同方式对行星齿轮机构的基本元件进行约束（即固定或连接某些基本元件）来实现。能对这些基本元件实施约束的机构，就是行星齿轮变速器的换挡执行机构。

执行机构主要由离合器、制动器和单向离合器 3 种执行元件组成，离合器和制动器是以液压方式控制行星齿轮机构元件的旋转，而单向离合器则是以机械方式对行星齿轮机构的元件进行锁止。

（1）离合器。

① 作用。自动变速器中的湿式多片离合器是用来连接输入轴或输出轴和某个基本元件，或将

行星齿轮机构中某两个基本元件连接在一起实现转矩的传递。

② 构造。一般为多片摩擦式，是液压控制的执行元件，如图 3-17 所示。

基本组成包括离合器鼓、离合器活塞、复位弹簧、离合器片（钢片、摩擦片）、花键毂；摩擦片与旋转的花键毂的齿键连接，可轴向移动，为输入端，摩擦片的单面或双面粘有钢基粉末冶金层或合成纤维层，表面有存油槽，摩擦片的内边缘有凸齿，与离合器输出转毂配合，摩擦片与钢片（外齿摩擦片）交替排列，二者靠摩擦力实现输入转鼓与输出转毂间的动力传递；从动钢片与转动鼓的内花键连接也可轴向移动，可输出扭矩；活塞为环状，另外，活塞上有密封圈、回位弹簧。

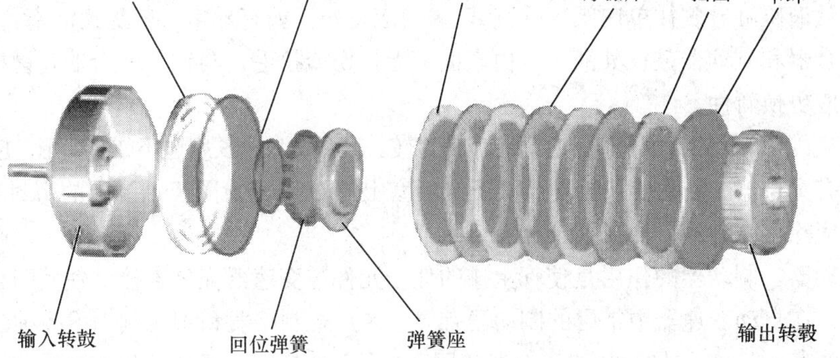

图 3-17　离合器的组成

③ 离合器工作过程如图 3-18 和图 3-19 所示。

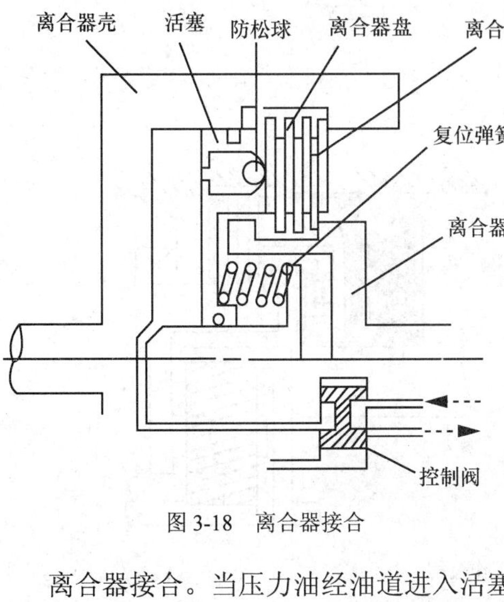

图 3-18　离合器接合

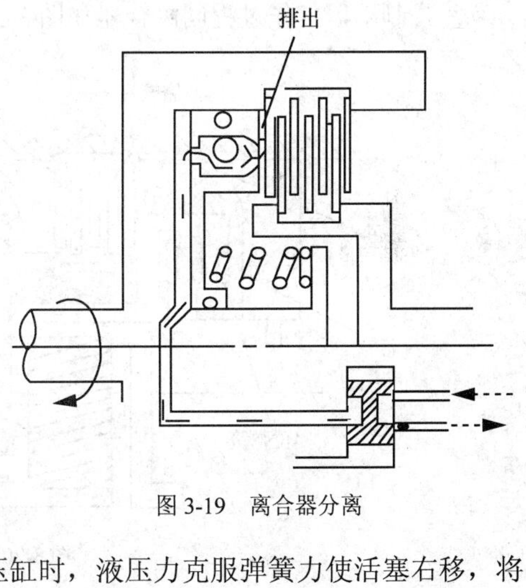

图 3-19　离合器分离

离合器接合。当压力油经油道进入活塞左面的液压缸时，液压力克服弹簧力使活塞右移，将所有离合器片压紧。

离合器分离。当控制阀将作用在离合器液压缸的油压力撤除后，离合器活塞在回位弹簧的作用下回复原位，并将缸内的变速器油从进油孔排出。

离合器自由间隙。离合器处于分离状态，离合器片之间有一定的轴向间隙，以保证钢片和摩擦片之间无轴向压力，这一间隙称为离合器的自由间隙。一般离合器自由间隙的标准值为 0.5～2.0mm，其规定值取决于离合器片的片数、离合器在变速器中的位置。

④ 离合器的检验。检查离合器或制动器的摩擦片，如有烧焦、表面粉末冶金层脱落或翘曲变形，应更换。许多自动变速器的摩擦片表面上印有符号，若这些符号已被磨去，说明摩擦片已磨损至极限，应更换。也可以测量摩擦片的厚度，若小于极限厚度，则应更换。

检查制动带内表面，如有烧焦、表面粉末冶金层脱落或表面符号已被磨去，应更换。

检查钢片，如有磨损或翘曲变形，应更换。

检查挡圈的摩擦面，如有磨损，应更换。

检查离合器和制动器的活塞，其表面应无损伤或拉毛，否则应更换新件。

检查离合器活塞上的单向阀，其阀球应能在阀座内活动自如。用压缩空气或煤油检查单向阀的密封性（从液压缸一侧往单向阀内吹气），密封应良好。如有异常，应更换活塞。

检查离合器和制动器鼓，其液压缸内表面应无损伤或拉毛，与钢片配合的花键槽应无磨损。如有异常，应更换新件。

测量活塞回位弹簧的自由长度，并与标准值比较。若弹簧自由长度过小或有变形，应更换新弹簧。

更换所有离合器、制动器及制动带液压缸活塞上的 O 形密封圈及轴颈上的密封环。新的密封圈或密封环应涂上少许液压油或凡士林后装入。

（2）制动器。制动器的作用是使行星排的任一元件与变速器壳体连接，使其静止，而实现传动比的改变。在自动变速器中常用的制动器有湿式多片式制动器和带式制动器两种。

① 片式制动器。其结构与片式离合器相同。不同之处是制动器从动片的外缘花键齿与固定的变速器外壳连接，可轴向移动，以便接合时将主动件制动，使行星齿轮机构改组换挡。这种制动器接合的平顺性好，间隙无须调整，其缺点是轴向尺寸大。能通过增减摩擦片数来满足不同排量发动机的要求，故小轿车使用很多。

片式制动器工作过程同离合器如图 3-20 所示。

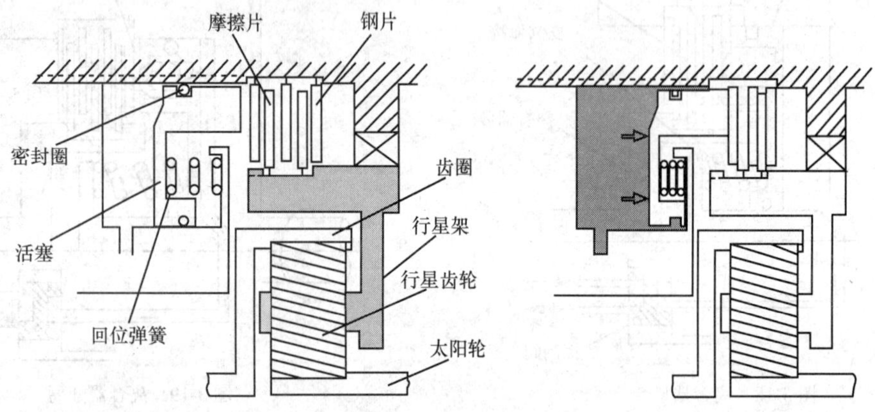

图 3-20 片式制动器工作过程

② 带式制动器。它由制动带、油缸、活塞和调整件组成，如图 3-21 所示。外弹簧为活塞的回位弹簧。内弹簧为旋转鼓反作用力的缓冲弹簧，防止活塞振动。调整点多在带的支撑端，可在体外调整或拆下油底调整。拧动调整螺栓来调整（旋紧再松 2～3 圈），调好后再用锁紧螺母锁紧。制动带开口处的一端通过支柱支撑于固定在变速器壳体的调整螺钉上，另一端支撑于油缸活塞杆端部，活塞在回位弹簧和左腔油压作用下位于右极限位置，此时，制动带和制动鼓之间存在一定间隙。

制动时，压力油进入活塞右腔，克服左腔油压和回位弹簧的作用力推动活塞左移，制动带以固定支座为支点收紧。在制动力矩的作用下，制动鼓停止旋转，行星齿轮机构某元件被锁止。随着油压撤除，活塞逐渐回位，制动解除。

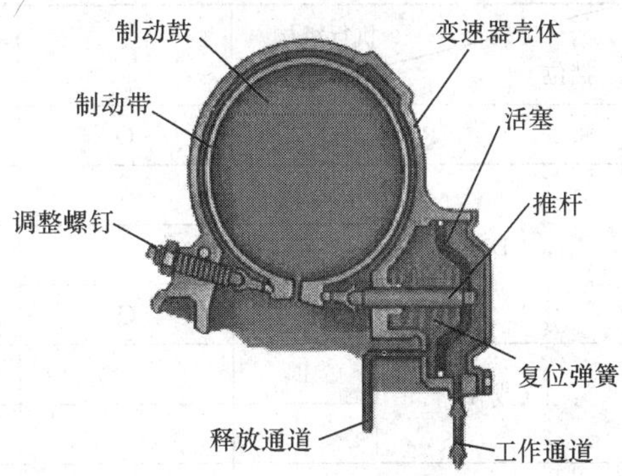

图 3-21　带式制动器

3．辛普森式行星齿轮变速器结构和工作原理

行星齿轮机构是由一个太阳轮、一个齿圈、一个行星架和支承在行星架上的几个行星齿轮组成的，称为一个行星排。按齿轮的啮合方式不同，可分为内啮合和外啮合两种；按齿轮的排数不同，可分为单排和多排两种；按太阳轮和齿圈之间的行星齿轮组数的不同，可分为单行星齿轮式和双行星齿轮式两种。

（1）辛普森式 3 挡行星齿轮变速器结构与工作原理。在辛普森式行星齿轮机构中设置五个换挡执行元件（两个离合器、两个制动器和一个单向超越离合器），即可使之成为一个具有三个前进挡和一个倒挡的行星齿轮变速器。这五个换挡执行元件的布置如图 3-22 所示。离合器 C_1 用于连接输入轴和前后太阳轮组件，离合器 C_2 用于连接输入轴和前齿圈，制动器 B_1 用于固定前后太阳轮组件，制动器 B_2 和单向超越离合器 F_1 都是用于固定后行星架如图 3-23 所示。制动器 B_1 和 B_2 可以采用带式制动器，也可以采用片式制动器。

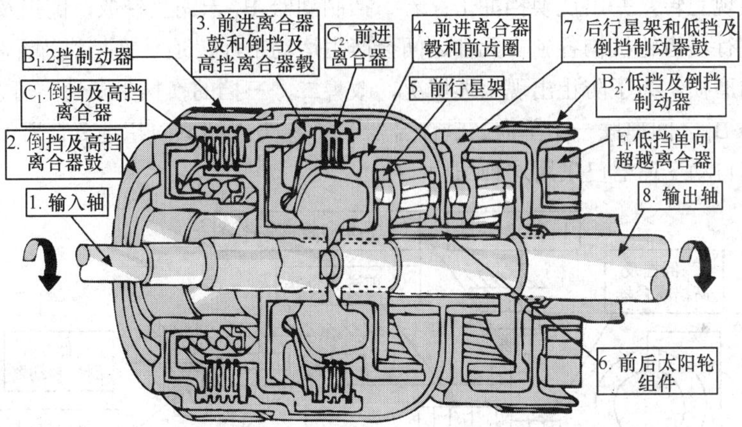

图 3-22　辛普森式 3 挡行星齿轮变速器结构

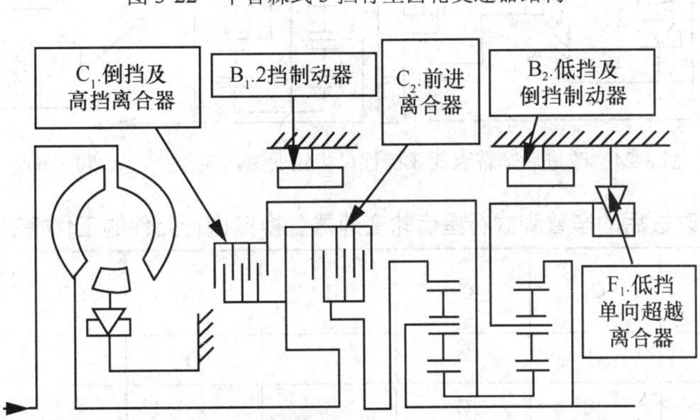

图 3-23　辛普森式 3 挡行星齿轮变速器换挡执行元件的布置

辛普森式 3 挡行星齿轮变速器各挡工作情况见表 3-2。

表 3-2 辛普森式自动变速器各挡工作情况

挡位＼执行机构		C_1	C_2	B_1	B_2	F_1
R		O			O	
D	1		O			O
	2		O	O		
	3	O	O			
2（或 S）	1		O			O
	2		O	O		
L（或 1）			O			

注：O 表示执行机构作用。

（2）改进后的辛普森式 3 挡行星齿轮变速器结构与工作原理。辛普森式 3 挡行星齿轮变速器由二挡换至三挡时，一方面二挡制动器 B_1 要释放，另一方面倒挡及高挡离合器 C_1 要接合。这两个换挡执行元件的工作交替应及时准确，太快或太慢都会影响换挡质量和变速器的使用寿命。例如，若二挡制动器 B_1 释放后倒挡及高挡离合器 C_1 来不及接合，会使行星齿轮变速器出现打滑现象，使发动机出现空转，并出现换挡冲击；若二挡制动器 B_1 未完全释放，倒挡及高挡离合器 C_1 便过早接合，则行星齿轮机构各独立元件之间会产生运动干涉，迫使换挡执行元件打滑，加剧摩擦片或制动带的磨损。为了防止出现上述情况，改善二、三挡的换挡平顺性，可在前后太阳轮组件和二挡制动器 B_1 之间串联一个单向超越离合器 F_2，称为二挡单向超越离合器如图 3-24 所示。目前大多数轿车自动变速器已采用这种结构。

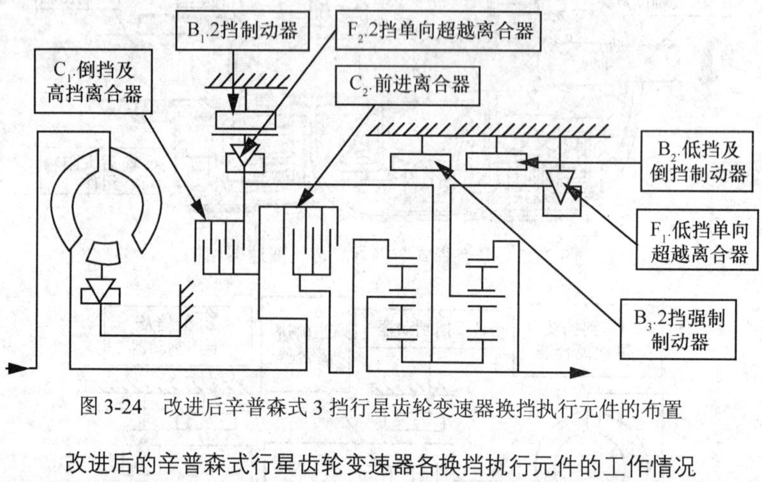

图 3-24 改进后辛普森式 3 挡行星齿轮变速器换挡执行元件的布置

表 3-3 改进后的辛普森式行星齿轮变速器各换挡执行元件的工作情况

挡位＼执行机构		C_1	C_2	B_1	B_2	B_3	F_1	F_2
R		O			O			
D	1		O				O	
	2		O	O				O
	3	O	O					

续表

挡位 \ 执行机构		C_1	C_2	B_1	B_2	B_3	F_1	F_2
2（或 S）	1		O		O			
	2		O			O		
L（或 1）			O		O			

注：O 表示执行机构作用

（3）三行星排辛普森式四挡行星齿轮变速器结构与工作原理。当行星齿轮变速器处于一挡、二挡、三挡或倒挡时，超速行星排中的超速制动器 B_0 放松，直接离合器 C_0 接合，使超速行星排处于传动比为 1 的直接传动状态，而后半部分的双排行星齿轮机构各换挡执行元件的工作和原辛普森式三挡行星齿轮变速器在一挡、二挡、三挡及倒挡的工作完全相同如图 3-25 所示。

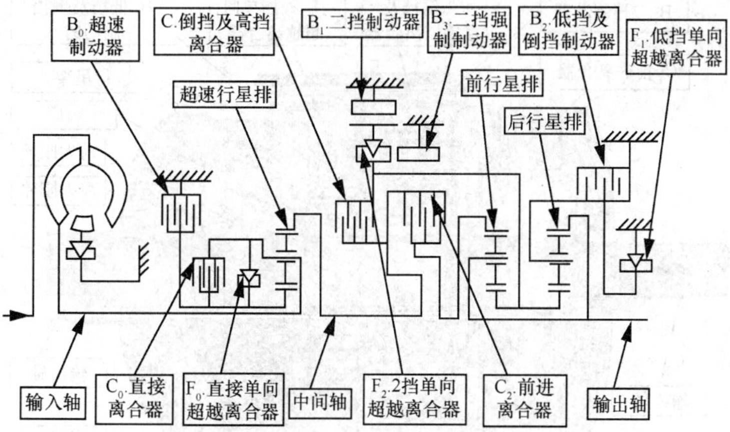

图 3-25　3 行星排辛普森式四挡行星齿轮变速器换挡执行元件的布置

三挡行星排辛普森式四挡行星齿轮变速器各换挡执行元件的工作情况见表 3-4。

表 3-4　　三行星排辛普森式四挡行星齿轮变速器各换挡执行元件的工作情况

换挡手柄位置	挡位	离合器			制动器				单向离合器		
		C_0	C_1	C_2	B_0	B_1	B_2	B_3	F_0	F_1	F_2
R	倒车	O		O				O	O		
D	1	O	O						O		O
	2	O	O				O		O	O	
	3	O	O	O			O		O		
	OD		O	O	O		O				
2	1	O	O						O		O
	2	O	O			O	O		O	O	
	3	O	O	O			O		O		
L	1	O	O					O	O		O
	2	O	O			O	O		O	O	

注：O 表示执行机构作用

4．拉维娜式行星齿轮自动变速器结构和工作原理

（1）拉维挪式三挡行星齿轮变速器结构与工作原理。拉维挪式三挡行星齿轮变速器的结构如图 3-26 所示。前太阳轮、长行星轮、行星架和齿圈组成一个单行星轮式行星排，也称为前行星排；后太阳轮、短行星轮、长行星轮、行星架和齿圈组成一个双行星轮式行星排，也称为后行星排。在 5 个换挡执行元件中，离合器 C_1 用于连接输入轴和后太阳轮，它在所有前进挡中都处于接合状态，故称为前进离合器。离合器 C_2 用于连接输入轴和前太阳轮，它在倒挡和三挡（直接挡）时接合，故称为倒挡及直接挡离合器。制动器 B_1 用于固定前太阳轮，它在二挡时工作，故称为二挡制动器。制动器 B_2 用于固定行星架，它在倒挡或自动变速器操纵手柄位于前进低挡时工作，故称为低挡及倒挡制动器。单向超越离合器 F_1 在逆时针方向对行星架有锁止作用，它只在一挡时工作，故称为一挡单向超越离合器如图 3-27 所示。

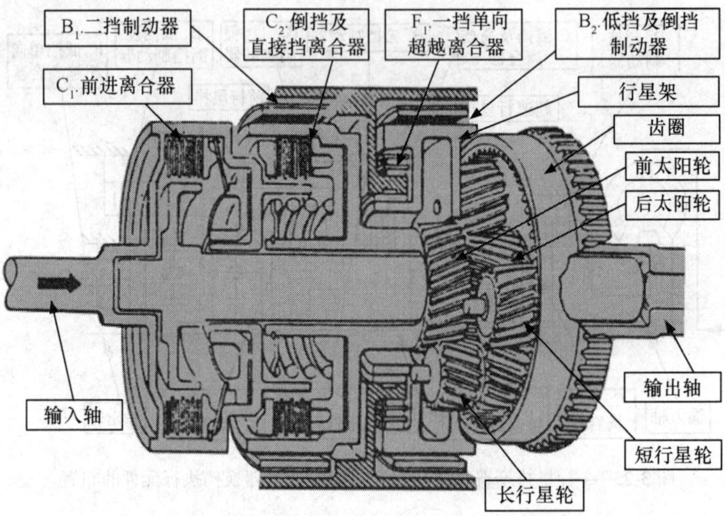

图 3-26　拉维娜式三挡行星齿轮变速器结构

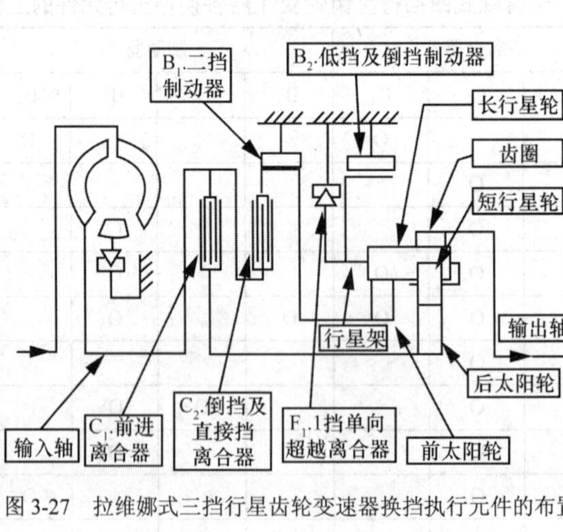

图 3-27　拉维娜式三挡行星齿轮变速器换挡执行元件的布置

拉维娜式三挡行星齿轮变速器换挡执行元件各挡位的工作情况见表 3-5。

表 3–5　　拉维娜式三挡行星齿轮变速器换挡执行元件各挡位的工作情况

换挡手柄位置	挡位	前进挡离合器 C_1	直接挡离合器 C_2	二挡制动器 B_1	低、倒挡制动器 B_2	一挡向离合器 F_1
D	1	O				O
	2	O		O		
	3	O	O			
低速挡	1	O			O	
	2	O		O		
R	倒挡		O		O	

注：O 表示执行元件作用。

（2）拉维挪式四挡行星齿轮变速器结构与工作原理。在拉维挪式三挡行星齿轮变速器的输入轴和行星架之间增加一个离合器，就可以使之成为具有超速挡的四挡行星齿轮变速器如图 3-28 所示。

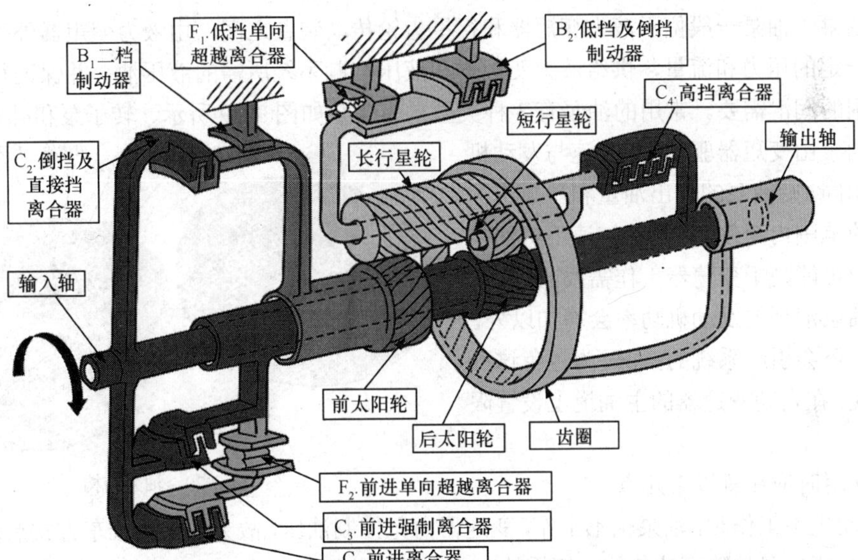

图 3-28　拉维娜式四挡行星齿轮变速器结构示意图

拉维挪式四挡行星齿轮变速器换挡执行元件各挡位的工作情况见表 3-6。

表 3–6　　拉维娜式四挡行星齿轮变速器换挡执行元件各挡位的工作情况

换挡手柄位置	挡位	离合器				制动器		单向离合器	
		C_1	C_2	C_3	C_4	B_1	B_2	F_1	F_2
R			O				O		
D	1	O						O	O
	2	O				O			O

续表

换挡手柄位置	挡位	离合器				制动器		单向离合器	
		C_1	C_2	C_3	C_4	B_1	B_2	F_1	F_2
D	3	O			O				O
	OD	O			O	O			
2	1			O			O		
	2			O		O			
	3			O	O				

注：O 表示执行元件作用。

（三）液压控制系统

液压控制系统的主要作用是提供具有一定压力和流量的工作油液，改善工作油液品质，保证自动变速器润滑。液压控制系统由三部分组成包括动力源—油泵；执行机构—离合器、制动器、单向离合器；控制机构—调压阀、手动阀、换挡阀、锁止离合器控制阀。液压控制系统把大部分控制装置都集中在一起，简称阀体总成。

（1）油泵。油泵一般位于液力变矩器和行星齿轮传动装置之间，由液力变矩器外壳驱动，使 ATF 产生一定的压力和流量，供给液力变矩器和液压控制系统所需的液压油，并保证行星齿轮机构各摩擦副的润滑需要。常用的油泵有 3 种类型，齿轮泵如图 3-29 所示、转子泵和叶片泵。

由于油泵由变矩器驱动，其转速与发动机转速完全相同，则油泵的输出油量和压力实际上在很大的范围内变化，在某些转速下机油泵的输出压力可能高于变速器工作需要的压力，这时除了油泵消耗的发动机功率会增加以外，过高的油压还会引起系统的渗漏。为避免这种现象的出现，在自动变速器的主油道上设置限压阀。

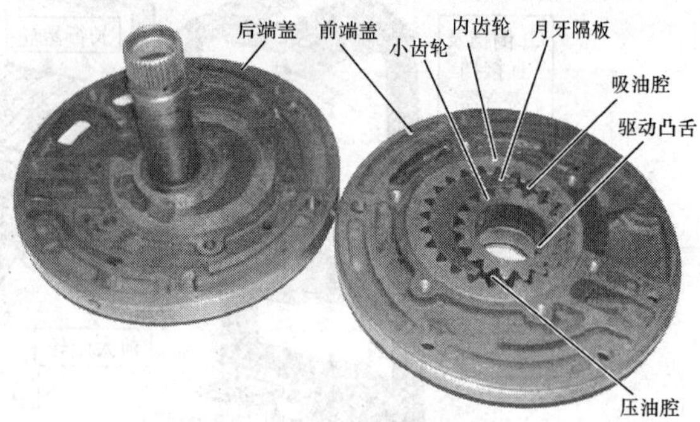

图 3-29 油泵结构

油泵使用时应注意以下几点。

① 发动机不工作时，油泵也不工作，变速器内无控制油压，故无法采用推车方式启动发动机。

② 当车辆出现故障而被其他车辆拖拽时，由于发动机不工作，油泵无法运转，变速器内没有润滑油的循环流动，离合器和制动器片会出现严重磨损。因此，必须将拖拽的速度控制在 30km/h 以内，拖拽距离不能超过 50km。

③ 当变速器齿轮系统有故障或严重漏油时，在拖拽车辆时应将驱动轮脱离地面或拆掉传动轴。

（2）主油路调压阀。自动变速器控制系统的油压调节装置是一个油压调节阀，也称为主油路调压阀，主油压是自动变速器中最基本和最重要的油压，其作用有两个，一是用于操作变速器内的离合器和制动器；二是用于进一步调节变速器内的其他压力。其工作原理如图 3-30 所示。

（3）换挡控制阀。换挡控制装置的作用有两个，一是根据自动变速器操纵手柄的位置，使自动变速器处于不同的挡位状态，如停车挡（P）、空挡（N）、倒挡（R）、前进挡（D）、前进低挡（S、L 或二、一）等；二是在前进挡（D）或前进低挡（S、L 或二、一）时，根据发动机负荷、车速等汽车行驶参数，自动控制升挡或降挡，使自动变速器处于最适合汽车行驶状态的挡位上。

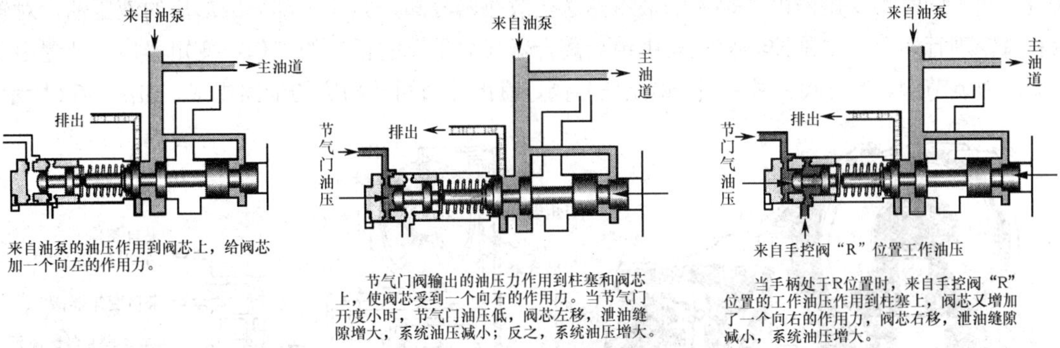

图 3-30　主油路调压阀工作原理

换挡控制装置由手动阀、换挡阀、节气门阀、调速器等控制阀及相应的油路组成。

手动阀由自动变速器的操纵手柄控制。手动阀为一个多路换向阀，由变速杆通过联动装置控制，根据变速杆位置的不同，将主油压导入相应的各挡油路。在阀体上开有多条油道，其中只有一个进油道，其余为出油道，分别通往与变速杆对应的挡位油路，对不同的滑阀或换挡执行元件进行控制，实现不同的换挡要求

换挡阀只有两个位置，因此它只能控制相邻两个挡位的升挡和降挡过程。这样三挡自动变速器就应有两个换挡阀，分别用于控制一至二挡的升降挡和二至三挡的升降挡。四挡自动变速器则应有 3 个换挡阀，分别控制一至二挡、二至三挡、三至四挡的升降挡如图 3-31 所示。

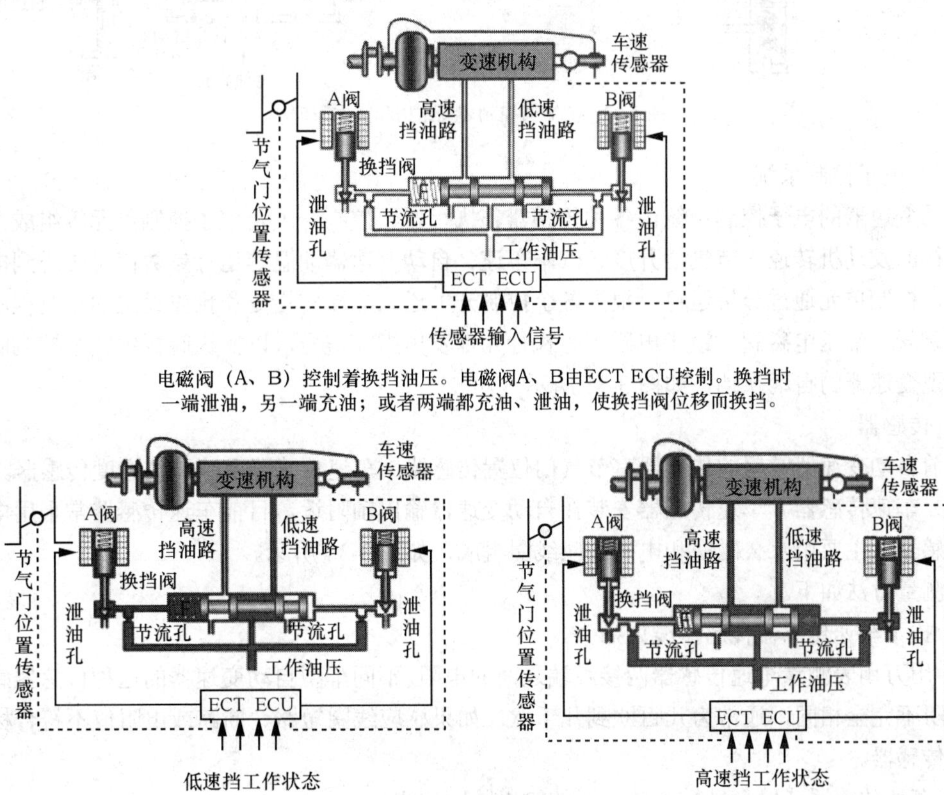

图 3-31　换挡阀工作原理

（4）变矩器控制装置。变矩器控制装置的作用主要有两个，一是为变矩器提供具有一定压力的液压油，同时将变矩器内受热后的液压油送至散热器冷却，并让一部分冷却后的液压油，对轴承和齿轮进行润滑；二是控制变矩器中锁止离合器（如果有的话）的工作；变矩器控制装置由变矩器压力调节阀、泄压阀、回油阀、锁止信号阀、锁止继动阀及相应的油路组成，如图 3-32 所示。

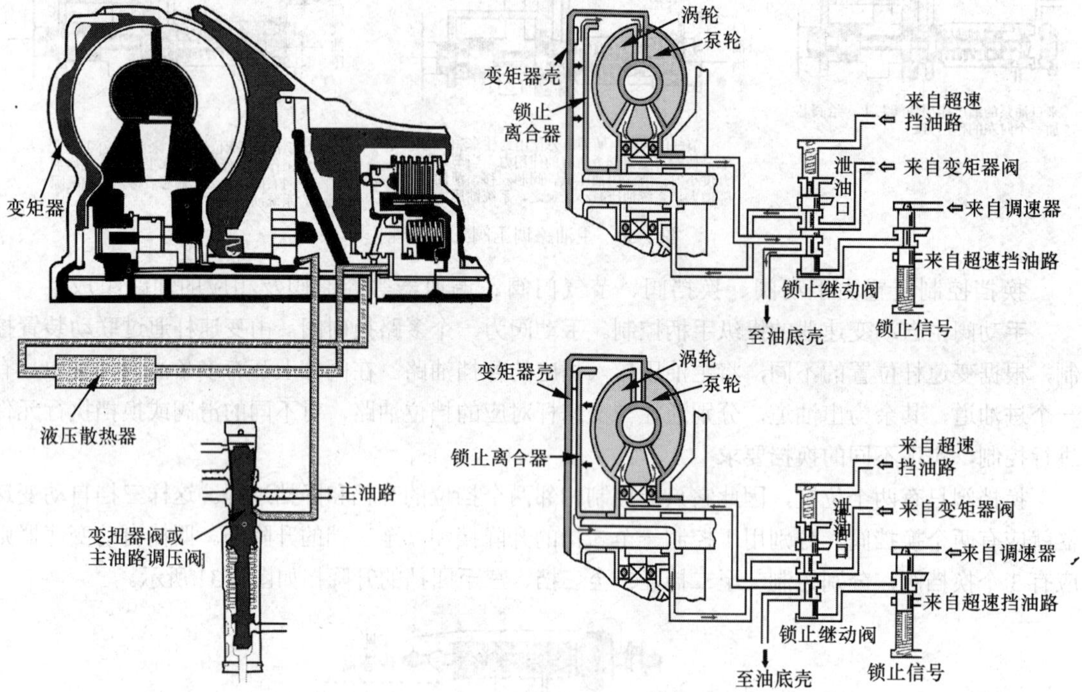

图 3-32 变矩器控制装置结构和工作原理

（四）电子控制系统

自动变速器的电子控制系统由各种传感器、执行器、控制开关及电子控制单元等组成，传感器将测得的发动机转速、节气门开度、汽车车速、自动变速器油温等运行参数信号传送到电子控制单元，控制单元通过分析运算，根据各个控制开关送来的操作指令和预先设定的控制程序，向换挡电磁阀、油压电磁阀、锁止电磁阀等执行元件发出指令信号，以操纵阀板中各个控制阀的工作，实现变速器的自动换挡，如图 3-33 所示。

1．传感器

目前自动变速器常用的传感器有节气门位置传感器、车速传感器及液压油温度传感器。

（1）车速传感器。车速传感器安装在自动变速器输出轴附近。目前车速传感器常采用电磁感应式传感器，主要由永久磁铁和电磁感应线圈组成，如图 3-34 所示。

其测量方法如下。

① 拔下车速传感器传感器线束插头。

② 用万用表测量车速传感器两接线端之间的电阻。不同车型自动变速器的这种传感器感应线圈的电阻不完全相同，通常为几百欧到几千欧。如果感应线圈短路、断路或电阻值不符合标准，应更换传感器。

③ 车速传感器或输入轴转速传感器的输出脉冲的测量。

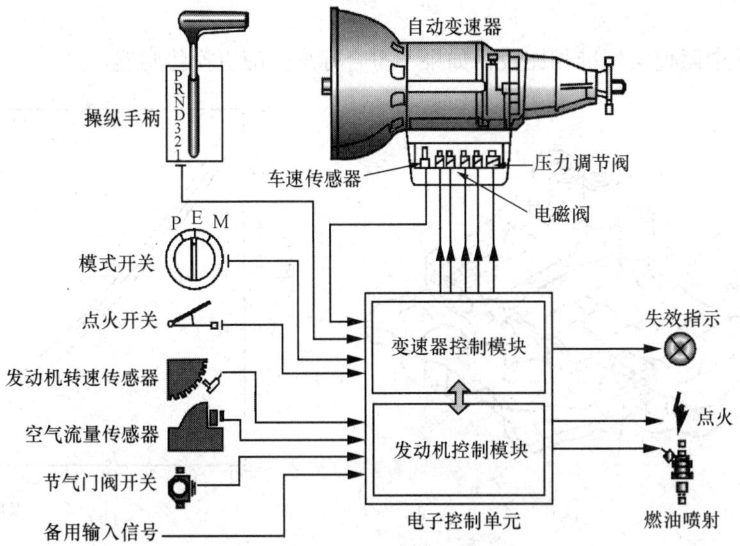

图 3-33　电子控制系统的结构

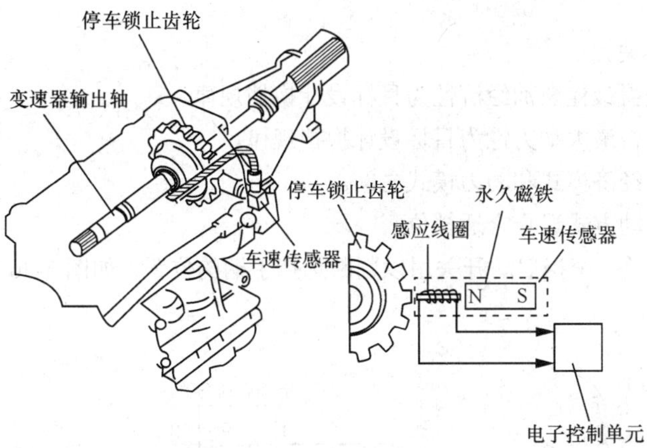

图 3-34　车速传感器的结构

测量车速传感器输出脉冲时，可用千斤顶将汽车一侧的驱动轮顶起，让操纵手柄位于空挡位置，用手转动悬空的驱动轮，同时用万用表测量车速传感器两接线柱之间有无脉冲感应电压。测量时，应将万用表选择开关转至 1V 以下的直流电压挡位置或电阻挡位置。若在转动车轮时万用表指针有摆动，说明传感器有输出脉冲，其工作正常；否则，应更换传感器。

（2）液压油温度传感器。液压油温度传感器主要由一个具有负温度系数的可变电阻组成，当液压油温度变化时，电阻发生变化，产生的电信号发生变化，电子控制单元根据变化的电信号可测出液压油的温度。液压油温度传感器安装在自动变速器油底壳内的阀板上，如图 3-35 所示，用于检测自动变速器液压油的温度，以作为电脑进行换挡控制、油压控制和锁止离合器控制的依据。

液压油温度传感器的测量如下。

① 拆下液压油温度传感器。

② 将传感器置于盛有水的烧杯中，加热杯中的水，同时测量在不同温度下传感器两接线端之

间的电阻。

③ 测量的电阻值与标准相比较。如果不符合标准，应更换传感器。

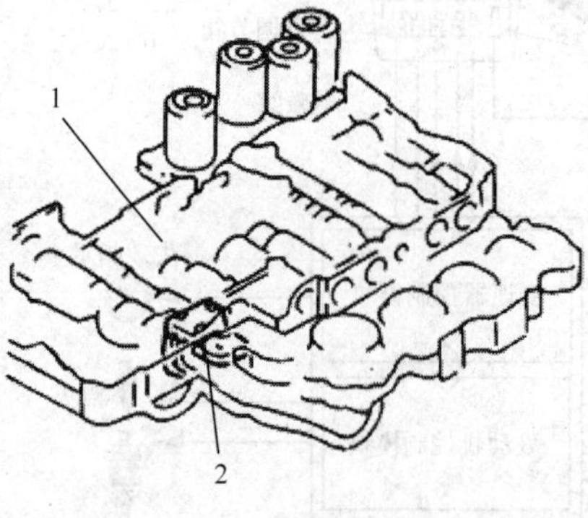

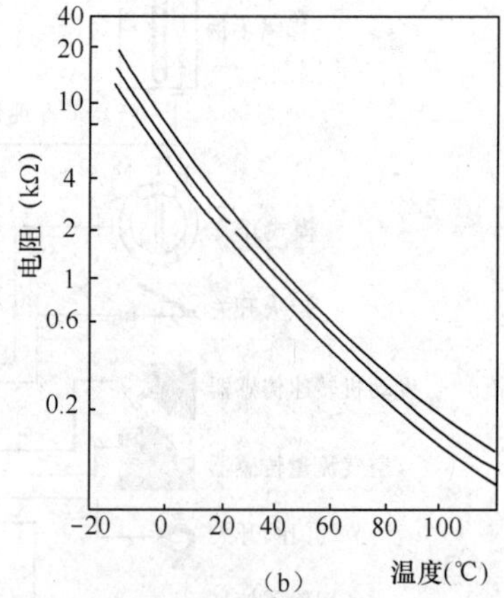

图 3-35 液压油温度传感器安装位置和电阻变化曲线图

1—阀板；2—液压油温度传感器

（3）模式选择开关。

经济模式：以获得最佳燃油经济性为目标设计换挡规律。

动力模式：以获得最大动力性为目标设计换挡规律。

标准模式：介于经济模式和动力模式之间。

手动模式：以手动方式选择合适挡位。

（4）空挡启动开关。空挡启动开关用以判断选挡手柄的位置，如图 3-36 所示，防止发动机在驱动挡位时启动。

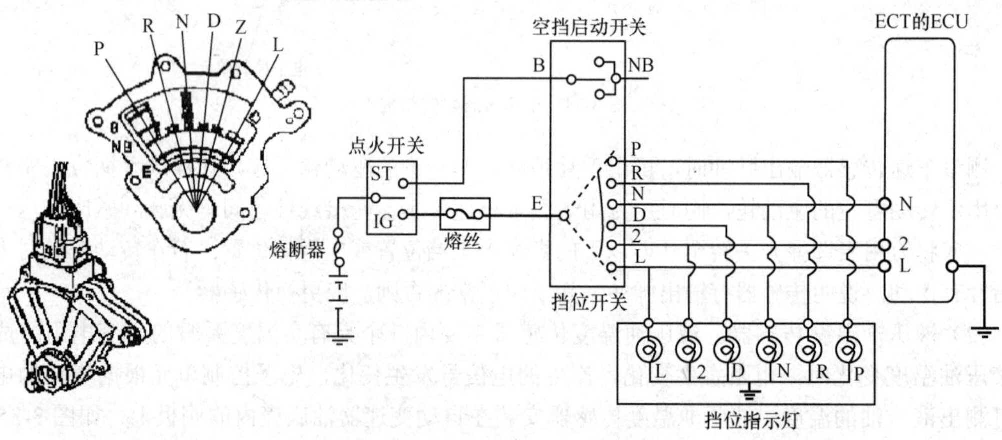

图 3-36 空挡启动开关结构图和电路图

（5）制动开关。制动开关安装在制动踏板下面的支架上，也就是制动灯开关，当踩下制动踏板时，制动开关接通，ECU 接收到高电平信号，此时 ECU 立即发出解除液力变矩器锁止的指令，使锁止离合器分离，防止制动时发动机熄火。

（6）超速挡开关。超速挡开关用来控制自动变速器的超速挡。此开关打开后，超速挡控制电路接通，此时若操纵手柄位于 D 位，当自动变速器随着车速的升高而升挡时，最高可升入四挡（即超速挡）。该开关关闭后，超速挡控制电路被断开，仪表盘上的“O/D OFF”指示灯随之亮起（表示限制超速挡的使用），当自动变速器随着车速的提高而升挡时，最高只能升入三挡，不能升入超速挡。此开关一般为按钮式设在选挡操纵手柄上。

（7）强制降挡开关。强制降挡开关用来检测加速踏板是否达到节气门全开的位置。当加速踏板达到节气门全开位置时，强制降挡开关接通，并向电控单元输送信号，这时电控单元即按其内存设置的程序控制换挡，并使变速器自动下降一个挡位，以提高汽车的加速性能。

（8）挡位开关。挡位开关位于自动变速器手动阀摇臂轴上或操纵手柄下方，用于检测操纵手柄的位置。如图 3-37 所示，它由几个触点组成。当操纵手柄位于不同位置时，相应的触点被接通。ECU 根据被接通的触点，测得操纵手柄的位置，从而按照不同的程序控制自动变速器的工作。

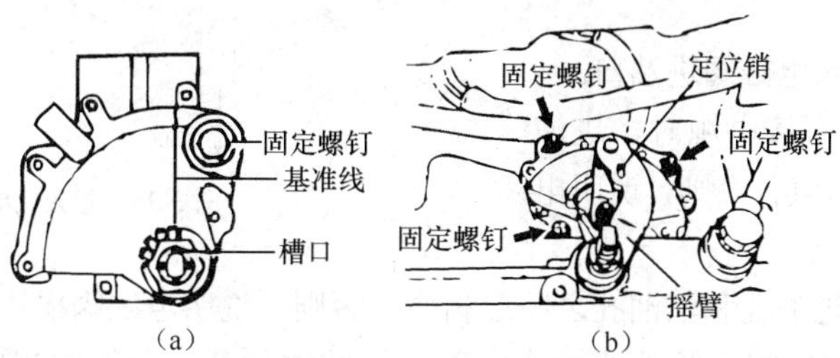

图 3-37　挡位开关

挡位开关的检修步骤如下。

① 用举升器将汽车升起。

② 拆下连接在自动变速器手动阀摇臂和操纵手柄之间的连杆。

③ 拔下挡位开关的线束插头。

④ 将手动阀摇臂拨至各个挡位，同时用万用表测量挡位开关线束插座内各插孔之间的导通情况。

⑤ 将测量结果与标准值进行比较。如有不符，应重新调整挡位开关。

2．电子控制单元

电控自动变速器可与发动机电控系统共用一个 ECU，也可使用独立的 ECU。ECU 接受来自传感器的输入信号之后，与存储的数据进行比较，然后进行信息处理。在 ECU 的存储器中，存储了理想的换挡规律和执行的逻辑程序，它们提供了最佳的换挡时刻，而且可以设置多种换挡规律，以满足汽车在不同使用工况下的最佳换挡点。

自动变速器电子控制单元可以实现换挡控制、主油路油压控制、锁止离合器、发动机制动控制、换挡品质控制、故障自诊断和失效保护控制功能。

3．执行元件

电子控制装置中的执行器是各种电磁阀。常见的有开关式电磁阀和脉冲线性式电磁阀两种。

（1）开关式电磁阀。开关式电磁阀的作用是开启或关闭液压油路，通常用于控制换挡阀及变矩器锁止控制阀的工作。开关式电磁阀由电磁线圈、衔铁、回位弹簧、阀芯或阀球等组成，如

图 3-38 所示。

开关式电磁阀有两种工作方式，一种是让某一条油路保持油压或泄空；另一种是开启或关闭某一条油路。

开关式电磁阀的就车检查步骤如下。

① 用举升器将汽车升起。

② 拆下自动变速器的油底壳。

③ 拔下电磁阀的线束插头。

④ 用万用表测量电磁阀线圈的电阻。

⑤ 将 12V 电源施加在电磁阀线圈上，此时应能听到电磁阀工作的“咔嗒”声；否则，说明阀芯卡住，应更换电磁阀。

开关式电磁阀的性能检验步骤如下。

① 拆下电磁阀。

② 将压缩空气吹入电磁阀进油口。

③ 当电磁阀线圈不接电源时，进油孔和泄油孔之间应不通气；否则，说明电磁阀损坏，应更换。

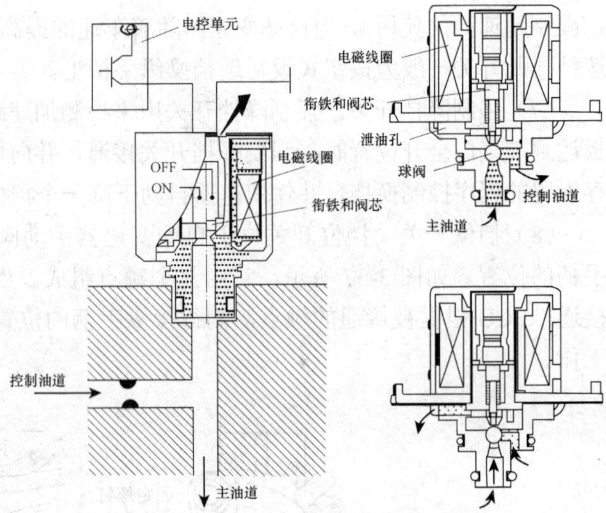

图 3-38　开关式电磁阀

④ 接上电源后，进油孔和泄油孔之间应相通；否则，说明电磁阀损坏，应更换。

（2）脉冲线性式电磁阀。脉冲线性式电磁阀的结构与开关电磁阀相似，也是由电磁线圈、衔铁、阀芯或滑阀等组成。脉冲线性式电磁阀一般安装在主油路或减震器背压油路上。它通常用来控制油路中的油压。当电磁线圈通电时，电磁力使阀芯或滑阀开启，液压油经泄油孔排出，油路压力随之下降。当电磁线圈断电时，阀芯或滑阀在弹簧弹力的作用下将泄油孔关闭，使油路压力上升。脉冲线性式电磁阀和开关式电磁阀的不同之处在于控制它工作的电信号不是恒定不变的电压信号，而是一个固定频率的脉冲电信号。电磁阀在脉冲电信号的作用下不断反复地开启和关闭泄油孔，电脑通过改变每个脉冲周期内电流接通和断开的时间比率（称为占空比，变化范围为 0～100%），改变电磁阀开启和关闭的时间比率，来控制油路的压力。占空比越大，经电磁阀泄出的液压油越多，油路压力就越低；反之，占空比越小，油路压力就越大。

脉冲线性式电磁阀的就车检查步骤如下。

① 用举升器将汽车升起。

② 拆下自动变速器的油底壳。

③ 拔下电磁阀的线束插头。

④ 用万用表测量电磁阀线圈电阻值，

脉冲线性式电磁阀的性能检验如下。

① 拆下脉冲线性式电磁阀。

② 将蓄电池电源串联一个 8～10W 的灯泡，然后与电磁阀线圈连接（脉冲线性式电磁阀线圈电阻较小，不可直接与 12V 电源连接，否则会烧毁电磁阀线圈）。

③ 在通电时，电磁阀阀芯应向外伸出；断电时，电磁阀阀芯应向内缩入。如有异常，说明电磁阀损坏，应更换。

四、自动变速器的常见故障与排除（以大众 01M 型自动变速器为例）

（一）自动变速器油变质

1．故障现象

更换后的自动变速器油（ATF）在较短的时间里就会变质（ATF 油有焦味、冒烟并且呈棕黑色），自动变速器油温过高。

2．故障原因

（1）使用不当造成油温过高而导致自动变速器油过早变质，如过于频繁地急加速、经常超负荷工作和经常超速行驶等。

（2）自动变速器油本身质量不佳，自动变速器油没有按规定牌号加注、使用的自动变速器油质量达不到使用要求或自动变速器油受到了污染。

（3）自动变速器至自动变速器油散热器通道堵塞，如通向散热器油管堵塞、散热器的限压阀卡滞等，使自动变速器油得不到及时的冷却使油温过高导致自动变速器油变质。

（4）自动变速器中离合器和制动器的间隙过小，在离合器和制动器不工作时摩擦片间摩擦打滑使油温过高导致自动变速器油变质。

（5）自动变速器中离合器和制动器的间隙过大，在离合器和制动器工作时摩擦片打滑使油温过高导致自动变速器油变质。

（6）自动变速器主油路油压过低，在离合器和制动器工作时摩擦片打滑使油温过高导致自动变速器油变质。

3．故障诊断与排除

（1）使汽车以中速行驶一段时间，当自动变速器油达到正常工作温度时，在发动机运转的情况下检查自动变速器通往散热器油管的温度。如果自动变速器散热器进油管的温度过低，说明自动变速器散热器油管堵塞或限压阀卡滞。如果自动变速器散热器进油管的温度正常，而自动变速器散热器回油管温度与进油管温度相差很少，说明自动变速器散热器散热效果不良，应检修散热器。

（2）检查自动变速器是否有打滑现象，若有打滑现象应检查自动变速器制动器和离合器摩擦片间隙是否过大和油压是否过低。

（3）更换自动变速器油，加入规定牌号的规定量的自动变速器油再试；自动变速器油温度还过高，应检查制动器和离合器摩擦片间隙是否过小。

（二）自动变速器打滑

1．故障现象

（1）汽车在起步时，发动机转速上升很快但车速上升缓慢，严重时起步困难。

（2）汽车在加速时，车速不能随发动机转速的提高而提高。

（3）汽车在上坡时，汽车行驶无力，但发动机转速很高。

2．故障原因

（1）自动变速器油面过低而造成主油路油压过低，导致离合器和制动器打滑。

（2）自动变速器油泵损坏或进油滤网堵塞，而造成油压低。

（3）主调压阀失效或阀芯卡滞，而造成油压低。

（4）自动变速器油泵磨损严重使油压过低，而引起打滑。

（5）油路泄漏，而造成油压过低。

（6）离合器和制动器摩擦片磨损严重。

（7）离合器和制动器活塞密封圈损坏而漏油，导致油压过低。

（8）单向离合器磨损严重而打滑。

3．故障诊断与排除

① 检查自动变速器油面，如果油面过低，添加规定牌号的自动变速器油至规定量。

② 进行道路试验，根据打滑的规律判断故障的部位。

③ 若自动变速器在前进挡和倒挡时均有打滑现象，则为主油路油压过低。

④ 若自动变速器在D-1挡、D-2挡和D-3均有打滑现象而D-4正常，则为离合器K_1打滑。

⑤ 若自动变速器在D-1挡有打滑现象而D-2挡正常，则为单向离合器F打滑。

⑥ 若自动变速器在D-2挡有打滑现象而D-1挡正常，则为制动器B_2打滑。

⑦ 若自动变速器在D-2挡和D-4均有打滑现象，则为制动器B_2打滑。

⑧ 若自动变速器在倒挡有打滑现象而操纵手柄在1位有发动机制动，则为离合器K_2打滑或倒挡控制油压过低。

⑨ 若自动变速器在操纵手柄在1位无发动机制动而D-1挡行驶正常，则为制动器B_1打滑。

⑩ 检查自动变速器油压。

（三）自动变速器不能升挡

1．故障现象

汽车行驶中，自动变速器始终在一挡，不能升入二挡，或虽能升入二挡，但不能升入三挡和超速挡。

2．故障原因

① 节气门拉索调整不当。

② 节气门位置传感器或其线路有故障。

③ 车速传感器或其线路有故障。

④ 换挡执行元件（离合器和制动器）打滑。

⑤ 换挡阀卡滞。

⑥ 电磁阀有故障。

⑦ 多功能开关或其线路有故障。

⑧ 自动变速器计算机有故障。

3．故障诊断与排除

（1）检查节气门拉索和节气门位置是否调整不当，如果不当，予以调整。

（2）进行故障自诊断读取故障码，如果有故障码输出，则按所显示的故障码检修。

（3）如果无故障码输出或当故障码所显示的故障排除后故障现象仍未消除，则进行如下检查。

① 检查节气门位置传感器和线路工作情况。

② 检查车速传感器和线路工作情况。

③ 检查多功能开关和线路工作情况。

④ 进行道路试验。检查换挡执行元件是否打滑，如果打滑则拆检自动变速器，检查换挡执行元件摩擦片是否磨损严重和有无泄漏。

⑤ 拆检自动变速器检查电磁阀和清洗滑阀箱。

⑥ 如果以上均良好，则更换计算机再试。

（四）自动变速器无倒挡

1．故障现象

自动变速器操纵手柄置于 R 挡不能起步，置于 D 挡正常。

2．故障原因

（1）倒挡离合器打滑。

（2）倒挡制动器打滑。

（3）倒挡控制油路严重泄漏。

（4）自动变速器操纵手柄位置调整不当。

3．故障诊断与排除

（1）检查自动变速器操纵手柄位置是否正常，如果不正常，予以调整。

（2）检查自动变速器倒挡的油压。如果自动变速器油压过低，说明倒挡控制油路有泄漏，应拆检自动变速器，更换倒挡控制油路中的密封元件（密封垫和离合器、制动器活塞密封圈）；如果油压正常，说明倒挡离合器和制动器摩擦片磨损严重而打滑。

五、活动页

1．填空题

（1）电控自动变速器主要由__________、__________、__________、__________和冷却滤油装置五大部分组成。

（2）典型的液力变矩器是由__________、__________、__________组成。__________是液力变矩器的输入元件；__________是液力变矩器的输出元件。

（3）自动变速器中换挡执行机构主要由__________、__________和__________3 种执行元件组成。

（4）在自动变速器中常用的制动器有__________和__________两种。

（5）单向离合器有__________和__________两种，其作用是__________。

（6）摩擦衬面表面上都带有油槽，其作用：一是__________；二是__________。

（7）自动变速器的升挡和降挡完全由__________和__________的大小来控制的。

（8）自动变速器油加少了，会造成离合器、制动器工作时__________。自动变速器油加多了会造成离合器、制动器工作时__________。

2．填图题

下图为片式制动器工作过程图，请填出名称。

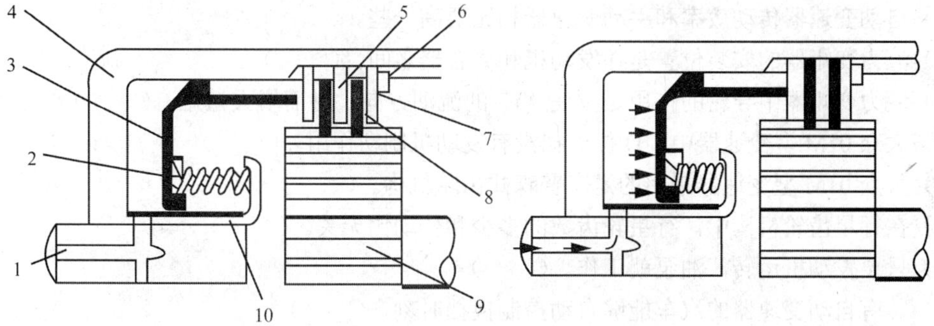

（a）　　　　　　　　　（b）

（1）____________ （2）____________ （3）____________ （4）____________

（5）____________ （6）____________ （7）____________ （8）____________

（9）____________ （10）____________

3．选择题

（1）关于换挡执行机构的组成，下列哪一项是正确的（　　）。

A．离合器、制动器、单向离合器

B．制动器、锁止离合器、单向离合器

C．行星齿轮、离合器、制动器

（2）大众01M型自动变速器进行失速试验时，操纵手柄在D位自动变速器实际处于的挡位是（　　）。

A．D-1挡　　B．D-2挡　　C．D-3挡　　D．D-4挡

（3）液力变矩器的安装位置是在（　　）。

A．发动机和变速器之间

B．发动机和离合器之间

C．离合器和变速器之间

（4）装有自动变速器的汽车只有当选挡操纵手柄位于（　　）位时，发动机才能启动。

A．P位、N位　　B．任一挡位　　C．D位　　D．1位

（5）01M型变速器中不与长行星轮相啮合的元件是（　　）。

A．短行星齿轮　　B．齿圈　　C．小太阳轮　　D．大太阳轮

（6）自动变速器主要依据哪两个信号控制换挡？（　　）

A．车速信号和节气门开度信号

B．油压信号和车速信号

C．电磁阀信号和挡位信号

（7）下列哪一项不是液力变矩器的组成部分？（　　）

A．泵轮　　B．导轮　　C．行星轮　　D．涡轮

（8）液力变矩器中锁止离合器的作用是（　　）。

A．增加输出扭矩　　B．提高传动效率　　C．改变动力方向

（9）自动变速器ATF油的作用是（　　）。

A．传递转矩　　B．冷却　　C．润滑　　D．以上三点都对

4．判断题（正确打√、错误打×）

（1）自动变速器传动效率和手动变速器相比要高一些。（　　）

（2）液力变矩器的安装位置是在发动机和离合器之间。（　　）

（3）液力变矩器中导轮的作用是改变ATF的流动方向，进而增大扭矩。（　　）

（4）大众01M型变速器中，D位一挡没有发动机制动作用。（　　）

（5）大众01M型变速器采用的是辛普森式齿轮机构。（　　）

（6）在行星齿轮机构中，行星轮齿数的多少和传动比无关。（　　）

（7）只要发动机运转，油泵就工作。（　　）

（8）装有自动变速器的汽车能够自动控制换挡时刻。（　　）

（9）装有大众01M型自动变速器的汽车，牵引距离不能超过30km。（　　）

（10）大众 01M 型自动变速器没有自动变速器油尺。（　　）

5．问答题

（1）简述自动变速器的工作原理。

（2）请述说自动变速器油变质故障的原因。

6．论述题

评价自己本任务的学习掌握情况。

任务二　01M 型自动变速器的拆装与检修

一、实训准备

1．实训器材

（1）捷达轿车 01M 型自动变速器。

（2）常用工具、专用工具、扭力扳手、游标卡尺、百分表、塞尺、举升机、常用工具、专用工具、转向盘护套、变速杆手柄套、座位套、脚垫等。

2．准备工作

（1）汽车进入工位前，将工位清理干净，准备好相关的器材。

（2）将汽车停驻在举升机中央位置。

（3）拉紧驻车制动器操纵杆，并将变速杆置于空挡位置。

（4）套上转向盘护套、变速杆手柄套和座位套，铺设脚垫。

（5）在车内拉动发动机舱盖手柄。

（6）在车外打开并支撑发动机舱盖。

（7）粘贴翼子板和前格栅磁力护裙。

二、01M 型自动变速器的拆卸

正确地拆装自动变速器是自动变速器故障诊断与检修的前提。下面以捷达轿车 01M 型自动变速器为例介绍自动变速器的拆装，以了解自动变速器内部结构，掌握其工作过程，并为故障诊断与检修打下基础。

1．01M 型自动变速器的拆卸

（1）取下液力变矩器，放出液力变矩器中的自动变速器油。

（2）将冷却器中防冻液倒出，旋下空心螺栓，取下冷却器。ATF 油冷却器和加油管的分解图如图 3-39 所示。

① 将自动变速器放到自动变速器支承架上。

② 旋下自动变速器油底保护板固定螺栓，取下油底保护板。

③ 将储油槽放到自动变速器下面。

④ 从自动变速器油底上旋下放油螺塞。

⑤ 从检视孔旋下溢油管，放出自动变速器油。

（3）拆卸自动变速器后端盖。旋下自动变速器后端盖固定螺栓，取下后端盖。

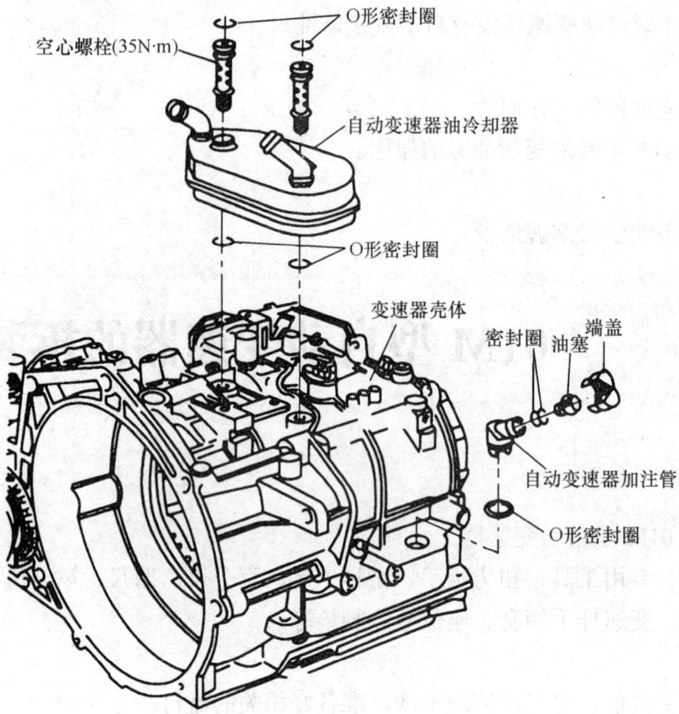

图 3-39 ATF 有冷却器和加油管分解图

（4）拆卸自动变速器油底壳。旋下自动变速器油底固定螺栓取下油底壳。

（5）拆卸带电磁阀插头的传输线和滑阀箱。取下电磁阀插头，旋下滑阀箱固定螺栓，取下滑阀箱。

（6）取出制动器 B_1 油道密封圈，如图 3-40 所示箭头处。

（7）自动变速器油泵。旋下图 3-41 中箭头所指的 7 个油泵固定螺栓，将两个 M8 螺栓拧入带有螺纹（A 处）的两个自动变速器油泵螺栓孔中，交叉均匀拧入螺栓，将油泵从自动变速器壳体中压出。

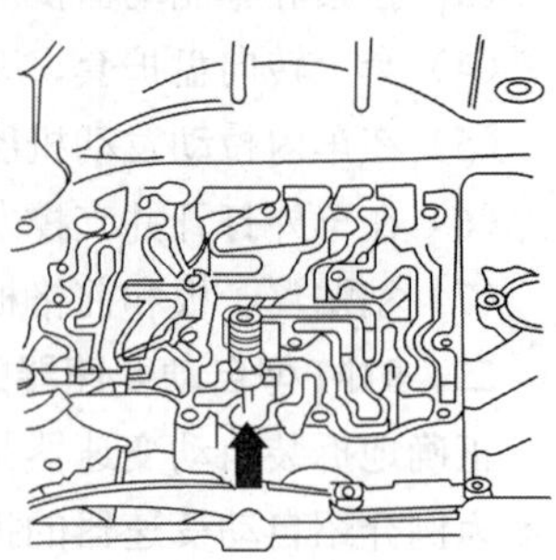

图 3-40 取出制动器 B_1 油道密封圈

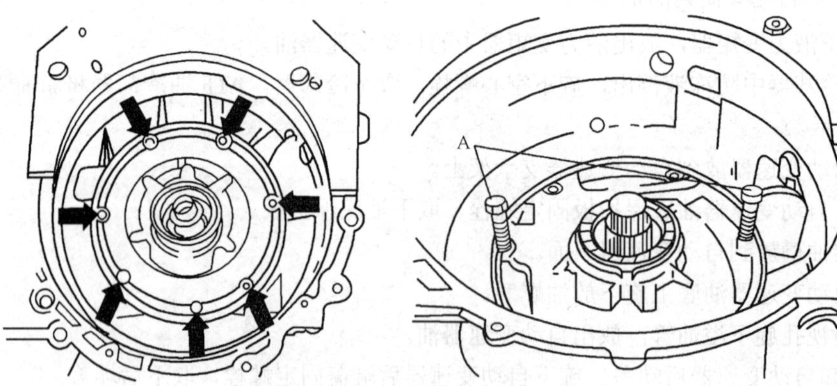

（a）拆下ATF油泵固定螺栓　　（b）压出自动变速器油泵

图 3-41 自动变速器油泵拆卸

（8）拆卸制动器 B_2 的内片、外片、弹簧、弹簧盖及隔离管，如图 3-42 所示。

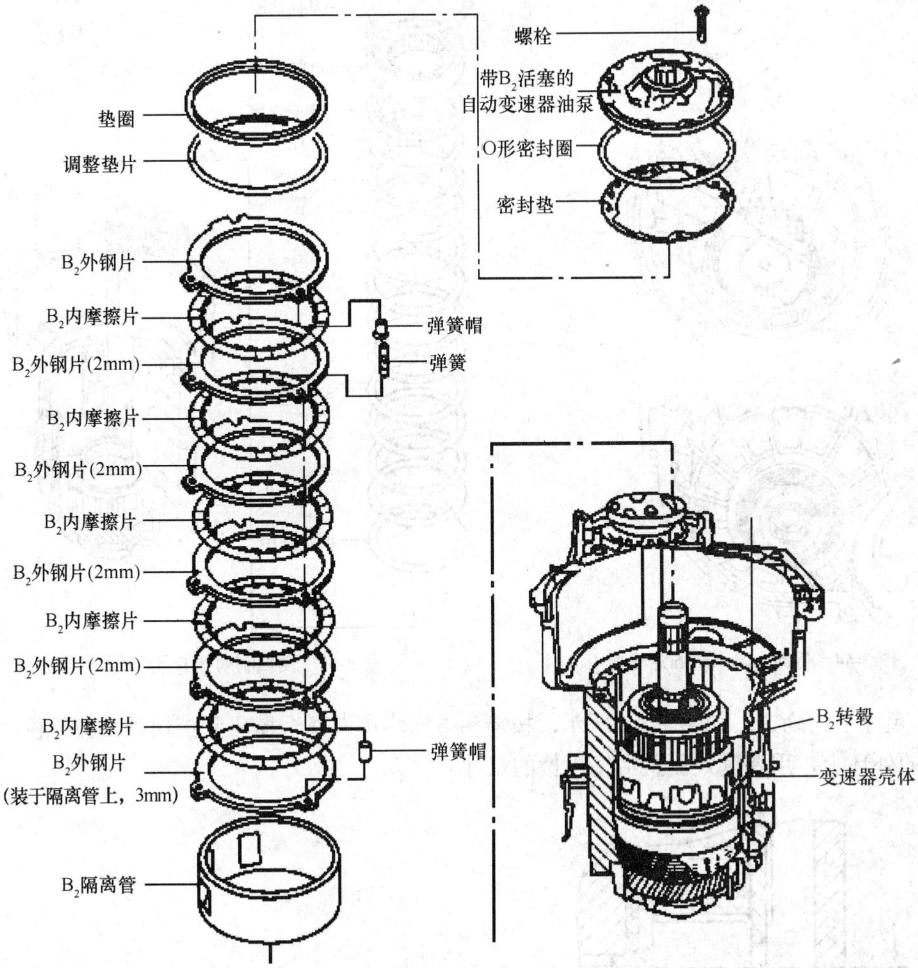

图 3-42　制动器 B_1 分解图

（9）将倒挡离合器 K_2、一至三挡离合器 K_1 和带涡轮轴的四挡离合器 K_3 一同取出，如图 3-43 所示。

① 从变速器后端松开小输入轴固定螺栓（注意：此时的变速箱不能处于空挡状态）如图 4-44 所示，拆下小输入轴螺栓垫圈和调整垫片，拔下小输入轴；拔出大输入轴；拔出大太阳轮；拆下变速箱转速传感器 G38；拆下隔离管弹性挡圈 a 和单项离合器弹性挡圈 b；用钳子夹在单项离合器的定位楔上，把单项离合器从变速箱壳体上拔出；拆卸倒挡制动器 B_1，如图 4-45 所示。

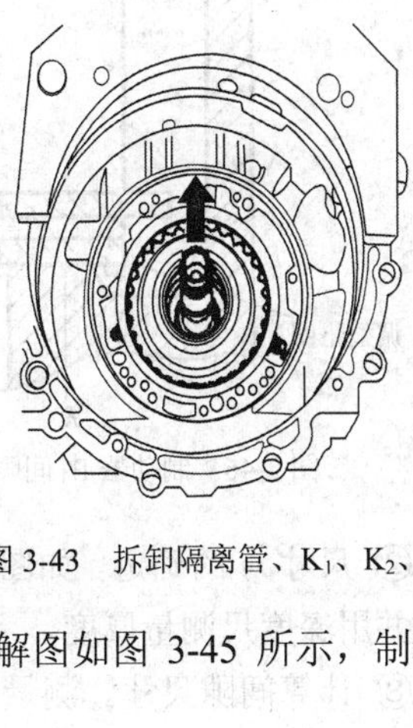

图 3-43　拆卸隔离管、K_1、K_2、K_3

② 拿出带碟形弹簧的行星齿轮支架，拔下行星齿轮架。

③ 取出制动器 B_1 的内片、外片。

2．01M 型自动变速器的装配与调整

（1）倒挡制动器 B_1 间隙检查与调整。倒挡制动器 B_1 的部件分解图如图 3-45 所示，制动器 B_1 间隙测量方法示意图如图 3-46 所示。

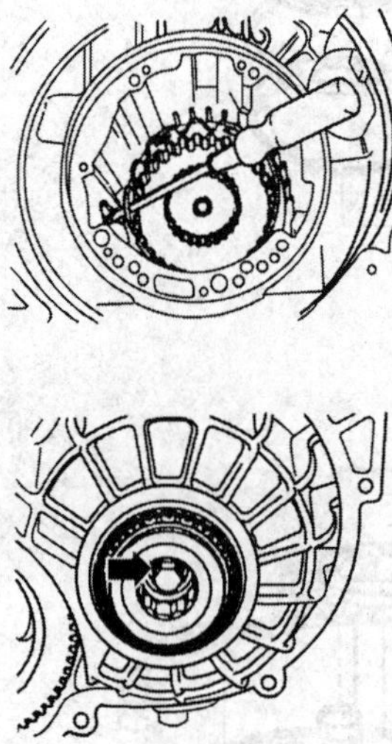

图 3-44 拆卸小输入轴固定螺栓

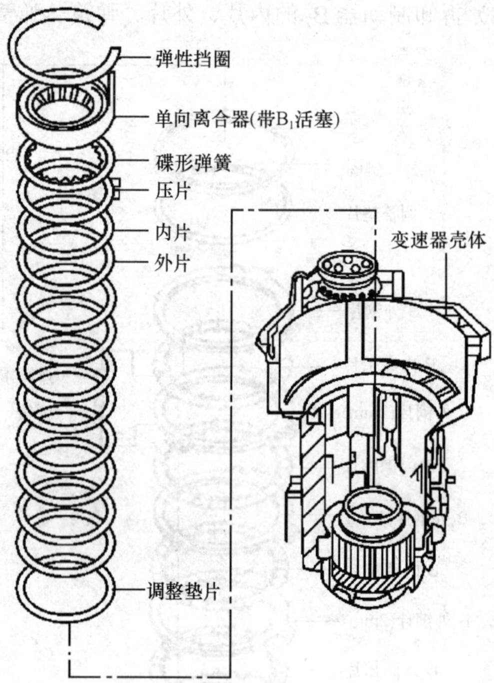

图 3-45 倒挡制动器 B_1 分解图

① 尺寸 l 的确定。如图 3-47 所示，按箭头方向将单向离合器压到挡块处，将导板放到单向离合器的外环上，用深度尺测量活塞内棱的尺寸。

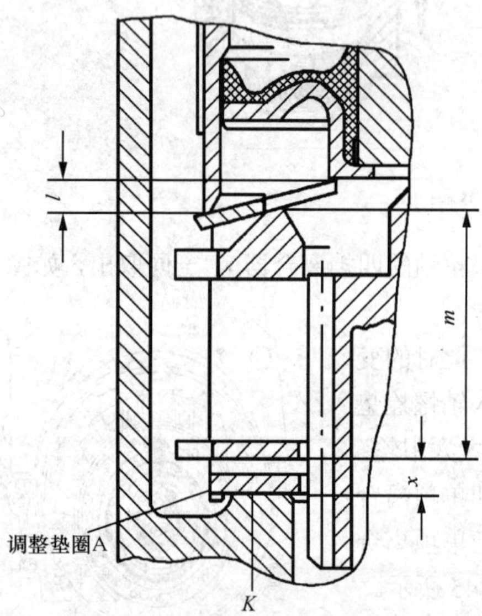

图 3-46 制动器 B_1 间隙测量方法

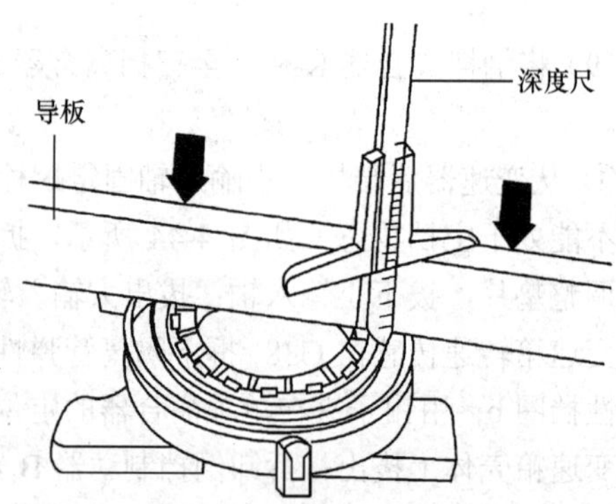

图 3-47 确定 l 的值

② 尺寸 m 的确定。如图 3-48 所示，将导板放到压板片组上，按图 3-49 箭头方向压缩带导的片组并用深度尺测量厚度。

③ 计算间隙尺寸。测量间隙：$x = K + l/2 - m = 26.8 - 3.6/2 - 25.3 = 3.3\text{mm}$。$B_1$ 调整垫片的规格

见表 3-7。将已确定厚度的调整垫片与压盘片组一起装配到制动器 B_1。安装完毕后，再用厚薄规测量制动器 B_1 间隙，如图 3-49 所示，确保间隙在规定范围内（1.25～1.55mm）。

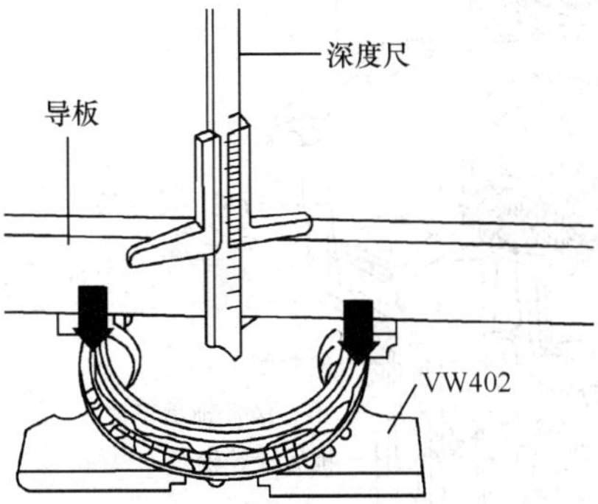

图 3-48　确定 *m* 的值

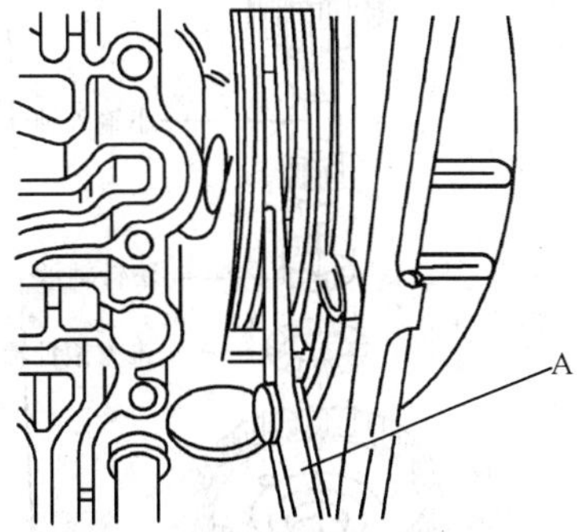

图 3-49　测量制动器 B_1 的间隙

表 3–7　B_1 调整垫片的规格

测量值	垫片规格	测量值	垫片规格
2.36～2.45	1.0	3.36～3.45	1.0+1.0
2.46～2.55	1.1	3.46～3.55	1.0+1.1
2.56～2.65	1.2	3.56～3.65	1.1+1.1
2.66～2.75	1.3	3.66～3.75	1.1+1.2
2.76～2.85	1.4	3.76～3.85	1.2+1.2
2.86～2.95	1.5	3.86～3.95	1.2+1.3
2.96～3.05	1.6	3.96～4.05	1.3+1.3
3.06～3.15	1.7	4.06～4.15	1.3+1.4
3.16～3.25	1.8	4.16～4.25	1.4+1.4
3.26～3.35	1.9		

（2）将带有垫片的推力滚针轴承（推力滚针轴承垫片，光滑面朝向主动齿轮）和行星齿轮支架安装到主动齿轮上。

（3）将垫片和推力滚针轴承放在行星齿轮支架的小太阳轮上，使在小太阳轮上的垫圈和推力滚针轴承中心对齐。

（4）放入 B_1 制动器的内外片，放入压片，平面朝向制动片压片的厚度按制动片数量不同有所不同，备件根据变速箱代码来定购，装入碟形弹簧，凸起面朝向单向离合器。

（5）用专用工具 3267 张开单向离合器滚柱，并装入单向离合器。

（6）安装单向离合器弹性挡圈 b 和隔离管弹性挡圈 a，安装弹性挡圈时，开口装到单向离合器定位楔上，安装变速箱转速传感器 G38。

（7）换挡执行元件和行星齿轮机构间隙的调整，如图 3-50 所示。

① 将大太阳轮到小输入轴部件装入变速箱壳体，安装带有垫圈（不装调整垫片）的小输入轴螺栓（拧紧力矩 30N・m）调整垫片装到小输入轴台肩上，确定调整垫片厚度，调整行星齿轮支架和测量行星齿轮支架。

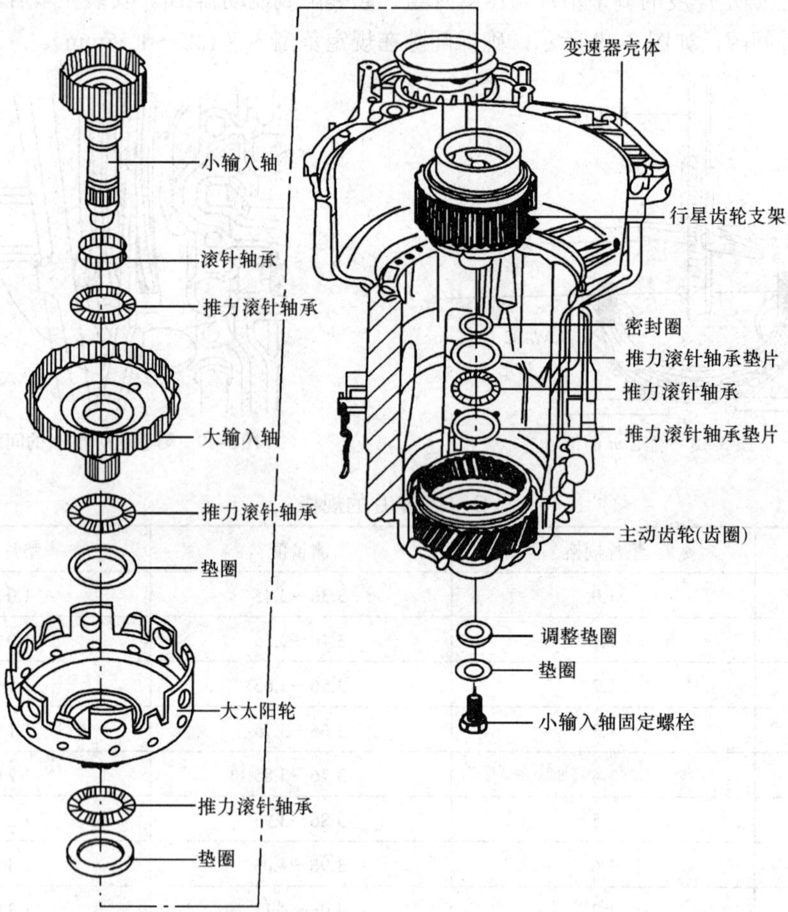

图 3-50　行星齿轮机构部件分解图

② 安装百分表，如图 3-51 所示，或将磁性表座固定到变速器壳体上。

③ 将百分表的表头与小输入轴紧固螺栓接触并有 1mm 压缩量。

④ 转动百分表的表盘将指针对零。

⑤ 上下压动小输入轴百分表指针变化量即为此间隙。

⑥ 根据测量值选择合适的调整垫片装入，如图 3-52 所示。调整垫片的规格见表 3-8。

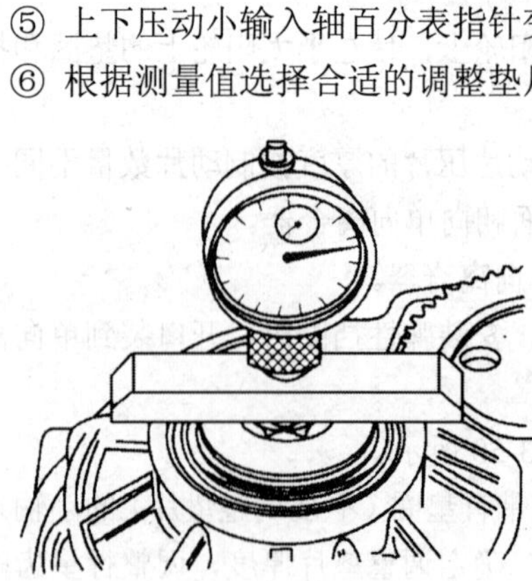

图 3-51　测量行星齿轮支架间隙

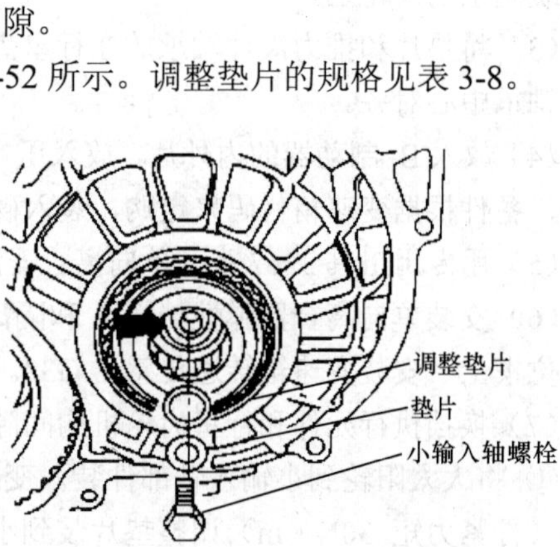

图 3-52　装入调整垫片

表 3-8 小输入轴调整垫片的规格

测量值	垫片规格	测量值	垫片规格
1.26～1.35	1.0	2.26～2.35	2.0
1.36～1.45	1.1	2.36～2.45	2.1
1.46～1.55	1.2	2.46～2.55	2.2
1.56～1.65	1.3	2.56～2.65	2.3
1.66～1.75	1.4	2.66～2.75	2.4
1.76～1.85	1.5	2.76～2.85	2.5
1.86～1.95	1.6	2.86～2.95	2.6
1.96～2.05	1.7	2.96～3.05	2.7
2.06～2.15	1.8	3.06～3.15	2.8
2.16～2.25	1.9	3.16～3.25	2.9

（8）装入离合器 K_1、K_3 和离合器 K_2。离合器 K_1、K_3 和离合器 K_2 间隙检查与调整。离合器 K_1、K_2 和 K_3 部件的分解图如图 3-53 所示。

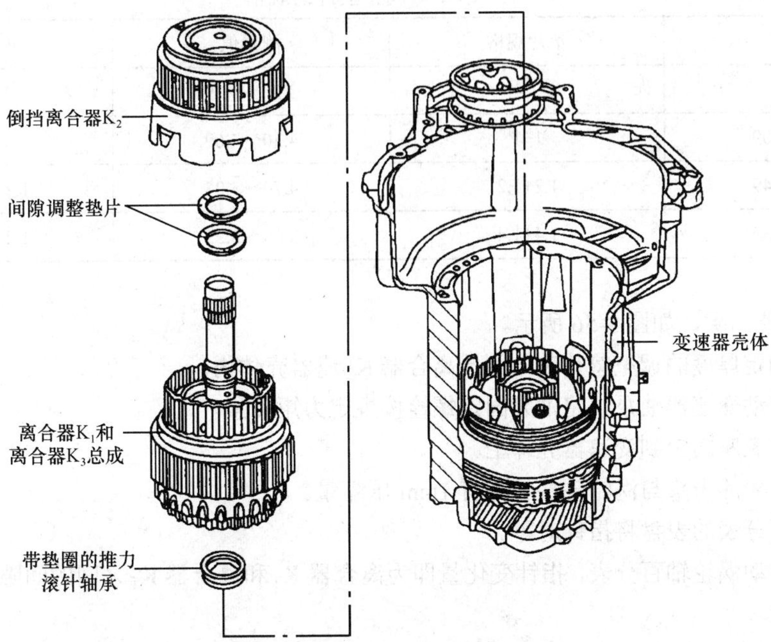

图 3-53 离合器 K_1、K_2、K_3 部件的分解图

离合器 K_1、K_3 和离合器 K_2 间隙测量示意图如图 3-54 所示。

确定尺寸 a。

① 如图 3-53 中除调整垫片外的所有部件装入变速器壳体内。

② 如图 3-55 所示，将导板放到变速器壳体上，按箭头方向压下离合器 K_1 并用深度尺测量，测量值为 88.5mm。

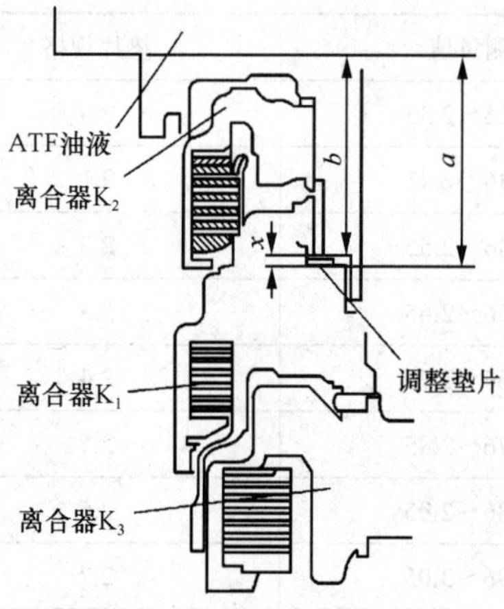

图 3-54 确定调整垫片的厚度

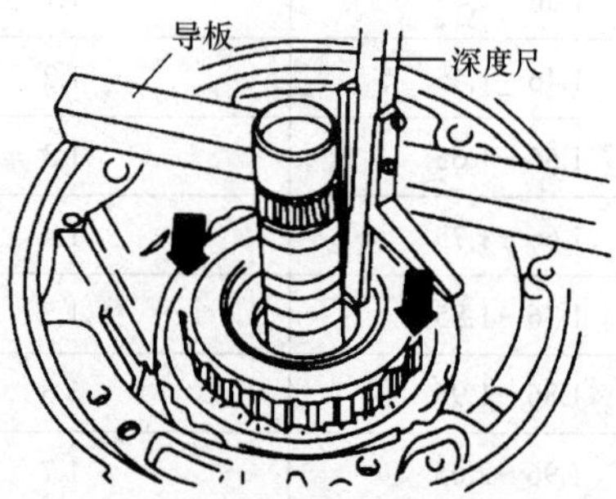

图 3-55 测量变速器壳体前端面到离合器 K_1 距离

计算间隙尺寸。测量间隙值：$x=a-b=54.2-51.0=3.2$mm，根据测量间隙值确定调整垫片厚度。调整垫片规格见表 3-9。

表 3–9 K_1、K_3和 K_2调整垫片的规格

测量值	垫片规格	测量值	垫片规格
2.54	1.4	3.90～4.29	1.6+1.6
2.55～3.09	1+1	4.30～4.69	1.8+1.8
3.10～3.49	1.2+1.2	4.70～5.04	1.2+1.2+1.6
3.50～3.89	1.4+1.4	5.05～5.25	1.2+1.2+1.8

测量离合器间隙，如图 3-56 所示。

① 将已确定厚度的调整垫片装入倒挡离合器 K_2 速器壳体内。

② 安装自动变速器油泵，将油泵固定螺栓按规定力矩旋紧。

③ 将磁性表座固定到变速器壳体上。

④ 将百分表的表头与涡轮轴接触并有 1mm 压缩量。

⑤ 转动百分表的表盘将指针对零。

⑥ 上下压动涡轮轴百分表，指针变化量即为离合器 K_2 和离合器 K_1 之间的间隙。规定间隙值为 0.5～1.2mm。

（9）装入制动器 B_2 片组的隔离管，应使隔离管上的槽进入单项离合器的定位楔内。安装 B_2 制动片前先安装一个 3mm 厚的外片，将 3 个弹簧帽装入外片，插入压力弹簧，除最后一个外片外，装上所有片子，将 3 个弹簧帽装到压力弹簧上。

二挡和四挡制动器 B_2 间隙检查与调整。制动器 B_2 的部件分解图如图 3-57 所示。

调整垫片厚度确定示意图如图 3-57 所示，箭头所指是第一个外片，厚度固定为 3mm，则间隙值 $x=a-b-3.20$。

3.20mm 是用专用工具 3459 提供 F=5N・m 力通过垫圈施加在片组上获得的值。

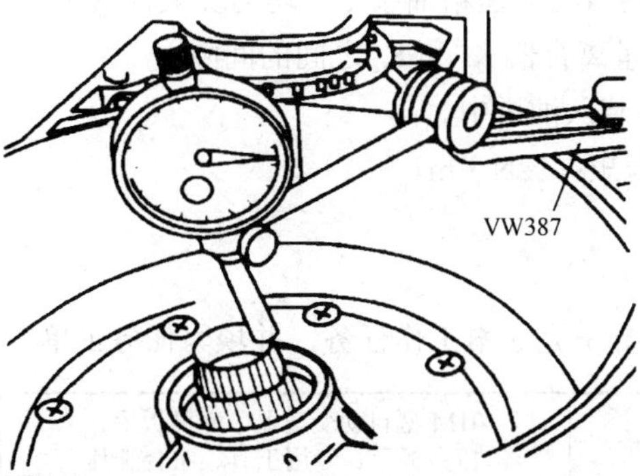

图 3-56　测量离合器 K_1、K_3 和离合器 K_2 间隙

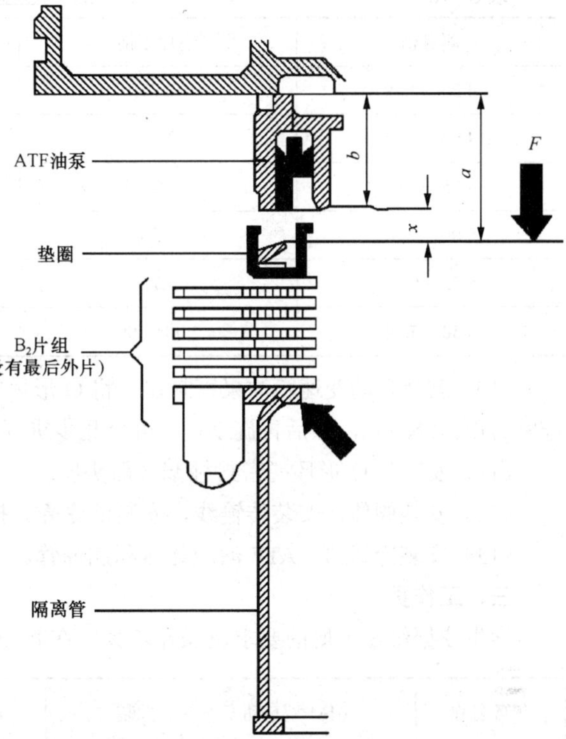

图 3-57　确定制动器 B_2 调整垫片厚度

① 确定尺寸 a。如图 3-58 所示，用深度尺测量从变速器壳体与油泵凸缘接合面处到制动器 B_2 最后一个内片距离，示例 a=30.2mm。

② 确定尺寸 b。如图 3-59 所示。

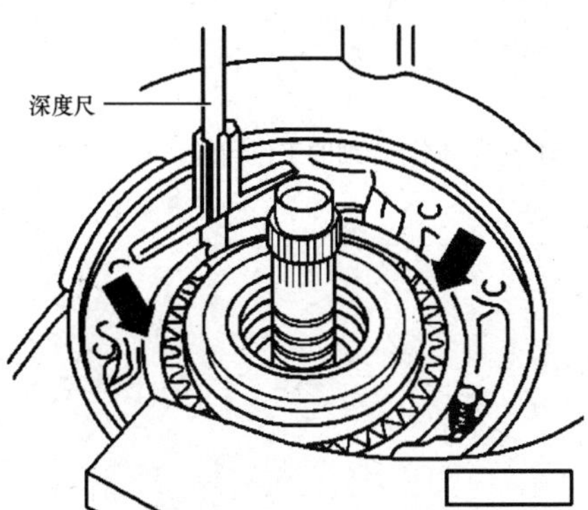

图 3-58　确定 a 的值

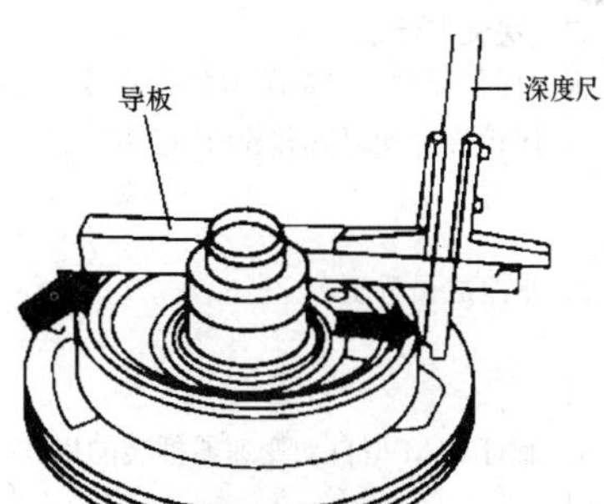

图 3-59　确定 b 的值

测量油泵凸缘接合面处的距离。

③ 计算间隙尺寸。测量间隙值 $x = a–b–3.20 = 30.12–20.6–3.20 = 6.40$mm，根据测量间隙值确定调整垫片厚度。调整垫片规格见表 3-10。

表 3-10 B_2间隙调整垫片的规格

测量值	垫片规格	测量值	垫片规格
4.25～4.49	2.75	5.75～5.99	2.00+2.25
4.50～4.74	3.00	6.00～6.24	2.25+2.25
4.75～4.99	3.25	6.25～6.49	2.25+2.50
5.00～5.24	3.50	6.50～6.74	2.50+2.50
5.25～5.49	3.75	6.75～7.00	2.50+2.75
5.50～5.74	2.00+2.00		

（10）安装自动变速箱油泵密封垫，将 O 形环安装到自动变速箱油泵上，均匀交叉拧紧螺栓，拧紧力矩：8N・m，然后再旋 90°，可分几步进行。测量离合器 K_1 和 K_2 之间的间隙。

（11）安装带 O 形环的密封柱塞（箭头所示），凸耳装入油道中。

（12）安装阀体，安装传输线，安装油底壳。拧紧力矩：12N・m。

（13）安装冷却器、ATF 油冷却器和加油管。

三、工作页

学生依据维修手册的要求及操作步骤，在教师的指导下完成本工作任务，并填写任务工单。

任务名称	01M 型自动变速器的拆装	实训设备	01M 型自动变速器、套筒扳手、扭力扳手、专用工具、组合工具
客户任务	一辆捷达轿车 01M 型自动变速器大修后行驶 1500 千米即产生异响，请正确进行拆解		
任务目的	能正确使用工具，能够根据规范正确找出异响所在的位置		
一、知识要点 1．自动变速器的组成及各部件的功用。 2．01M 型自动变速器的拆装顺序。 **二、决策与计划** 根据任务要求，确定所需要的设备、工具，并对小组成员进行合理分工，制订详细的工作计划。 1．讨论确定变速器拆装所需要的设备、工具。 2．小组成员分工。 3．制订 01M 型自动变速器拆装的操作步骤。 （1） （2） （3） （4）			

三、实施过程记录

1．分析实践所用的 01M 型自动变速器的结构特点。

2．总结 01M 型自动变速器拆装时，应该注意的问题。

四、检查与评估

1．检查 01M 型自动变速器拆装顺序是否正确。

2．请根据自己任务完成的情况，对自己的工作进行自我评估，并提出改进意见。

3．教师对小组工作情况进行评估，并进行点评。

4．教师、各小组、学生个人对本次任务的评价给出量化。

考核项目	评分标准	分数	学生自评	小组评价	教师评价	小计
安全生产	有无安全隐患	10				
活动情况	积极主动	5				
团队协作	和谐愉快	5				
现场 5S	做到	10				
劳动纪律	严格遵守	5				
工具设备使用	规范、标准	10				
操作过程	规范、正确	50				
工作页填写	认真、规范	5				
总分						
教师签名：		时间：			总评	

项目四 4 万向传动装置的构造与维修

知识目标

- ◎ 熟悉万向传动装置的功用、组成和应用。
- ◎ 掌握万向节的功用、类型、构造。
- ◎ 熟悉万向传动装置的布置形式及装配特点。
- ◎ 掌握万向传动装置的维修与故障诊断的基本理论知识。

能力目标

- ◎ 能够正确选择与使用工具、设备，并规范进行万向传动装置的拆卸、装配。
- ◎ 能对万向传动装置的主要零件进行检修。
- ◎ 会分析万向传动装置的一般故障原因并排除故障。

任务一 万向传动装置的认知

一、万向传动装置的功用、组成和应用

1．万向传动装置的功用及组成

在发动机前置后驱动的汽车上，变速器常与发动机、离合器连在一起安装在车架上，而驱动桥则通过弹性悬架与车架连接，变速器输出轴轴线与驱动桥输入轴轴线很难布置得重合，并且在行驶过程中，弹性悬架受路面冲击而产生振动，使两轴相对位置经常发生变化。因此变速器的输出轴与驱动桥的输入不能刚性连接，必须采用万向传动装置。

万向传动装置在汽车上有很多应用，结构也稍有不同，但其功用都是一样的，即在轴线相交且相互位置经常发生变化的两转轴之间传递动力。图 4-1 所示为位于变速器与驱动桥之间的万向传动装置，这是在汽车中最常见的应用。因汽车布置、设计等原因，变速器输出轴和驱动桥的输入轴不能在同一轴线；变速器安装在车架（车身）上，其位置是不动的；由于悬架变形，引起驱动桥其位置经常发生变化，采用万向传动装置可以满足变速器和驱动桥之间的使用、设计要求。万向传动装置一般由万向节和传动轴组成，有时还需加装中间支承。

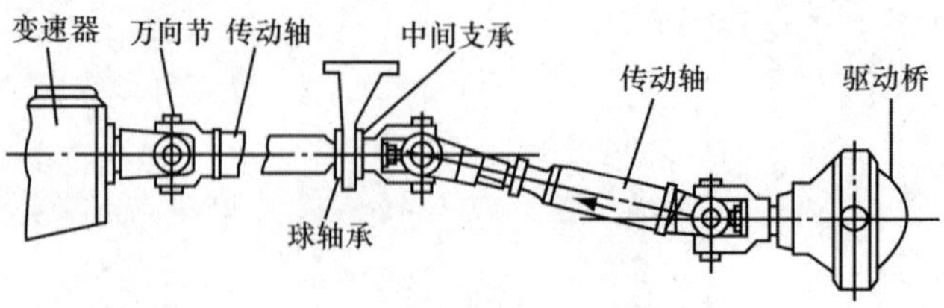

图 4-1　变速器与驱动桥之间的万向传动装置

2．万向传动装置在汽车上的应用

万向传动装置在汽车上的应用主要有几个方面，见表 4-1。

表 4–1 万向传动装置在汽车上的应用

序号	安置位置	应用特点
1	变速器（或分动器）与驱动桥之间	一般 FR 型汽车变速器（或越野车的分动器）的输出轴线与驱动桥的输入轴线难以布置重合，并且汽车在负荷变化及在不平路面行驶时引起的跳动，将使驱动桥输入轴与变速器输出轴之间的夹角和距离发生变化，故须万向传动装置连接
2	变速器与离合器或与分动器之间	虽然变速器、离合器、分动器等都支承在车架上，且它们的轴线也可以设计重合，但为消除车架变形及制造、装配误差等引起的轴线同轴度误差对动力传递的影响，其间也常装有万向传动装置
3	转向驱动桥和断开式驱动桥中	汽车的转向驱动桥需满足转向和驱动的功能，其半轴是分段的，转向时两段半轴轴线相交且交角变化，因此要用万向传动装置。在断开式驱动桥中，主减速器壳在车架上是固定的，桥壳上下摆动，半轴是分段的，也须用万向传动装置
4	转向操纵机构中	某些汽车的转向操纵机构受整体布置的限制，转向盘轴线与转向器输入轴线不重合，因此在转向操纵机构中装有万向传动装置

二、万向节

在汽车上使用的万向节按其刚度大小，可分为刚性万向节和柔性万向节。刚性万向节按其速度特性分为不等速万向节（常用的为十字轴式）、准等速万向节（双联式和三销轴式）和等速万向节（包括球叉式和球笼式等）。目前在汽车上应用较多的是十字轴式刚性万向节和等速万向节。十字轴式刚性万向节主要用于发动机前置后轮驱动的变速器与驱动桥之间，等角速万向节主要用于发动机前置前轮驱动的内、外半轴之间。

1．十字轴万向节

（1）十字轴式万向节结构。十字轴式万向节，它允许相邻两轴的最大交角为 15°～20°，在汽车上应用最广。图 4-2 所示为十字轴式万向节。它主要由万向节叉、十字轴及轴承等组成。两个万向节叉分别与主、从动轴相连，其叉形上的孔分别套在十字轴的四个轴颈上。在十字轴轴颈与万向节叉孔之间装有滚针和套筒，用带有锁片的螺钉和轴承盖来使之轴向定位。为了润滑轴承，十字轴内钻有油道（见图 4-2）与滑脂嘴、安全阀相通。

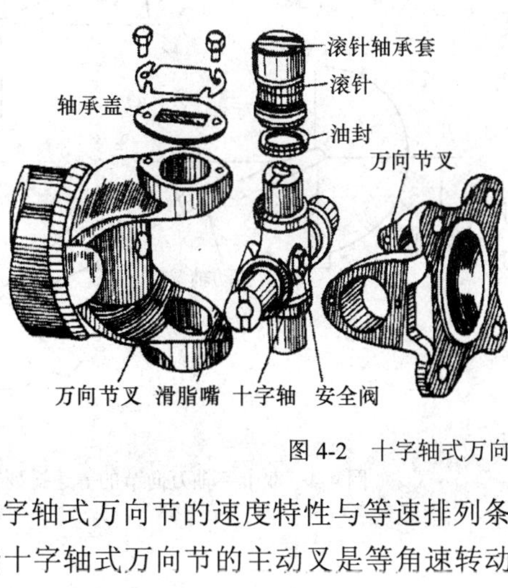

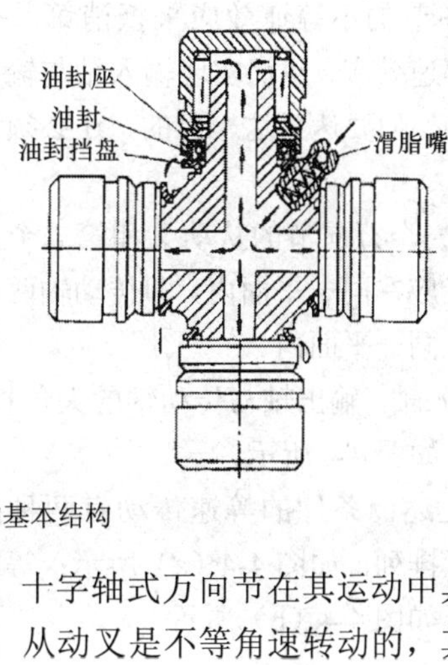

图 4-2 十字轴式万向节的基本结构

（2）十字轴式万向节的速度特性与等速排列条件。十字轴式万向节在其运动中具有不等角速性，即当十字轴式万向节的主动叉是等角速转动时，从动叉是不等角速转动的，其运动情况用图 4-3 所示来分析。

设主动叉轴以等角速 ω_1 旋转，从动叉轴与主动叉轴有一夹角 α，其角速度为 ω_2，十字轴旋转半径 $OA=OB=r$。

当万向节处于图 4-3（a）所示位置时，由于主、从动叉轴在十字轴上 A 点的瞬时线速度相等，为 $v_A=\omega_1 r=\omega_2 r\cos\alpha$。

所以，$\omega_2=\omega_1/\cos\alpha$，此时 $\omega_2>\omega_1$。

当主动叉轴转过 90°至图 4-3（b）所示位置时，主、从动叉轴在十字轴上 B 点的瞬时线速度相等，为 $v_B=\omega_1 r\cos\alpha=\omega_2 r$。

所以，$\omega_2=\omega_1\cos\alpha$，此时 $\omega_2<\omega_1$。

综上所述，当主动叉轴以等角速旋转时，从动叉轴是不等角速的，并在 $\omega_1/\cos\alpha \geqslant \omega_2 \geqslant \omega_1\cos\alpha$ 范围内变化，变化的周期为 180°。且从动叉轴不等角速程度随轴间夹角 α 的加大而加大。但主、从动轴的平均转速是相等的，即主动轴转一圈，从动轴也转一圈。所谓不等速性是指从动轴在转动一周内其角速度的不均匀。

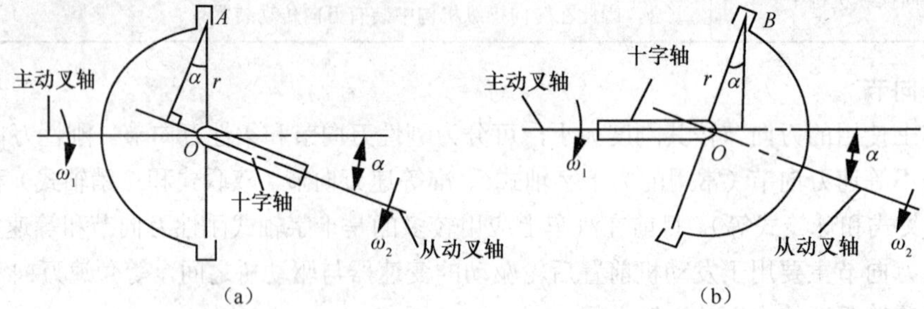

图 4-3 十字轴式万向节传动角速度分析

单个十字轴万向节的不等角速性，会使从动轴及与其相连的传动部件产生扭转振动，产生附加的交变载荷及振动噪声，影响零部件使用寿命。为避免这一缺陷，在汽车上均采用两个十字轴万向节，且中间以传动轴相连，利用第二个万向节的不等速效应来抵消第一个万向节的不等速效应，从而实现输入轴与输出轴等角速传动，但要达到这一目的，还必须满足两个条件。

① 第一个万向节的从动叉和第二个万向节的主动叉应在同一平面内，即传动轴两端的万向节叉在同一平面内。

② 输入轴、输出轴与传动轴的夹角相等，即 $\alpha_1=\alpha_2$。如图 4-4 所示。

满足上述两条件的等速传动有两种排列方式，平行排列，如图 4-4（a）所示；等腰三角形排列，如图 4-4（b）所示。

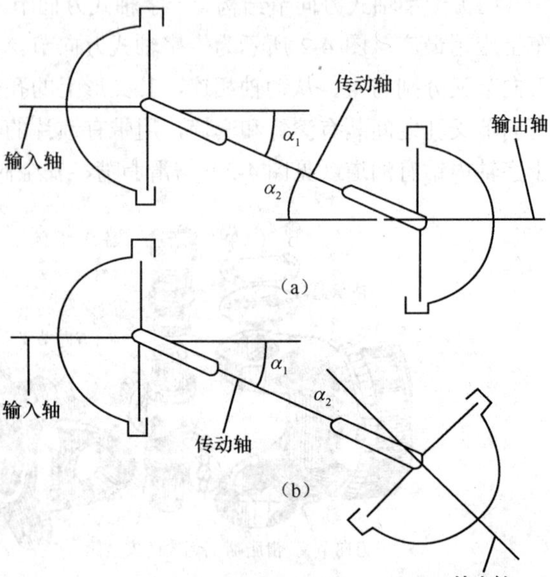

图 4-4 双十字轴万向节的等速排列方式

2．等角速万向节

等角速万向节的基本原理可用一对大小相同的锥齿轮传动来说明，如图 4-5 所示。两个大小相同锥齿轮的接触点 P 位于两齿轮轴线交角 α 的平分面上，由 P 点到两轴的垂直距离都等于 r。P 点处两齿轮的圆周速度相等，故两齿轮的角速度也相等。可见，若万向节的传力点在其交角变化时，只要从结构上保证其传力点始终位于两轴夹角的平分面上，就能保证等角速传动。

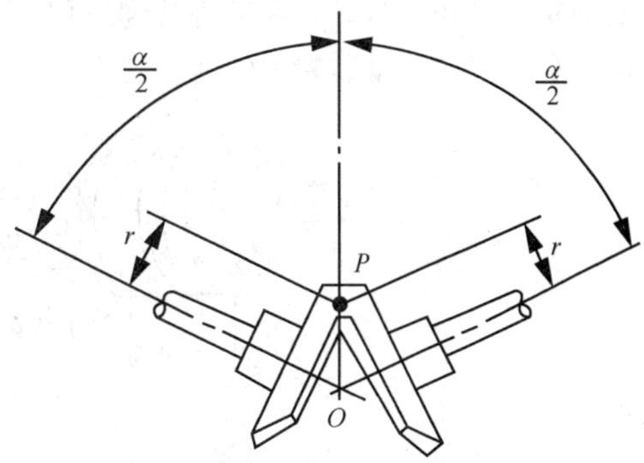

图 4-5　等角速万向节的工作原理

等角速万向节的常见类型有球叉式、球笼式和三叉式等。

（1）球叉式万向节。球叉式万向节如图 4-6 所示，它主要由主动叉、从动叉、4 个传动钢球、定心钢球、定位销及锁止销组成。主、从动叉分别与内、外半轴制成一体，叉内各有四条曲面凹槽，装合后形成两条相交的环槽，作为钢球的滚道，定心钢球装在两叉中心凹槽内，以定中心。球叉式万向节等速传动的原理如图 4-6 所示，主、从叉曲面凹槽的中心线分别是以 O_1、O_2 为圆心的两个半径相等的圆，且圆心 O_1、O_2 到万向节中心 O 的距离相等，这样无论主、从动轴以任何角度相交，传动钢球中心都位于两圆的交点上，从而保证传动钢球始终位于两轴交角 α 的平分面上，因而保证了等速传动。

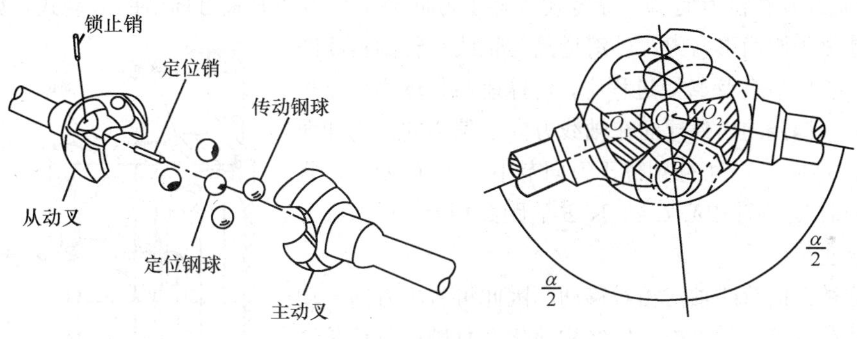

图 4-6　球叉式万向节结构与工作原理

（2）球笼式万向节。

① RF 型球笼万向节。图 4-7 所示为奥迪 100 型和上海桑塔纳轿车半轴外万向节所采用的 RF 型球笼万向节。它主要由内球座、球笼、外球座及钢球等组成。内球座通过花键与中段半轴相连。内球座的外表面有六条曲面凹槽，形成内滚道。外球座与带外花键的外半轴制成一体，内表面制有相应的六条曲面凹槽，形成外滚道。六个钢球分别装于六条凹槽中，并用球笼使之保持在一个平面内。

动力由中段半轴传至内球座，经六个钢球、外球座输出。当中段半轴（主动轴）和外球座轴（从动轴）之间夹角 α 发生变化时，传力钢球中心始终位于两轴交角的平分面上，并且到两轴线的距离相等，如图 4-7 所示，从而保证了主、从动轴以相等的角速度旋转。

② VL 型球笼式万向节。VL 型球笼式万向节又称为伸缩型等速万向节，如图 4-7 所示为奥迪 100 型和上海桑塔纳轿车转向驱动桥半轴内万向节（靠近主减速器处）所采用的 VL 型球笼式万向节。其内、外滚道为圆筒形，且内、外滚道不与轴线平行，而是以相同的角度相对于轴线倾斜

着，装合后，同一周向位置内、外滚道的倾斜方向刚好相反，即对称交叉，而钢球则处于内外滚道的交叉部位。当内半轴与中半轴以任意夹角相交时，所有传力钢球都位于轴间交角的平分面上，从而实现等角速传动。在动力传递过程中，内、外球座可以沿轴向相对移动，故采用这种万向节可以省去万向传动装置中的滑动花键。

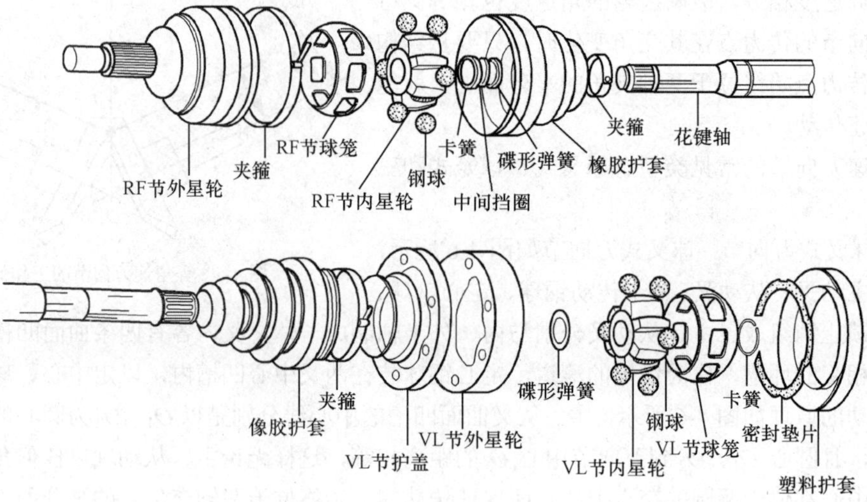

图 4-7 RF 型球笼式万向节

③ 球笼式双补偿万向节。球笼式双补偿万向节又称为球笼式万向节的滑动式。如图 4-8 所示，其外球座为圆筒形，内、外滚道是与轴线平行的直线凹槽（即圆筒形），在传递转矩过程中，内球座与外球座可以相对轴向移动。球笼的内外球面在轴线方向是偏心的，内球面中心 B 与外球面中心 A 分别位于万向节中心 O 的两边，且 $OA=OB$。同样，钢球中心 C 到 A、B 的距离相等，以保证万向节作等角速传动。

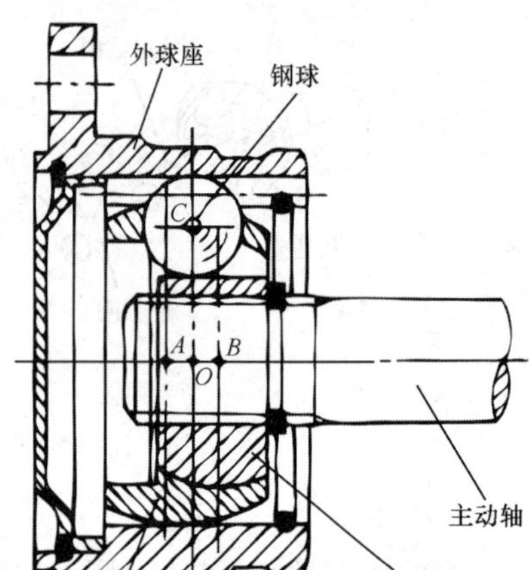

图 4-8 球笼式双补偿万向节

由于这种万向节能轴向相对移动，因此可省去万向传动装置中滑动花键等伸缩机构，使结构简化，且轴向位移是通过钢球沿内、外滚道的滚动来实现，与滑动花键相比，滚动阻力小，磨损轻、寿命长。故最适用于断开式驱动桥。

④ 三叉式等速万向节。图 4-9 所示为三叉式等速万向节（也称三角式万向节），主要由三销总成和万向节套组成。三销总成的花键孔与传动轴内花键配合，3 个销轴上均装有轴承，以减小磨损。万向节套的凸缘用螺栓连接，为防止润滑脂外露，万向节由防护罩封护，并用卡箍紧固。

三叉式等速万向节结构简单，磨损小，并且可以轴向伸缩，在轿车的应用也逐渐增多，常用于转向驱动桥半轴内端。

三、传动轴与中间支承

（1）传动轴。传动轴通常用来连接变速器（或分动器）和驱动桥，在转向驱动桥和断开式驱动桥中，则用来连接差速器和驱动轮。

为适应汽车行驶过程中变速器与驱动桥的相对位置变化，传动轴上设有由滑动叉和花键轴组成的滑动花键连接，使传动轴的长度能随传动距离的变化而伸缩。当传动距离较远时，为了避免因传动轴过长而使自振频率降低，高速时产生共振，将传动轴分为两段，前段称为中间传动轴，后段称主传动轴，其后端部设有中间支承如图 4-10 所示。

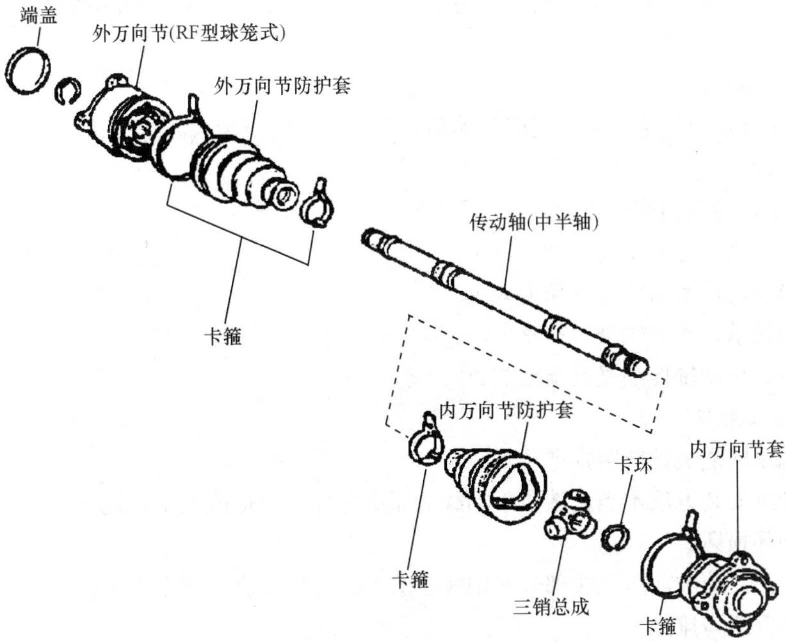

图 4-9　三叉式等速万向节

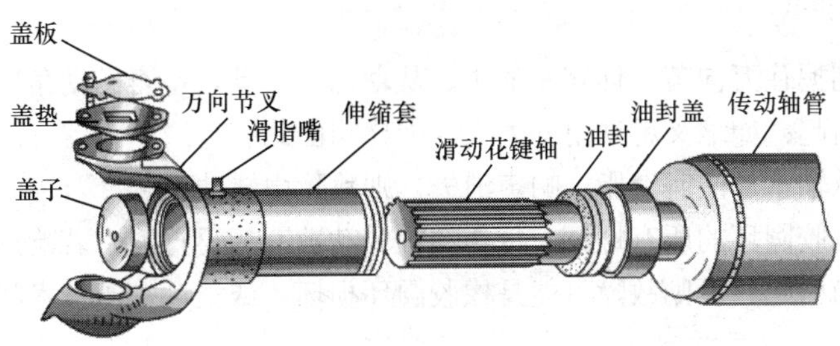

图 4-10　传动轴

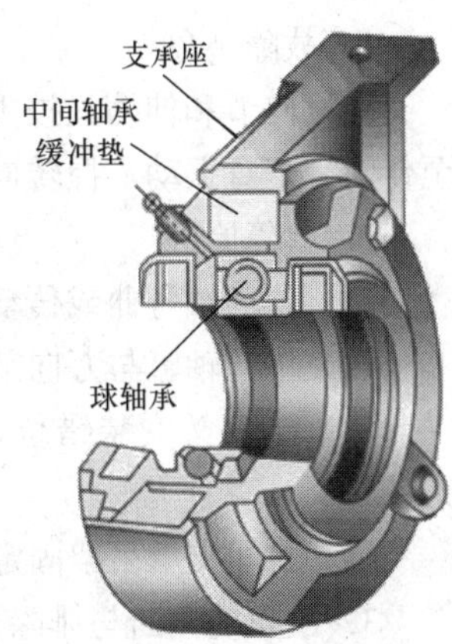

图 4-11　中间支承

（2）中间支承。传动轴分段时须加设中间支承，如图 4-11 所示，通常将其安装在车架横梁上。中间支承除对传动轴起支撑作用外，还应能补偿传动轴轴向和角度方向的安装误差，以及汽车行驶过程中由于发动机窜动或车架变形等引起的位移。

普通中间支承通常用弹性元件来满足上述要求。它主要由轴承、带油封的轴承盖、支架和使轴承与支架间成弹性连接的弹性元件所组成。常见的类型有双列圆锥滚子轴承式中间支承、蜂窝软垫式中间支承、摆动中间支承以及中间支承轴式中间支承等。

四、万向传动装置的故障诊断与排除

传动轴在万向节轴承和各连接部位的磨损、松旷、传动轴弯曲、动不平衡等会引起万向传动装置出现故障。常见的有传动轴摆振和噪声，撞击和滑行异响等。

（一）传动轴异响

1．故障现象

（1）在汽车起步和突然改变车速时，传动轴发出“吭”的响声；在汽车缓行时，发出“咣当、咣当”的响声。

（2）中间支承松旷

汽车运行中出现一种连续的“呜呜”响声，车速越高响声越大。

2．故障原因

（1）万向节、传动轴伸缩叉响

① 万向节凸缘盘连接螺栓松动。

② 万向节主、从动部分游动角度太大。

③ 万向节轴承、十字轴磨损严重。

④ 万向节、传动轴伸缩叉磨损松旷。

（2）中间支承松旷

① 滚动轴承缺油烧蚀或磨损严重。

② 中间支承安装方法不当，造成附加载荷而产生异常磨损或支架连接松动。

③ 橡胶圆环损坏。

④ 车架变形，造成前后连接部分的轴线在水平面内的投影不同而产生异常磨损。

3．故障的判断与排除

（1）用榔头轻轻敲击各万向节凸缘盘连接处，检查其松紧度。太松旷则故障由连接螺栓松动引起。

（2）用双手分别握住万向节、伸缩叉的主、从动部分转动，检查游动角度。万向节游动角度太大，则异响由此引起；伸缩叉游动角度太大，则异响由此引起。

（3）给中间支承轴承加注润滑脂，响声消失，则故障由缺油引起。

（4）松开夹紧橡胶圆环的所有螺钉，待传动轴转动数圈后再拧紧，若响声消失，则故障由中间支承安装方法不当引起。否则故障可能是橡胶圆环损坏，或滚动轴承技术状况不佳，或车架变形等引起。

（二）振动

1．故障现象

在万向节和伸缩叉技术状况良好时，汽车行驶中发出周期性的响声；速度越高响声越大，甚至伴随有车身振动，握转向盘的手感觉麻木。

2．故障原因

（1）传动轴弯曲或传动轴管凹陷、传动轴上的平衡块脱落。

（2）传动轴管与万向节叉焊接不正或传动轴未进行过动平衡试验和校准。

（3）伸缩叉安装错位，造成传动轴两端的万向节叉不在同一平面内，不满足等角速传动条件。

（4）中间支承吊架固定螺栓松动或万向节凸缘盘连接螺栓松动，使传动轴偏斜。

3．故障的判断与排除

（1）检查传动轴管是否弯曲或凹陷，有弯曲或凹陷，则故障由此引起。

（2）检查传动轴管上的平衡片是否脱落，如脱落，则故障由此引起。

（3）检查伸缩叉安装是否正确，不正确，则故障由此引起。

（4）拆下传动轴进行动平衡试验，动不平衡，则故障由此引起。

五、活动页

1．填空题

（1）万向传动装置一般由__________和__________组成。

（2）目前汽车传动系统中应用得最多的是十字轴式刚性万向节，它允许相邻两轴的最大交角为__________。

（3）若万向节的传力点在其交角变化时，只要从结构上保证其传力点始终位于两轴夹角的平分面上，就能保证传动__________。

（4）十字轴式刚性万向节的不等速特性，将使从动轴及其相连的传动部件产生__________，从而产生附加的__________，影响部件寿命。

（5）球笼式万向节工作时__________个钢球都参与传力，故承载能力强、磨损小、寿命长。

（6）传动轴分段时需加__________，中间支承通常装在车架横梁上，能补偿传动__________方向的安装误差。

2．填图题

下图为传动轴的组成示意图，请填出名称。

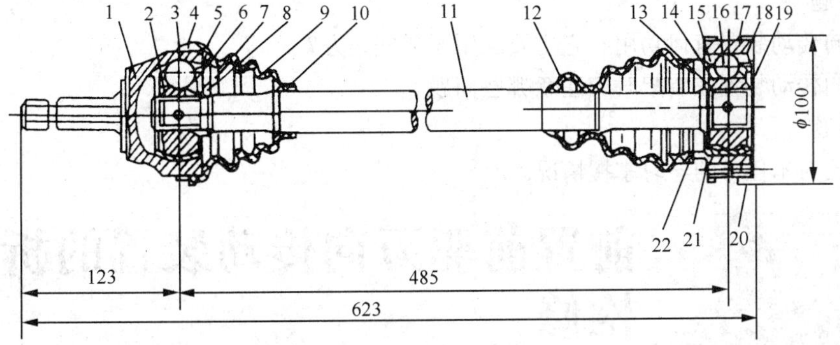

（1）____________（2）____________（3）____________（4）____________

（5）____________（6）____________（7）____________（8）____________

（9）____________（10）____________（11）____________（12）____________

（13）____________（14）____________（15）____________（16）____________

（17）____________（18）____________（19）____________（20）____________

（21）____________（22）____________

3．选择题

（1）十字轴式刚性万向节属于（　　）万向节。

A．不等速　　B．等速　　C．准等速　　D．挠性

（2）球笼式万向节属于（　　）万向节。

A．等速　　B．不等速　　C．准等速　　D．固定型

（3）为了提高传动轴的强度和刚度，传动轴一般都做成（　　）。

A．空心　　B．实心的　　C．半空、半实的　　D．无所谓

（4）下列哪种万向节属于不等速万向节（　　）。

A．球叉式万向节　　B．三销轴式万向节　C．十字轴刚性万向节

（5）关于引起传动轴动不平衡的原因，以下说法错误的是（　　）。

A．传动轴上的平衡块脱落　　B．传动轴弯曲或传动轴管凹陷

C．伸缩叉安装错位　　D．中间支承安装方法不当

（6）关于引起传万向节松旷的原因，以下说法错误的是（　　）。

A．凸缘盘连接螺栓松动　　B．传动轴上的平衡块脱落

C．万向节主、从动部分游动角度太大　　D．万向节十字轴磨损严重

4．判断题（正确打√、错误打×）

（1）汽车行驶中，传动轴的长度可以自动变化。（　　）

（2）十字轴上安全阀的作用是保护油封不致因油压过高而被破坏。（　　）

（3）传动轴两端的万向节叉，安装时应在同一平面上。（　　）

（4）传动轴两端的连接件装好后，只做静平衡试验，不用做动平衡试验。（　　）

（5）传动轴花键与滑动叉花键、凸缘叉与所配合花键的侧隙：轿车应不大于 0.15mm，其他类型的汽车应不大于 0.30mm，装配后应能滑动自如。（　　）

（6）为加注润滑脂方便，万向传动装置的滑脂嘴应在一条直线上，且万向节上的滑脂嘴应背离传动轴。（　　）

5．问答题

（1）万向传动装置有何功用？它主要应用于哪些地方？

（2）万向传动装置在装配时应注意哪些问题？

6．论述题

评价自己对本任务的学习掌握情况。

任务二　前置前驱万向传动装置的拆装与检修

一、实训准备

1．实训器材

（1）桑塔纳 2000GSi 轿车。

（2）举升机、组合工具、专用工具、台钳、传动轴托架、转向盘护套、变速杆手柄套、座位套、脚垫、翼子板和前格栅磁力护裙等。

2．准备工作

（1）汽车进入工位前，将工位清理干净，准备好相关的器材。

（2）将汽车停驻在举升机中央位置。

（3）拉紧驻车制动器操纵杆，并将变速杆置于空挡位置。

（4）套上转向盘护套、变速杆手柄套和座位套，铺设脚垫。

（5）在车内拉动发动机舱盖手柄。

（6）在车外打开并支撑发动机舱盖。

（7）粘贴翼子板和前格栅磁力护裙。

3．注意事项

（1）注意传动轴和伸缩套叉上的平衡记号。

（2）装复传动轴时要掌握传动轴两端万向节叉应位于同一平面。

二、万向传动装置的拆装

桑塔纳轿车传动轴为空心传动轴，其两端采用了两种不同型号的球笼式等速万向节。RF 型万向节通过花键轴与前轮连接，摆动角度大。VL 型万向节用螺栓与差速器罩壳连接，其内外星轮可做轴向移动，以补偿由于前轮跳动而引起的横向轴距的变化，如图 4-12 和图 4-13 所示。

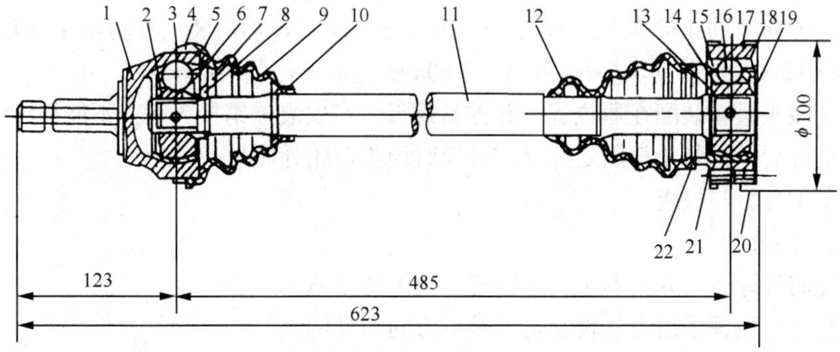

图 4-12　传动轴总成结构图

1—RF 节外星轮；2、19—卡簧；3—钢球；4—夹箍；5—RF 节球笼；6—RF 节内星轮；7—中间挡圈；8—碟形弹簧；9—橡胶护套；10、22—夹箍；11—花键轴；12—橡胶护套；13—碟形弹簧；14—VL 节内星轮；15—VL 节球笼；16—钢球；17—VL 节外星轮；18—密封垫片；20—塑料护罩；21—VL 节护盖

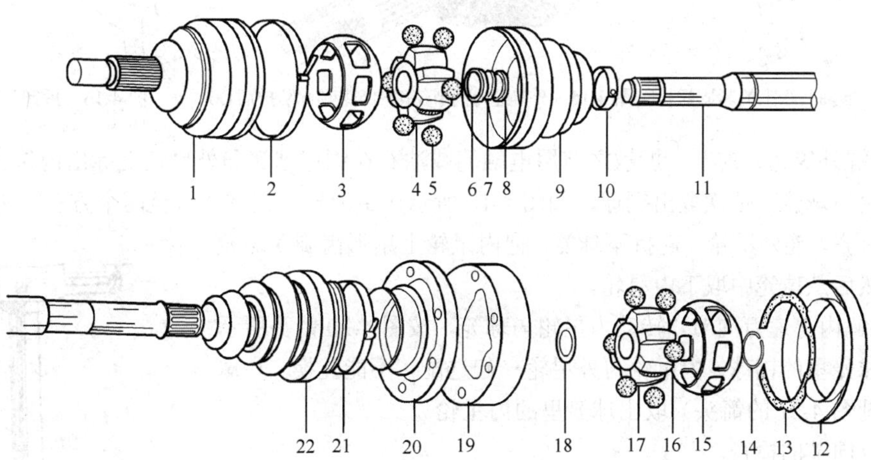

图 4-13　传动轴分解图

1—RF 外星轮；2—夹箍；3—RF 球笼；4—RF 内星轮；5—钢球；6—卡簧；7—中间挡圈；8—碟形弹簧；9—橡胶护套；10—夹箍；11—花键轴；12—塑料护套；13—密封垫片；14—卡簧；15—VL 节球笼；16—钢球；17—VL 节内星轮；18—碟形弹簧；19—VL 节外星轮；20—VL 节护盖；21—夹箍；22—橡胶护套

1. 传动轴（半轴）总成的拆装

（1）传动轴（半轴）总成的拆卸。

① 在车轮着地时，旋下轮毂的紧固螺母。

② 旋下传动轴凸缘上的紧固螺栓，如图 4-14 箭头所示。将传动轴与凸缘分开。

③ 从车轮轴承壳内拉出传动轴或利用专用压力装置拉出传动轴。

注意事项：拆卸传动轴时轮毂绝对不能加热，否则会损坏车轮轴承。原则上应使用拉具。其次，拆掉传动轴后，应装上一根连接轴来代替传动轴，防止移动卸掉传动轴的车辆时，损坏前轮轴承总成。

（2）传动轴（半轴）总成的安装。

① 安装传动轴时，应擦净传动轴与轮毂花键齿面上的油污，去除防护剂的残留物。

② 在等速万向节的花键涂上一圈 5mm 的防护剂（D6），然后装上传动轴花键套，如图 4-15 所示。涂防护剂 D6 后的传动轴装车后应停车 60min 之后才可使用汽车。

③ 将球销接头重新装配在原位置，并拧紧螺母。在安装球销接头时；不能损坏波纹管护套。

④ 车轮着地后，拧紧轮毂固定螺母。必要时检查前轮外倾角。

2. 万向节的分解与检查

（1）万向节的分解。

① 用钢锯将等速万向联轴器金属环锯开，拆卸防尘罩。

② 用一把轻金属锤子用力从传动轴上敲下万向节外圈。

③ 拆卸弹簧锁环，如图 4-16 所示。压出万向节内圈，如图 4-17 所示。

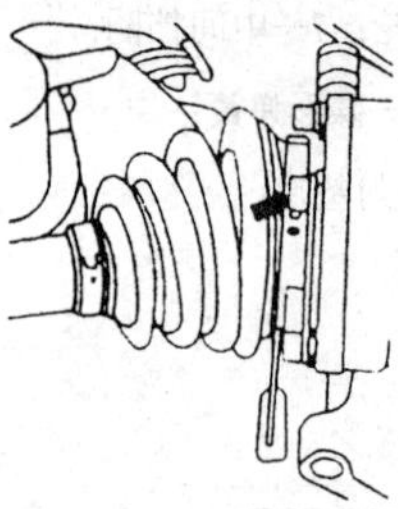

图 4-14 旋下半轴凸缘上的紧固螺栓

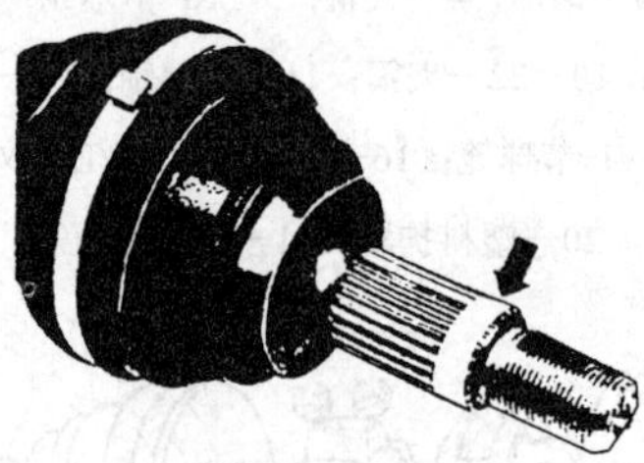

图 4-15 外等速万向节花键轴安装前涂防护剂 D6

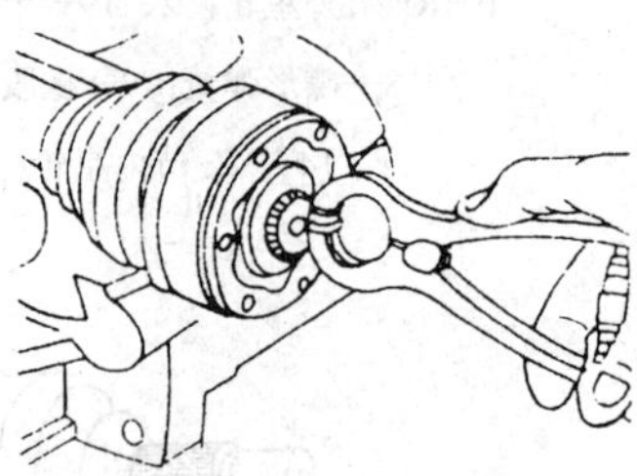

图 4-16 拆卸弹簧销环

④ 分解外等速万向节。拆散之前用电触笔或油石在钢球球笼和外星轮上标出内星轮的位置。旋转内星轮与球笼，依次取出钢球，如图 4-18 所示。用力转动钢球笼直至两个方孔（见图 4-19）与外星轮对齐，连外星轮一起拆下球笼。把内星轮上扇形齿旋入球笼的方孔，然后从球笼中取下内星轮。

⑤ 分解内等速万向节。转动内星轮与球笼，按图 4-20 箭头所示方向压出球笼里的钢球。内星轮与外星轮一起选配，不能互换。从球槽上面（见图 4-21 的箭头）取出球笼里的内星轮。

（2）万向节的检查。

① 检查外星轮、内星轮、球笼及钢球有无凹陷与磨损。

② 各球节处的 6 颗钢球要求一定的配合公差，并与内星轮一起成为一组配合件。

③ 如果万向节间隙已经明显过大，万向节必须更换。如果万向节呈光滑无损或者能看到钢球在运转，则不必更换万向节。

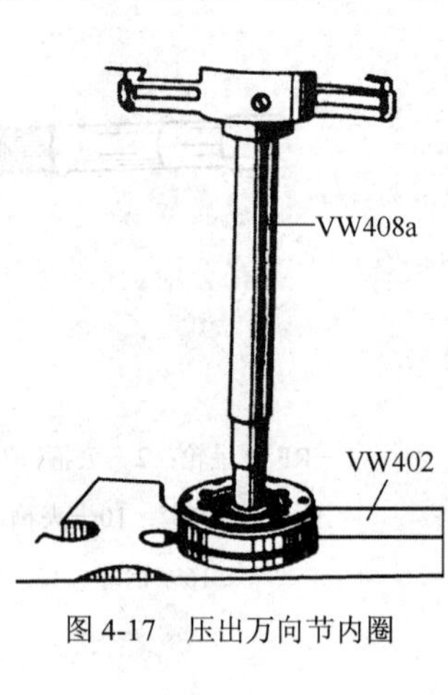

图 4-17 压出万向节内圈

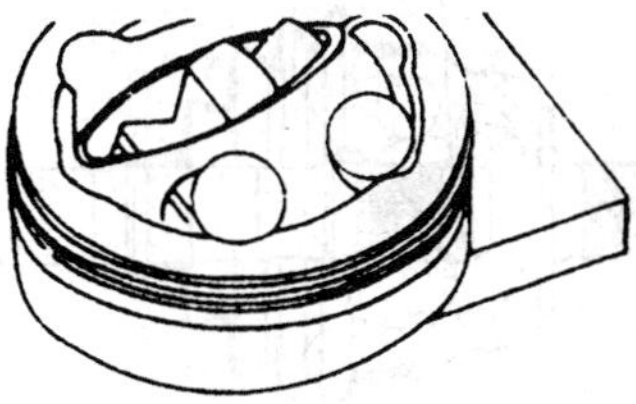

图 4-18 取出钢球

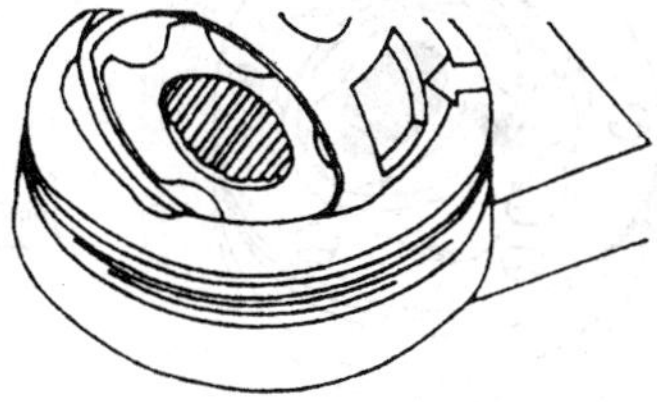

图 4-19 球笼的拆卸

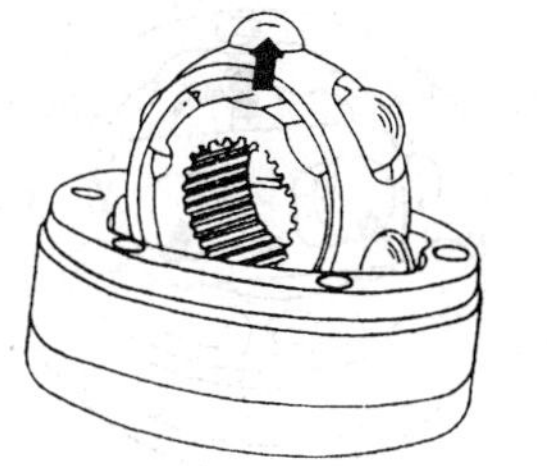

图 4-20 取出钢球

3．万向节的组装

（1）组装内万向节。

① 对准凹槽将内星轮嵌入球笼，内星轮在球笼内的位置无关紧要。

② 将钢球压入球笼，并注入润滑脂，如图 4-22 所示。

③ 将带钢球与球笼的外星轮垂直装入壳体，如图 4-23 所示。安装时应注意旋转之后，外星轮上的宽间隔 a 应对准内星轮上的窄间隔 b，转动球笼。嵌入到位。内星轮内径（花键齿）上的倒角必须对准外星轮的大直径端。宽间隔 a 应对准内星轮上的窄间隔 b，转动球笼。嵌入到位。内星轮内径（花键齿）上的倒角必须对准外星轮的大直径端。

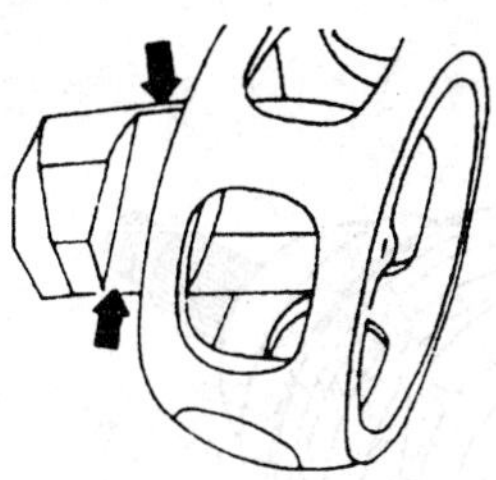

图 4-21 取出内星轮

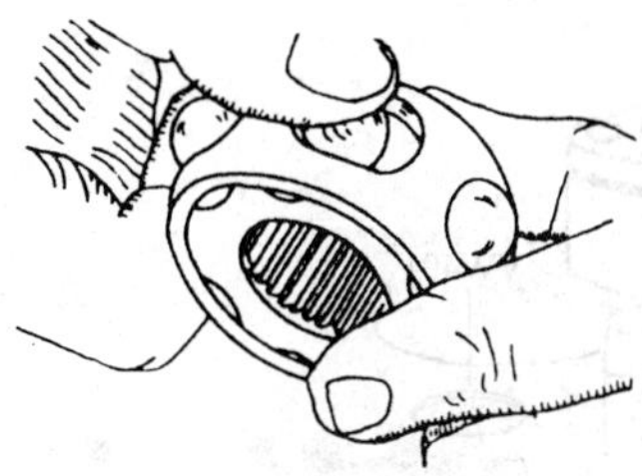

图 4-22 将钢球压入球笼

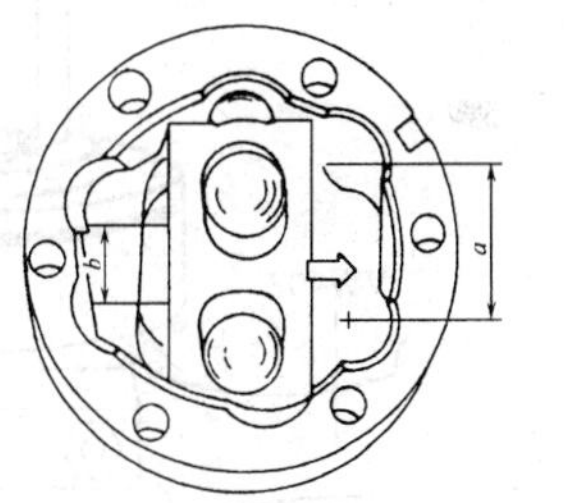

图 4-23 将球笼垂直装入壳体

④ 扭转内星轮，这样内星轮就能转出球笼（见图 4-24 的箭头），使钢球在与壳体中的球槽相配合有足够的间隙。

⑤ 用力揿压球笼（见图 4-25 中的箭头），使装有钢球的内星轮完全转入外星轮内。

⑥ 用手能将内星轮在轴向范围内来回推动，应灵活。

（2）组装外万向节。

① 用汽油清洗各部件。将 G-6 润滑脂总量的一半（45g）注入万向节内。

② 将球笼连同内星轮一起装入外星轮。

③ 对角交替地压入钢球，必须保持内星轮在球笼以及外星轮内的原先位置。

④ 将弹簧锁环装入内星轮。将剩余的润滑脂压入万向节。

⑤ 用手将内星轮在轴向范围内来回推动，检查安装是否正确。

4．万向节与传动轴的组装

（1）在传动轴上安装防护罩。正确安装碟形座圈，如图 4-26 所示。

（2）把万向节压入传动轴，如图 4-27 所示。使碟形座圈贴合，内星轮内径（花键齿）上的倒角必须面向传动轴靠肩。

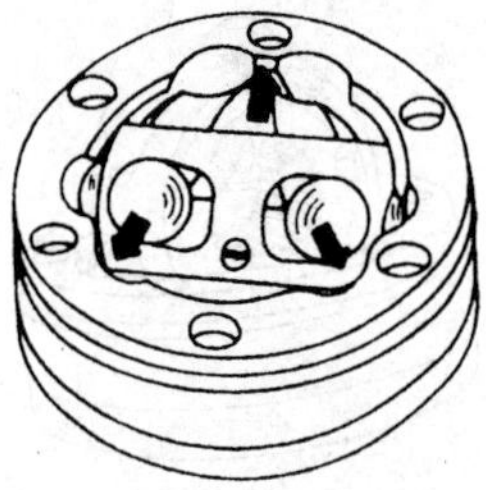

图 4-24 将内星轮转出球笼

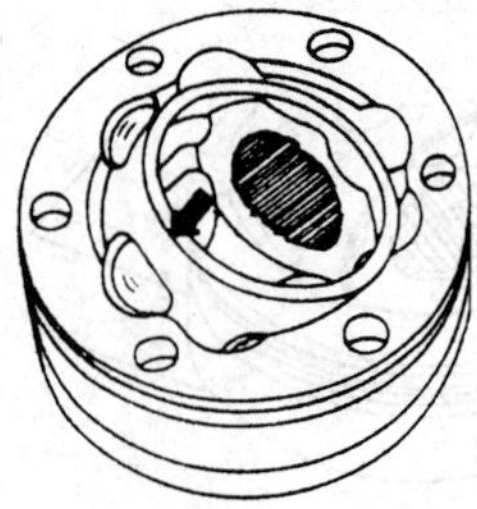

图 4-25 使内星轮完全转入外星轮内

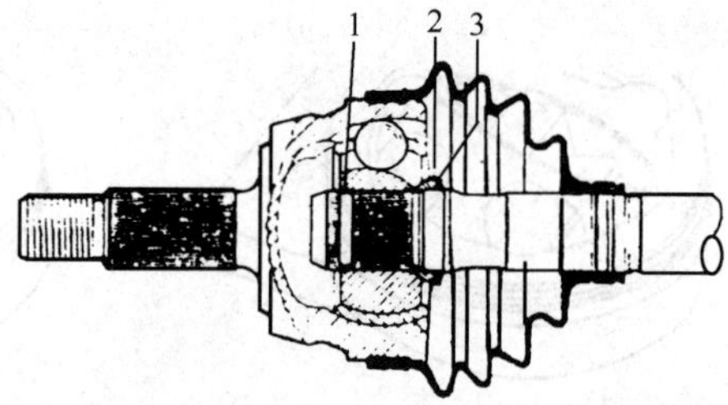

图 4-26 碟形座圈和间隔垫片的安装位置

1—弹簧销环；2—间隔圈；3—碟形座圈

（3）安装弹簧锁环。装上外万向节。

（4）在万向节上安装防尘罩时，防尘罩经常受到挤压。因而在防尘罩内部产生一定的真空，它在车辆行驶中会产生一个内吸的折痕（见图 4-28 中的箭头）。因此在安装防尘罩小口径之后，要稍微充点气，使得压力平衡，不产生皱褶。

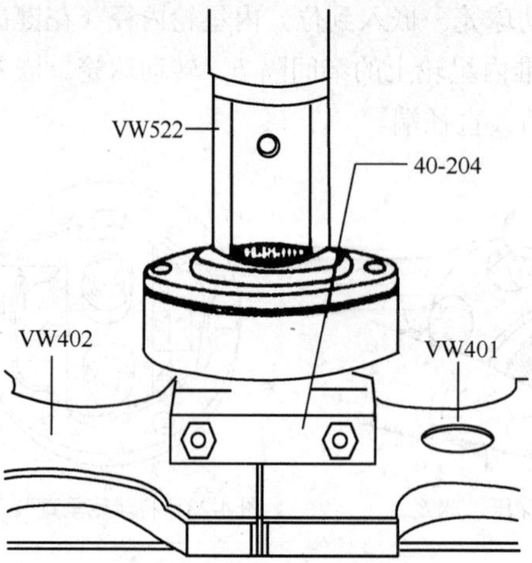

图 4-27 把万向节压入传动轴

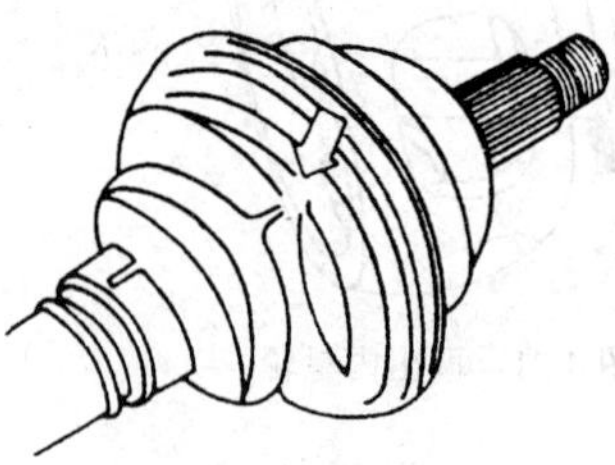

图 4-28 给防尘罩充气

（5）润滑。3 个万向节及滑动花键副和中间支承共 5 处，通过滑脂嘴注入 2 号工业锂基脂或二硫化钼锂基脂。

三、工作页

学生依据学习手册的要求及操作步骤，在教师的指导下完成本工作任务，并填写任务工单。

任务名称	前置前驱万向传动装置的拆装	实训设备	组合工具、专用工具 桑塔纳 2000GSi 轿车
客户任务	桑塔纳 2000GSi 轿车更换传动轴后，汽车在行驶中发出周期性的响声，请进行正确的拆装		
任务目的	能正确使用工具，能够根据规范正确拆装万向传动装置		
一、知识要点 1．万向传动装置的组成。 2．万向传动装置各零部件的功用。			

3．拆装万向传动装置的顺序。

二、决策与计划

根据任务要求，确定所需要的设备、工具，并对小组成员进行合理分工，制订详细的工作计划。

1．讨论万向传动装置拆装所需要的设备、工具。

2．小组成员分工。

3．制订万向传动装置拆装的操作步骤。

（1）

（2）

（3）

（4）

三、实施过程记录

1．分析实训拆装的万向传动装置结构的特点。

2．总结万向传动装置拆装时，应该注意的问题。

四、检查与评估

1．检查万向传动装置拆装顺序是否正确。

2．请根据自己任务完成的情况，对自己的工作进行自我评估，并提出改进意见。

3．教师对小组工作情况进行评估，并进行点评。

4．教师、各小组、学生个人对本次任务的评价给出量化。

考核项目	评分标准	分数	学生自评	小组评价	教师评价	小计
安全生产	有无安全隐患	10				
活动情况	积极主动	5				
团队协作	和谐愉快	5				
现场 5S	做到	10				
劳动纪律	严格遵守	5				
工具设备使用	规范、标准	10				
操作过程	规范、正确	50				
工作页填写	认真、规范	5				
总分						
教师签名：		时间：			总评	

任务三 前置后驱万向传动装置的拆装与调整

一、实训准备

1．实训器材

（1）EQ1090E 型汽车。

（2）四柱举升机、组合工具、专用工具、转向盘护套、变速杆手柄套、座位套、脚垫、翼子板和前格栅磁力护裙等。

2．准备工作

（1）汽车进入工位前，将工位清理干净，准备好相关的器材。

（2）将汽车停驻在举升机中央位置。

（3）拉紧驻车制动器操纵杆，并将变速杆置于空挡位置。

（4）套上转向盘护套、变速杆手柄套和座位套，铺设脚垫。

（5）在车内拉动发动机舱盖手柄。

（6）在车外打开并支撑发动机舱盖。

（7）粘贴翼子板和前格栅磁力护裙。

3．注意事项

（1）在拆卸时应先检查传动轴末端凸缘盘与主减速器凸缘盘标记，如无标记，应先做好标记再拆卸，以保证传动轴的动平衡。

（2）分解传动轴总成时，要先在两个万向节叉上做好标记再拆卸，在装配时原位装回，以保证传动轴的动平衡。

（3）有的传动轴表面带有方形凸块是平衡块，在拆装时注意不要碰掉，如果不慎掉落，要重新对传动轴进行动平衡。

（4）为保证装配后十字轴轴承的配合精度，拆卸十字轴轴承之前要做好标记，并原位装回。

（5）零件拆卸后应使用清洁的煤油进行彻底的清洗，清洗后用压缩空气吹干。

（6）如果十字轴带油嘴，则安装万向节十字轴时，应使十字轴上的油嘴朝向传动轴，以便于在维护时加注润滑脂。

二、万向传动装置的拆装

1．万向传动装置的拆卸

（1）从汽车上拆卸传动轴：拆卸传动轴应从后节传动轴的后端开始，顺次向前拆。如图 4-29 所示。

（2）总成解体前的检查：应检查总成上装配标记是否齐全、清晰，如果标记不齐全或不清晰，应在拆卸前做出清晰的记号。

（3）滑动花键副的分解：拧开套管叉油封盖，把花键轴从套管叉里抽出，取下油封，油封垫片和油封盖。

（4）万向节的分解。

① 用卡簧钳把每个耳孔内弹性挡圈取出。

② 把传动轴的一端抬起，拿手锤轻敲耳根部，将滚针轴承座震出，如图 4-29（a）所示。

③ 传动轴转过 180°，用同样方法将凸缘叉上的另一组滚针轴承座震出，并取下凸缘叉，如图 4-29（b）所示。

④ 取下十字轴（注意：把十字轴转到滑脂嘴在开挡大的位置，防止滑脂嘴撞坏）。

（5）分解中间支承。

① 拔出开口销，拧下槽形螺母，取出垫圈。

② 用手锤轻轻敲击凸缘背面边缘，松动后把凸缘从中间花键轴上拔出来。

③ 将整个中间支承从中间花键轴上打出来；将橡胶垫环从轴承座上压出。

④ 取出前后油封及轴承。

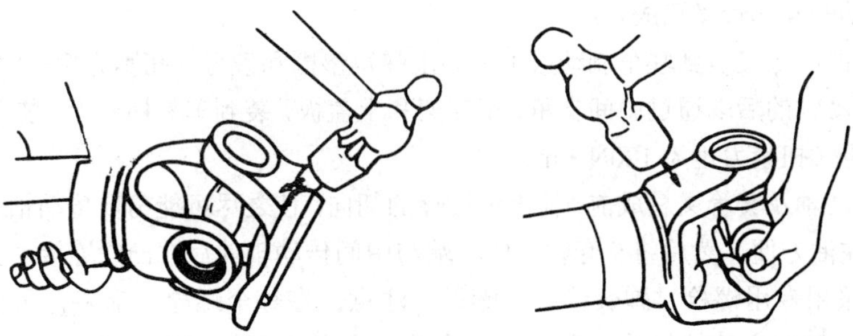

（a）　　　　（b）

图 4-29　万向节的分解

2．万向传动装置的检修

（1）用清洁的煤油清洗干净所有零件。

（2）检查十字轴油封是否损坏，若损坏更换新件。

（3）检查传动轴平衡块是否脱落、有无外伤变形，如有脱落和变形，则重新做动平衡。

（4）检查十字轴轴承表面、滚针表面磨损情况，若有明显划伤、疲劳剥落、滚针破碎、轴承套配合表面沟槽等情况，应整套更换轴承，若十字轴表面也同时出现明显划痕、沟槽和疲劳剥落，应更换十字轴总成。

（5）检查万向节叉表面是否有裂纹，叉孔是否有磨损、失圆，两叉孔中心线是否一致，严重磨损、失圆、两孔中心线不一致，均应更换新件。

（6）检查传动轴的弯曲度。

（7）十字轴轴承配合间隙的检查。

3．万向传动装置的装复

（1）滑动花键副的装复：将油封盖、油封垫片、油封套在花键轴上；对准套管叉上和传动轴轴管上的装配标记，把套管叉套到花键轴上；装好油封、油封垫片，拧紧油封盖。

（2）万向节的装复。

① 使十字轴上的滑脂嘴朝向套管一方，并和套管叉上的滑脂嘴同相位，插入万向节叉耳孔内，把滚针轴承放入耳孔并套到十字轴轴颈上。

② 用铜棒、手锤轻敲滚针轴承外底面，使轴承进入耳孔到位，装上卡簧。

③ 对准装配标记，把凸缘叉套到十字轴的另一对轴颈上。

④ 把滚针轴承放入凸缘叉耳孔，并套到十字轴轴颈上，用铜棒、手锤轻敲轴承进入耳孔到位，用卡簧钳把挡圈装入耳孔槽（注意：挡圈要整个厚度进入槽底，否则会在传动轴传动过程中弹出，

发生轴承脱落的事故)。

(3) 中间支承的装复。

① 将轴承装入轴承座，两侧压入油封，装上橡胶垫环。

② 把装好的中间支承无滑脂嘴的一侧面对着中间传动轴，套到中间花键轴上，然后使凸缘螺栓孔布置相位与另一端凸缘叉螺栓孔布置相位一致(即在轴的同一侧)，套到中间花键轴上。

③ 在凸缘端面上垫上垫板，用手锤轻敲，使中间支承和凸缘到位。

④ 放上垫圈，拧上螺母，装上开口销，螺母的扭紧力矩不小于 200N·m。

(4) 传动轴的装车。安装传动轴应从前端开始，逐步往后装，先装中间传动轴及中间支承总成，而后装传动轴及套管叉总成。

① 把前端的凸缘叉装到驻车制动鼓上，装上弹簧垫圈和螺母(扭紧力矩 90～110N·m)。

② 中间传动轴的后端通过中间支承，用支架和上盖板，装到车架横梁上，装上螺栓、平垫圈、弹簧垫圈、螺母(扭紧力矩为 120N·m)。

③ 安装传动轴及套管叉总成前，检查滑脂嘴的朝向，使之尽可能与前传动轴的滑脂嘴在轴的同一侧，以求注油方便。然后将有套管叉的一端与中间传动轴的后端凸缘连接，另一端与后桥上的凸缘连接。采用专用螺栓、弹簧垫圈、螺母(注意：在每个螺栓上都装有两个弹簧垫圈，一个装在凸缘叉一侧的六角螺栓头下面，另一个装在凸缘一侧的螺母下面)，螺母的拧紧扭矩为 90～110N·m。

(5) 润滑。3 个万向节、滑动花键副和中间支承共五处，通过滑脂嘴注入 2 号工业锂基脂或二硫化钼锂基脂。

三、工作页

学生依据学习手册的要求及操作步骤，在教师的指导下完成本工作任务，并填写任务工单。

任务名称	前置后驱万向传动装置的检修	实训设备	组合工具、专用工具 EQ1090E 型汽车
客户任务	一辆 EQ1090E 型汽车起步或突然改变车速时，传动轴发出“砰”的响声，请正确进行检修		
任务目的	能正确使用工具，能够根据规范正确拆装与检修万向传动装置		

一、知识要点

1．万向传动装置的组成。

2．万向传动装置的检修部位及方法。

二、决策与计划

根据任务要求，确定所需要的设备、工具，并对小组成员进行合理分工，制订详细的工作计划。

1．讨论确定万向传动装置拆装与检修所需要的设备、工具。

2．小组成员分工。

3．制订万向传动装置拆装与检修的操作步骤。

(1)

（2）

（3）

（4）

三、实施过程记录

1．分析实践所用的万向传动装置的拆装与检修方法。

2．总结万向传动装置检修时，应该注意的问题。

四、检查与评估

1．检查万向传动装置拆装与检修是否正确。
2．请根据自己任务完成的情况，对自己的工作进行自我评估，并提出改进意见。
3．教师对小组工作情况进行评估，并进行点评。
4．教师、各小组、学生个人对本次任务的评价给出量化。

考核项目	评分标准	分数	学生自评	小组评价	教师评价	小计
安全生产	有无安全隐患	10				
活动情况	积极主动	5				
团队协作	和谐愉快	5				
现场 5S	做到	10				
劳动纪律	严格遵守	5				
工具设备使用	规范、标准	10				
操作过程	规范、正确	50				
工作页填写	认真、规范	5				
总分						
教师签名：			时间：		总评	

项目五 驱动桥的构造与维修

知识目标

- ◎ 熟悉驱动桥的功用、组成和类型。
- ◎ 掌握主减速器、差速器、半轴和桥壳的结构与工作原理。
- ◎ 熟悉驱动桥的检修方法。
- ◎ 掌握驱动桥一般故障诊断排除方法的基本理论知识。

能力目标

- ◎ 能够正确选择与使用工具、设备，并规范进行驱动桥的拆卸、检修、装配与调整。
- ◎ 会分析驱动桥一般故障分析并排除故障。

任务一 驱动桥的认知

一、驱动桥的功用、组成和类型

1．驱动桥的功用

驱动桥的功用是将由万向传动装置传来的发动机动力降速增扭、改变动力传递方向后传给驱动车轮，使汽车行驶，而且允许左右驱动车轮以不同的转速旋转。驱动桥在汽车上的位置如图 5-1（a）和图 5-1（b）所示。

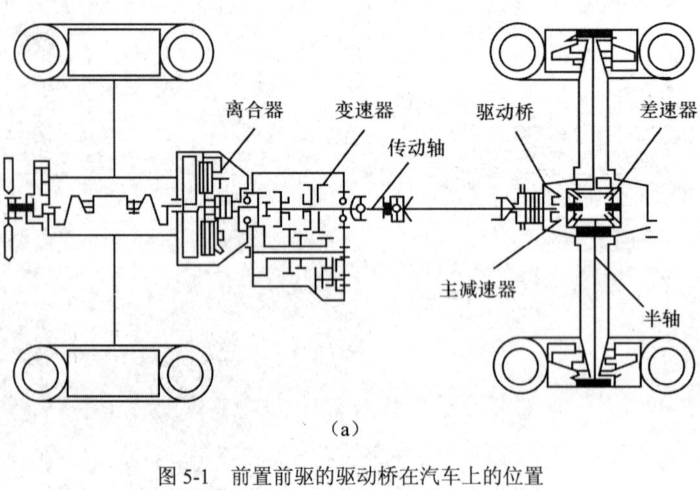

（a）

图 5-1　前置前驱的驱动桥在汽车上的位置

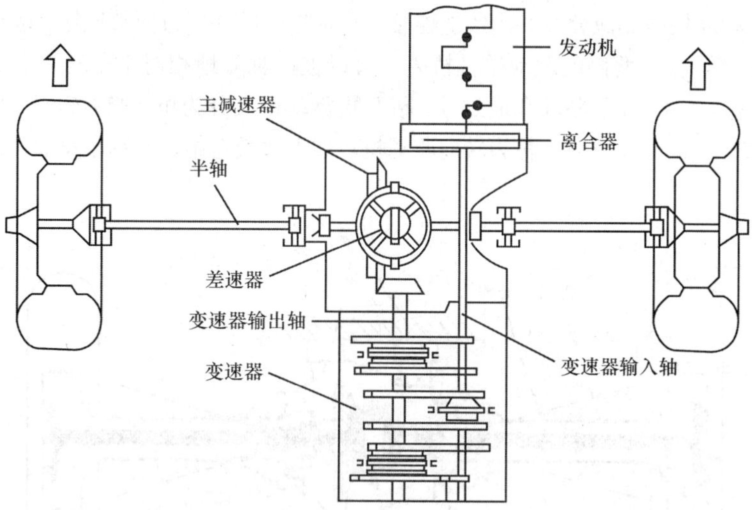

（b）

图 5-1　前置前驱的驱动桥在汽车上的位置（续）

2．驱动桥的组成

驱动桥由主减速器、差速器、半轴和桥壳等组成，如图 5-2 所示。

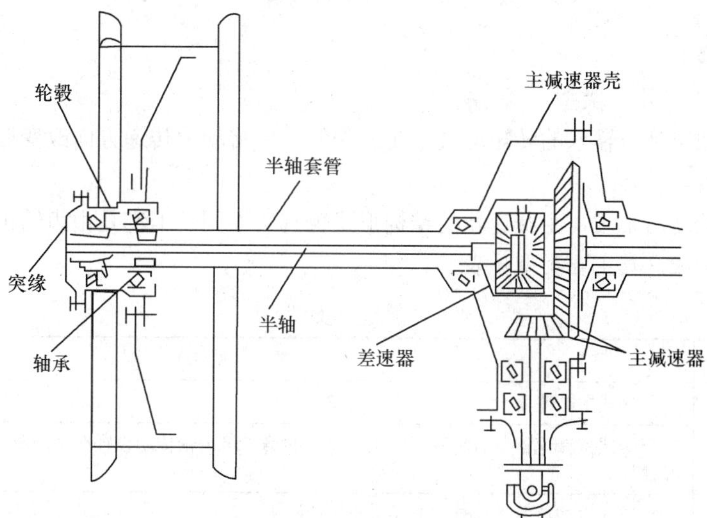

图 5-2　驱动桥的组成

3．驱动桥的类型

根据驱动桥的结构形式分为整体式驱动桥、断开式驱动桥和转向驱动桥。整体式驱动桥也称为非断开式驱动桥。

（1）非断开式驱动桥。非断开式驱动桥通过悬架与车架相连，主减速器和半轴装在整体的桥壳内，如图 5-2 所示。该形式的车桥和车轮只能随路面的变化而整体上下跳动。非断开式驱动桥多用在货车和部分轿车的后桥上，如解放 CA1091、东风 EQ1090E、北京切诺基等车的驱动桥。

（2）断开式驱动桥和转向驱动桥。断开式驱动桥采用独立悬架。如图 5-3 所示，其主减速器固定在车架上，驱动桥壳制成分段并用铰链连接，半轴也分段并用万向节连接。驱动桥两端分别用悬架与车架连接。这样，两侧的驱动轮及桥壳，可以彼此独立地相对于车架上下跳动，而车身不会随车轮跳动，提高了行驶平顺性和通过性。断开式驱动桥又分为单铰接摆动式和双铰接摆动式。当驱动桥同时兼作转向驱动桥时，称为转向驱动桥，如上海桑塔纳、一汽车奥迪、天津夏利等轿车的驱动桥。

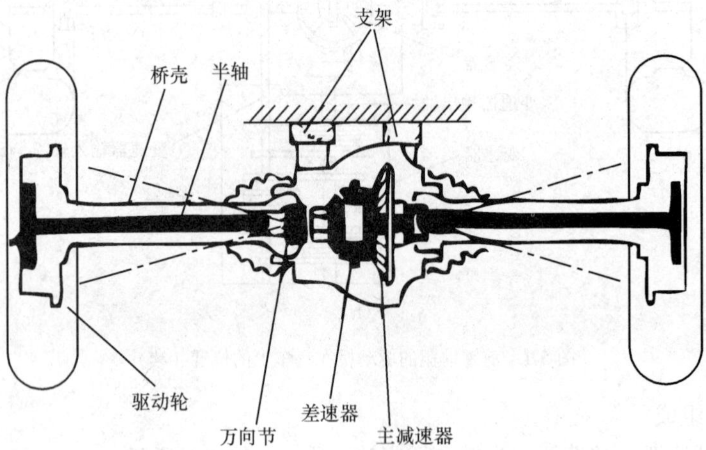

图 5-3 断开式驱动桥

二、主减速器

1．主减速器的功用、类型

主减速器的功用是将输入的转矩增大，转速降低，并将动力传递方向改变后（发动机横置的除外）传给差速器。

为满足不同的使用要求，主减速器的结构形式也有所不同，但都是由齿轮机构、支承调整装置和主减速器壳构成，其主要类型见表 5-1。

表 5–1 主减速器类型

分类方式	类　型
按参加减速传动的齿轮副数目分有	单级式主减速器
	双级式主减速器（若将双级式主减速器的第二级齿轮传动设置在两侧驱动轮处，称为轮边主减速器）
按主减速器传动速比个数分有	单速式主减速器（只有一个固定的传动比）
	双速式主减速器（有两个传动比供驾驶员选择）
按齿轮副结构形式分有	圆柱齿轮式（又可分为定轴轮系式和行星轮系式）主减速器
	圆锥齿轮式（又可分为螺旋锥齿轮式和双曲面锥齿轮式）主减速器

2．主减速器的构造与工作原理

（1）单级主减速器。单级主减速器具有结构简单，质量和体积小，传动效率高，且动力性能满足中型以下货车及轿车的要求。因此，单级主减速器在这些车型上得以普遍采用，如图 5-4 所示。

当发动机横向布置时，由于主减速器主动齿轮轴线与差速器轴线平行，因此主减速器采用一对斜齿圆柱齿轮传动即可，无需改变动力的传递方向。而在发动机纵向布置的汽车上，由于需要改变动力传递方向（一般为 90°），主减速器都采用一对圆锥齿轮传动。

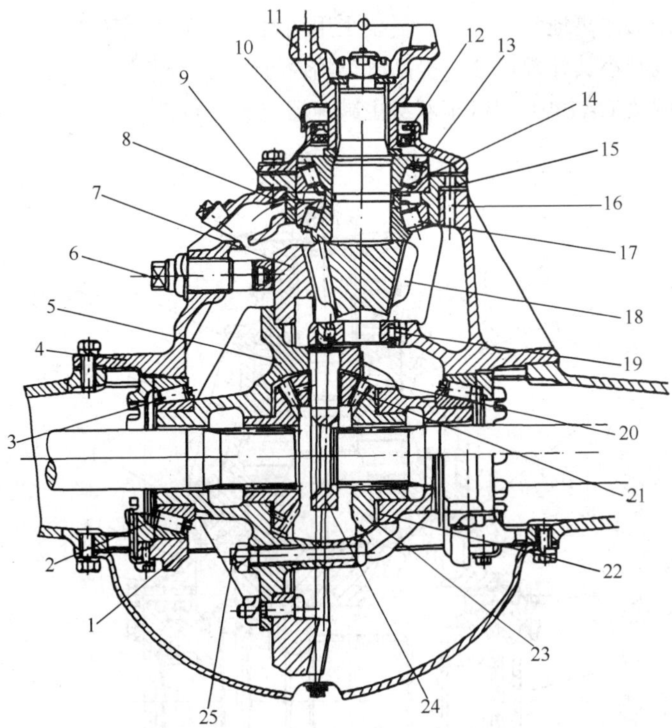

图 5-4　东风 EQ1090E 型汽车单级主减速器

1—差速器轴承盖；2—轴承调整螺母；3、13、17—圆锥滚子轴承；4—主减速器壳；5—差速器壳；6—支承螺栓；7—从动锥齿轮；8—进油道；9、14—调整垫片；10—防尘罩；11—叉形凸缘；12—油封；15—轴承座；16—回油道；18—主动锥齿轮；19—圆柱滚子轴承；20—行星齿轮垫片；21—行星齿轮；22—半轴齿轮推力垫片；23—半轴齿轮；24—行星齿轮轴（十字轴）；25—螺栓

图 5-5 所示为上海桑塔纳轿车的单级主减速器。因采用发动机纵向前置前轮驱动，整个传动系统都集中布置在汽车前部、因此其主减速器装于变速器壳体内，没有专门的主减速器壳体。变速器输出轴即为主减速器主动轴，动力由变速器直接传递给主减速器，省去了变速器到主减速器之间的万向传动装置。

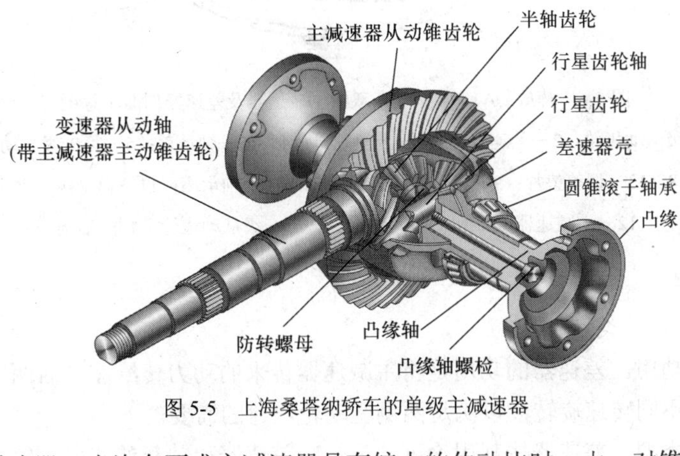

图 5-5　上海桑塔纳轿车的单级主减速器

（2）双级主减速器。当汽车要求主减速器具有较大的传动比时，由一对锥齿轮构成的单级主

减速器已不能保证足够的离地间隙，这时需要采用两对齿轮降速的双级主减速器，以使其既能保证足够的动力，又能减小其外廓尺寸，提高汽车的通过性。

图 5-6 所示为解放 CA1091 型汽车双级主减速器，第一级为锥齿轮传动，第二级为圆柱斜齿轮传动。

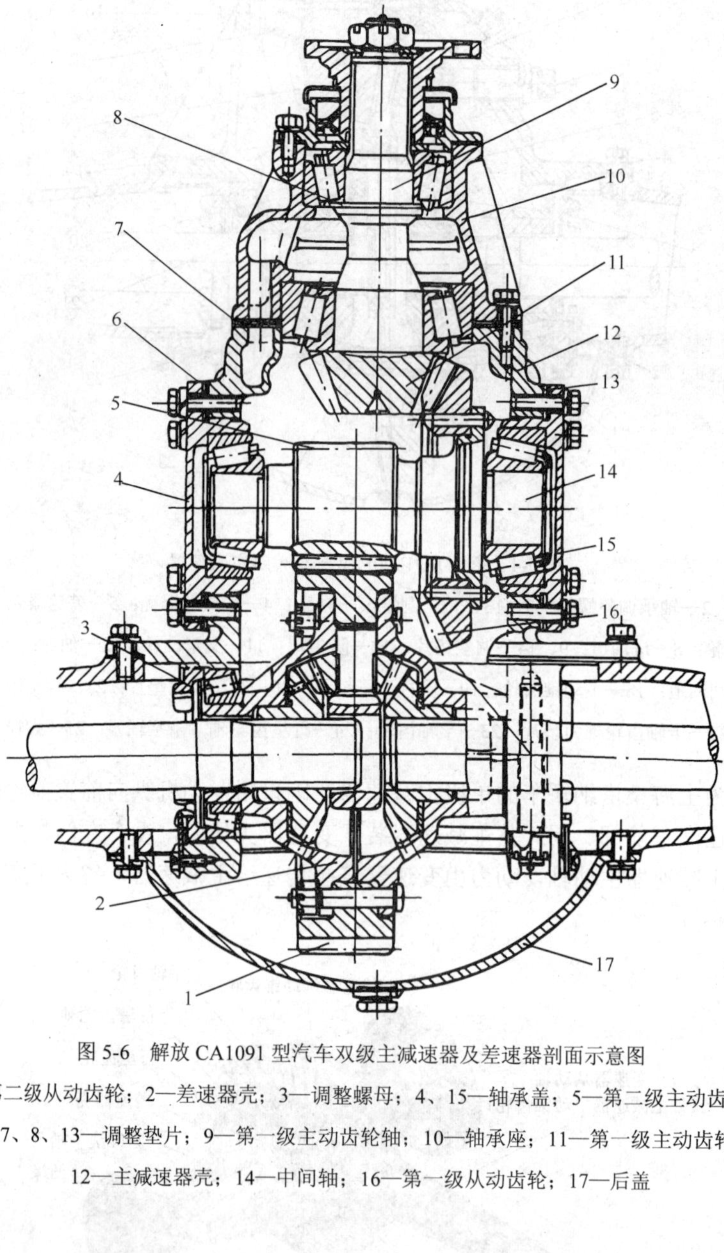

图 5-6 解放 CA1091 型汽车双级主减速器及差速器剖面示意图

1—第二级从动齿轮；2—差速器壳；3—调整螺母；4、15—轴承盖；5—第二级主动齿轮；6、7、8、13—调整垫片；9—第一级主动齿轮轴；10—轴承座；11—第一级主动齿轮；12—主减速器壳；14—中间轴；16—第一级从动齿轮；17—后盖

三、差速器

1．差速器的功用、类型

（1）差速器的功用。差速器的功用是将主减速器传来的动力传给左、右两半轴，并在必要时允许左、右半轴以不同转速旋转，以满足两侧驱动轮差速的需要。

（2）差速器的类型。差速器按其用途可分为轮间差速器和轴间差速器。轮间差速器装在同一驱动桥两侧驱动轮之间，而轴间差速器装在各驱动桥之间。

无论是轮间差速器还是轴间差速器按其工作特性均可分为普通差速器和防滑差速器两大类。

2．普通齿轮式差速器的构造与工作特性

（1）差速器的构造。普通齿轮式差速器有锥齿轮式和圆柱齿轮式两种。由于锥齿轮式差速器结构简单、紧凑，工作平稳，因此目前应用最为广泛。

图 5-7 所示为行星锥齿轮差速器。它由 4 个行星锥齿轮、一个十字形行星锥齿轮轴（简称十字轴）、两个半轴锥齿轮、差速器壳以及垫片等组成。主减速器传来的动力带动差速器壳转动，经过行星齿轮轴、行星齿轮、半轴齿轮、半轴，最后传给两侧驱动车轮。

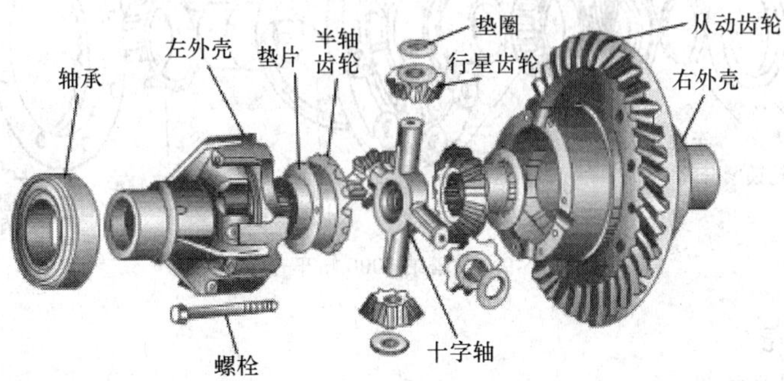

图 5-7　行星锥齿轮差速器

（2）差速器的工作特性。

① 差速器的运动特性。驱动轴在差速器内分成左右两段，并装上半轴齿轮。差速器壳固定在从动锥齿轮上，半轴齿轮和行星齿轮啮合，行星齿轮支撑在差速器壳上。当从动锥齿轮旋转时，行星齿轮公转。当单侧半轴齿轮受到阻力时，行星齿轮一边公转一边自转，允许两侧车轮以不同的速度旋转。

普通齿轮齿轮式差速器的速度特性为差速器无论差速与否，都具有两半轴齿轮转速之和始终等于差速器壳转速的两倍，而与行星齿轮自转速度无关的特性如图 5-8 所示。

② 差速器的转矩特性。无论差速器差速与否，行星锥齿轮差速器都具有转矩等量分配的特性，如图 5-8 所示。

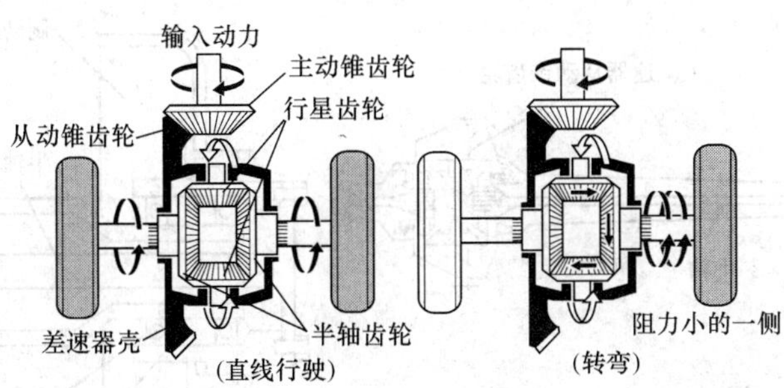

图 5-8　差速器的工作特性

图 5-9 所示为桑塔纳 2000 轿车差速器。由差速器壳、行星齿轮轴、两个行星齿轮、两个半轴齿轮、球面垫片和垫圈等组成。行星齿轮轴装入差速器壳体后用弹簧销定位。行星齿轮和半轴齿轮的背面制成球面，与球面垫片和垫圈相配合，以减摩、耐磨。螺纹套用于紧固半轴齿轮。差速器通过一对圆锥滚子轴承支承在变速器壳体中。

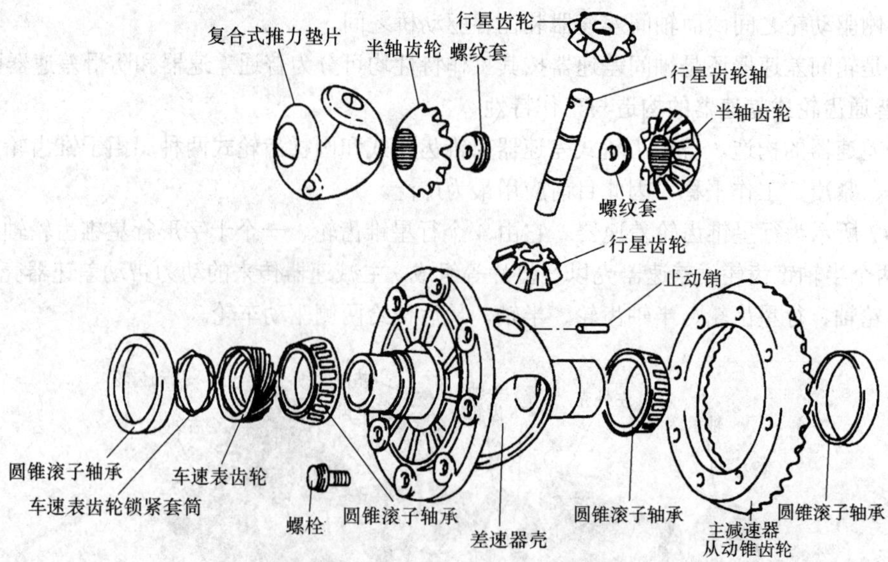

图 5-9 桑塔纳 2000 轿车差速器

四、半轴和桥壳

1．半轴的功用及构造

半轴的功用是将差速器传来的动力传给驱动轮。因其传递的转矩较大，常制成实心轴。

半轴的结构因驱动桥结构形式的不同而异。整体式驱动桥中的半轴为一刚性整轴。而转向驱动桥和断开式驱动桥中的半轴则分段并用万向节连接。

现代汽车常采用全浮式和半浮式两种半轴支承形式。

（1）全浮式半轴支承。全浮式半轴支承广泛应用于各型货车上。图 5-10 所示为全浮式半轴支承的示意图。半轴外端锻造有半轴凸缘，用螺栓紧固在轮毂上，轮毂用一对圆锥滚子轴承支承在半轴套管上，半轴套管与空心梁压配成一体，组成驱动桥壳。这种半轴支承形式，半轴与桥壳没有直接联系，半轴只在两端承受转矩，不承受其他任何反力和弯矩，所以称为全浮式半轴支承。

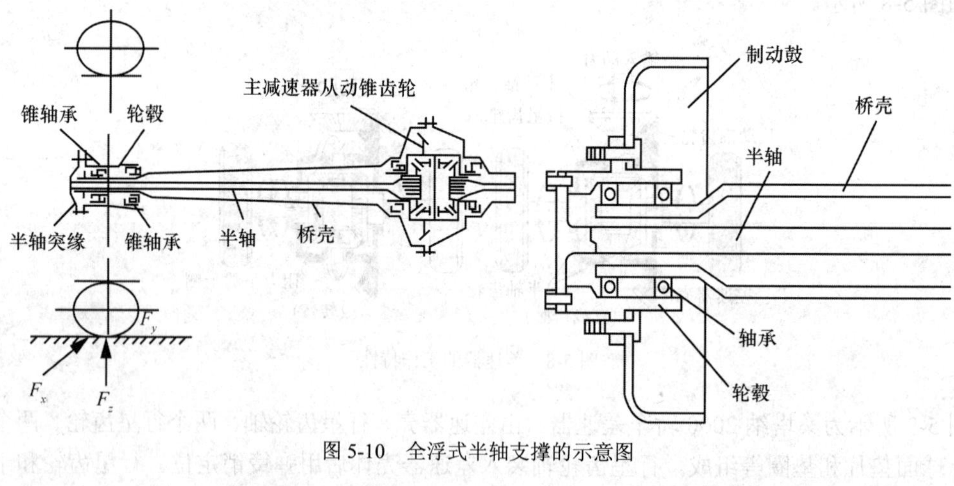

图 5-10 全浮式半轴支撑的示意图

（2）半浮式半轴支承。图 5-11 所示为半浮式半轴支撑的示意图。半轴用一个圆锥滚子轴承直接支承在桥壳凸缘的座孔内。车轮与桥壳之间无直接联系，而支承于悬伸出的半轴外端。因此，地面作用于车轮的各种反力都须经半轴外端的悬伸部分传给桥壳，使半轴外端不仅要承受转矩，而且还要承受各种反力及其形成的弯矩。半轴内端通过花键与半轴齿轮连接，不承受弯矩，故称这种支撑形式为半浮式半轴支撑。

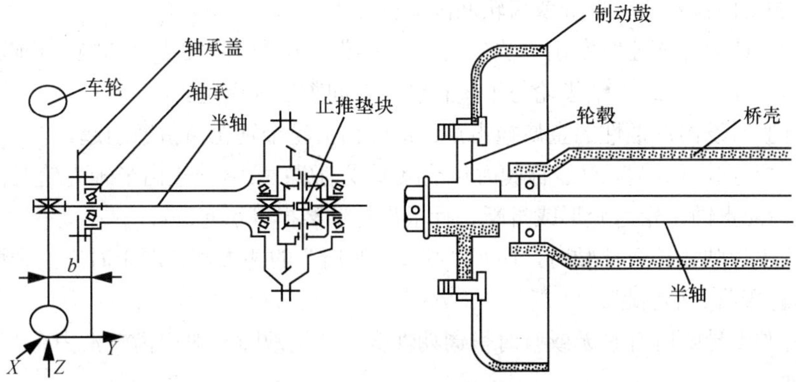

图 5-11　半浮式半轴支撑的示意图

2．桥壳

驱动桥壳既是传动系统的组成部分，同时也是行驶系统的组成部分。作为传动系统的组成部分，其功用是安装并保护主减速器、差速器和半轴。作为行驶系统的组成部分，其功用是安装悬架或轮毂，和从动桥一起支撑汽车悬架以上各部分质量，承受驱动轮传来的反力和力矩，并在驱动轮与悬架之间传力。

驱动桥壳可分为整体式桥壳和分段式桥壳两种类型。整体式桥壳一般是铸造成形，具有较大的强度和刚度，且便于主减速器的拆装和调整，适用于中型以上货车。分段式桥壳一般分为两段，由螺栓将两段连成一体，现已很少应用。

五、驱动桥的故障诊断与排除

（一）异响

1．故障现象

驱动桥在运行时发出不正常的响声，可分为驱动时发出异响、滑行时发出异响及转弯行驶时发出异响等。

2．故障原因

（1）齿轮油油量不足、油质变差，特别是油内有较大金属颗粒。

（2）驱动桥内轴承损伤、严重磨损松旷或齿轮齿面磨损、点蚀、轮齿变形或折断。

（3）主减速器齿轮副严重磨损、啮合面调整不当、啮合间隙不符合标准（太大或太小），啮合间隙不均或未成对更换。

（4）差速器壳与行星齿轮轴配合松动、行星齿轮轴孔与其轴磨损松旷。

（5）半轴齿轮与行星齿轮啮合间隙不符合标准（过大或过小）或半轴齿轮与半轴花键配合松旷。

3．故障诊断

（1）将变速器挂入空挡，架起驱动桥，用手转动驱动桥输入轴突缘检查其游动角度，若其游动角度过大，则故障由齿轮啮合间隙或半轴花键配合间隙过大引起。

（2）检查驱动桥内油量、油质、油型号，若不符合要求，则故障由此引起（同时有驱动桥发热现象）。

（3）驱动桥油量、油品检查正常，则可行车路试进一步检查。

① 汽车挂挡行驶、脱挡滑行均有异响。故障多由主减速器齿轮啮合间隙不当、轮齿变形、齿面技术状况（磨损、点蚀、胶合等）变差或轴承松旷引起。

② 汽车挂挡行驶有异响，脱挡滑行声响减弱或消失：故障由主减速器齿轮轮齿正面磨损严重或损伤、而齿的反面技术状况良好或齿轮间隙调整不当引起。

③ 汽车起步或突然变速时发出“吭”的一声，或汽车缓速时发生“咔啦、咔啦”的撞击声：故障由齿轮啮合间隙过大或半轴齿轮与半轴花键配合间隙过大引起。

④ 汽车行驶时发出周期性的金属撞击声：故障由齿轮个别轮齿折断引起。

⑤ 汽车转弯行驶有异响，直线行驶时声响减弱或消失：故障一般由半轴齿轮或行星齿轮的齿面严重磨损、齿面点蚀、轮齿变形或折断、行星齿轮轴磨损等引起。

⑥ 汽车直线行驶和转弯行驶时，均有“哽呲、哽呲”的碰擦声，严重时产生金属撞击声：故障由半轴或套管弯曲变形引起。

⑦ 汽车行驶中异响时有时无或有时呈周期性变化：则故障一般由齿轮油中有杂物引起。

（二）漏油

1．故障现象

从驱动桥加油口、放油口螺塞处或油封、各接合面处可见到明显漏油痕迹。

2．故障原因

（1）加油口、放油口螺塞松动或损坏，通气孔堵塞。

（2）油封磨损、硬化，油封装反，油封与轴颈磨成沟槽。

（3）接合平面变形、加工粗糙，密封衬垫太薄、硬化或损坏，紧固螺钉松动或损坏。

（4）桥壳铸造缺陷或裂纹。

3．故障诊断

（1）检查加油口、放油口螺塞是否松动，密封垫是否损坏，通气孔是否堵塞，若有则故障由此引起。

（2）检查油封是否磨损，损坏或装反，若有则故障由此引起。

（3）检查桥壳是否有缺陷或裂纹，若有则故障由此引起。

（三）过热

1．故障现象

汽车行驶一段里程后，用手探试驱动桥壳中部或主减速器壳，有无法忍受的烫手感觉。

2．故障原因

（1）齿轮油变质、油量不足或牌号不符合要求。

（2）轴承预紧度过大或齿轮啮合间隙过小，止推垫片与齿轮背隙过小。

（3）油封过紧或各运动副、轴承润滑不良而产生干（或半干）摩擦。

3．故障诊断

（1）检查齿轮油面高度。油面太低，则故障由油量不足引起，应按规定添加齿轮油。

（2）若油量充足，则应检查齿轮油规格、黏度或润滑性能，如检查结果不符合要求，则故障由齿轮油变质或牌号不符引起，应排尽原来的齿轮油，冲洗桥壳内部，换上规定型号的润滑油。

（3）用手触摸油封处。若过热，则故障由油封过紧或损伤引起，应重新装配或更换油封。

（4）用手触摸轴承处。若过热，则故障由轴承损坏或调整不当引起，应更换损坏的轴承或调整轴承。

（5）若不是上述问题，则应检查齿轮啮合间隙。先松开驻车制动器，变速器置于空挡，然后轻轻转动主减速器的凸缘盘。若转动角度太小，则故障由主减速器齿轮啮合间隙太小引起；若转动角度正常，则故障由行星齿轮与半轴齿轮啮合间隙太小或止推垫片与齿轮背隙过小引起。应重新调整上述齿轮啮合间隙。

六、活动页

1．填空题

（1）驱动桥主要是由__________、__________、__________和__________等组成。它的功用是____。

（2）主减速器的功用是____。

（3）主减速器在结构上可分为单级主减速器和双级主减速器。通常单级主减速器是由一对__________组成；双级主减速器由一对__________和一对__________组成。

（4）汽车在行驶过程中，发动机的动力经过离合器、变速器、万向传动装置传至主减速器，主减速器（单级）从动锥齿轮依次将动力经__________、__________、__________、__________、__________传给驱动车轮。

（5）半轴的功用是____。

（6）半轴的支撑形式分为__________和__________两种。半轴的一端与__________相连，另一端与__________相连。

（7）行星齿轮的自转是指__________；公转是指__________。

（8）后桥壳是用来安装__________、__________、__________、__________、__________的基础件，一般可以分为__________和__________两种，绝大多数汽车采用是__________。

2．填图题

下图为EQ1090E主减速器及差速器的结构示意图，请填出名称。

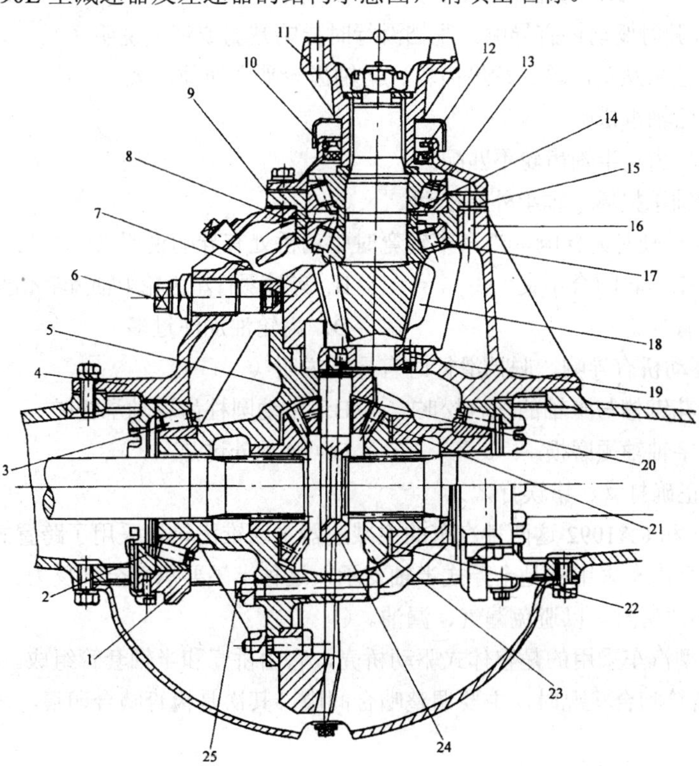

（1）________（2）________（3）________（4）________
（5）________（6）________（7）________（8）________
（9）________（10）________（11）________（12）________
（13）________（14）________（15）________（16）________
（17）________（18）________（19）________（20）________
（21）________（22）________（23）________（24）________
（25）________

3．选择题

（1）锥齿轮差速器能使两侧驱动车轮差速靠的是（　　）。

A．行星齿轮的自转　B．半轴齿轮的自转　C．差速器的自转　D．差速器壳的自转

（2）汽车转弯行驶时，差速器中的行星齿轮（　　）。

A．只有自转，没有公转　B．只有公转，没有自转
C．既有公转，又有自转　D．以上都不是

（3）行星齿轮差速器起作用的时刻为（　　）。

A．汽车转弯　B．直线行驶
C．A、B 情况下都起作用　D．A、B 情况下都不起作用

（4）设对称式锥齿轮差速器壳所得到转矩为 M_0，左右两半轴的转矩分别为 M_1、M_2，则有（　　）。

A．$M_1=M_2=M_0$　B．$M_1=M_2=2M_0$　C．$M_1=M_2=1/2M_0$　D．$M_1+M_2=2M_0$

（5）全浮式半轴承受（　　）的作用。

A．转矩　B．弯矩　C．反力　D．A、B、C

（6）驱动桥行驶时驱动桥有异响，脱挡滑行时异响减弱或消失说明（　　）。

A．圆锥和圆柱主从动齿轮、行星齿轮、半轴齿轮啮合间隙过大
B．主动锥齿轮轴承松旷
C．差速器行星齿轮半轴齿轮不匹配
D．车轮轮毂轴承损坏，轴承外圈松动

（7）汽车直线行驶时无异响，当汽车转弯时驱动桥处有异响说明（　　）。

A．主、从动锥齿轮啮合不良　B．差速器行星齿轮半轴齿轮不匹配，使其啮合不良
C．制动鼓内有异物　D．齿轮油加注过多

（8）行驶时驱动桥有异响，脱挡滑行时有异响说明（　　）。

A．半轴齿轮花键槽与半轴的配合松旷　B．主动圆柱齿轮轴承松旷
C．差速器十字轴轴颈磨损　D．轴承处过热

4．判断题（正确打 √、错误打×）

（1）EQ1090E 和 CA1092 这两种汽车的主减速器主动锥齿轮均采用了跨置式支承。（　　）

（2）CA1092 型汽车采用的是全浮式半轴支承，这种半轴要承受全部反力。（　　）

（3）后桥壳必须密封，以避免漏气、漏油。（　　）

（4）CA1092 型汽车采用的是整体式驱动桥壳，它由桥壳和半轴套管组成。（　　）

（5）调整锥齿轮啮合状况时，主要调整啮合间隙，其次是检查啮合印痕，否则将加剧齿轮磨损。（　　）

5．问答题

（1）简述普通齿轮式差速器的功用和工作原理。

（2）驱动桥异响的故障现象是什么？产生的主要原因是什么？

6．论述题

评价自己对本任务的学习掌握情况。

任务二　前轮驱动主减速器和差速器的拆装与调整

一、实训准备

1．实训器材

（1）桑塔纳 2000GSi 轿车。

（2）举升机、组合工具、专用工具、直尺、塑料管和容器、转向盘护套、变速杆手柄套、座位套、脚垫、翼子板和前格栅磁力护裙等。

2．准备工作

（1）汽车进入工位前，将工位清理干净，准备好相关的器材。

（2）将汽车停驻在举升机中央位置。

（3）拉紧驻车制动器操纵杆，并将变速杆置于空挡位置。

（4）套上转向盘护套、变速杆手柄套和座位套，铺设脚垫。

（5）在车内拉动发动机舱盖手柄。

（6）在车外打开并支撑发动机舱盖。

（7）粘贴翼子板和前格栅磁力护裙。

二、前轮驱动主减速器和差速器的拆装与调整

桑塔纳系列轿车主减速器为单级式，主减速齿轮是一对螺旋伞齿轮。车速表驱动齿轮安装于差速器壳体上。主减速器和差速器的分解如图 5-12 所示。

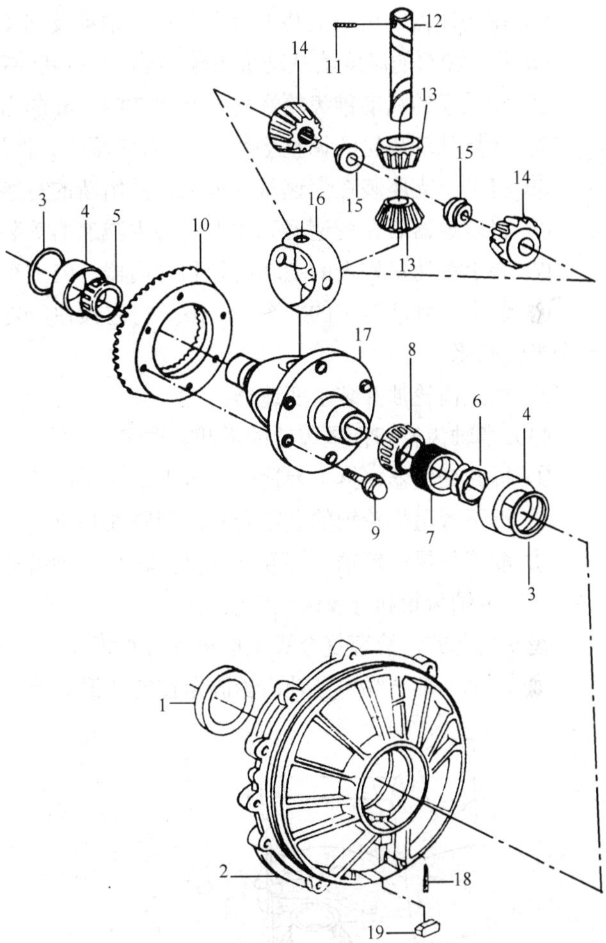

图 5-12　主减速器和差速器分解图

1—密封圈；2—主减速器盖；3—从动锥齿轮的调整垫片（S_1 和 S_2）；4—轴承外圈；5—差速器轴承；6—锁紧套筒；7—车速表主动齿轮；8—差速器轴承；9—螺栓（拧紧力矩 70N • m）；10—从动锥齿轮；11—夹紧销；12—行星齿轮轴；13—行星齿轮；14—半轴齿轮；15—螺纹管；16—复合式止推垫片；17—差速器壳；18—磁铁固定销；19—磁铁

1．主减速器和差速器的拆装

（1）主动锥齿轮和从动锥齿轮总成的拆卸。

① 拆卸变速器，将其固定在支架上。拆下轴承支座和后盖。

② 取下车速里程表的传感器。

③ 锁住传动轴（半轴），拆下紧固螺栓。取下传动轴。

④ 取下车速里程表的主动齿轮导向器和齿轮。

⑤ 拆下主减速器盖。从变速器壳体上取下差速器。

⑥ 用铝质的夹具将差速器壳固定在台虎钳上，拆下从动齿轮的紧固螺栓。从动锥齿轮的紧固螺栓是自动锁紧的，一经拆卸就必须更换。

⑦ 取下从动锥齿轮。

⑧ 拆下并分解变速器输出轴。仔细检查所有零件，尤其是同步器环和齿轮，对于损坏和磨损的，应进行更换。

（2）主动锥齿轮和从动锥齿轮总成的安装。

① 在变速器输出轴上装上所有齿轮、轴承及同步器，计算输出轴的调整垫片 S_3 的厚度。

② 用120℃的温度给从动锥齿轮加热，并将其装在差速器壳上，安装时用两个螺纹销做导向。

③ 装上新的从动锥齿轮螺栓，并用70N·m的力矩交替旋紧。

④ 计算从动齿轮的调整垫片 S_1 和 S_2 的厚度。把计算好的垫片装在适当的位置上。

⑤ 将轴承支座装在变速器壳体上，并用新的衬垫。装上变速器后盖。

⑥ 将差速器装在变速器壳体上。将主减速器盖装在壳体上，用25N·m的力矩旋紧螺栓。

⑦ 装上车速里程表的主动齿轮和导向器。装上车速里程表的传感器。

⑧ 装上半轴凸缘中的一个，用凿子将它锁住，装上螺栓，用20N·m的力矩把它旋紧。装另一个半轴凸缘。

⑨ 加注齿轮油并装上变速器。

（3）半轴齿轮和行星齿轮的拆卸。

① 拆卸变速器，拆下差速器，拆下从动锥齿轮。

② 拆下行星齿轮轴的夹紧套筒，如图5-13所示。

③ 取下行星齿轮轴，再取下行星齿轮和半轴齿轮。

（4）半轴齿轮和行星齿轮的安装。

在安装之前，检查复合式止推垫片有否损坏，如需要应进行更换。

① 通过半轴凸缘将半轴齿轮固定在差速器壳上，如图5-14所示。

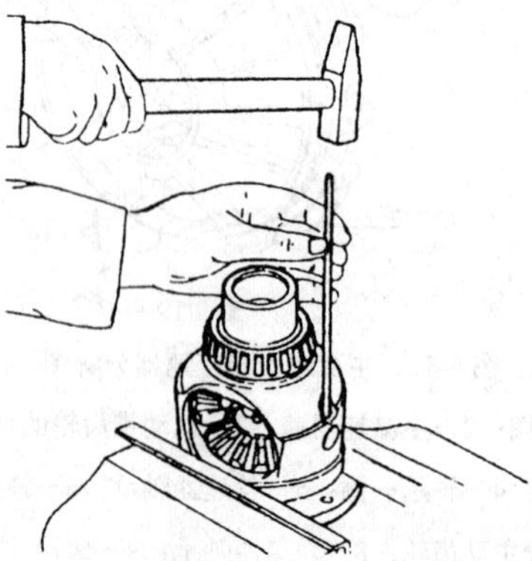

图5-13 拆下行星齿轮轴的夹紧套筒

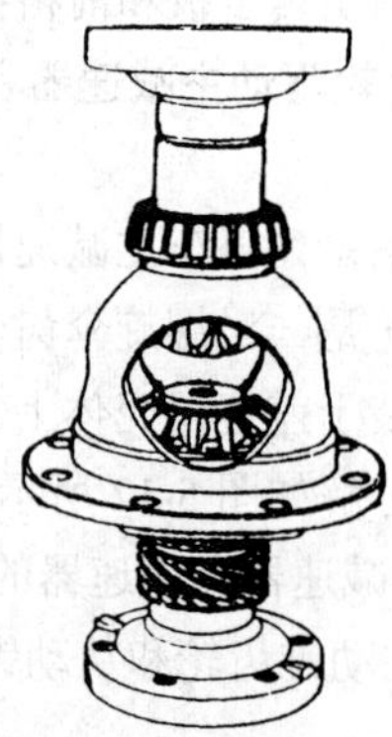

图5-14 安装半轴齿轮

② 将行星齿轮放在适当的位置上，接着转动半轴凸缘使行星齿轮进入差速器壳。

③ 装上行星齿轮轴。在行星齿轮轴装上夹紧销。

④ 取下差速器半轴凸缘。用 120℃的温度加热，将从动锥齿轮装在差速器壳上。

⑤ 将差速器装在变速器壳体内。装上半轴凸缘。

（5）差速器壳的拆卸。

① 拆卸变速器，拆下差速器。

② 拆下差速器轴承（与从动锥齿轮相对的一边），如图 5-15 所示。

③ 拆下差速器另一边轴承，如图 5-16 所示。同时取下车速表主动齿轮和锁紧套筒。

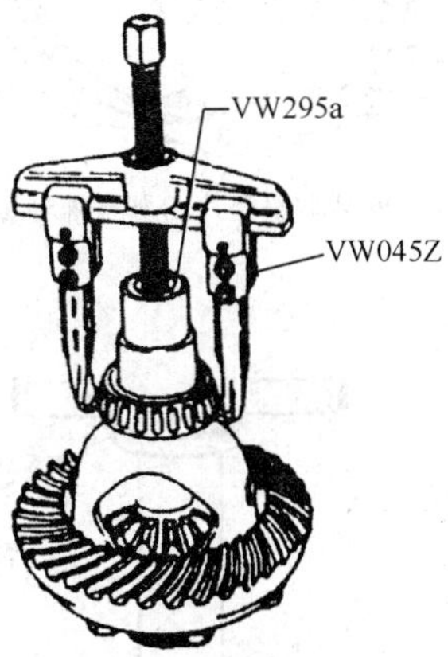

图 5-15　拆下差速器轴承

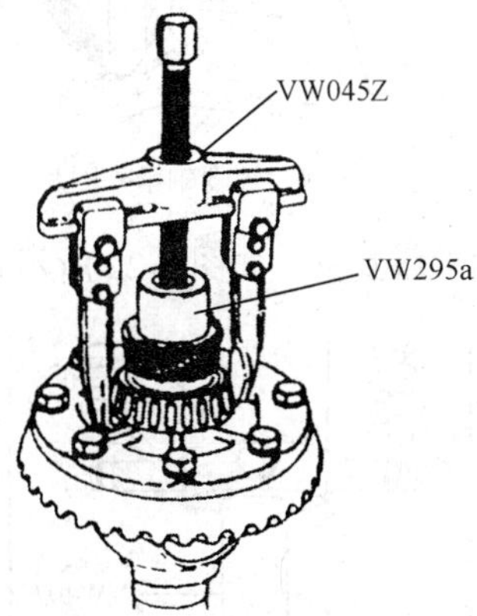

图 5-16　拆下另一边差速器轴承

④ 拆下变速器侧面的密封圈，如图 5-17 所示。

⑤ 从主减速器盖上拆下差速器轴承的外圈和调整垫片 S_1，如图 5-18 所示。

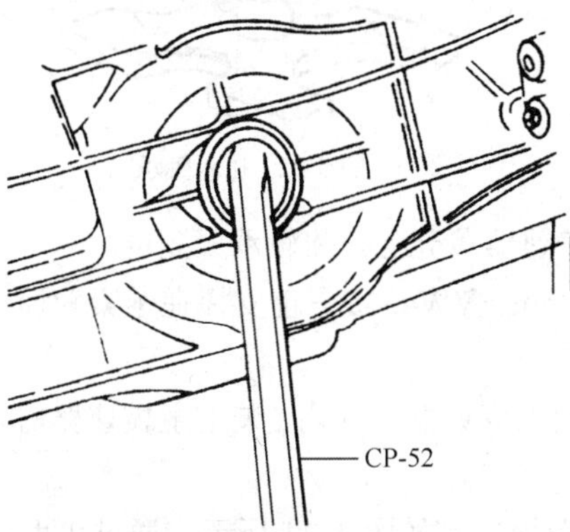

图 5-17　拆下密封圈

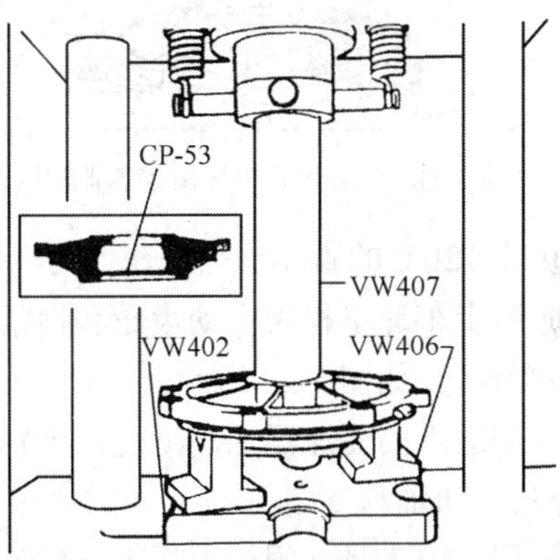

图 5-18　拆下差速器轴承外圈和调整垫片

⑥ 从变速器壳体上拆下差速器轴承的外圈和调整垫片 S_2，如图 5-19 所示。当差速器轴承在更换时，外圈需一起更换，同时必须计算出从动齿轮的调整垫片 S_1 和 S_2 的厚度。

（6）差速器壳的安装。

① 计算从动锥齿轮调整垫片 S_1 和 S_2 的厚度。

② 装上调整垫片 S_2 和差速器轴承外圈，如图 5-20 所示。

③ 装上调整垫片 S_1 和轴承外圈，如图 5-21 所示。

④ 装上变速器的侧面密封圈。用 120℃的温度加热差速器轴承（与从动齿轮相对一面）并装在差速器壳上。

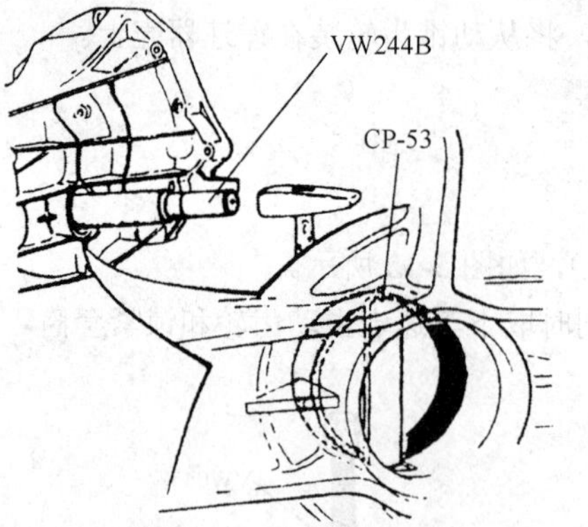

图 5-19 拆下另一侧差速器轴承外圈和调整垫片

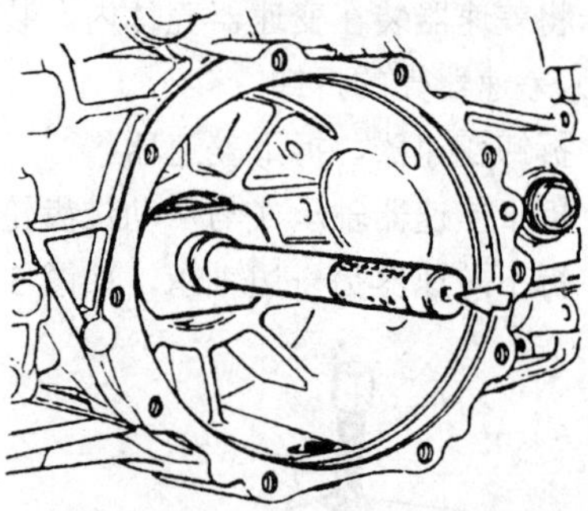

图 5-20 安装调整垫片 S_2 和差速器轴承外圈

⑤ 将轴承压到位，如图 5-22 所示。

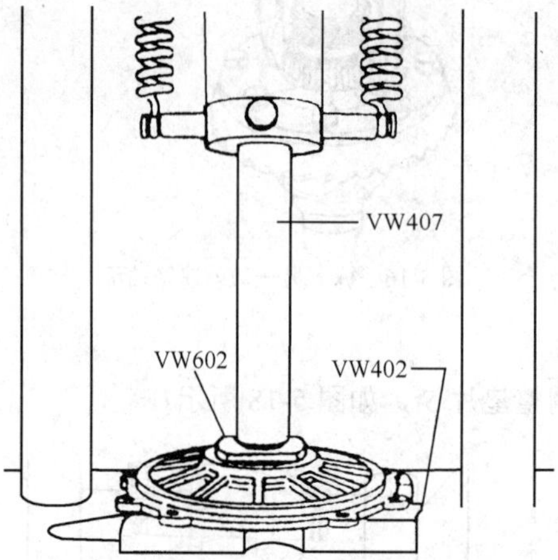

图 5-21 安装调整垫片 S_1 差速器轴承外圈

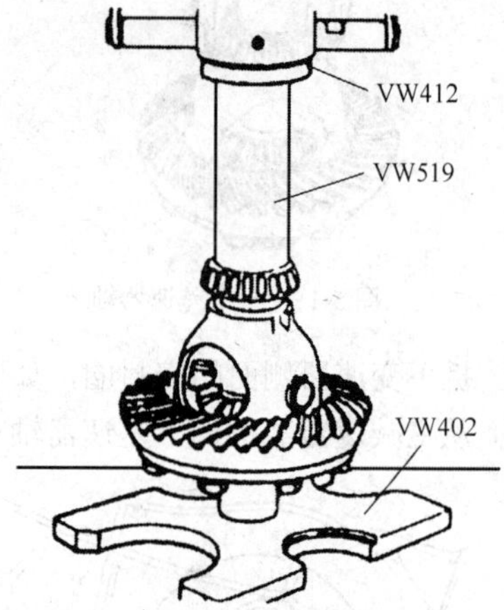

图 5-22 压入轴承

⑥ 用 120℃的温度加热差速器另一轴承，并装在差速器罩壳上。将轴承压到位。

⑦ 装上车速里程表主动齿轮和锁紧套筒，使 X=l.8mm（VW433a 只能支撑在锁紧套筒上，以免齿轮受损），如图 5-23 所示。

⑧ 用适当的变速器油润滑差速器轴承。将差速器装入变速器壳体内，装上主减速器盖。拆下变速器后盖和轴承支座。

⑨ 用专用工具，同扭力扳手一起装在差速器上，专用工具如图 5-24 所示。通过扭力扳手，转动差速器，检查摩擦力矩，对新的轴承来说最小应为 2.5N・m（要检查摩擦力矩，必须将差速器轴承用适当的变速器油润滑）。

⑩ 调整从动锥齿轮。装上变速器后盖和轴承支座。装上半轴凸缘并给变速器加油。

2．从动锥齿轮和主动锥齿轮总成的调整

主动锥齿轮和从动锥齿轮的调整正确与否，对于主减速器的使用寿命和运转平稳性起着决定性作用，主减速器和差速器总成拆装后，特别是更换某些零部件后，必须通过精确的测量、计算，选出合适的调整垫片，通过改变垫片的厚度来轴向移动主动齿轮，求得平稳运转的最佳位置，通过改变垫片的厚度来轴向移动变速器输出轴上的从动齿轮，使其啮合承压表面（啮合印痕）在最佳位置，并使啮合间隙在规定的公差范围。

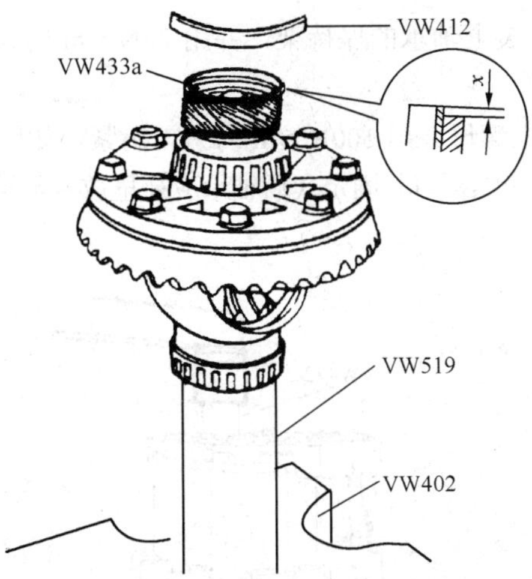

图 5-23 安装车速里程表主动齿轮和锁紧套筒

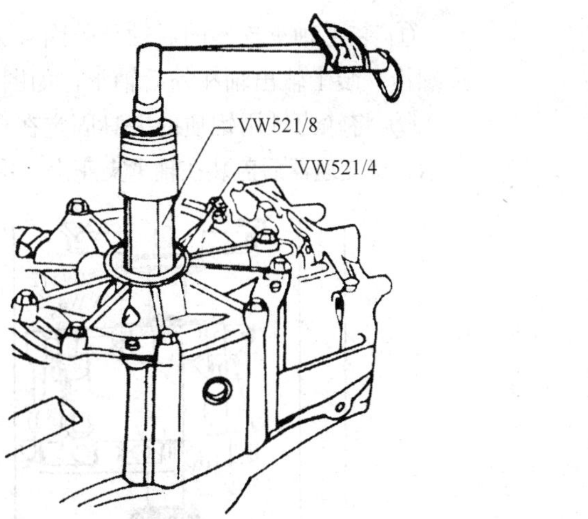

图 5-24 安装专用工具

从动齿轮和主动锥齿轮总成的调整部位如图 5-25 所示。与理论上的尺寸 R 成比例的偏差 r，在生产过程中已经测量好，并把它刻在从动锥齿轮的外侧。主动锥齿轮和从动锥齿轮只能一起更换。

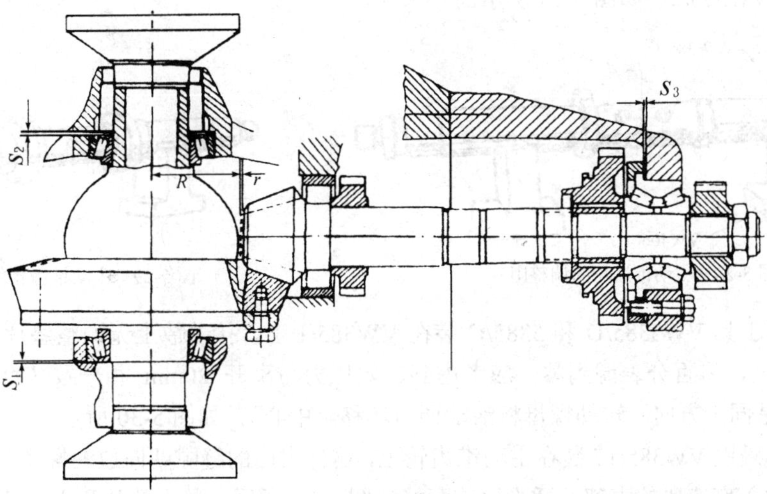

图 5-25 从动锥齿轮和主动锥齿轮总成的调整部位

S_1—调整垫片（从动锥齿轮一边）；S_2—调整垫片（与从动锥齿轮相对的一边）；S_3—输出轴的调整垫片；r—与理论上的尺寸 R 成比例的偏差（偏差 r 用 1/100mm 来表示，例如，“25”表明：r=0.25mm）；R—主动锥齿轮理论上的尺寸（R=50.7mm）

根据零件的排列情况，会出现“间隙”，这在调整主动锥齿轮和从动锥齿轮时应该考虑。因此，在拆卸变速器之前，最好测量齿面的平均间隙以及偏差 r。只要拆装检测影响到主动锥齿轮和从动锥齿轮位置的零部件，必须重新测定调整垫片 S_1、S_2 和 S_3。

（1）主动锥齿轮的调整。只要轴承支座、主动锥齿轮的后轴承、一挡齿轮的滚针轴承外圈、输出轴的后轴承外圈更换，就必须通过调整垫片 S_3 来调整主动锥齿轮。

① 装上轴承支座的后轴承外圈（无调整垫片）。装上轴承的保持架，并用 25N·m 的力矩旋紧螺栓。装上输出轴和外后轴承，如图 5-26 所示。

② 将输出轴用铝质的夹具固定在台虎钳上，装上螺母并用 100N·m 的力矩旋紧，如图 5-27 所示。将变速器后盖装在轴承支座上，用新的衬垫。4 个螺栓将其固定（后轴承应往里放入至挡块）。

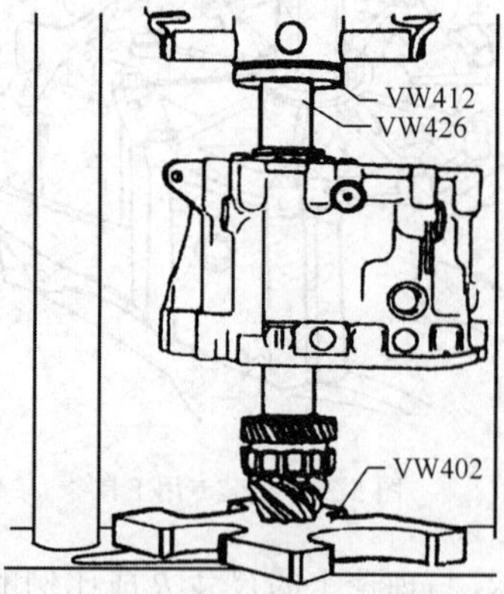

图 5-26 主动锥齿轮的调整 I

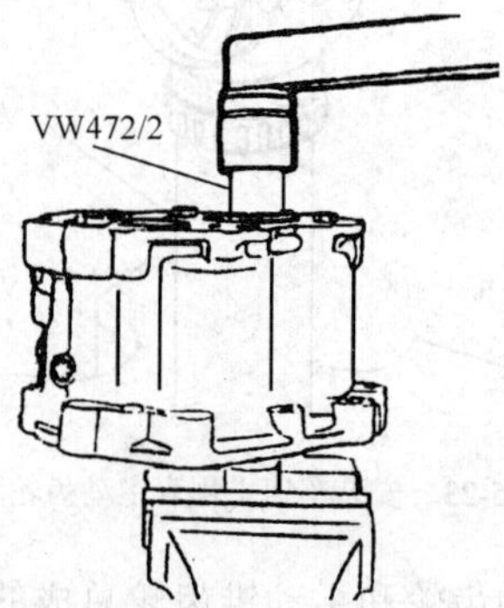

图 5-27 主动锥齿轮的调整 II

③ 将专用工具 VW385/l 支撑在 VW406 上，通过调节环测量 A 的尺寸，如图 5-28 所示。再装上专用工具 VW385/2，如图 5-29 所示。

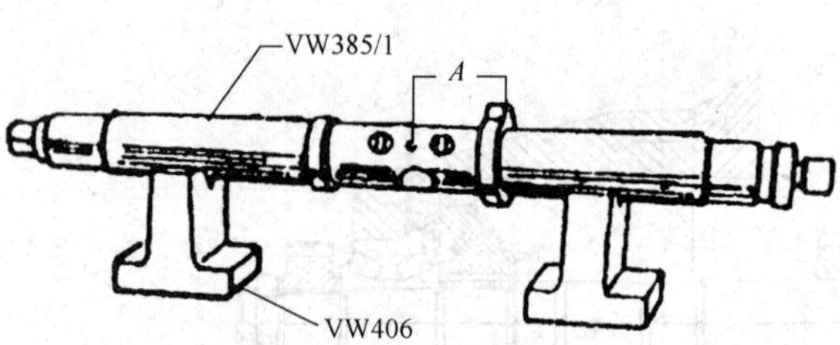

图 5-28 主动锥齿轮的调整III

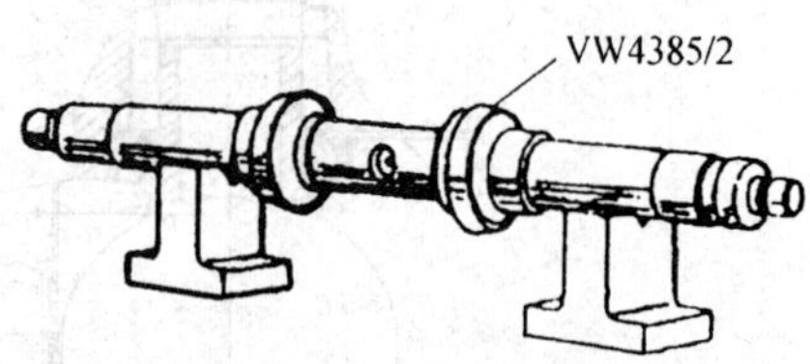

图 5-29 主动锥齿轮的调整IV

④ 将专用工具 VW5385/D 和 5385/C 装在 VW385/1 上，接着放上无调整垫片 S_1 的主减速器盖。装上百分表，将百分表调到零，应考虑到起始压力与离开 20mm 相一致（百分表的表盘和 VW5385/D 应是同一方向，转动螺母将活动调节环移至中心），如图 5-30 所示。

⑤ 将专用磁铁 VW385/17 装在主动锥齿轮上，这样上面的缝隙朝向放油螺塞一边。将专用工具 VW385/1 放入变速器的内部，适当地装配好如图 5-31 所示。装上垫片和主减速器盖的紧固螺栓，用 25N·m 的力矩旋紧螺栓（不要在盖上敲打，因为这样可能使百分表失灵）。转动螺母调节 VW385/1，保证装配正确。

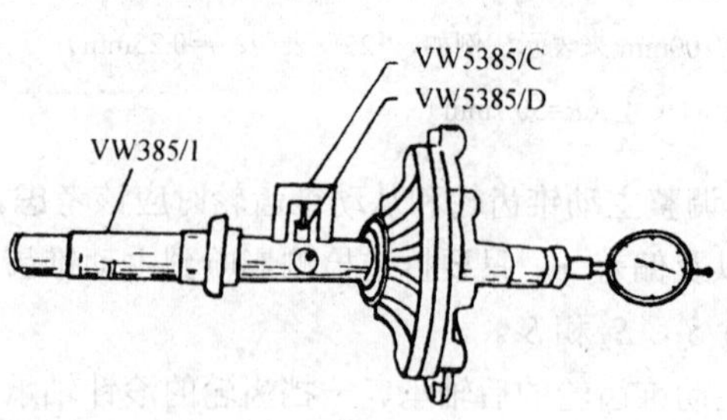

图 5-30 主动锥齿轮的调整 V

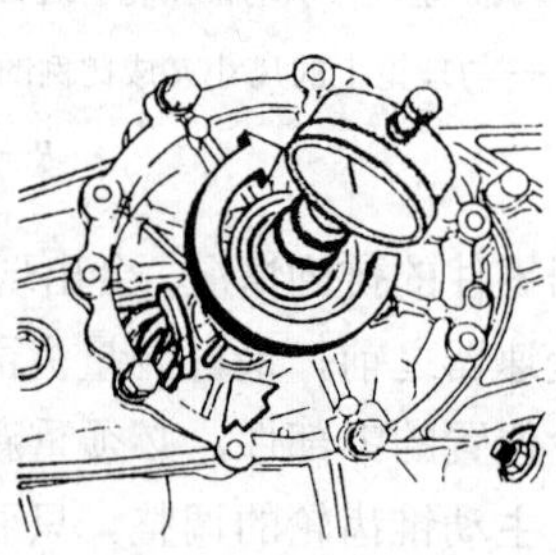
图 5-31 主动锥齿轮的调整VI

⑥ 将 VW385/1 转到表的尖头碰到磁板和表的指针，并达到最大偏差（倒转），所取得的值即 *e* 尺寸（从逆时针方向读看），如图 5-32 所示。当转动 VW385/1 时，表的尖头（VW385/C）应碰到磁板，而总是在缝隙的相对一边。

⑦ 取得 *e* 尺寸后，取下主减速器盖。将 VW385/1 放在 VW406 上，用 VW5385/C 标准（样板）检查表是否在零位上，要考虑起始压力与离开 2.0mm 一致。如果在测量中有误，重新进行第 5～9 项。

测量主动锥齿轮调整垫片 S_3 的厚度为

$$S_3=e-r$$

式中，*e* 为测量的结果（用百分表的逆时针刻度检验出的指针最大偏差）；*r* 为偏差（用百分之一毫米刻在从动齿轮上）。

r 值只用于新的从动锥齿轮和主动锥齿轮。例如，e=0.99mm，r=0.48mm，则 $S_3=e-r$=0.99mm−0.48mm=0.51mm。

如果需要将两只调整垫片连在一起，取得需要的厚度，较薄的调整垫片应装在输出轴轴承外圈和较厚的调整垫片之间，下列厚度和调整垫片可供选择，0.15mm、0.20mm、0.25mm、0.30mm、0.40mm、0.50mm、0.60mm、0.70mm、0.80mm、0.90mm、1.00mm、1.10mm 和 1.20mm。

⑧ 装上输出轴和计算好的调整垫片 S_3。根据第 5～7 进行调节测量。如果计算好的调整垫片是正确的。百分表现在应指在偏差 *r*（刻在从动齿轮）值上，公差为±0.04mm。

⑨ 如果测量在规定的公差范围之内，完成变速器的安装。相反，检查所有零件的状况，更换已损坏的零件，接着重新安装主动锥齿轮。

（2）从动锥齿轮的调整。从动锥齿轮的注意事项如下。

① 最好在拆卸变速器之前，测量齿面的平均间隙。记下测量值，用于从动锥齿轮调整垫片的计算。

② 当主动锥齿轮、从动锥齿轮总成、变速器壳体、主减速器盖、差速器罩壳或轴承更换时，必需对从动齿轮进行调整。

从动锥齿轮调整整片总厚度的测量步骤如下。

① 拆下主减速器盖。拆下密封圈和差速器轴承的外圈，取出调整垫片。将轴承的外圈装在变速器壳体上，同时装上厚度为 1.2mm 的标准（样板）垫片（外圈应装入到挡块）。

② 将轴承的外圈装在主减速器盖上，不用调整垫片（外圈应装入至挡块）。将没有车速里程表主动齿轮的差速器装在变速器壳体上。将主减速器盖装在变速器壳体上，用 25N・m 的力矩旋紧螺栓。根据图 5-33 所示装上专用工具，调节百分表，使其预压缩量为 1.0mm 以上。

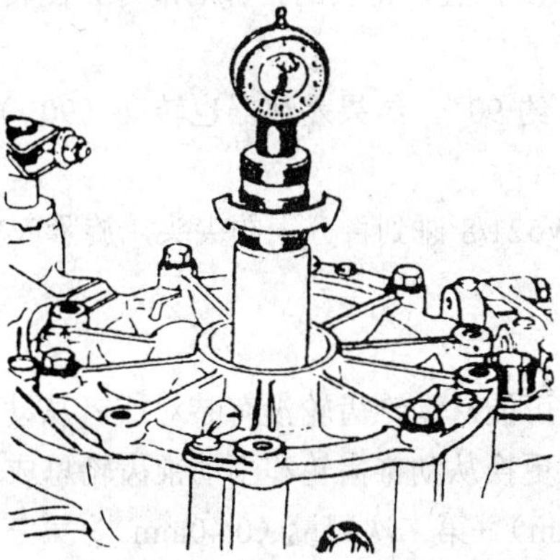

图 5-32　主动锥齿轮的调整Ⅶ

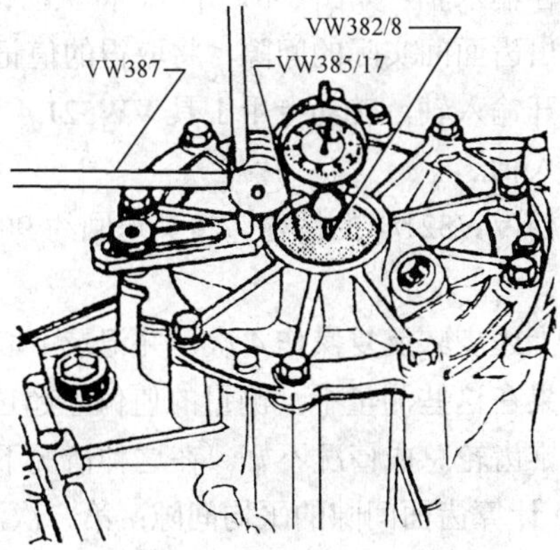

图 5-33　从动锥齿轮的调整Ⅰ

③ 将专用工具 VW521/8 一起装在与从动齿轮相对的一边，如图 5-34 所示。*A* 为 1.20mm 的调整垫片。用专用工具 VW521/4 将差速器向上和向下（箭头）移动，如图 5-35 所示，记下在百分表产生的变化（例如，记下的间隙为 0.50mm）。测量时，不要转动差速器，因为它可能影响测量的结果。

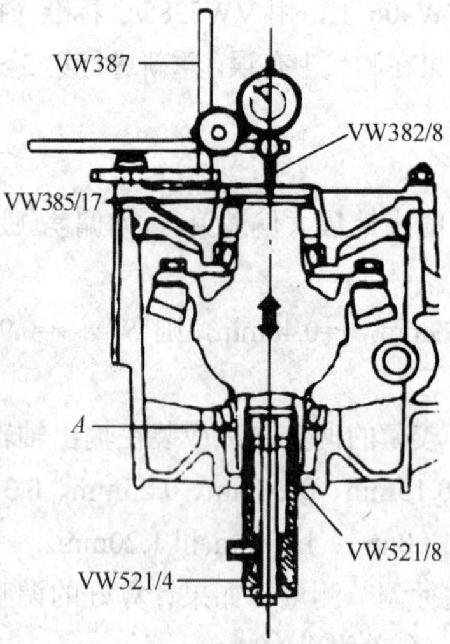

图 5-34 从动锥齿轮的调整Ⅱ

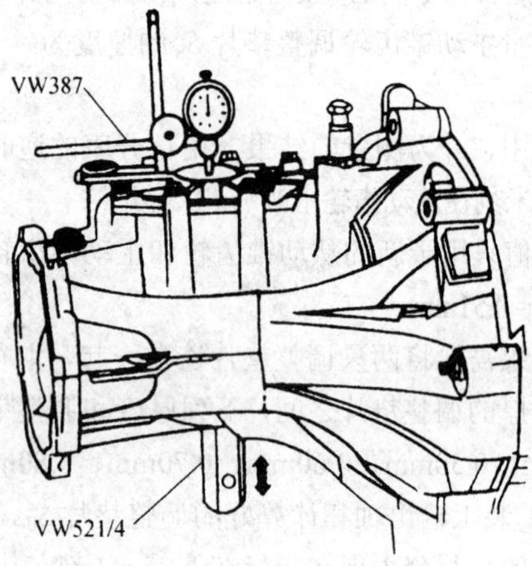

图 5-35 从动锥齿轮的调整Ⅲ

④ 将测量的结果记录下来，并将记录的间隙加上 0.04mm 的安装压力（稳定值）。测量结果为 0.50mm+安装压力 0.40mm=0.90mm。

这个值再加上标准（样板）调整垫片的厚度（1.20mm）上，结果就是 $S_{合计}$。

测量 $S_{合计}$=标准（样板）调整垫片的厚度（1.20mm）+测量结果（0.50mm）+安装压力（0.40mm）=2.10mm

⑤ 拆下主减速器盖和工具。拆下主减速器盖的轴承外圈。

⑥ 将与测量结果和安装压力的和（0.50mm+0.40mm=0.90mm）一致的调整垫片连同外圈一起装在盖上。装上主减速器盖。将装配好的输入轴装上变速器壳体，用 4 个螺栓将其固定，并用 20N·m 的力矩旋紧。

⑦ 调整从动锥齿轮和主动锥齿轮的齿面间隙，按下列方法进行。

根据图 5-36 所示，装上专用工具。安装的位置：尺寸 *A* 为 71mm，*α* 约为 90°。

锁住输入轴，如图 5-37 所示。将从动锥齿轮转至挡块位置，将表的指针对准零，倒转从动齿轮，读出齿面间实际的间隙，将取得的值记录下来。

松开输入轴，转动专用工具 VW521/4 和 VW521/8 约 90°，结果差速器也转动（90°）。重新锁住输入轴。

旋松 VW521/4 的螺栓，将其退回约 90°，直至 VW521/8 碰到百分表的尖头，旋紧 VW521/4 的螺栓。

将上述步骤反复操作 4 次，并记录下取得的值。

如果在这些测量中，测量的值偏差超过 0.05mm，可能从动锥齿轮没有装对或者从动锥齿轮和主动锥齿轮总成情况不好。在这种情况下，如需要应更换从动锥齿轮和主动锥齿轮总成。

⑧ 计算齿面间隙的平均间隙：第一次测量（0.39mm）+第二次测量（0.40mm）+第三次测量（0.39mm）+第四次测量（0.42mm）=1.60mm，平均间隙=1.60mm÷4=0.40mm。

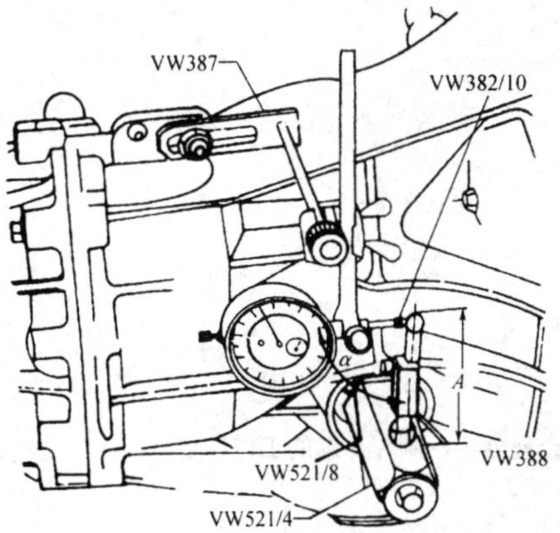

图 5-36　从动锥齿轮的调整Ⅳ

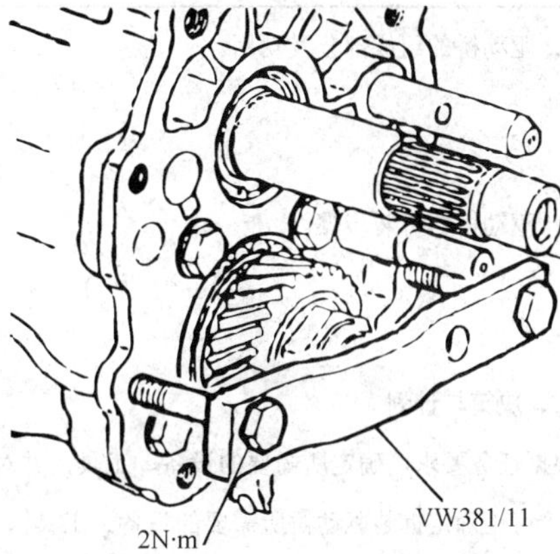

图 5-37　从动锥齿轮的调整Ⅴ

计算调整垫片 S_2 的厚度（与从动锥齿轮相对的一面）。S_2=标准（样板）调整垫片-平均间隙+抬起（稳定值）。

如果不更换从动锥齿轮和主动锥齿轮总成，使用在拆下前测得的平均间隙值。

例如，S_2=标准（样板）调整垫片（1.20mm）－平均间隙（0.40mm）+抬起（稳定值）（0.15mm）=0.95mm。

⑨ 计算调整垫片 S_1 的厚度（从动锥齿轮一面）。

$$S_1=S_{合计}-S_2$$

即

$$S_1=(2.10-0.95)\text{mm}=1.15\text{mm}$$

下列厚度的调整垫片可供选择 0.15mm、0.20mm、0.25mm、0.30mm、0.40mm、0.50mm、0.60mm、0.70mm、0.80mm、0.90mm、1.00mm、1.10mm 和 1.20mm。

⑩ 拆下差速器和差速器轴承的外圈。将调整垫片 S_2 装在主减速器盖上，将 S_2 同轴承外圈一起装在壳体上。

将密封圈装在主减速器盖和壳体上。

装上车速里程表的主动齿轮和锁紧套筒（见图 5-23），并使图中 X=1.8mm（大约）。

装上差速器，重新测量齿面间隙，如图 5-25 所示。

根据第 10 项的步骤，检查四个不同位置上的间隙。各次测量的间隙偏差不超过 0.05mm。如果调整垫片 S_1 和 S_2 装配正确，齿面间的平均间隙应在 0.10mm 和 0.20mm 之间。

三、工作页

学生依据维修手册的要求及操作步骤，在教师的指导下完成本工作任务，并填写任务工单。

任务名称	前轮驱动主减速器和差速器的拆装与调整	实训设备	专用工具、组合工具、桑塔纳 2000GSi 轿车
客户任务	桑塔纳 2000GSi 轿车在直线行驶时有嗡嗡声，转弯有咔咔的异响声，请进行正确的拆装与调整		
任务目的	能正确使用工具，能够根据规范拆装与检修驱动桥		
一、知识要点 1．驱动桥的结构特点。			

2．驱动桥的组成部分及功用。

3．驱动桥的拆装步骤。

二、决策与计划

根据任务要求，确定所需要的设备、工具，并对小组成员进行合理分工，制订详细的工作计划。

1．讨论确定拆装驱动桥所需要的设备、工具。

2．小组成员分工。

3．制订驱动桥拆装的操作步骤。

（1）

（2）

（3）

（4）

三、实施过程记录

1．分析实践所用的驱动桥的结构及形式。

2．总结驱动桥拆装时，应该注意的问题。

四、检查与评估

1．检查驱动桥拆装是否正确。

2．请根据自己任务完成的情况，对自己的工作进行自我评估，并提出改进意见。

3．教师对小组工作情况进行评估，并进行点评。

4．教师、各小组、学生个人对本次任务的评价给出量化。

考核项目	评分标准	分数	学生自评	小组评价	教师评价	小计
安全生产	有无安全隐患	10				
活动情况	积极主动	5				
团队协作	和谐愉快	5				
现场 5S	做到	10				
劳动纪律	严格遵守	5				
工具设备使用	规范、标准	10				
操作过程	规范、正确	50				
工作页填写	认真、规范	5				
总分						
教师签名：		时间：			总评	

任务三　后轮驱动主减速器及差速器的拆装与检修

一、实训准备

1．实训器材

（1）东风 EQ1090E 型、解放 CA1091 型主减差速器及差速器。

（2）举升机、组合工具、专用工具、转向盘护套、变速杆手柄套、座位套、脚垫、翼子板和前格栅磁力护裙等。

2．准备工作

（1）汽车进入工位前，将工位清理干净，准备好相关的器材。

（2）拉紧驻车制动器操纵杆，并将变速杆置于空挡位置。

（3）套上转向盘护套、变速杆手柄套和座位套，铺设脚垫。

（4）在车内拉动发动机舱盖手柄。

（5）在车外打开并支撑发动机舱盖。

（6）粘贴翼子板和前格栅磁力护裙。

二、后轮驱动主减速器及差速器的拆装

1．主减速器的拆卸

（1）将主减差速器总成放到台架上，主动锥齿轮凸缘端向上放置。EQ1091 型主减速器，首先要拧松锁紧螺母，拧下支撑螺栓。

（2）用鲤鱼钳拆下主动锥齿轮凸缘螺母上的开口销，用套筒扳手拆松主动锥齿轮凸缘螺母（要求：螺母拧松不拧下）。

（3）分别在差速器左右轴承盖与座及轴承调整螺母之间做好标记。

（4）分别拆下差速器左右轴承盖上的止动锁片上的固定螺栓，并取下止动锁片。拆松轴承盖紧固螺母的锁片、拆下紧固螺母，并依次取下差速器轴承盖和轴承调整螺母，取下差速器总成（左右差速器轴承盖和轴承调整螺母要分开放置，以免混装）。

（5）拆下主动锥齿轮轴承座与主减速器壳的连接螺栓，取下主动锥齿轮轴承座总成及调整垫片，放置在工作台上。

（6）用套筒扳手拆下主动锥齿轮凸缘螺母，取出垫圈，拉出主动锥齿轮凸缘。再拆下油封座及油封，取出轴承、调整垫片、主动锥齿轮并依次摆放。

（7）CA1091 型主减速器，拆下从动锥齿轮轴承盖紧固螺栓，分别在左右轴承盖与主减速器壳之间做好标记后，取下左右轴承盖及调整垫片（注意：左右调整垫片应分别放在轴承盖上，防止混放）。

（8）从主减速器壳体中取出从动锥齿轮总成。

2．差速器的拆卸

（1）将拆速器总成摆放到工作台上。

（2）拆下差速器壳连接螺栓上的开口销，拧下螺母（如果是锁片，应拆开锁片）。

（3）拆下连接螺栓。

（4）拆开差速器壳，如果较紧，可用铜棒在壳的孔处轻轻敲击，使之左右壳分开。

（5）从差速器壳内依次取出半轴齿轮、半轴齿轮垫、十字轴、行星齿轮、行星齿轮垫。若差速器轴承完好，则不必拆下。

3．差速器的安装

（1）将半轴齿轮、半轴齿轮垫、十字轴、行星齿轮、行星齿轮垫的工作表面涂以润滑油。依次装入差速器左壳中，然后装上差速器右壳。

（2）装上差速器壳的连接螺、螺母，EQ1090E 以 120～140N·m、CA1092 以 100～180N·m 的力矩对称、交叉、均匀、分次拧紧螺栓、螺母，然后用开口销将螺母锁住。

（3）装上差速器左右轴承。

4．主减速器的安装

（1）将主动锥齿轮前后轴承外圈以锥面大端朝外，分别压入轴承座的座孔中。

（2）将后轴承内圈总成压入主动锥齿轮轴颈上。

（3）在轴承表面涂以润滑油。

（4）将主动锥齿轮及后轴承装入轴承座中。

（5）装入调整垫片。

（6）将前轴承压入主动锥齿轮轴上。

（7）将油封外壳涂一层密封胶后压入油封座孔中，并在油封刃口上涂一层润滑油。

（8）装上主动锥齿轮凸缘止推垫圈、主动锥齿轮凸缘、垫圈和螺母。

（9）用弹簧秤检测主动锥齿轮轴承预紧度，预紧度力矩为 1.5～3.5N·m，相当于作用在凸缘孔处的圆周力为 25～58N。若不合格，应用增减调整垫片的方法调整轴承预紧度。

（10）合格后，拆下主动锥齿轮凸缘螺母、垫圈、主动锥齿轮凸缘、然后装上密封垫，油封座、并拧紧螺栓。

（11）装上主动锥齿轮凸缘、垫圈、主动锥齿轮凸缘螺母。EQ1090E 型以 350～500N·m、CA1091 型以 200～290N·m 的力矩拧紧主动锥齿轮凸缘螺母，然后用开口销将螺母锁住。

（12）CA1091 型主减速器，将从动锥齿轮总成装入减速器壳内，注意从动锥齿轮应靠向主减速器壳加油螺塞一侧。

（13）分别在左、右从动锥齿轮轴承盖的轴承外圈上涂一层润滑油，按原标记装上调整垫片及轴承盖，并以 80～90N·m 的力矩拧紧轴承盖螺栓。

（14）用弹簧秤检测从动锥齿轮轴承及主动圆柱齿轮的预紧度，预紧度力矩为 1.5～3.5N·m，若不合格，应用增减调整垫片的方法调整轴承预紧度。

（15）按标记装上调整垫片和主动锥齿轮轴承座总成。（回油孔相对）对称、交叉、均匀、拧紧连接螺栓。

（16）将差速器总成装到主减速器壳中，在轴承外圈表面涂以润滑油。

（17）按标记分别装上差速器左右轴承盖、锁片、紧固螺母，旋上差速器轴承调整螺母，并用专用工具将左右差速器轴承调整螺母旋入，使主、从动圆柱齿轮对正，并使差速器轴承预紧度合适（一般调整时，旋入一端差速器轴承调整螺母至拧紧后回 1～2 个凹槽，并使凹槽与锁止垫片对正。主、从动锥齿轮啮合间隙范围为 0.15～0.40mm）。

（18）EQ1090E 以 240～400N·m、CA1091 以大于 170N·m 力矩拧紧差速器轴承盖紧固螺栓，将锁片两脚翻卷，锁住制动片固定螺栓。

（19）装上止动锁片对准差速器轴承调整螺母凹槽并锁住，拧紧止动锁片固定螺栓。

（20）EQ1090E 型主减速器，从动圆锥齿轮支撑螺栓安装，拧紧螺栓后回 1/5～1/4 圈，拧紧锁紧螺母。

三、主减速器及差速器的检修

1．清洁零件

（1）将分解后的零部件放入盛有汽油或清洗剂的盆中彻底清洗。

（2）将清洗后零部件顺序摆放在工作台上，晾干后以备检测。

2．检测工作准备

（1）清洁检测平台工作面。

（2）将 V 形铁清洁后放在检测平台的工作面上。

（3）取出磁性表座，将其放在工作平台上，按下磁性开关固定磁性表座。

（4）取出百分表，将其装入磁性表座测量杆并固定，旋动活动测量杆紧固手柄，固定活动测量杆。

（5）取出量具摆放在工作台上备用。

3．圆锥主、从动齿轮的检修

圆锥主、从动齿轮的损伤一般有剥落、腐蚀斑点、裂损、轴颈磨损、齿面磨损、花键磨损、螺纹损伤等。

技术要求如下。

（1）齿面剥落面积不得超过齿高的 1/3，齿长的 1/10。不严重时允许修磨后使用，否则更换。

（2）螺纹损伤一般不得多于两牙。若多于两牙可焊修后，重新套丝后继续使用。

（3）轴颈磨损量不得大于 0.02mm，超过要求可镀铬修复或更换。

（4）齿厚磨损量不得大于 0.40mm，超出则应更换。

（5）花键齿允许有小面积的斑点，但不得超过全齿面积的 30%。超出应更换。

（6）不允许相邻齿同时裂损，裂损齿数不得多于 3 齿。超出应更换。

（7）单个铆钉磨损量不得大于 0.15mm，松动或超出使用范围应从铆。

（8）齿面允许有微小剥落，磨修后使用。

4．圆柱主、从动齿轮的检修

圆柱主、从动齿轮的损伤一般有剥落、腐蚀斑点、裂损、轴颈磨损、齿面磨损、花键磨损、螺纹损伤等。

技术要求如下。

（1）齿面剥落面积不得超过齿高的 1/3，齿长的 1/10。不严重时允许修磨后使用，否则更换。

（2）轴颈磨损量不得大于 0.02mm，超过要求可镀铬修复或更换。

（3）齿厚磨损量不得大于 0.25mm，超出则应更换。

（4）齿面斑点面积应不大于 1/4 齿面，磨修或更换。

（5）齿轮不得有裂纹存在，否则更换。

（6）圆柱主动齿轮铆钉孔磨损量不得大于 0.30mm，超过应扩孔焊修。

（7）圆柱从动齿轮螺栓孔磨损量不得大于 0.50mm，超过应扩孔焊修。

5．主减速器壳体和差速器壳体的检修

（1）检视壳体上螺纹损伤不得多于两牙，壳体不允许有任何性质裂纹存在。

（2）检测减速器壳体各工作平面的平面度及轴线的平行度。

技术要求如下。

① 前后平面的平面度误差不得大于 0.05mm。

② 平面与空轴线平行度、两轴平行度、平面宇宙线平行度误差不得大于 0.15mm。

③ 轴孔两端面对轴线的垂直度误差不得大于 0.08mm。

④ 用内径千分尺测量主动齿轮轴承座孔磨损量，该值不应大于 0.025mm，超出时可焊修或镶套修复。

⑤ 用内径千分尺测量侧盖轴承座孔的磨损量，若该值在之间，可将轴承外圈外圆镀铬。

（3）差速器壳体不许存在任何性质的裂纹，与行星齿轮接触的球面轻微磨损时，磨修后可继续使用。

（4）差速器壳体两端轴颈磨损量不应大于 0.025mm。

（5）差速器十字轴承孔磨损不得大于 0.10mm。

6．差速器十字轴的检修

（1）十字轴上不许存在任何性质的裂纹，否则更换。

（2）轴颈允许有不超过工作表面面积 25%的剥落腐蚀，磨损量不应超过 0.04mm，否则更换。

7．差速器半轴齿轮和行星齿轮的检修

（1）允许齿轮有轻微的剥落腐蚀，当剥落部位不超过齿长的 1/10 和齿高的 1/3，且损伤齿数不多于两个齿（不相邻的轮齿）时，可修正后继续使用。不允许有任何性质的裂纹和严重磨痕存在，否则更换。

（2）半轴齿轮轴颈外部磨损量不得大于 0.075mm，超过可镀铬修复或更换。

键齿磨损后，键齿齿厚不得减少 0.30mm；行星齿轮轴承孔磨损量不应大于 0.06mm，否则更换。

8．半轴和半轴套管的检修

（1）用百分表检测半轴的圆跳动量，以 EQ1090E 为例。

半轴的圆跳动量不大于 1.8mm，超差可用压床冷压校正或更换。

半轴花键齿端的圆跳动量不大于 0.30mm，超差更换。

半轴端面的圆跳动量不大于 0.15mm，超差磨修或更换。

（2）半轴与半轴齿轮花键的配合间隙不大于 0.40mm，使用极限不大于 0.75mm。否则更换。

（3）半轴花键的扭曲量不大于 1.00mm，否则更换。

四、主减速器及差速器的调整

1．主动锥齿轮轴承预紧度的调整

（1）调整方法。通过主动锥齿轮前轴承与轴台阶之间的调整垫片予以调整。

增加垫片，轴承间隙增大。减少垫片，则轴承间隙变小。

（2）技术要求。用弹簧秤测量主动锥齿轮轴承预紧度，预紧度力矩为 1.5～3.5N・m，为了保证测量主动锥齿轮轴承预紧度力矩的准确性，可先不装油封盖，待主动锥齿轮轴承预紧度测量合格后，拆下主动锥齿轮凸缘螺母、垫圈、主动锥齿轮凸缘，然后装上密封垫、油封座、并拧紧螺栓。再装上主动锥齿轮凸缘、垫圈、主动锥齿轮凸缘螺母。EQ1090E 以 350～500N・m、CA1091 以 200～290N・m 的力矩拧紧主动锥齿轮凸缘螺母，然后用开口销将螺母锁住。

2．从动锥齿轮轴承预紧度的调整（双级主减速器）

（1）调整方法。通过增减速器壳与左、右从动锥齿轮轴承盖之间的调整垫片予以调整。

增加垫片，轴承间隙增大。减少垫片，则轴承间隙变小。

（2）技术要求。用弹簧秤检测从动锥齿轮轴承预紧度，预紧度力矩为 1.5～3.5N・m，如不符合要求应予调整。

3．差速器轴承预紧度的调整

（1）调整方法。通过转动差速器轴承的调整螺母予以调整。

顺时针转动差速器轴承的调整螺母，轴承间隙变小。

逆时针转动差速器轴承的调整螺母，则轴承间隙变大。

（2）技术要求。以 1.5～2.5N・m 的力矩应能转动差速器总成，用弹簧秤检测时，其切向力为 11.3～18.6N，且主、从动圆柱齿轮对正。

4．主、从动锥齿轮啮合印痕的检查与调整

（1）啮合印痕的检查。

① 在从动圆锥齿轮的 3～4 个轮齿两面涂上红丹油。

② 转动从动圆锥齿轮数圈。

③ 观察齿面上压出的红色印痕是否正确，判断是否需要调整。

（2）技术要求。齿轮接触印痕长度应达到全齿长的 50%以上，其位置控制在齿面中间偏向小端，离小端 2～4mm；齿高方向的接触印痕应不小于有效齿高的 50%，一般应离齿顶 0.8～1.6mm。

（3）调整方法。

① 接触印痕在从动锥齿轮的大端时，应将主减速器壳右侧调整垫片向左侧移动，使从动锥齿轮向左移动（退主进从）。

② 接触印痕在从动锥齿轮小端时，应将主减速器壳左侧调整垫片向右侧移动，使从动锥齿轮向右移动（退从进主）。

③ 当接触印痕在从动锥齿轮顶端时，应减少主动锥齿轮轴承座与主减速器壳之间的调整垫片，使主动锥齿轮移进（退从进主）。

④ 当接触印痕在从动锥齿轮齿根时，应增加主动锥齿轮轴承座与主减速器壳之间的调整垫片，使主动锥齿轮移出（退主进从）。

调整口诀："大进从，小出从；顶进主，根出主。"

5．主减速器啮合间隙的调整

圆锥主、从动齿轮的啮合间隙和啮合印痕都是利用改变两齿轮装配中心距来调整的。因此，调整啮合间隙时啮合印痕会发生变化，而调整啮合印痕时，啮合间隙也会发生变化。这两者是互相联系的，在调整时要兼顾。如果无法兼顾，则以保证啮合印痕为主，可适当放大啮合间隙，但也不得超过允许的极限值 1mm。

（1）主减速器啮合间隙的调整。移动从动锥齿轮。当从动锥齿轮远离主动锥齿轮时间隙变大，反之则变小。

① 单级主减速器啮合间隙的调整。移动从动锥齿轮的方法是将一侧的轴承调整螺母旋入几圈，另一侧就旋出几圈。

② 原则。间隙过小，松开左侧螺母，拧进右侧螺母，这样是使从动轮离开主动轮。间隙过大，松开右侧螺母，拧进左侧螺母，这样是使从动轮靠近主动轮。

（2）双级减速器主减速器啮合间隙的调整方法。

① 移动从动锥齿轮的方法是将一侧的轴承盖调整垫片减掉，增加到另一侧轴承盖端。

② 原则。间隙过小，减掉右侧垫片，增加到左侧，这样是使从动轮离开主动轮。间隙过大，减掉左侧垫片，增加到右侧，这样是使从动轮靠近主动轮。

（3）注意：调整前应先将从动锥齿轮的轴承预紧度调整好。

正确的主、从动锥齿轮啮合间隙范围为 0.15～0.40mm，若齿隙大于上述规定数值的上限（0.40mm），应使从动齿轮向靠近主动齿轮的方向移动；若齿隙小于下限值（0.15mm），则反向移动。

6．差速器行星齿轮与半轴齿轮间隙的调整

（1）调整方法。通过改变行星齿轮支撑垫与半轴齿轮支撑垫的厚度予以调整。加厚行星齿轮支撑垫或半轴齿轮支撑垫，两者之间间隙减小。反之，两者之间间隙增大。

（2）技术要求。差速器行星齿轮与半轴齿轮间隙为 0.20～0.30mm。

7．从动圆锥齿轮支撑螺栓的调整

（1）松开锁紧螺母。

（2）将支撑螺栓拧至顶住从动圆锥齿的背面，然后退回 1/4～1/5 圈，保证间隙为 0.30～0.5mm。

（3）拧紧锁紧螺母，并用锁片锁牢。

五、工作页

学生依据维修手册的要求及操作步骤，在教师的指导下完成本工作任务，并填写任务工单。

任务名称	后轮驱动主减速器及差速器的拆装与检修	实训设备	套筒扳手、扭力扳手、改锥、钳子、组合工具
客户任务	一辆 EQ1090E 型货车大修几天后，最近驱动桥内出现响声，而且越来越严重，请正确进行拆装与检修		
任务目的	能正确使用工具，能够根据规范正确拆装与检修驱动桥		
一、知识要点 1．驱动桥的检修部位及方法。 2．驱动桥各零部件的维修。 **二、决策与计划** 根据任务要求，确定所需要的设备、工具，并对小组成员进行合理分工，制订详细的工作计划。 1．讨论确定驱动桥检修所需要的设备、工具。 2．小组成员分工。			

3．制订驱动桥检修的操作步骤及方法。

（1）

（2）

（3）

（4）

三、实施过程记录

1．分析实践所用的驱动桥的检修方法及部位。

2．总结驱动桥检修时，应该注意的问题。

四、检查与评估

1．检查驱动桥检修是否正确。

2．请根据自己任务完成的情况，对自己的工作进行自我评估，并提出改进意见。

3．教师对小组工作情况进行评估，并进行点评。

4．教师、各小组、学生个人对本次任务的评价给出量化。

考核项目	评分标准	分数	学生自评	小组评价	教师评价	小计
安全生产	有无安全隐患	10				
活动情况	积极主动	5				
团队协作	和谐愉快	5				
现场 5S	做到	10				
劳动纪律	严格遵守	5				
工具设备使用	规范、标准	10				
操作过程	规范、正确	50				
工作页填写	认真、规范	5				
总分						
教师签名：		时间：			总评	

项目六 6 车架和车桥的构造与维修

知识目标

◎ 了解车架和车桥的功用。
◎ 熟悉车架和和车桥类型与结构。
◎ 掌握汽车车桥的工作原理。

能力目标

◎ 能够正确选择与使用工具、设备，并规范进行车桥的拆装和车架的检修。

任务一 车架和车桥的认知

一、车架

汽车车架俗称“汽车大梁”，它是汽车装配的基础件，发动机、变速器、传动机构、操纵机构和车身等都安装在车架上。车架不仅承受各总成的静载荷，还要承受汽车行驶时产生的复杂动载荷，如汽车加速、制动、转弯、上下坡、装载不均、高速以及在不良道路上行驶。这就要求车架要有足够的强度和合适的刚度，并且要结构简单，质量轻，还应尽可能地降低汽车的质心和获得较大的前轮转向角度，以提高汽车行驶的稳定性和转向灵活性。因此，车架大都制成形状复杂的刚性构架。

（一）车架的功用及设计要求

1．功用

支承连接各零部件，承受各种载荷。

2．设计要求

满足汽车总布置的要求，各总成之间不应发生干涉。应具有足够的强度和刚度。车架质量尽可能小。布置得离地面近一些，降低汽车重心位置。

（二）车架的类型

车架按其结构形式不同可分边梁式车架、中梁式车架、综合式车架、无梁式车架。

1．边梁式车架

边梁式车架由两根位于两边的纵梁和若干根横梁组成，用铆接法或焊接法将纵梁与横梁连接成坚固的刚性构架，如图 6-1 所示。

（1）横梁。横梁用来连接纵梁，以保证车架的抗扭刚度和承载能力，同时用来安装总成和零部件。边梁式车架的横梁一般由低碳钢钢板冲压成槽形。

（2）纵梁。纵梁一般用低碳合金钢板冲压而成。纵梁的断面形状一般为槽形、Z 字形、工字形或箱形断面。纵梁上还钻有多个孔，用来安装脚踏板、转向器、燃油箱、蓄电池和车身等零部件的支架，有的用于穿过管道或电线等。

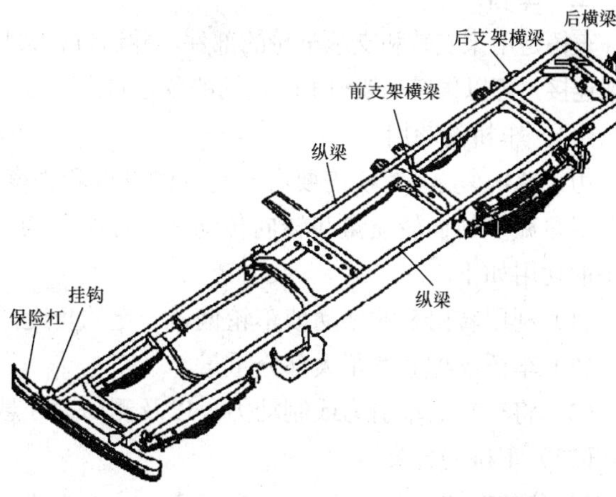

图 6-1　边梁式车架

2．中梁式车架

梁式车架只有一根位于汽车中央的纵梁，如图 6-2 所示，其上固定有横向的托架或连接梁，使车架成鱼骨形。所以中梁式车架也称脊梁式车架。

中梁式车架有较好的抗扭转刚度和较大的前轮转向角，结构上允许车轮有较大的跳动空间，适于装配独立悬架的越野汽车。与同等载重量的汽车相比，中梁式车架轻且质心比较低，故行驶稳定性好；车架的强度和刚度较大；脊梁还能起封闭传动轴的防尘罩作用。中梁式车架制造工艺复杂，精度要求高，总成安装困难，维护修理也不方便，故目前应用不多。

3．综合式车架

车架前部是边梁式，而后部是中梁式，这种车架称为综合式车架（也称复合式车架）。它同时具有中梁式和边梁式车架的特点，结构如图 6-3 所示。

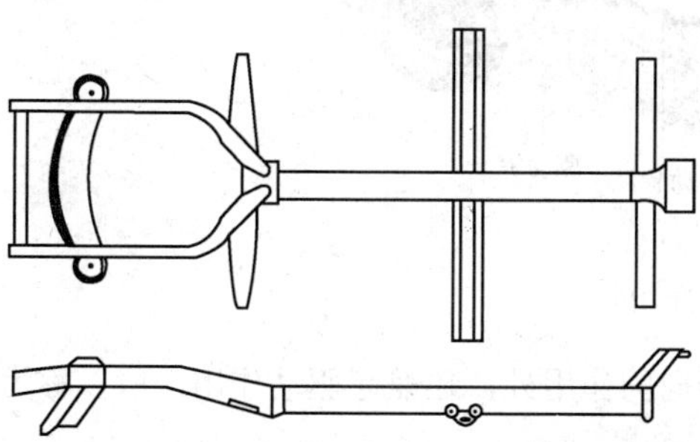

图 6-2　中梁式车架

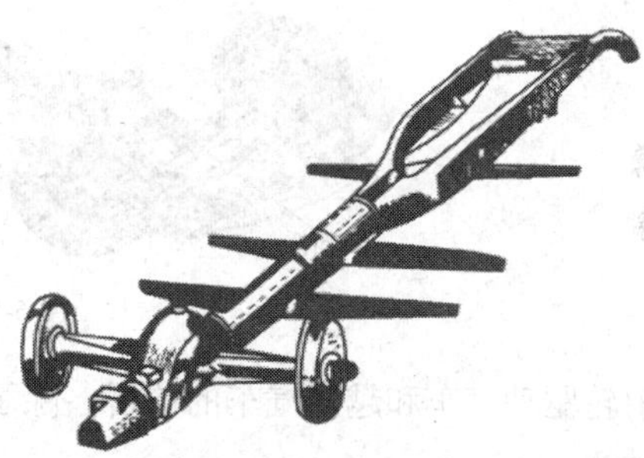

图 6-3　综合式车架

这种车架的前段或后段类似于边梁式结构，正好适合于安装发动机、后驱动桥和悬架装置。车架中部采用中梁式结构，传动轴从中梁管内通过，由于安装车门槛的位置附近没有边梁的影响，故可以使地板的外侧高度有所降低。缺点是中间梁的断面尺寸大，造成底板中部的凸起。另外，不规则的结构构件增加了车架制造难度。

4．无梁式车架

无梁式车架是用车身兼做车架，所有零部件都安装在车身上，全部作用力由车身承受，故这种车身又称为承载式车身。这种结构的车身底板用纵梁和横梁进行加固，车身刚度较好，质量较轻，但制造要求较高，目前多用于轿车和部分客车，结构如图 6-4 所示。

二、车桥

车桥是用来安装和支承车轮的部件，并通过悬架与车架连接。可以传递车架与车轮之间的各方向作用力。

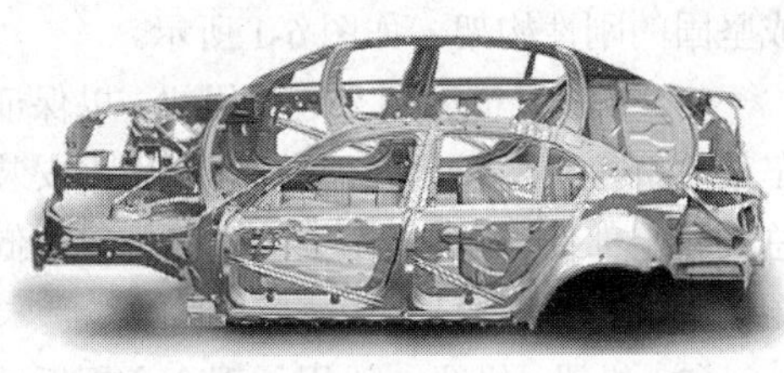

图 6-4 无梁式车架

（一）车桥的功用

由于路况复杂，车桥需要有一定的刚度度和强度，同时尽量减少转向轮质量和转向传动件的摩擦阻力。车桥的功用如下。

（1）利用转向节的摆动使车轮偏转一定的角度，从而实现汽车的转向。

（2）车桥支撑着汽车大部分重量。

（3）将车轮的牵引力或制动力，以及侧向力经悬架传给车架。

（二）车桥的分类

1．分类方法

按悬架结构不同，车桥分为整体式车桥和断开式车桥两种。整体式车桥与非独立悬架配用；断开式车桥与独立悬架配用。

按车桥上车轮的作用不同，车桥分为转向桥、驱动桥、转向驱动桥和支持桥四种类型，其中转向桥和支持桥都属于从动桥。

在后轮驱动的汽车中，前桥不仅用于承载，而且兼起转向作用，称为转向桥；后桥不仅用于承载，而且兼起驱动的作用，称为驱动桥，如图 6-5 所示。

图 6-5 转向桥和驱动桥

前轮驱动汽车和越野汽车的前桥，除了承载和转向的作用外，还兼起驱动作用，所以称为转向驱动桥。

只起支撑作用的车桥称为支持桥。挂车的车桥就是支持桥。支持桥除不能转向外，其他功能和结构与转向桥相同。

2．转向桥

转向桥通常位于汽车前部，故也称为前桥。转向桥的作用是支撑部分重量，安装前轮及前轮制动器，连接车架，承受车架与车轮之间的作用力及其产生的弯矩和转矩，同时还要使前轮偏转以实现转向。转向桥基本结构由前轴、转向节、主销、轮毂等部分组成，如图 6-6 所示。前轴是转向桥的主体，根据断面形状分有“工”字梁式和管式两种。

3．转向驱动桥

转向驱动桥如图 6-7 所示，它同一般驱动桥一样，由主减速器、差速器、半轴和桥壳组成。

但由于转向时转向车轮需要绕主销偏转一个角度，故与转向轮相连的半轴必须分成内外两段（内半轴和外半轴），其间用万向节（一般多用等角速万向节）连接，同时主销也因此而分制成两段（或用球头销代替）。转向节轴颈部分做成中空的，以便外半轴穿过其中。

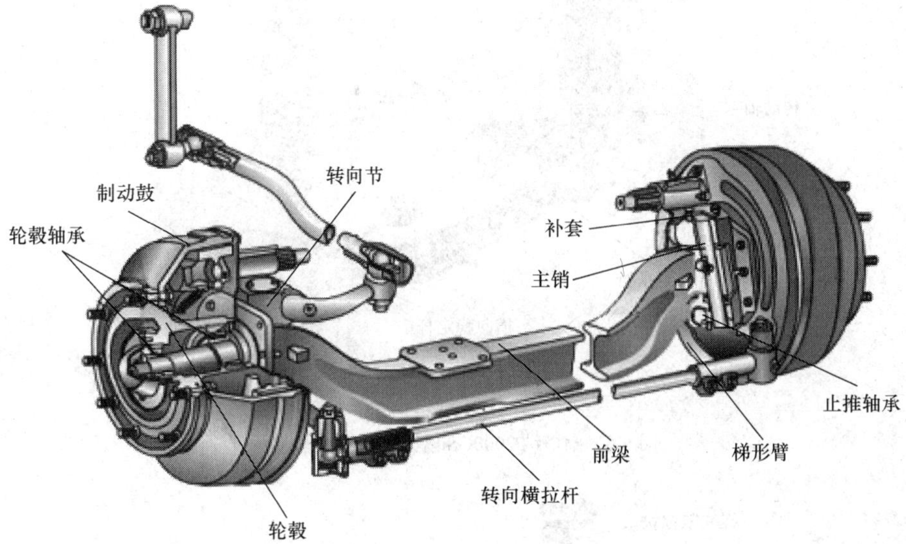

图 6-6 汽车整体式转向桥

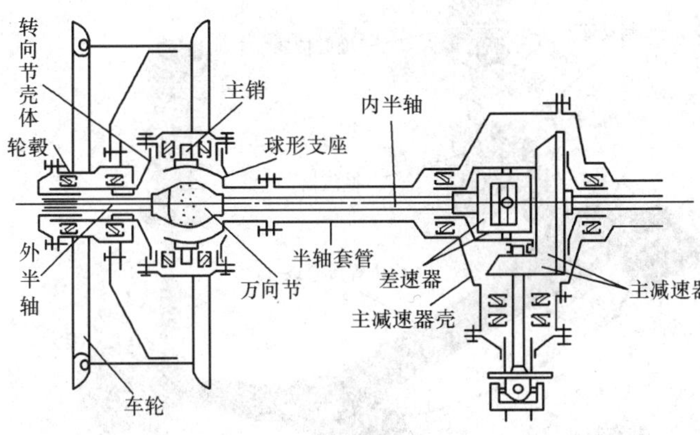

图 6-7 转向驱动桥示意图

图 6-8 所示为桑塔纳 2000 型轿车的前桥总成，采用的是断开式、独立悬架转向驱动桥。车桥上端通过左、右悬架与承载式车身相连接，下端通过左、右下摆臂与固定在车身上的副车架相连接。悬架车轮轴承壳与下摆臂之间通过可移动球形接头连接，从而使前轮固定，并通过下摆臂上的长孔可调整车轮外倾角，为了减小车辆转向时的车身倾斜，在副车架与下摆臂之间还装有横向稳定器。

4．支持桥

桑塔纳 2000GSi 型轿车后桥即为支持桥，该车桥采用纵向摆臂式结构，其结构如图 6-9 所示。该车桥轮毂、制动鼓以及车轮与车桥的连接方式与转向桥一样，通过轴承支承，轴向定位。车桥只向其传递横、纵向推力或拉力，不传递转矩。

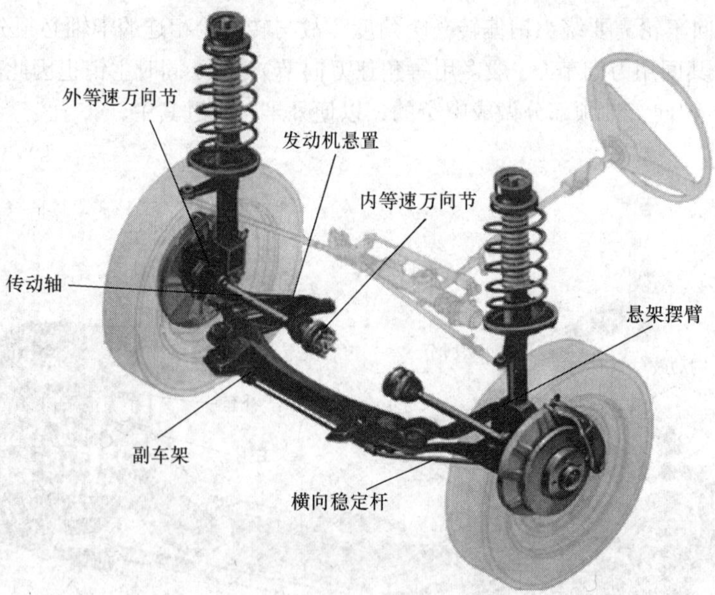

图 6-8 桑塔纳 2000GSi 型轿车的转向驱动桥

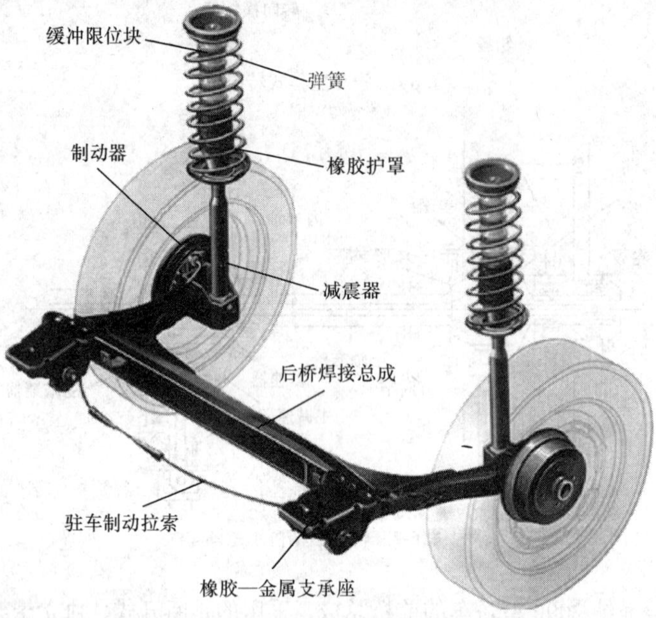

图 6-9 桑塔纳 2000GSi 型轿车后桥的结构

三、转向轮定位

为了保证汽车直线行驶的稳定性、实现转向轻便以减少行驶中轮胎的磨损，在制造时就将转向轮、主销相对于前轴倾斜一定的角度，这种具有一定相对位置的安装称为转向轮定位。转向轮的定位参数主要有主销后倾角、主销内倾角、前轮外倾角和前轮前束。

1. 主销后倾

主销安装在前轴上，其上端略向后倾斜，这种现象称为主销后倾。在垂直于汽车支承平面的纵向平面内，主销轴线与汽车支承平面垂线之间的夹角 γ 称为主销后倾角，如图 6-10 所示。

当主销具有后倾角γ时，主销轴线与路面交点A将位于车轮与路接触点B的前面，如图6-11所示。当汽车直线行驶时若转向轮偶然受到外力作用而稍有偏转（例如，向右偏转，如图6-11中箭头所示），将使汽车行驶方向向右偏离。这时由于汽车本身离心力的作用，在车轮与路面接触点B处，路面对车轮作用着一个侧向反作用力F。反力F对车轮形成绕主销轴线作用的力矩YL，其方向正好与车轮偏转方向相反。在此力矩作用下，将使车轮回复到原来中间的位置，从而保证汽车能稳定地直线行驶，故此力矩称为回正的稳定力矩。但此力矩也不宜过大，否则在转向时为了克服此稳定力矩，驾驶员须在转向盘上施加较大的力（即转向沉重）。因稳定力矩的大小取决于力臂L的数值，而力臂又取决于后倾角γ的大小。因此，为了不使转向沉重，主销后倾角γ不宜过大。现在，γ角一般不超过2°～3°。现代汽车由于为了提高行驶速度，普遍采用扁平低压胎，轮胎变形增加，引起稳定力矩增加，因此γ角可以减小甚至接近于零，有的为负值。

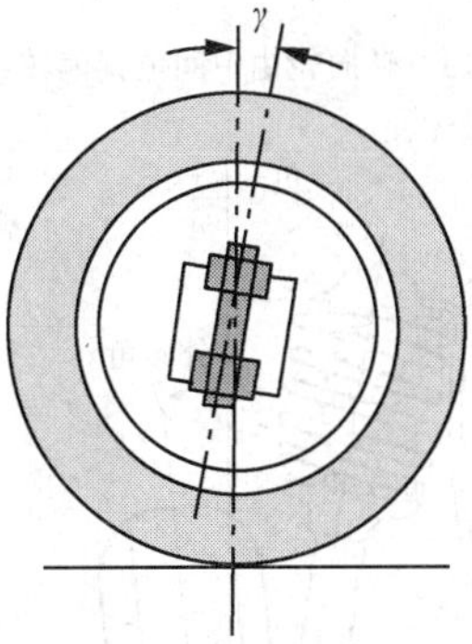

图6-10　主销后倾角

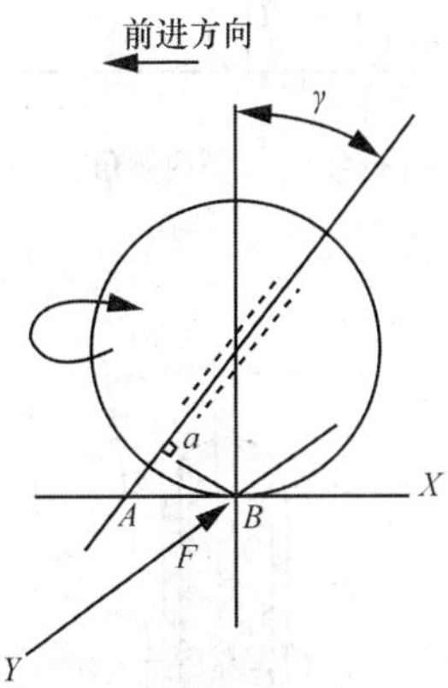

图6-11　绕主销的稳定力矩

2．主销内倾

主销安装在前轴上，其上端略向内侧倾斜，这种现象称为主销内倾。在垂直于汽车支承平面的横向平面内，主销轴线与汽车支承平面垂线之间的夹角β称为主销内倾角，如图6-12所示。

主销内倾角β也具有使车轮自动回正的作用，如图6-13所示。当转向车轮在外力作用下由中间位置偏一个角度时，车轮的最低点将陷入路面以下h处，但实际上车轮下边缘不可能陷入路面以下，而是将转向轮连同整个汽车前部向上抬起一个相应的高度h，这样汽车本身的重力有使转向轮回复到原来中间位置的效应，即能自动回正。主销内倾角越大或转向轮偏转角越大，汽车前部就被抬起得越高，转向轮自动回正的作用就越大。

此外，如图6-14所示，主销的内倾还使得主销轴线与路面交点到车轮中心平面与路面交线的距离c减小，从而减小转向时驾驶员加在转向盘上的力，使转向操纵轻便，同时也可减少从转向轮传到转向盘上的冲击力。但c值也不易过小，即内倾角不易过大，否则在转向时车轮绕主销偏转的过程中，轮胎与路面间将产生较大的滑动，因而增大了轮胎与路面间的摩擦阻力。这不仅使转向变得沉重，而且会加速轮胎的磨损。因此，一般内倾角β不大于8°，距离c一般为40～60mm。

3．前轮外倾角

除上述主销后倾角和主销内倾角两个角度保证汽车稳定地直线行驶外，前轮外倾角α也具有定位作用。前轮外倾角是通过车轮中心的汽车横向平面与车轮平面的交线与路面垂线之间的夹角。如图6-15所示。

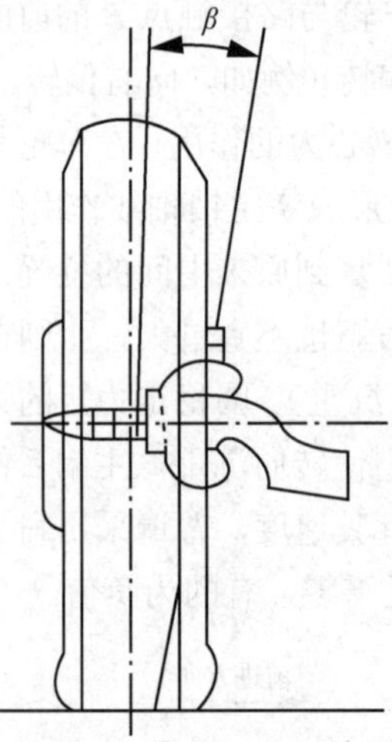

图 6-12 主销内倾角

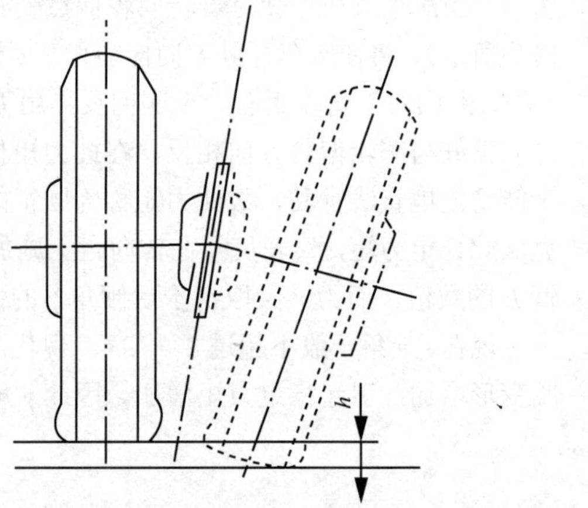

图 6-13 转向轮由中间位置偏转

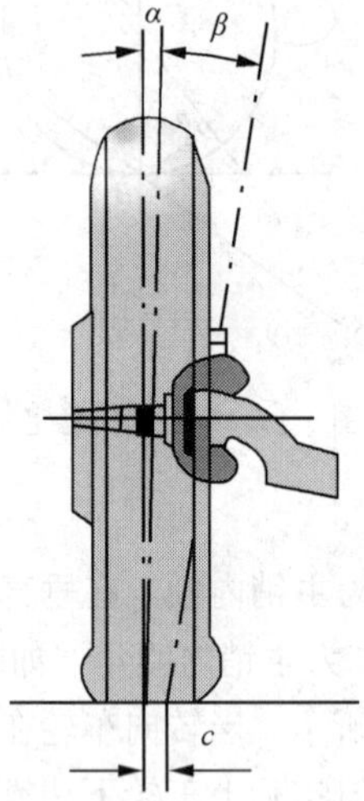

图 6-14 主销内倾角轴线与地面接触点的关系

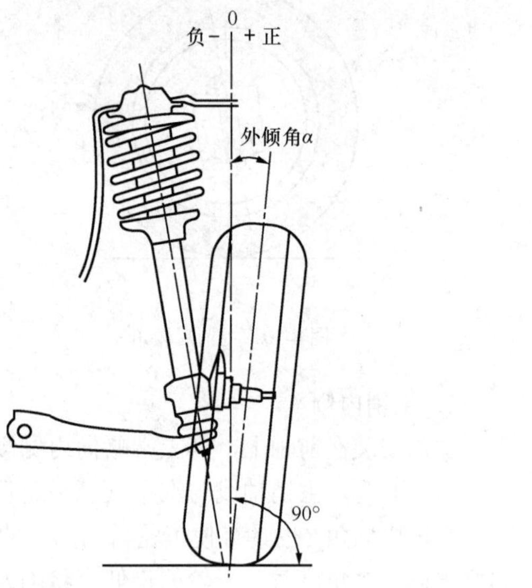

图 6-15 前轮外倾角

如果空车时车轮的安装正好垂直于路面，则满载时，车桥将因承载变形可能出现车轮内倾，这样将加速汽车轮胎的偏磨损。另外，路面对车轮的垂直反作用力沿轮毂的轴向分力，加重了外端小轴承及轮毂紧固螺母的负荷，缩短了他们的使用寿命。因此，为了使轮胎磨损均匀和减轻轮毂外轴承的负荷，安装车轮时应预先使车轮有一定的外倾角，以防止车轮内倾。同时，车轮有了外倾角也可以与拱形路面相适应。但是，外倾角也不宜过大，否则会使了轮胎产生偏磨损。前轮的外倾角是在转向节设计中确定的。设计时使转向节轴颈的轴线与水平面成一角度，该角度即为前轮外倾角α，一般为1°左右。

4．前轮前束

车轮安装在车桥上，两前车轮的中心平面不平行，其前端略向内侧收束，这种现象称为前轮前束。两前轮后端距离 A 大于前端距离 B，其差值 A-B 称为前轮前束值，汽车的前束值一般在0～12mm，如图 6-16 所示。

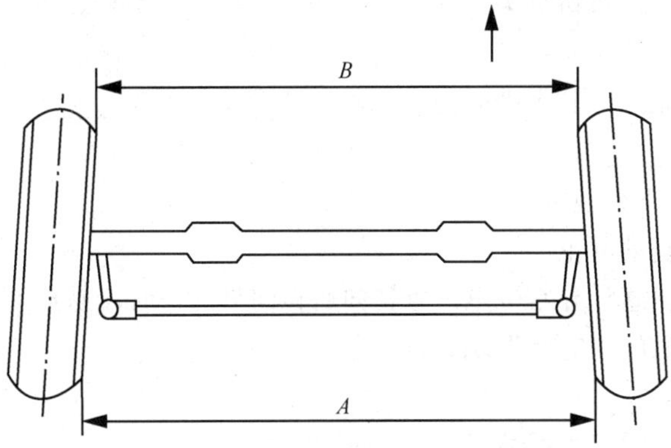

图 6-16　前轮前束

车轮有了外倾以后，在滚动时就会导致两侧车轮向外滚开，由于转向横拉杆和车桥的约束使车轮不可能向外滚开，车轮不能按照预想轨迹滚动，这样就会产生横向滑动，从而加重了轮胎的磨损。为了消除这种不良影响，在安装车轮时，使汽车车轮产生前束。此外。随着配合件啮合间隙的变化，行驶阻力将使转向轮外张，这也需要有前轮前束加以补偿。

四、工作页

1．将下列各车架的名称、结构特点及使用场合填入表中。

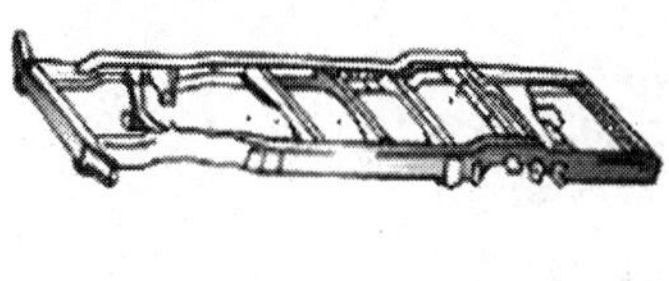

（1）

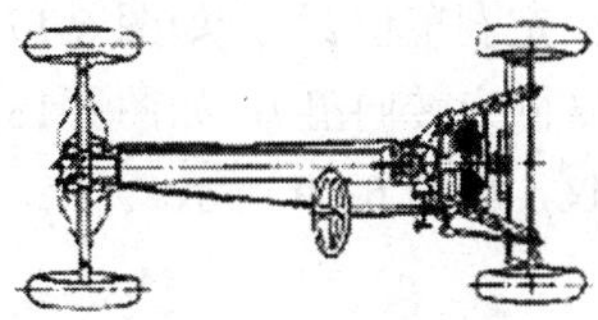

（2）

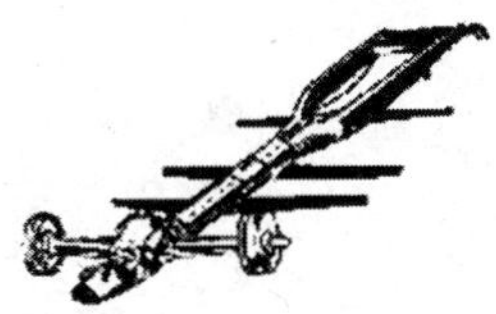

（3）

（4）

序　　号	名　　称	结 构 特 点	适 用 车 型
1			
2			
3			
4			

2．填空题

（1）根据车桥作用的不同，车桥可分为＿＿＿＿＿＿、＿＿＿＿＿＿、＿＿＿＿＿＿和＿＿＿＿＿＿4 种。

（2）转向桥由＿＿＿＿＿＿、＿＿＿＿＿＿、＿＿＿＿＿＿和＿＿＿＿＿＿等主要部分组成。

（3）前轮定位包括＿＿＿＿＿＿、＿＿＿＿＿＿、＿＿＿＿＿＿和＿＿＿＿＿＿4 个参数。

（4）按悬架结构不同，车桥分为__________和__________两种。车桥与非独立悬架配用，车桥与独立悬架配用。

（5）主销安装在前轴上，其上端略向后倾斜，这种现象称为__________，其上端略向内侧倾斜，这种现象称为__________。

3．用所学知识解决下列现象。

（1）转向后，车轮自动回正。

（2）转向时，驾驶员感觉异常沉重，且转向后转向盘回正时，易打手。

（3）轿车高速行驶时的“吃胎”现象。

4．论述题

评价自己对本任务的学习掌握情况。

任务二　车轮定位的检测与前束的调整

一、实训准备

1．实训器材

（1）普通桑塔纳汽车一辆。

（2）刹车锁（固定刹车位置），如图 6-17 所示。

（3）转向盘锁（固定转向盘），如图 6-18 所示。

（4）四轮定位仪，如图 6-19 所示。

图 6-17　刹车锁

图 6-18　转向盘锁

图 6-19　四轮定位仪

（5）长、短后滑板（在调整独立悬挂的后轮时，后轮可以自由转动），如图 6-20 所示。

（6）卡具（用来安装传感器），如图 6-21 所示。

（7）机械转角盘（可自由转动的转角盘能够消除车轮在转动时所产生的压力），如图 6-22 所示。

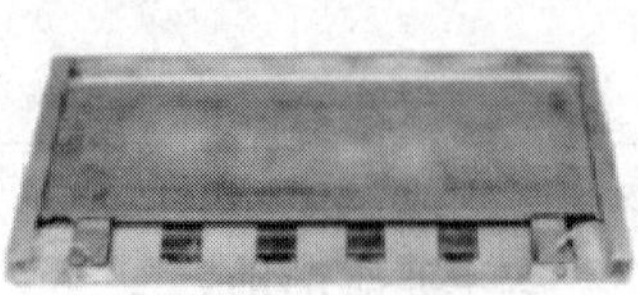

图 6-20　长、短后滑板

图 6-21　卡具

图 6-22　机械转角盘

（8）其他工具。举升机、组合工具、转向盘护套、变速杆手柄套、座位套、脚垫等。

2．准备工作

（1）汽车进入工位前，将工位清理干净，准备好相关的器材。

（2）将汽车停驻在四轮定位仪旁。

（3）拉紧驻车制动器操纵杆，并将变速杆置于空挡位置。

（4）套上转向盘护套、变速杆手柄套和座位套，铺设脚垫。

二、四轮定位前的准备

1．车辆检查

检查如下项目，如需要，请调整。

（1）所有车轮和轮胎正确、尺寸相同，胎压、胎纹无异常。

（2）晃动车辆使悬挂系统正确回位、悬挂高度在规定值内。

（3）正确加载重量。

2．停放车辆

车辆驶上检测台时，应保证转角盘和后滑板的销子都安装到位，当车辆在转角盘和后滑板上停好之后，才可移去销子。如图 6-23 所示。

3．安装制动器锁

安装制动器锁时，按下弯角顶片上的按钮，将制动器锁的顶部顶在刹车踏板上，并将弯角顶片用力顶在座椅上，然后松开按钮，依靠座椅的弹力就可顶住刹车踏板，如图 6-24 所示。

4．安装快速卡具

将车轮装饰盖卸下，如需要，清洁轮胎，卡紧衬套。调节两个较低位置的卡爪，将其卡在轮圈边缘，移动顶部的卡爪到轮圈边缘并用星形手柄锁紧，将可调整的夹紧臂放在轮胎上，用力向车轮方向压下两侧夹紧用的杠杆，把夹紧臂移到胎纹中，在松开夹紧臂之前确信两端都已调好，如图 6-25 所示。

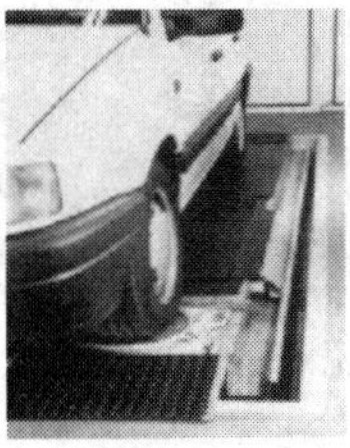

图 6-23　车辆停放

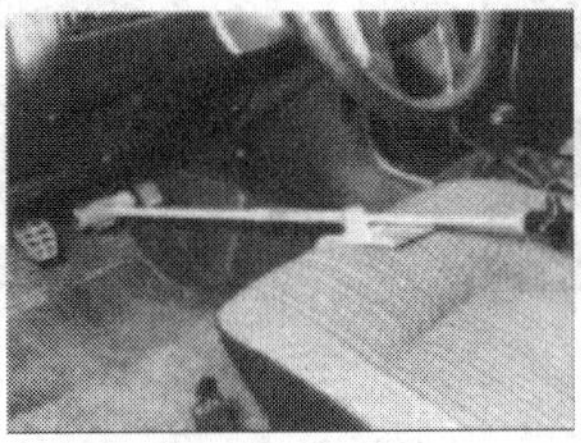

图 6-24　安装制动器锁

图 6-25　安装快速卡具

5．安装传感器

把 4 个传感器安装到卡具上。前轴车轮上的传感器小端指向车头前进方向，后轴车轮上的传感器小端指向车尾前进的反方向，如图 6-26 所示。

6．调整传感器

依照水平气泡指示调整传感器水平，并拧紧卡具上的固定螺钉（见图 6-27 的箭头）。

7．连接通信电缆

（1）长通信电缆用来连接两个前部传感器（1，2 号传感器）到定位仪主机。

（2）稍短的两根通信电缆用来连接前后传感器。

（3）检查 4 个传感器连线是否连接牢靠，然后连接 220V 电源到定位仪。

（4）分别按下 4 个传感器上的“R”键以激活传感器，如图 6-28 所示。

图 6-26 安装传感器

图 6-27 调整传感器

图 6-28 激活传感器

三、电脑检测

1．开始检测

启动电脑，登录系统，系统自动引导进入定位程序初始状态，画面如图 6-29 所示。

2．检测流程

以常规检测为例，检测流程如下。

（1）输入用户信息，选择车型数据，填写车辆检查记录，定位准备说明等。

（2）依次完成以下操作。

① 正前打直。转动方向盘，使白色箭头对到红区中央白线处。当白色箭头移动到弧形白线的范围之内时，红色区域的颜色转变为绿色，同时白色箭头变为绿色圆形图案，如图 6-30 所示。

图 6-29 检测系统启动画面

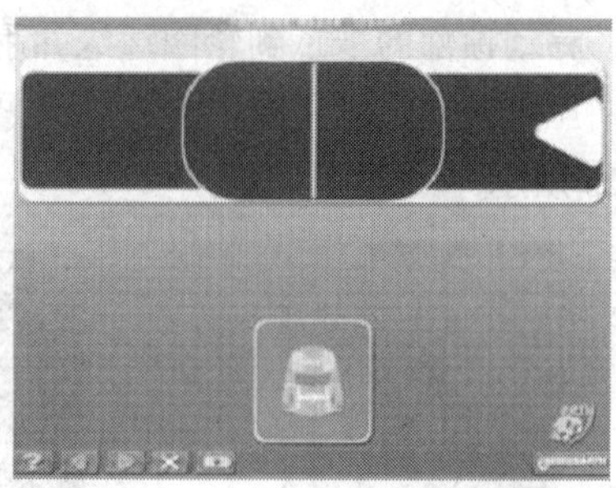

图 6-30 正前打直画面

请尽可能把方向对到中央白线位置，以得到更高的测量精度。一旦正前打直方向之后，程序就会检查传感器是否处于水平状态。如果有传感器不水平，则屏幕上就会出现水平气泡状态的提示画面，请调整。如图 6-31 所示，当所有传感器都处于水平状态之后，程序就会自动进入后轴数据测量步骤。

② 20°转向操作。依照屏幕图标提示，向左侧转动方向盘，直到方向对正中央白线位置。然后再依照屏幕白色箭头所示，向右侧转动方向盘，直到方向对正中央白线位置。接着由程序引导进入正前打直操作，方向对中之后，屏幕上就会显示出调整前检测所测量出的前轮前束值。对中方向的画面显示如图 6-32 所示。

③ 前轮前束数据，如图 6-33 所示。

④ 测量最大总转角。依照白色箭头提示，将方向盘转到使车轮处于正前打直位置，如图 6-34 所示。

图 6-31　水平气泡状态的提示画面

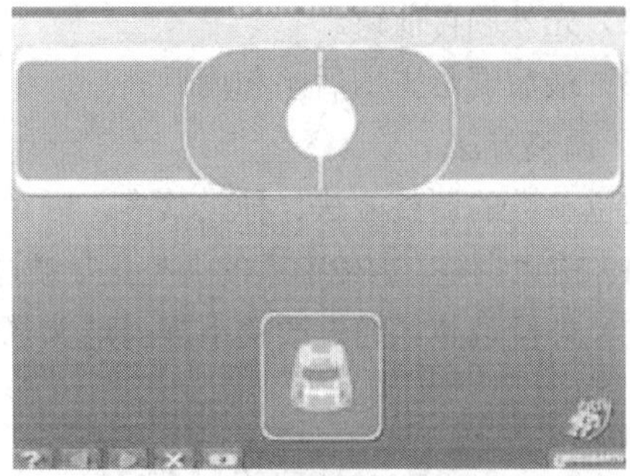

图 6-32　20°转向操作画面

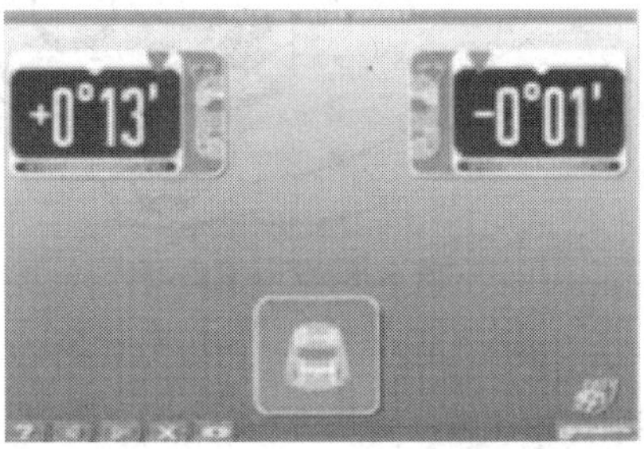

图 6-33　前轮前束数据画面

图 6-34　测量最大总转角画面

为防止前部传感器臂碰到车辆挡泥板，正前打直方向之后，请把两个前部传感器（1、2 号传感器）从卡具上取下来。最大总转角的测量只与电子转角盘相关。

⑤ 后轴数据。如果后轴车轮定位数据不合格需要调整，并且该车轮是可调整的话，则可在图 6-35 画面下调整后轮的外倾角和前束。

（3）检测结果。屏幕上自动出现调整前检测的检测数据报告（表格形式）。所有测量值都列在“调整前检测”一栏下，如图 6-36 所示。

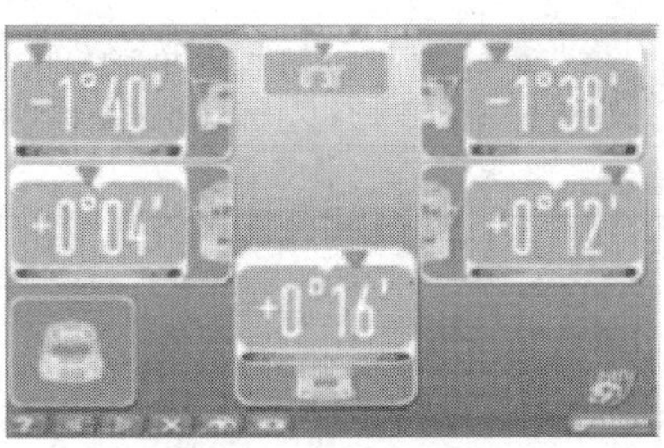

图 6-35　后轴数据画面

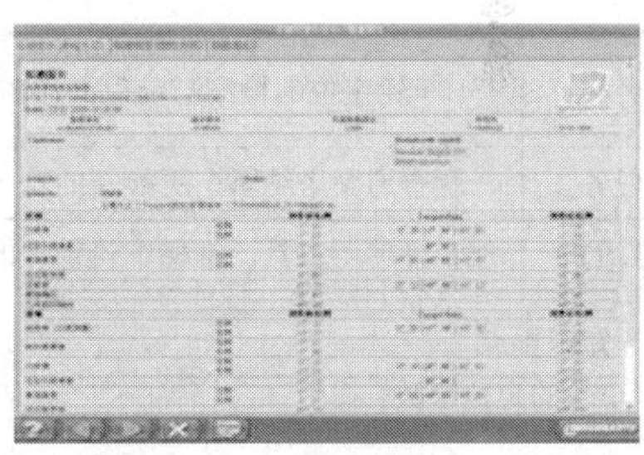

图 6-36　检测结果显示画面

在表格中，绿色测量值表示该值处于合格范围之内，红色表示该测量值在合格范围之外，黑色表示该测量值没有合格范围。

四、车体调整

1．调整原则

根据检测结果、分析数据，做出准确的调整方案。具体的调整原则如下。

（1）先后轮再前轮。

（2）先外倾再前束。

（3）最后调整主销后倾和内倾。

2．调整方法

定位参数的调整方法、种类繁多，因车型而异。现列举几种简单的调整方法仅供参考。

（1）前束调整。前轮前束的调整正常通过调整转向横拉杆的长度来改变前束值，如图 6-37 所示。

（2）外倾调整。通过改变下摆臂球头的位置来调整，如图 6-38 所示。

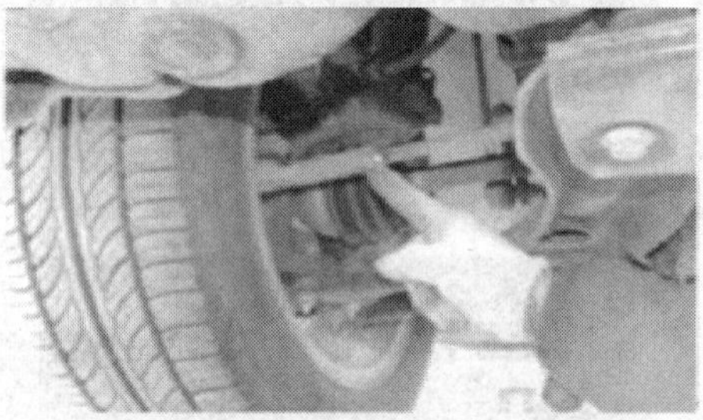

图 6-37　前束调整

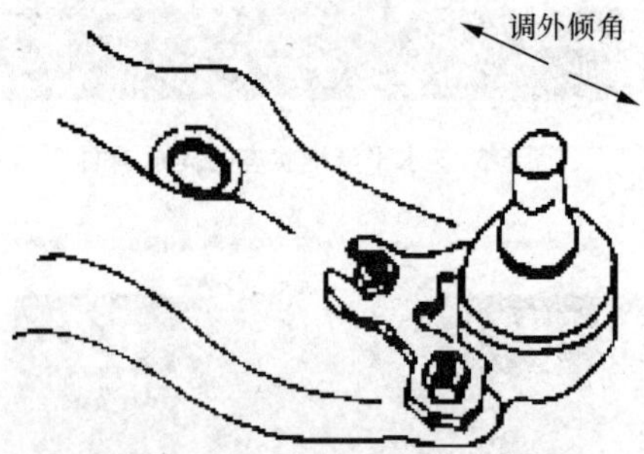

图 6-38　外倾调整

3．电脑复检

车辆调整好以后，重新测量各个角度值，使之与标准数据相比较，看是否在车辆检测数据范围内。

4．试车

由于汽车是一个数据组合，四轮定位只能修整它的局部参数，所以在测量平台上测量的局部参数再准确也很难保证它和汽车的整体参数相吻合，因此必须要进行路试。

5．修正

通过路试，找出不足，重新确立调整方案。

6．整理工位及工具

五、工作页

学生依据维修手册的要求及操作步骤，在教师的指导下完成本工作任务，并填写任务工单。

<table>
<tr><td>任务名称</td><td>车轮定位的检测与前束的调整</td><td>实训设备</td><td>套筒扳手、扭力扳手、专用工具、组合工具、四轮定位仪、普通桑塔纳轿车等</td></tr>
<tr><td>客户任务</td><td colspan="3">一辆普通桑塔纳轿车更换新的轮胎后，需要做车轮定位</td></tr>
<tr><td>任务目的</td><td colspan="3">能正确使用工具，掌握车轮定位的检测与前束调整的方法和步骤</td></tr>
<tr><td colspan="4">一、知识要点
1．车轮的定位参数。

2．前轮前束。

二、决策与计划
根据任务要求，确定所需要的设备、工具，并对小组成员进行合理分工，制订详细的工作计划。
1．讨论车轮定位的检测与前束的调整所需要的设备、工具。</td></tr>
</table>

2．小组成员分工。

3．制订车轮定位的检测与前束的调整的操作步骤。

三、实施过程记录

1．四轮定位前的准备工作有哪些？

2．四轮定位时电脑检测数据记录如下。

车型	主销后倾		外倾		前束		
	左轮	右轮	左轮	右轮	左轮	右轮	总前束

3．前轮前束的调整步骤。

四、检查与评估

1．检查车轮定位的检测与前束的调整步骤是否正确。
2．请根据自己任务完成的情况，对自己的工作进行自我评估，并提出改进意见。
3．各小组对每个组员的表现进行评估，给出点评；教师对小组工作情况进行评估，并进行点评。
4．教师、各小组、学生个人对本次任务的评价给出量化。

考核项目	评分标准	分数	学生自评	小组评价	教师评价	小计
安全生产	有无安全隐患	10				
活动情况	积极主动	5				
团队协作	和谐愉快	5				
现场 5S	做到	10				
劳动纪律	严格遵守	5				
工具设备使用	规范、标准	10				
操作过程	规范、正确	50				
工作页填写	认真、规范	5				
总分						
教师签名：	时间：				总评	

项目七 7 车轮和轮胎的构造与维修

知识目标

◎ 了解车轮和轮胎的功用。
◎ 熟悉车轮和轮胎类型与结构。
◎ 掌握车轮和轮胎规格的表示方法。

能力目标

◎ 能够正确选择与使用工具、设备，并规范进行行驶系统的拆装。

任务一 车轮与轮胎的认知

车轮与轮胎是汽车行驶系统中最直观的重要部件，位于汽车车身与路面之间，其功用如下。

（1）支撑汽车和装载的质量。

（2）传递汽车与路面之间的各种力和力矩。

（3）缓冲车轮受路面颠簸时所引起的振动。

（4）保持汽车的行驶方向。

一、车轮

1．车轮的组成

车轮是介于轮胎和车桥之间承受负荷的旋转组件，其功用是安装轮胎，承受轮胎与车桥之间的各种载荷。车轮一般是由轮毂、轮辋和轮辐组成，如图 7-1 所示。轮毂通过圆锥滚子轴承装在车桥或转向节轴径上，用于连接车轮与车桥。轮辋用于安装和固定轮胎。轮辐用于将轮毂和轮辋连接起来，并通过螺栓与轮毂连接起来。

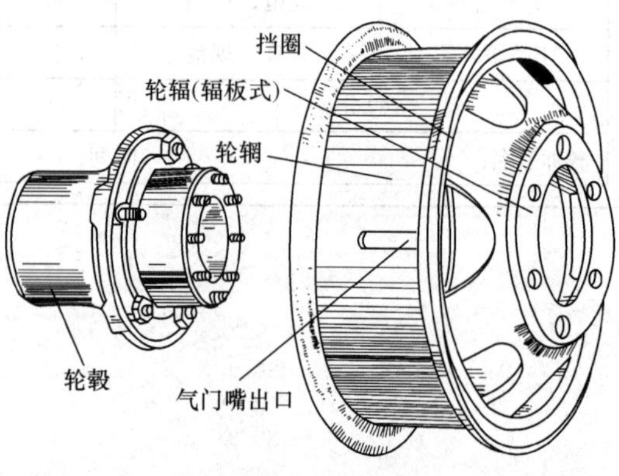

图 7-1　车轮组成

2．车轮的分类

（1）车轮的分类。按照轮辐的结构车轮可分为辐板式和辐条式；根据车轮材质不同又可分为镁合金、铝合金、钢车轮；根据轮辋形式不同又可分为对开式、组装轮辋式、可调式、可反装式车轮。

（2）辐板式车轮。如图 7-1 所示，辐板式车轮由挡圈、辐板、轮辋和气门嘴伸出口组成。普通轿车和轻、中型货车普遍采用辐板式车轮。车轮中用以连接轮毂和轮辋的钢质圆盘称为辐板，大多是冲压制成的，少数是和轮毂铸成一体，后者主要用于重型汽车。辐板上开有若干个孔，用以减轻质量，同时有利于制动器散热，安装时可作把手。

货车后轴负荷大多比前轴大很多，为使后轮胎不致过载，后桥车轮一般安装双式车轮，在同一轮毂上安装两副相同的辐板和轮辋，如图 7-2 所示。为方便互换，辐板的螺栓也两端面做成锥形，便于安装。防止汽车在行驶中固定辐板的螺母自行松动。汽车两侧车轮上的辐板固定螺栓（见图 7-3）一般采用旋向不同螺纹，左侧用左旋螺纹，右侧用右旋螺纹。

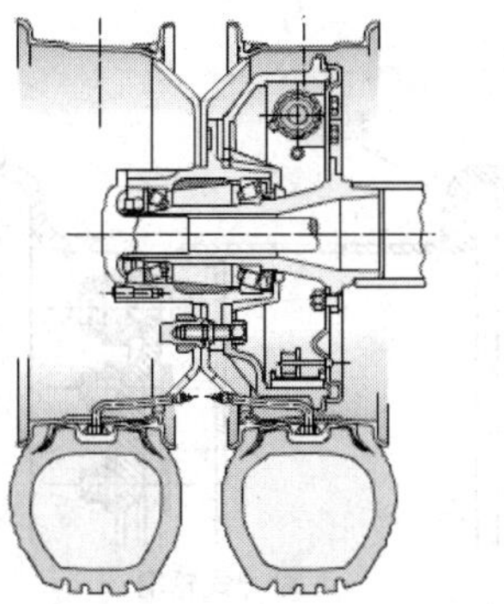

图 7-2　载货汽车双式车轮

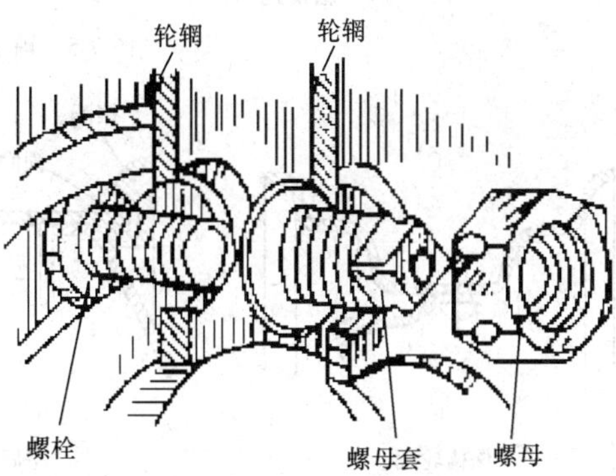

图 7-3　双卡车轮的安装

轿车的辐板所用板料较薄，常冲压成起伏多变的形状，以提高其刚度，目前广泛采用的轿车车轮为铝合金车轮，如图 7-4 所示，且多为整体式的，即轮辋和轮辐铸成一体。它质量轻，尺寸精度高，生产工艺好，美观大方，可以明显改善车轮的空气动力学特性，降低汽车油耗。

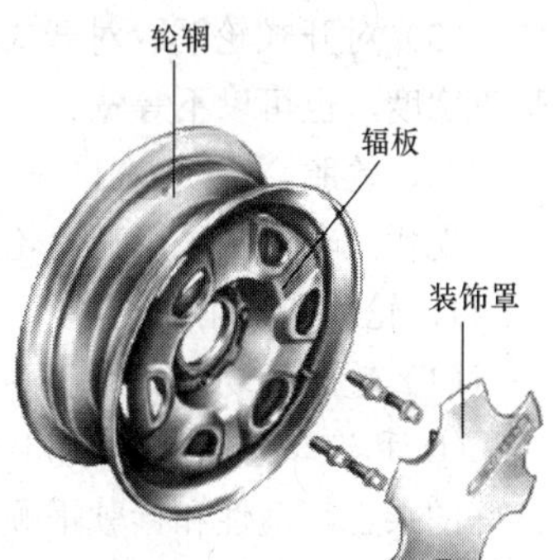

图 7-4　轿车铝合金车轮

（3）辐条式车轮。辐条式车轮按辐条结构的不同分为钢丝辐条式车轮和铸造辐条式车轮。钢丝辐条式车轮如图 7-5（a）所示，由价格昂贵钢丝辐条编制成，维修安装不便，一般用在赛车和高级轿车上。铸造辐条式车轮，将辐条与轮毂铸成一体如图 7-5（b）所示，一般装在重型汽车上，在这种结构的车轮上，轮辋是用螺栓和特殊形状的衬块固定在辐条上，为使轮辋与辐条对中好，在轮辋和辐条上都加工出配合锥面。

3．轮辋

轮辋用于安装和固定轮胎。按其结构不同，轮辋的常见结构形式有深槽轮辋、平底轮辋和对开式轮辋，如图 7-6 所示。此外，还有半深槽轮辋、深槽宽轮辋、平底宽轮辋、全斜底轮辋等。

（1）深槽轮辋。深槽轮辋易于装卸，因而它的轮辋一般都采用钢板冲压成形的整体结构，多用于小轿车及越野车。因中部有一条便拆装轮胎的环形深凹槽而得名，代号为 DC。

（2）平底轮辋。平底轮辋底面呈平环状，一侧有突缘，另一侧为可拆装挡圈，便于轮胎的拆卸。平底轮辋代号为 WFB，主要用于大型载货汽车、自卸汽车和大客车。

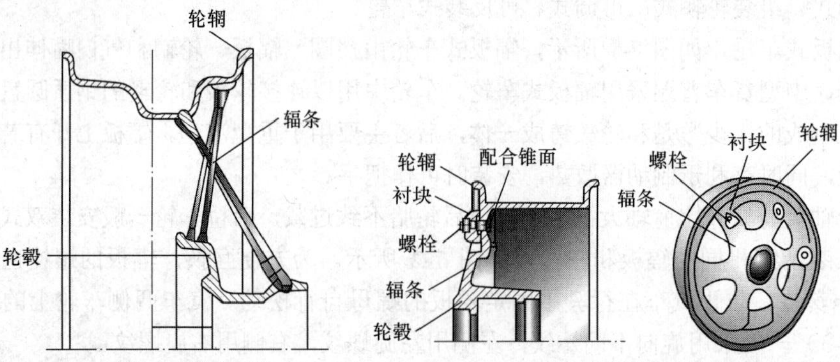

（a）辐条式车轮　　（b）铸造辐条式车轮

图 7-5　辐条式车轮

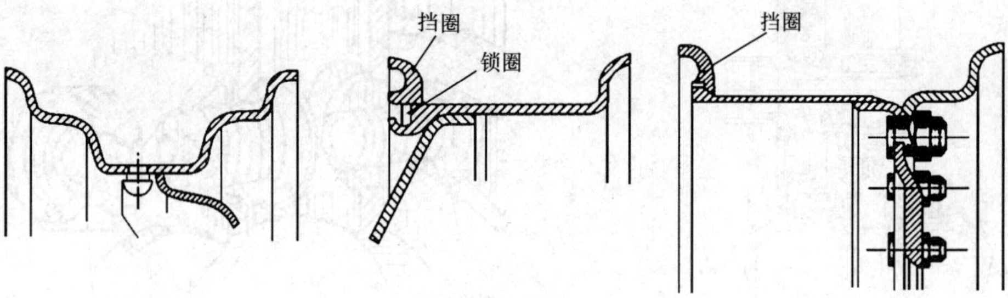

深槽轮辋　　平底轮辋　　对开式轮辋

图 7-6　轮辋的结构形式

（3）对开式轮辋。对开式轮辋代号为 DT，由左右可分的两半轮辋组成。两部分轮辋，可以是等宽度，也可以不等宽。

二、轮胎

现代汽车大多采用充气轮胎。轮胎总成是安装在轮辋上的，直接与路面接触。

1．轮胎的功用和类型

（1）轮胎的功用。

① 和汽车悬架共同缓和汽车行驶时所受到的冲击，并衰减由此而产生的振动，以保证汽车有良好的乘坐舒适性和行驶平顺性。

② 保证车轮和路面接触具有良好的附着性，以提高汽车的牵引性、制动性和通过性。

③ 承受汽车的重力并传递其他方向的力和力矩。

（2）轮胎的类型。

① 按轮胎内空气压力的大小，轮胎分为高压胎（0.5～0.7MPa）、低压胎（0.2～0.5MPa）和超低压胎（0.2MPa 以下）3 种。低压胎弹性好、减振性能强、壁薄散热性好、与地面接触面积大、附着性好，因而广泛用于轿车。超低压胎在松软路面上具有良好的通过能力，多用于越野汽车及部分高级轿车。

② 按轮胎有无内胎，轮胎分为有内胎轮胎和无内胎轮胎（俗称真空胎）两种。目前轿车上普遍采用无内胎轮胎。

③ 按胎体帘布层结构的不同，轮胎分为斜交轮胎和子午线轮胎。目前，子午线胎在汽车上广泛应用。

④ 根据花纹不同分为普通花纹轮胎、组合花纹轮胎、越野花纹轮胎。

⑤ 根据帘线材料不同分为人造丝（R）轮胎、棉帘线（M）轮胎、尼龙（N）轮胎、钢丝（G）轮胎。

2．轮胎的结构

（1）有内胎的轮胎。有内胎轮胎由外胎、内胎和垫带等组成，使用时安装在汽车车轮的轮辋上。结构如图 7-7 所示。

① 外胎。外胎用来保护内胎不受损伤且具有一定弹性，外胎的结构如图 7-8 所示，由胎面、胎侧、胎体和胎圈等 4 部分组成。

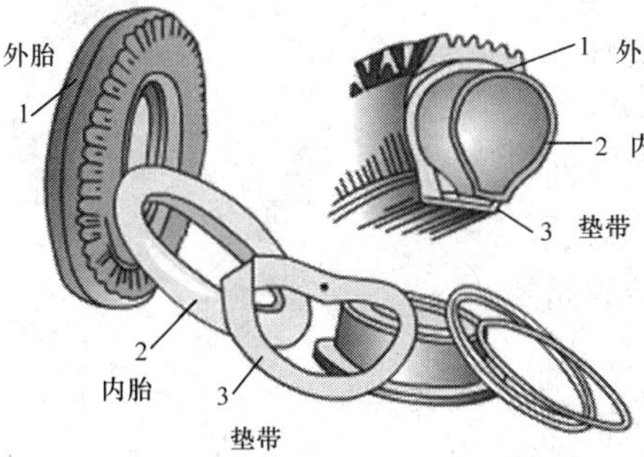

图 7-7　有内胎的轮胎的结构

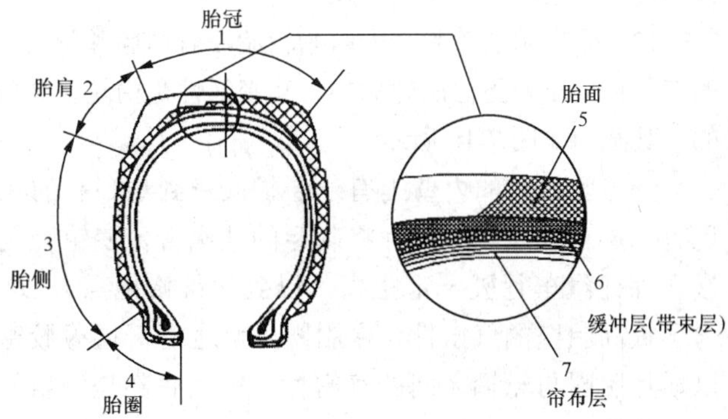

图 7-8　外胎的结构

胎冠也称行驶面，它与路面接触，直接承受冲击和磨损，并与路面间产生很大的附着力，故胎冠应具有较高的强度、刚度、弹性和耐磨性。为增加轮胎的附着力，避免轮胎纵横向打滑，以及良好的排水性能，胎冠制有各种花纹。轮胎花纹主要有普通花纹、混合花纹和越野花纹，如图 7-9 所示。花纹按方向可分为横向花纹和纵向花纹。横向花纹耐磨性高，防纵向滑移性能好，不易夹石，但散热性能和防横向滑移性能较差，滚动阻力也较大。纵向花纹散热性能好，滚动阻力小，防横向滑移性能好，而且操纵性能好、噪声小，但防纵向滑移性能差，在泥泞路面和雨天行驶时，排水性能差，并且容易夹石，适用于高速行驶的车辆。越野花纹粗而深，附着力大，适用于松软和不良路面上行驶，但是如果在正常的路面上行驶，反会造成胎面过早磨损。越野花纹又可分为无向花纹和有向花纹（人字花纹）两种。有向花纹在安装时必须注意花纹方向，用作驱动轮时花纹的尖端应与车轮旋转方向一致（人字向后），这样车轮在软路面上行驶时，泥土从花纹间排出，提高了轮胎在软路面上的附着力。用作从动轮时，应当反向安装，这样可减少滚动阻力和轮胎磨损。如果驱动轮方向装反，在泥泞的软路面上行驶时，泥土会堵满花纹，使轮胎成为泥轮而打滑。

（a）普通花纹　（b）组合花纹　（c）越野花纹

图 7-9　胎面花纹

胎肩是较厚的胎冠与较薄的胎侧间的过渡部分，一般也制有各种花纹，以提高该部位的散热性能。胎侧是贴在胎体帘布层侧壁的薄橡胶层。它的主要作用是保护胎体侧部帘布层免受损伤。

胎体是外胎的骨架，由帘布层和缓冲层组成，其作用是承受负荷，保持轮胎外缘尺寸和形状。而帘布层又是外胎的骨架，用浸胶的棉线、人造丝、尼龙（聚酰胺纤维）、聚酯纤维和钢丝等材料制成。通常由成双数的多层挂胶布用橡胶黏合而成。在帘布层与胎面之间，还有用上述材料制成的缓冲层。

胎圈由钢丝圈、帘布层包边和胎圈包边组成。它是胎体的根基，轮胎靠胎圈固装在轮辋上。

② 内胎。内胎是装入外胎内部的一个环形橡胶管，外表面很光滑，上面装有气门嘴，以便充气。

③ 垫带。垫带是一个环形橡胶带，它垫在内胎和轮辋之间，保护内胎不被轮辋和胎圈磨损。

（2）无内胎的轮胎。无内胎轮胎没有内胎和垫带，充入轮胎的气体直接压入无内胎轮胎中，其密封性是由轮辋和外胎来保证的。其结构如图 7-10 所示。

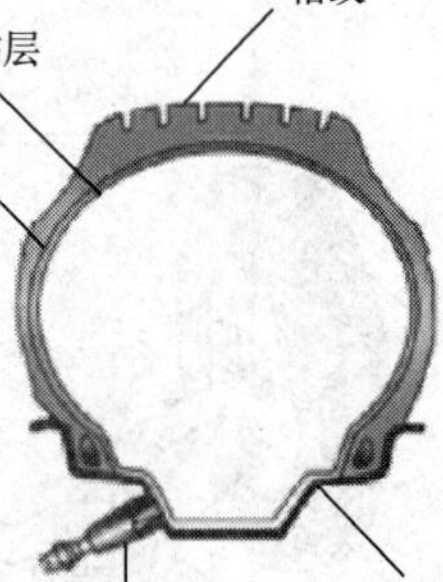

图 7-10 无内胎轮胎的结构

无内胎轮胎的内壁上有一层橡胶密封层，有的在该层下面还有一层自黏层（能自行将刺穿的孔黏合，使轮胎气压降低缓慢，保证汽车行驶一定距离，以到达维修地点），这些措施是为了提高胎壁的气密性。在胎圈外侧也有一层橡胶密封层，用以增加胎圈与轮辋之间的气密性。轮辋底部是倾斜的，并涂有均匀的漆层。

由于无内胎轮胎没有内胎，摩擦生热少、散热快，适用于高速行驶。此外，无内胎轮胎结构简单、质量较小、维修也方便，但密封层和自黏层漏气，途中维修较困难。

无内胎轮胎必须配用深槽轮辋，故目前在轿车上应用较多。

（3）普通斜交轮胎。斜交轮胎是一种较老式的结构，广泛的用于国产老式的载货汽车。由于胎体帘布层中帘线与胎面中心线约呈小于 90° 角排列，并由一侧胎边穿过胎面到另一侧胎边，层层相叠，成为胎体的基础，所以称为斜交轮胎。其特点是行驶中轮胎噪声小，外胎面较柔软，在低速行驶时乘坐舒适性好，价格也便宜。后来发展起来的带束斜交轮胎，即在斜交轮胎的基础上增加了沿圆周缠绕在斜交帘布层上的束带，如图 7-11 所示。这样使胎面更牢固，与地面接触时更加平整，减少了轮胎变形，使汽车行驶平稳，牵引效果好，防穿透性有所改善，延长了轮胎的使用寿命。

（4）子午线轮胎。目前轿车上几乎都装用子午线轮胎。用钢丝或纤维植物制作的帘布层，其帘线与胎面中心的夹角接近 90° 角，并从一侧胎边穿过胎面到另一侧胎边，帘线在轮胎上的分布好像地球的子午线，所以称为子午线轮胎，如图 7-12 所示。由于子午线轮胎具有帘布成子午线环形排列、胎体与带束层帘布线形成许多密实的三角网状结构的特点，因此，子午线轮胎帘线的强度得到充分利用，从而使帘布层可大量减少，减少了轮胎的质量；并大大提高了胎面的刚性，减少了胎面与路面的滑移现象，提高了轮胎的耐磨性。

与普通斜交轮胎相比，子午线轮胎质量轻，轮胎弹性大，减振性能好，具有良好的附着性能，滚动阻力小，承载能力大，行驶中胎温低，胎面耐穿刺，轮胎使用寿命长。其缺点是轮胎成本高，胎侧变形大容易产生裂口，并且侧向稳定性差。

（5）应急轮胎。汽车上装用的备胎是当汽车上的某一条轮胎爆破或漏气时才使用。目前轿车装备的备胎大都是 T 形备胎。T 形备胎的 T 是英语“temporary”的开头字母，意思为“应急”或“临时”。轮胎爆破或漏气时，装上它后可以保证汽车行驶到维修站，并尽快修复故障轮胎或换上正规轮胎。因此称为应急轮胎。这种应急轮胎比正规轮胎的尺寸小，是高压轮胎，作为轮胎的性能不如标准轮胎。因此，装用这种备胎时，需要在行驶中避免高速行驶或紧急刹车，而且尽量不要用在驱动轮。

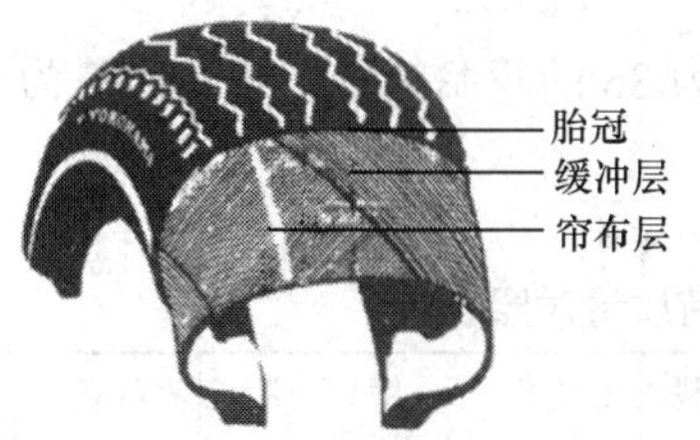

图 7-11　普通斜交轮胎的结构形式

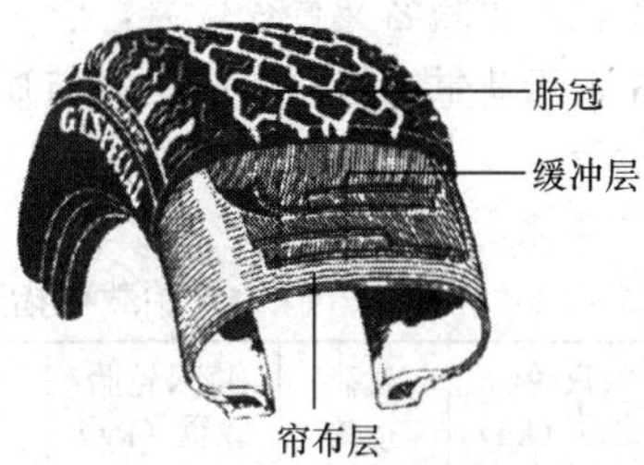

图 7-12　子午线轮胎的结构形式

三、轮胎规格的表示方法

轮胎的尺寸标注如图 7-13 所示。

1．斜交轮胎的规格

普通斜交轮胎的规格用 *B-d* 表示，载货汽车斜交轮胎和轿车斜交轮胎的尺寸 *B* 和 *d* 均使用英寸（inch）为单位。例如：

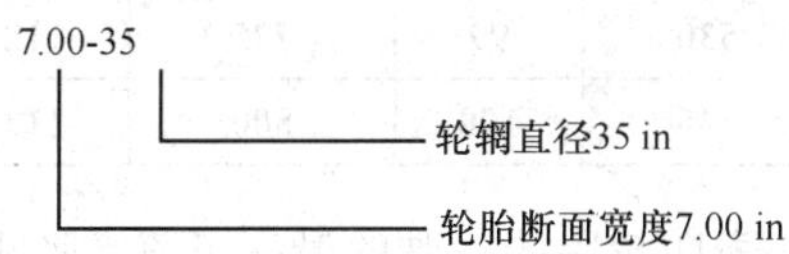

2．子午线轮胎

子午线轮胎的规格如图 7-14 所示。

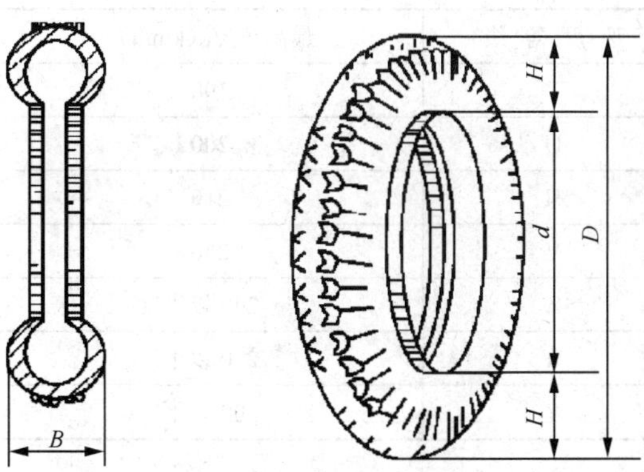

图 7-13　轮胎的规格表示

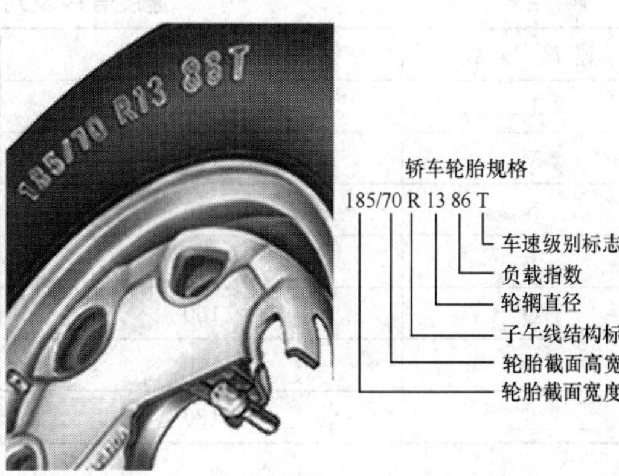

图 7-14　子午线轮胎的规格

① 185 表示轮胎名义断面宽度代号，表示轮胎宽度 185mm。

② 70 表示轮胎名义扁平比代号，表示扁平比为 70%。扁平比为轮胎高度 H 与宽度 B 之比，有 60、65、70、75、80 五个级别。

③ R 表示子午线轮胎结构代号，即“Radial”的第一个字母。

④ 13 表示轮胎名义直径代号，表示轮胎内径 13 英寸（inch）。

⑤ 86 表示荷重等级，即最大载荷质量。荷重等级为 86 的轮胎的最大载荷质量为 530kg，对应关系见表 7-1。

表 7–1 轮胎载荷指数与轮胎最大载荷质量对照表

载荷指数	每只轮胎载重（kg）	载荷指数	每只轮胎载重（kg）	载荷指数	每只轮胎载重（kg）	载荷指数	每只轮胎载重（kg）	载荷指数	每只轮胎载重（kg）
62	265	75	387	88	560	101	825	114	1180
63	272	76	400	89	580	102	850	115	1215
64	280	77	412	90	600	103	875	116	1250
65	290	78	425	91	615	104	900	117	1285
66	300	79	437	92	630	105	925	118	1320
67	307	80	450	93	650	106	950	119	1360
68	315	81	462	94	670	107	975	120	1400
69	325	82	475	95	690	108	1000	121	1450
70	335	83	487	96	710	109	1030	122	1500
71	345	84	500	97	730	110	1060	123	1550
72	355	85	515	98	750	111	1090	124	1600
73	365	86	530	99	775	112	1120	125	1650
74	375	87	545	100	800	113	1150		

⑥ T 表示速度等级代号，表明轮胎能行驶的最高车速。常见的速度等级及对应的最高车速见表 7-2。

表 7–2 速度等级及对应的最高车速

速 度 等 级	最高车速（km/h）	速 度 等 级	最高车速（km/h）
L	120	T	190
M	130	U	200
N	140	H	210
P	150	V	240
Q	160	Z	240 以上
R	170	W	270 以下
S	180	Y	300 以下

3．轮胎侧面标记

轮胎侧面标记如图 7-15 所示。

其中，在轮胎规格前加“P”表示轿车轮胎；在胎侧标有“REINFORCED”表示经强化处理，

"RADIAL"表示子午线胎，"TUBELESS"（或 TL）表示无内胎（真空胎），"M＋S"（Mud and Snow）表示适于泥地和雪地，"→"表示轮胎旋向，不可装反。

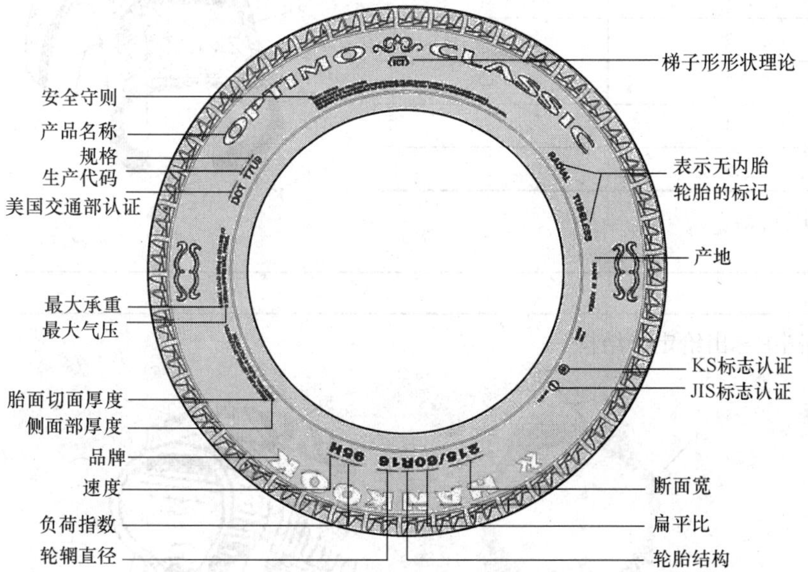

图 7-15　轮胎侧面标记

四、工作页

1．写出下图构成车轮各要素的名称。

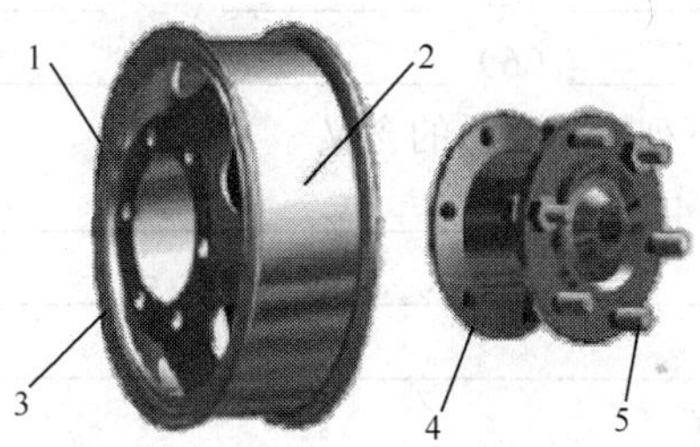

（1）________________

（2）________________

（3）________________

（4）________________

（5）________________

2．根据下图所示的图形，填全表中内容。

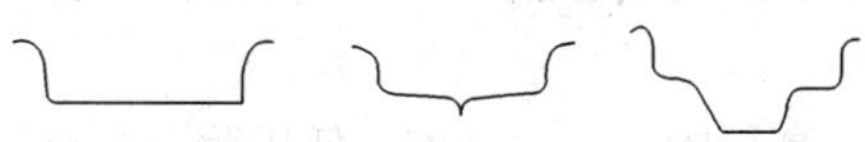

序　　号	名　　称	适 用 轮 胎	适 用 车 型
1			
2			
3			

3．下图所示轮胎为什么轮胎？写出图示各部分的结构名称，分析其使用优点？

（1）结构。

序　　号	结 构 名 称
1	
2	
3	
4	
5	

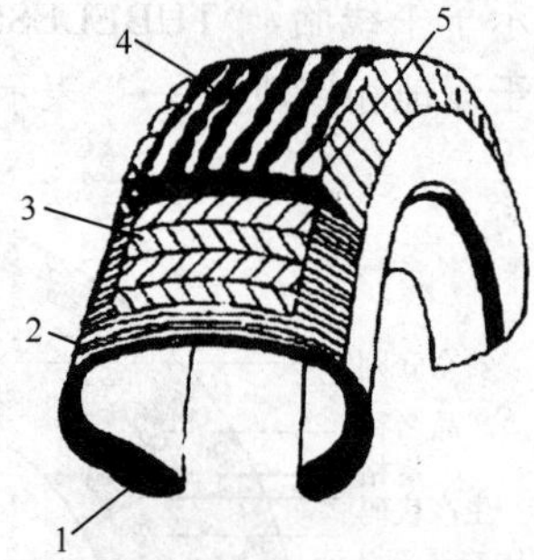

（2）使用优点。

____

____

4．在下图中标出给定的结构。

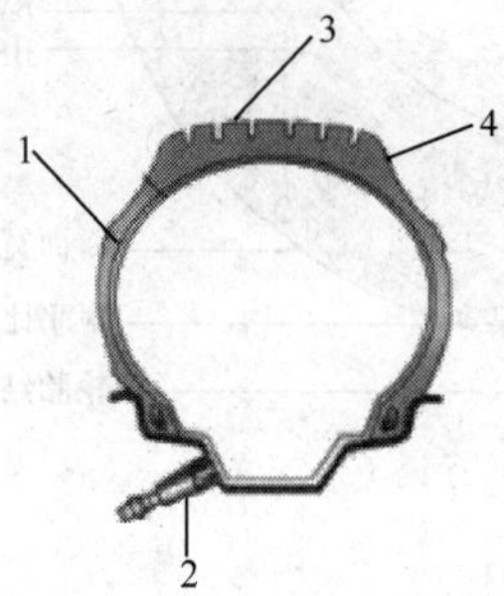

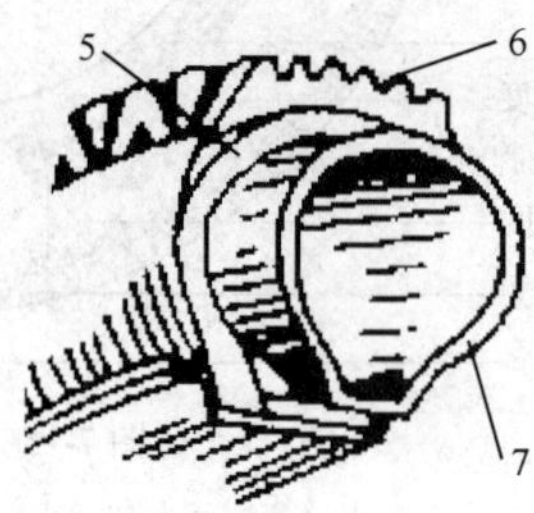

（1）__________（2）__________（3）__________（4）__________

（5）__________（6）__________（7）__________

5．解释下列轮胎型号的含义

195/70R 14 86 S: ____

____

____

6．选择题

（1）按胎内的空气压力大小，充气轮胎可分为高压胎、低压胎和超低压胎 3 种。气压在0.15～0.45MPa 的轮胎称为（　　）。

A．超高压胎　　B．高压胎　　C．低压胎　　D．超低压胎

（2）某子午线轮胎速度等级为 H，名义直径为 195in 的轮胎，其最高行驶速度为（　　）km/h。

A．150　　B．160　　C．180　　D．210

（3）某车型子午线轮胎规格 205/70SR15 中 S 的含义为（　　）。

A．行驶里程　　B．国际单位秒　　C．负荷指数　　D．表示最大车速符号

（4）现代汽车几乎都采用充气轮胎，轮胎按胎体帘布层结构不同可分为（　　）。

A．有内胎轮胎和无内胎轮胎　　B．低压胎和高压胎

C．斜交轮胎和子午线轮胎　　D．普通花纹轮胎和越野花纹轮胎

7．论述题

评价自己对本任务的学习掌握情况。

任务二　车轮的检测与调整

一、实训准备

1．实训器材

（1）帕萨特 1.8T 轿车。

（2）轮胎气压表及充气枪。

（3）轮胎花纹深度检测标尺。

（4）其他工具及器材：举升机、组合工具、扭力扳手、轮胎垫木、橡胶槌棒、转向盘护套、变速杆手柄套、座位套、脚垫、肥皂水等。

2．准备工作

（1）汽车进入工位前，将工位清理干净，准备好相关的器材。

（2）将汽车停驻在举升机中央位置。

（3）拉紧驻车制动器操纵杆，并将变速杆置于空挡位置。

（4）套上转向盘护套、变速杆手柄套和座位套，铺设脚垫。

二、车轮的检查与维护方法

1．测量轮胎气压

（1）查找车辆轮胎标准气压。查找帕萨特 1.8T 轿车的维修手册，查出轮胎标准气压（0.23～2.5MPa）。

（2）测量轮胎气压。拧下气门嘴帽，将胎压表接到气门嘴上，用胎压表测量轮胎气压，如图 7-16 所示。

2．调整轮胎气压

（1）若轮胎气压低于标准值，需对轮胎进行充气，充气步骤如下。

① 拆下轮胎气门嘴帽。

② 将胎压表连接到空气压缩机的高压气管上，运转空气压缩机产生足够压力的压缩空气。将胎压表的管嘴压在轮胎气门嘴上，对轮胎进行充气，如图 7-17 所示。

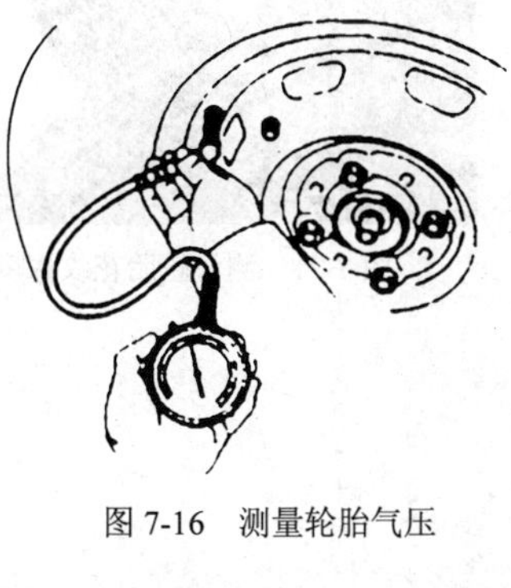

图 7-16　测量轮胎气压

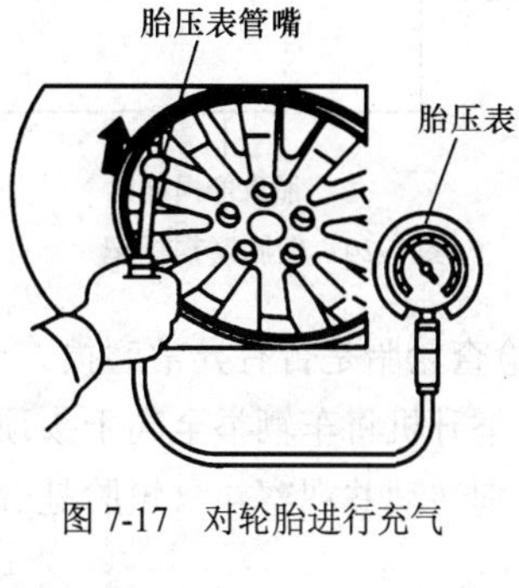

图 7-17　对轮胎进行充气

③ 充气完毕后检查轮胎气压是否符合标准。

④ 将肥皂水加在气门嘴端，检查气门嘴处是否漏气，如图 7-18 所示。

⑤ 若没有漏气，旋上气门嘴帽；若漏气，需修补。

（2）若轮胎气压高于标准值，需对轮胎进行放气，放气步骤如下。

① 拆下轮胎气门嘴帽。

② 将未与空气压缩机连接的胎压表管嘴压在轮胎气门嘴上，再压下胎压表扳机，此时轮胎内的气体经胎压表外泄。需注意在放气过程中经常松开胎压表扳机停止放气，观察轮胎气压是否下降到标准压力，以防过度放气。

③ 放气至轮胎标准气压后旋上气门嘴帽。

3．检查轮胎状况

（1）检查轮胎外表面。检查轮胎外表面是否被钉子扎入、胎面是否有刮伤、裂纹、鼓包等情况如图 7-19（a）、（b）所示。

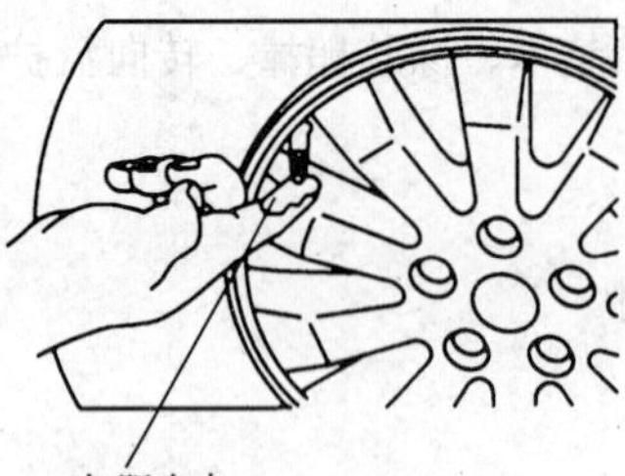

图 7-18　气门嘴漏气检查

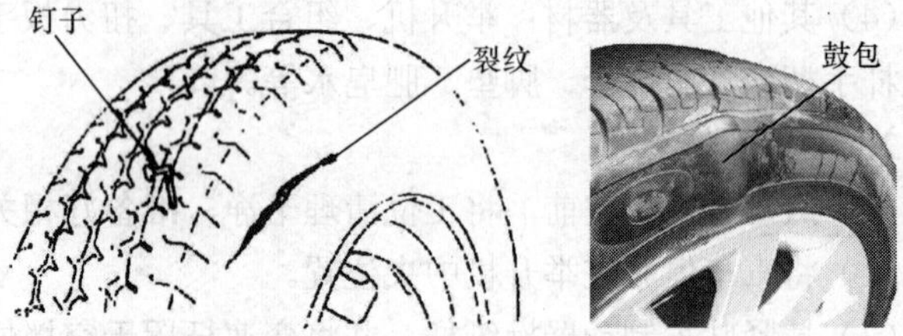

图 7-19　轮胎外表面损伤形式

（2）检查轮胎磨损情况。

① 观察轮胎磨损标记，若胎纹磨损标记处显现出一个横跨外胎的宽带则表明轮胎已磨损到极限，如图 7-20 所示，轮胎需报废换新。

② 测量轮胎花纹深度，如图 7-21 所示，测量胎冠花纹深度，测量值小于 1.6mm 时，需要更换轮胎。

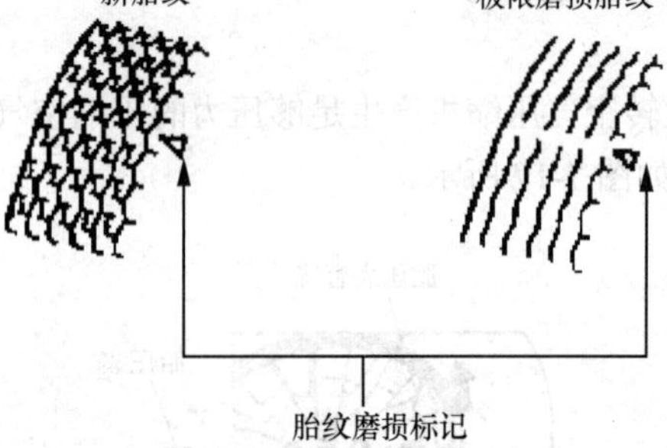

图 7-20　轮胎磨损标记

图 7-21　测量轮胎花纹深度

（3）检查轮胎是否有异常磨损。

① 用举升机将车辆举至高于头顶。

② 分别转动并观察 4 只轮胎是否有异常磨损。

注意

更换轮胎时，若只更换一只或两只轮胎，应选用与旧胎相同品牌、相同规格的轮胎，以保证行驶的稳定性；全车换胎时可根据需求选用性能好的轮胎或性价比较高的轮胎。

4．检查轮辋状况

① 检查轮辋是否有缺损，如图 7-22 所示。若有缺损，必须更换。

② 检查轮辋是否有裂纹，如图 7-23 所示。若轮辋有裂纹必须更换。

图 7-22　轮辋缺损

图 7-23　轮辋裂纹

③ 检查轮辋是否变形，轮辋变形如图 7-24 所示。轮辋若变形必须更换。

④ 检查轮辋是有刮伤，如图 7-25 所示。轮辋刮伤一般不影响行车安全，若不考虑美观因素，可继续使用。

图 7-24　轮辋变形

图 7-25　轮辋刮伤

⑤ 检查轮辋表面清洁状况，若轮辋表面粘附大量油污、刹车片粉末、柏油等脏物，需进行清洗。清洗方法可采用柏油清洗剂喷洒浸润数分钟后用软布擦洗，若较难清除可采用软毛刷刷洗，需注意不可使用金属刷，以免破坏轮辋表面漆层。

⑥ 检查轮辋是否有严重的锈蚀，若有则需要更换。

注意　更换轮辋时，可选用原厂同规格的轮辋进行更换，也可选用其他品牌此规格的轮辋，但应同时将全车四只轮辋同时更换，以保证所有车轮质量均匀。

三、车轮换位

1．车轮换位的原因

（1）前、后轮胎所起的作用不同，因而磨损情况也不同，轮胎磨损的程度取决于路面类型、驾驶习惯、车轮定位、车轮平衡和轮胎气压等因素。

（2）定期将车轮换位，以平衡车轮的磨损。除了定期的车轮换位，每当发现轮胎已磨损不均匀，也应将车轮换位。

（3）子午线轮胎在肩部区域特别是前端磨损较快。非驱动轴位置的子午线轮胎可能产生不规则磨损而增加轮胎噪声，这就需要定期的四轮换位来解决。

2．车轮换位的步骤

（1）拆卸车轮总成。手动拆卸车轮总成步骤如下。

① 停稳车辆，拉起驻车制动。

② 取下车轮上的装饰罩，用套筒扳手初步拧松各轮胎固定螺栓，拧松顺序如图 7-26 所示。

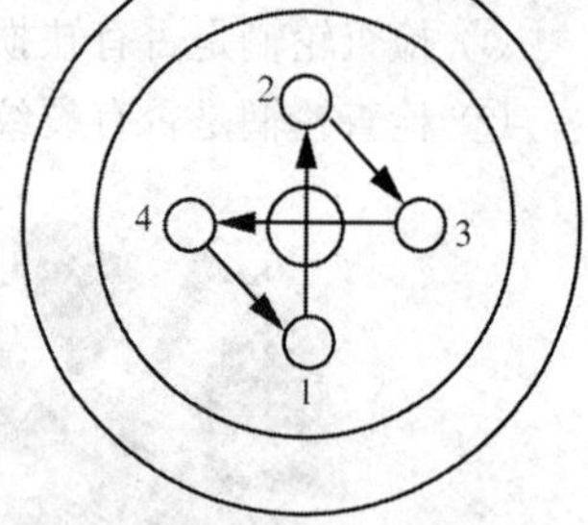

图 7-26　车轮螺母拧松顺序

③ 将车辆举起，使车轮稍离地面。

④ 拧下固定车轮的所有螺栓，并摆放整齐。

⑤ 左右晃动车轮，并往外拉车轮，将其从车轴上取下，在任何时候都不能使铝质车轮垂直站立。将车轮的背面放在柔软干净的平面上。注意：拆卸车轮或轮胎时不要用过大的力（如锤击等）。而应用手或橡胶槌棒轻轻地敲打轮胎侧壁。

（2）调整车轮位置。一般斜交轮胎采用交叉换位，而子午线轮胎采用单边换位。车轮换位如图 7-27 所示。

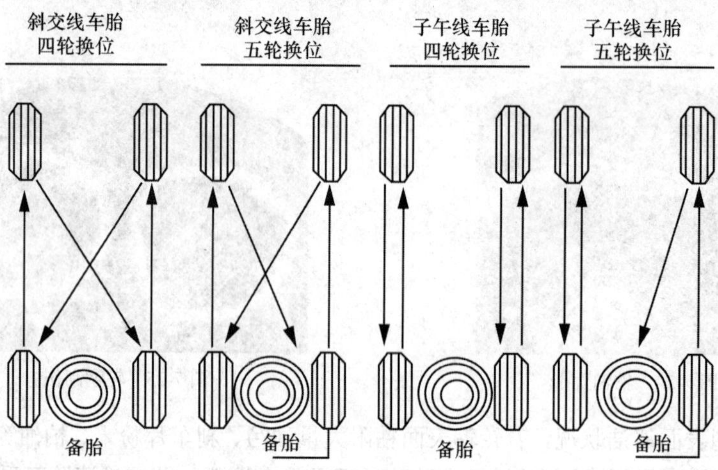

图 7-27　四轮二桥轮胎换位法

（3）安装车轮。手动安装车轮总成步骤如下。

① 清洁车轮固定螺栓。

② 将车轮套到车轴上，用手将车轮螺栓拧上，并用扳手初步拧紧螺栓。拧紧螺母顺序同拧松螺母顺序，如图 7-26 所示。

③ 查找维修手册，找出帕萨特 1.8T 轿车车轮螺栓的标准拧紧力矩为 110N·m。

④ 降下千斤顶使车辆落地，用扳手顺序分 2～3 次拧紧车轮螺栓。最后换扭力扳手将所有车轮螺栓上紧到 110N·m。

注意　在安装车轮前用刮削和钢丝刷去除车轮安装面和制动鼓或制动盘安装面上累积的腐蚀。车轮安装中安装面金属与金属接触不当会造成车轮螺母松动。这将使车辆在行进过程中车轮脱落，从而造成车辆失控，并可能导致人员伤害。

为防止弯曲车轮、制动盘或制动鼓，车轮螺母必须按顺序紧固至正确的力矩。车轮螺柱、螺母或安装面上不得使用润滑液或渗透液。

四、工作页

学生依据维修手册的要求及操作步骤，在教师的指导下完成本工作任务，并填写任务工单。

任务名称	车轮的检测与调整	实训设备	套筒扳手、扭力扳手、专用工具、组合工具、帕萨特 1.8T 轿车、轮胎气压表及充气枪等
客户任务	一辆帕萨特 1.8T 轿车行驶时走偏，经观察轮胎磨损严重，请对轮胎的磨损情况进行测量和换位		
任务目的	能正确使用工具，能够测出磨损量并能正确换位		

一、知识要点

1．轮胎的作用和类型。

2．轮胎换位的方法。

二、决策与计划

根据任务要求，确定所需要的设备、工具，并对小组成员进行合理分工，制订详细的工作计划。

1．讨论确定轮胎磨损测量和换位所需要的设备、工具。

2．小组成员分工。

3．制订轮胎磨损测量和换位的操作步骤。

三、实施过程记录

1．检查车辆的轮胎规格、胎面花纹（纵向花纹、横向花纹、纵向-横向花纹、块状花纹）及轮胎类型（雪地轮胎、防滑钉轮胎、无防滑钉轮胎、全天候轮胎、沙地用轮胎）。

轮 胎 规 格	轮 胎 花 纹	轮 胎 类 型

2．检查车轮、轮胎状态。

（1）检查车轮及轮胎外观。

① 用举升机将车辆定位，然后顶起，以便使轮胎可以正常体位接近并进行操作。

② 检查轮胎胎面和胎壁是否有裂纹、割痕或其他损坏。

□良好　□有裂纹　□有割痕　□其他损伤

③ 检查轮胎胎面和胎壁是否嵌入金属微粒、石子或其他异物。

□有异物　□无异物

④ 检查轮辋和轮辐是否损坏，腐蚀和变形，平衡块是否脱落。

□良好　□有变形或损坏　□有腐蚀　□平衡块脱落

⑤ 检查车轮轴承的摆动，运转情况和噪声。

□良好　□有摆动　□有噪声　□运作不良

（2）检查轮胎磨损情况。

① 用胎纹规或游标卡尺检查所有轮胎的胎纹深度。

轮　　胎	胎 纹 深 度	是 否 正 常
左前轮胎		
右前轮胎		
左后轮胎		
右后轮胎		

② 检查胎纹是否有异常磨损。

□正常　　□有异常磨损

3．查阅维修手册，按照规定的换位方式进行车轮的换位操作，记录操作步骤。

四、检查与评估

1．检查轮胎磨损量测量及轮胎换位的方法和步骤是否正确。

2．请根据自己任务完成的情况，对自己的工作进行自我评估，并提出改进意见。

3．各小组对每个组员的表现进行评估，给出点评；教师对小组工作情况进行评估，并进行点评。

4．教师、各小组、学生个人对本次任务的评价给出量化。

考核项目	评分标准	分数	学生自评	小组评价	教师评价	小计
安全生产	有无安全隐患	10				
活动情况	积极主动	5				
团队协作	和谐愉快	5				
现场 5S	做到	10				
劳动纪律	严格遵守	5				
工具设备使用	规范、标准	10				
操作过程	规范、正确	50				
工作页填写	认真、规范	5				
总分						
教师签名：		时间：			总评	

项目八 8 悬架的构造与维修

知识目标

◎ 了解悬架的功用、组成和类型。
◎ 熟悉弹性元件的类型。
◎ 掌握非独立悬架、独立悬架和减震器的结构特点。

能力目标

◎ 学会正确使用工具和设备。
◎ 能对悬架进行检修。

任务一 悬架的认知

一、悬架的功用和分类

1．悬架的功用

汽车车架或车身若直接安装于车桥上，则会由于道路不平而上下颠簸振动，从而使车上的乘员感到不舒服或者使货物损坏。因此，汽车上必须装有具缓冲、减振和导向作用的悬架装置。汽车悬架是车架或车身与车桥之间一切传力连接装置的统称，它的功用如下。

（1）弹性地连接车桥与车架或车身，缓和行驶中车辆受到的由不平路面引起的冲击力，保证乘坐舒适和货物完好。

（2）迅速衰减由于弹性系统引起的振动，传递垂直、纵向、侧向反力及其力矩。

（3）并起导向作用，使车轮按一定轨迹相对车身运动。

2．悬架的分类

汽车悬架可分为两大类：非独立悬架和独立悬架。

非独立悬架的特点是左右车轮安装在一根整体式车桥两端，车桥则通过悬架与车架相连。当一侧车轮发生位置变化后会导致另一侧车轮的位置也发生变化。如图 8-1（a）所示。

独立悬架的结构特点是车桥做成断开的，每一侧车轮单独通过悬架与车架（或车身）连接。如图 8-1（b）所示。

与非独立悬架相比较，汽车采用独立悬架有以下优点。

（1）两侧车轮可以单独运动而互不影响，这样在不平道路上可减少车架和车身的振动，而且有助于消除转向轮不断偏摆的不良现象。

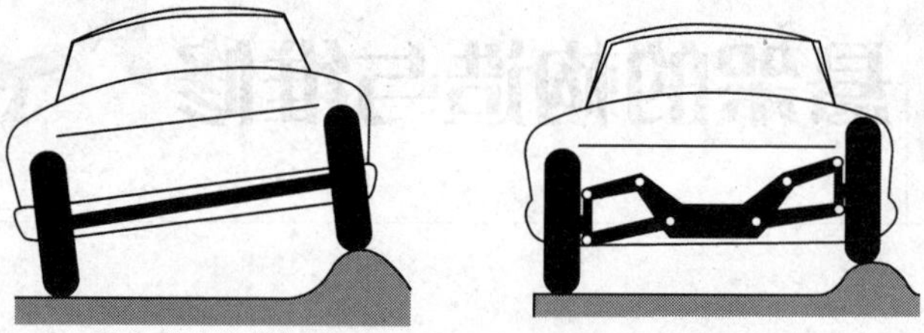

(a) 非独立悬架　　(b) 独立悬架

图 8-1　非独立悬架与独立悬架的示意图

(2) 减少了汽车的非簧载质量（即不由弹簧支撑的质量）。在道路条件和车速相同时，非簧载质量越小，悬架受到的冲击载荷也就越小，因而采用独立悬架可以提高汽车的平均行驶速度。

(3) 由于采用断开式车桥，发动机总成的位置可以降低和前移，使汽车重心下降，因而可提高汽车的行驶稳定性；同时为了车轮较大的上下运动空间，故可以将悬架刚度设计得较小，以降低车身振动频率，改善行驶平顺性。

(4) 越野汽车全部车轮采用独立悬架还可保证汽车在不平道路上行驶时，所有车轮和路面有良好的接触，从而可增大牵引力；此外，可增大汽车的离地间隙，使汽车的通过性能大大提高。

由于具有以上优点，独立悬架被现代汽车广泛采用。但是，独立悬架结构复杂，制造成本高，保养维修不便，在一般情况下，车轮跳动时，由于车轮外倾角与轮距变化较大，轮胎磨损较严重。

二、悬架的结构

现代汽车的悬架一般都由弹性元件、减震器、导向机构等组成，轿车一般还有横向稳定器。悬架的组成如图 8-2 所示。

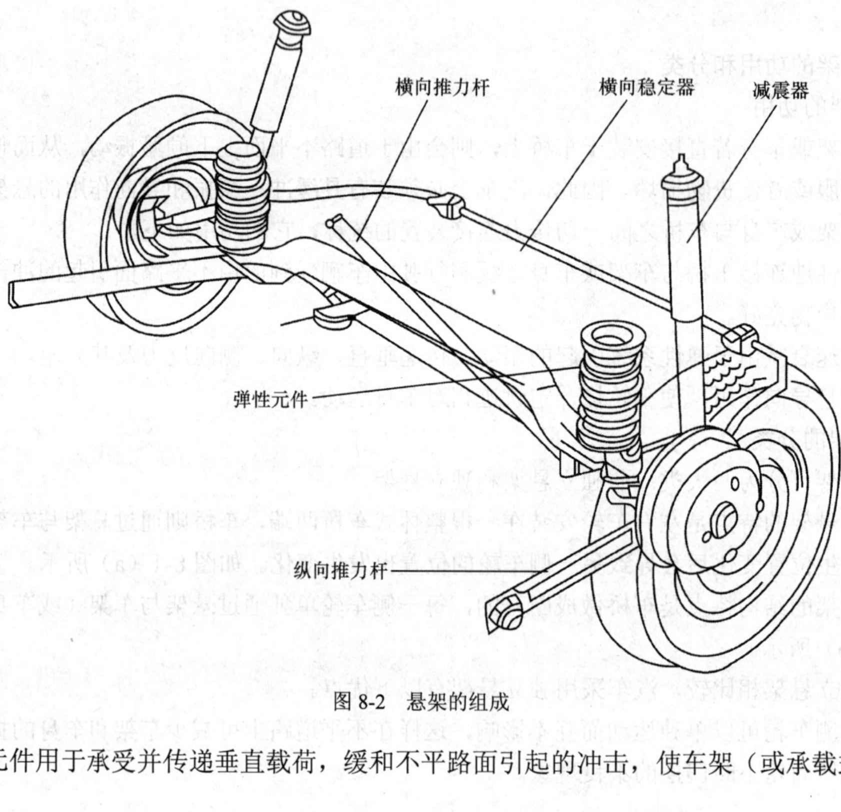

图 8-2　悬架的组成

弹性元件用于承受并传递垂直载荷，缓和不平路面引起的冲击，使车架（或承载式车身）与车桥（或车轮）之间保持弹性连接。

减震器用于限制弹性元件的自由振荡，吸收和衰减振动，提高乘坐舒适性。

导向装置（包括横向导杆和纵向推力杆）用于传递除垂直力以外的各种力和力矩，并确定车轮相对于车架（或车身）的运动轨迹。

上述 3 部分装置所起作用的侧重点不同，分别是缓冲、减震和导向，但 3 者共同的任务是传递车轮与车架之间的各种力和力矩，控制车身的各种振动。

三、弹性元件

汽车悬架系统所使用的弹性元件分为钢板弹簧、螺旋弹簧、扭杆弹簧、橡胶弹簧和气体弹簧等类型。

1．钢板弹簧

钢板弹簧也称叶片弹簧，其结构如图 8-3 所示，在车桥靠近车架或车身时靠钢板弹簧的弹性形变来起缓冲作用，并在车桥靠近和离开车架或车身的整个过程中，通过各片相互之间的滑动摩擦，部分衰减路面的冲击作用。

钢板弹簧具有如下特点。

由于弹簧有足够的刚性使车桥适当定位，所以不需要导向装置，钢板之间的摩擦可控制弹簧自身的振荡，适用于重载，寿命长，由于片间的摩擦，很难吸收来自路面的微小振颤。所以，钢板弹簧一般用在货车和大型客车上。

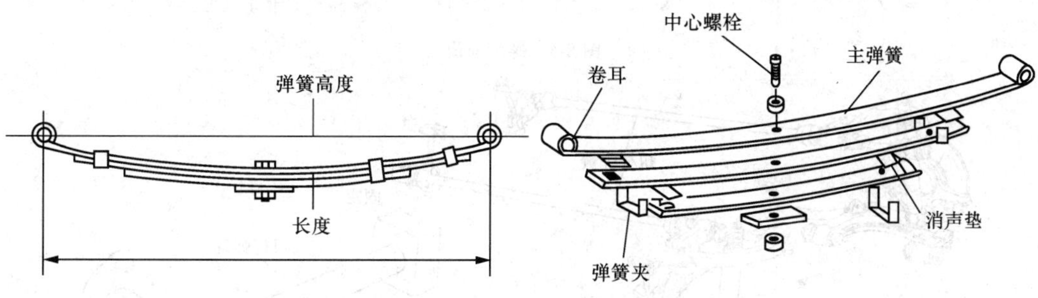

图 8-3　钢板弹簧

2．螺旋弹簧

螺旋弹簧广泛用于独立悬架，但有些轿车的后轮非独立悬架也采用螺旋弹簧作为弹性元件。螺旋弹簧是由特殊的弹簧钢杆卷制而成，如图 8-4 所示，可以做成圆柱形或圆锥形，也可以做成等螺距或不等螺距。圆柱形等螺距螺旋弹簧的刚度不变，圆锥形或不等螺距螺旋弹簧的刚度是可变的。在螺旋弹簧上施加载荷时，随着弹簧的收缩，整条钢杆扭曲。这样便储存了外力的能量，缓和了冲击。

与钢板弹簧相比，螺旋弹簧无需润滑，防污能力强，质量小，单位质量的能量吸收率较高；螺旋弹簧本身没有减振作用，因此在螺旋弹簧悬架中必须另装减震器；螺旋弹簧只能承受垂直载荷，故必须装设导向装置，以传递垂直力以外的各种力和力矩。

3．扭杆弹簧

扭杆弹簧一般是用弹簧钢制成的杆件，如图 8-5 所示。扭杆的一端固定在车架上，另一端通过摆臂与车轮相连。当车轮跳动时，摆臂便绕着扭杆轴线摆动，使扭杆产生扭转弹性变形，在车轮与车架之间起弹性连接的作用。

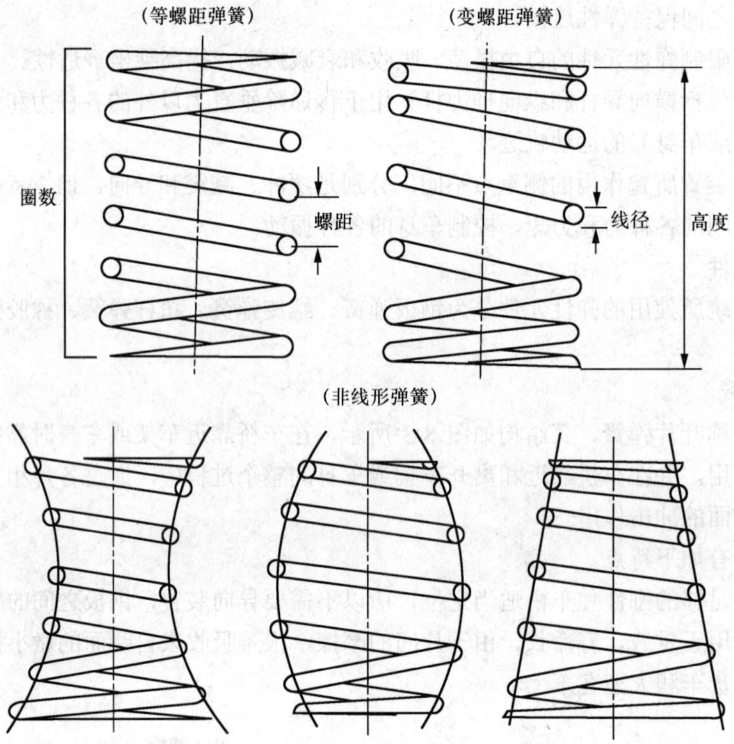

图 8-4　螺旋弹簧

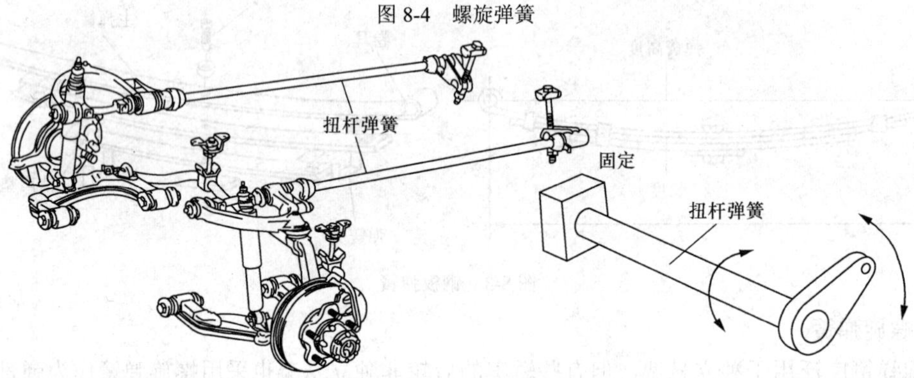

图 8-5　扭杆弹簧示意图

扭杆弹簧与钢板弹簧相比，质量较轻，而且不需润滑，保养维修简便。扭杆弹簧可以节省纵向空间，适用于小型车及箱式车的悬架系统。

4．橡胶弹簧

橡胶弹簧是利用橡胶本身的弹性起作用的弹性元件。它可以承受压缩载荷和扭转载荷。当橡胶弹簧在外力作用下变形时，便产生内部摩擦，以吸收振动。橡胶弹簧的优点是可以制成任何形状，使用时无噪声，不需要润滑。但橡胶弹簧不适于支承重载荷。所以，橡胶弹簧主要用作辅助弹簧，或用作悬架部件的衬套、垫片、垫块、挡块及其他支承件，如图 8-6 所示。

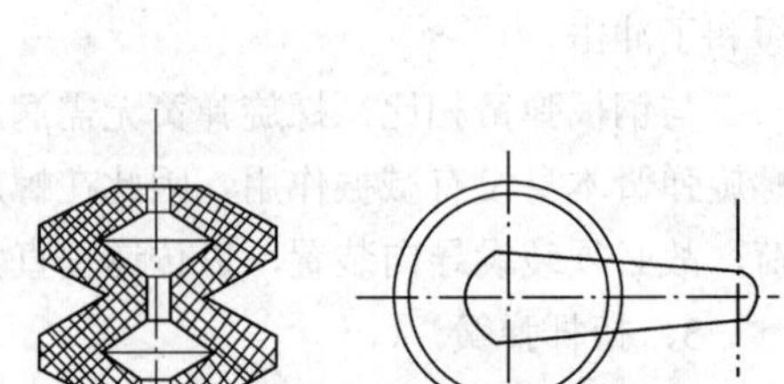

图 8-6　橡胶弹簧

5．气体弹簧

气体弹簧是在一个密封的容器中充入压缩气体（气压为0.5～1MPa），利用气体的可压缩性实现其弹簧作用的弹性元件。这种弹簧的刚度是可变的，因为作用在弹簧上的载荷增加时，容器中的定量气体受压缩，气压升高，弹簧的刚度增大；反之，当载荷减小时，弹簧内的气压下降，刚度减小，故它具有较理想的弹性特性。

气体弹簧分为空气弹簧（见图8-7）和油气弹簧（见图8-8）两种。

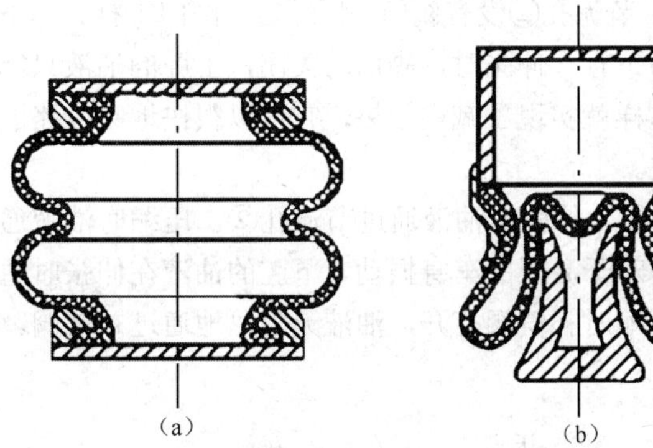

图8-7 空气弹簧

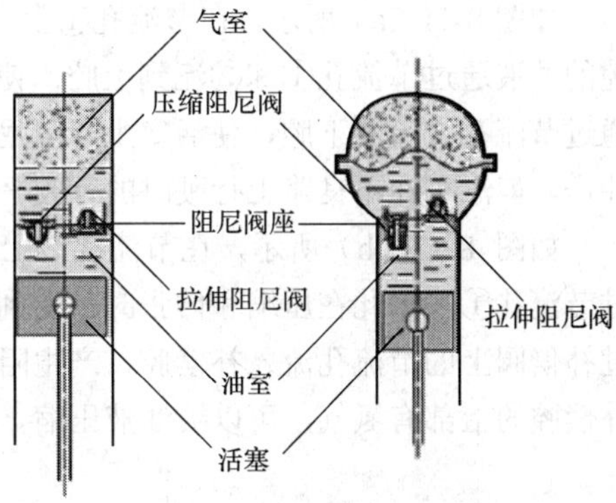

图8-8 油气弹簧

四、减震器

1．减震器的功用及原理

减震器在汽车中的作用是迅速衰减由车轮通过悬架弹簧传给车身的冲击和振动，提高汽车行驶的平顺性能。减震器在汽车悬架中是与弹性元件并联安装的（见图8-9）。

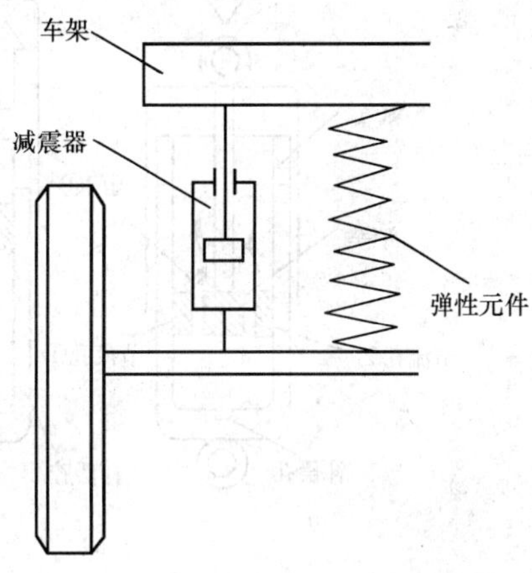

图8-9 减震器和弹性元件的安装示意图

目前，汽车悬架系统中广泛采用液压减震器，其基本原理如图8-10所示。当车架与车桥做往复的相对运动而使活塞在缸筒内往复移动时，减震器壳体内的油液便反复地从一个内腔通过一些窄小的孔隙流入另一个内腔，此时孔壁与油液间的摩擦及液体分子内的摩擦便形成对振动的阻尼力，使车身和车架的振动能量转化为热能被油液和减震器壳体所吸收，然后扩散到大气中。减震器阻尼力的大小随车架与车桥（或车轮）间相对速度的变化而增减，并且与油液的黏度有关。

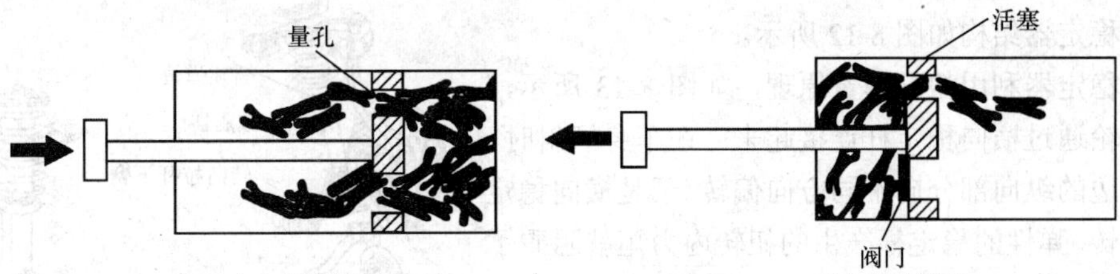

图8-10 液压减震器的基本原理

阀门越大，阻尼力越小，反之亦然。相对运动速度越大，阻尼力越大，反之亦然。

阻尼力越大，振动的衰减越快，但悬架弹性元件的缓冲效果不能发挥，乘坐也不舒适，因此弹性元件的刚度与减震器的阻尼力要合理搭配，才能保证乘坐舒适性和操纵稳定性的要求。

2．双向作用筒式减震器

目前在汽车上应用最广泛的液力减震器是双向作用式减震器，它在伸张行程和压缩行程都具有阻尼减震作用。

双向作用筒式减震器如图 8-11 所示。双向作用筒式减震器在内筒和外筒之间设计了补偿孔，它可以调整油液量以适应活塞杆的移动体积。

如图 8-11（a）所示，在节流孔①上设置阀门，节流孔②没有阀门。压缩时，阀门①打开，下腔的油液通过节流孔①和②流到上腔，使活塞容易下行。伸张时，阀门①关闭，上腔的油液只能通过节流孔②流回下腔，使活塞上行阻尼增大。这样就实现了减震效果，它可以很快地吸收路面冲击，但汽车在不良路上行驶时的行驶平顺性较差。

如图 8-11（b）所示，在节流孔②上设计阀门②，伸张时油液通过节流孔②，压缩时油液通过节流孔①，因此在压缩和伸张时都受到阻尼力。对于激烈的车身振动，下腔的油液在伸张时通过补偿阀上的节流孔流入补偿腔，产生阻尼力；压缩时补偿阀打开，油液无阻尼地通过补偿阀。补偿腔的上部有氮气，可以被油液压缩。

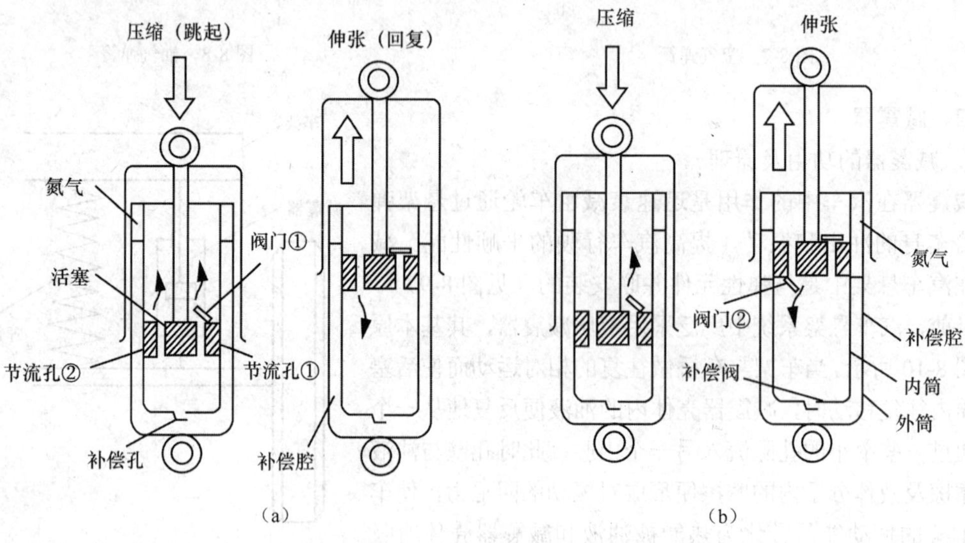

图 8-11 双向作用筒式减震器的结构及工作原理

五、横向稳定器

横向稳定器结构如图 8-12 所示。

横向稳定器利用扭杆弹簧原理，如图 8-13 所示，将左右车轮通过横向稳定杆连接起来。在车身倾斜时，稳定杆两边的纵向部分向不同方向偏转，于是横向稳定杆便被扭转。弹性的稳定杆产生的扭转内力矩就阻碍了悬架弹簧的变形，从而减少车身的横向倾斜。

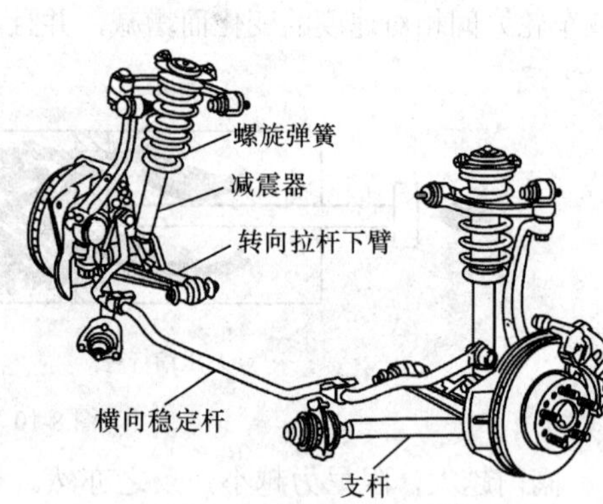

图 8-12 横向稳定器结构组成

六、非独立悬架

非独立悬架由于结构简单，工作可靠，被广泛用于一般货车和客车的悬架上，而用在轿车上往往只作为后悬架。

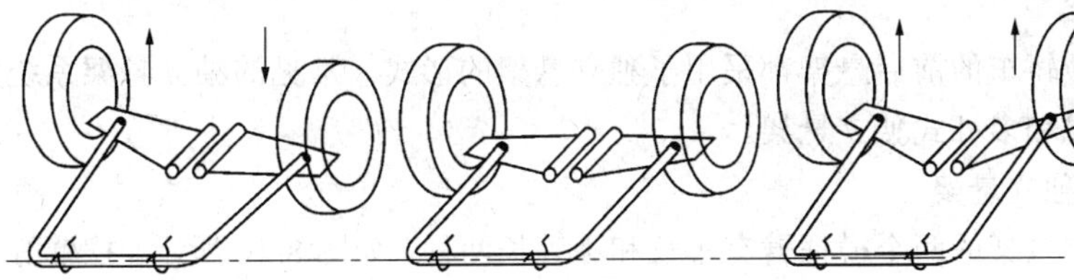

图 8-13　横向稳定器的作用原理

按照采用弹性元件的不同，非独立悬架可以分为钢板弹簧式非独立悬架和螺旋弹簧式非独立悬架。

1．钢板弹簧非独立悬架

图 8-14 所示为钢板弹簧式非独立悬架。钢板弹簧中部通过 U 形螺栓（骑马螺栓）固定在前桥上。钢板弹簧的前端卷耳用弹簧销与前支架相连，形成固定式铰链支点，起传力和导向作用；而后端卷耳则用吊耳销与可在车架上摆动的吊耳相连，形成摆动式铰链支点，从而保证弹簧变形时两卷耳中心线间的距离有改变的可能。

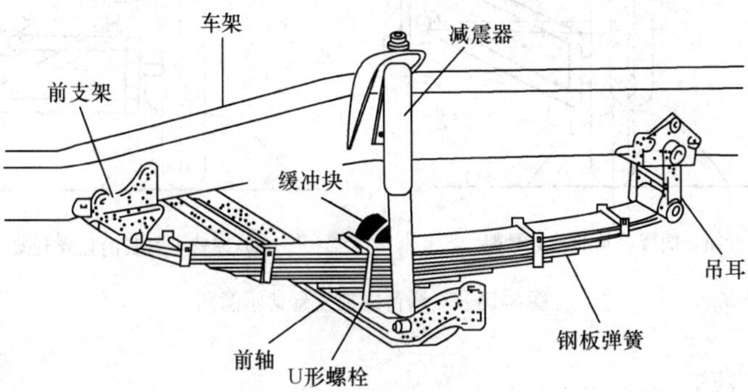

图 8-14　钢板弹簧非独立悬架

减震器的上、下两个吊环通过橡胶衬套和连接销分别与车架上的上支架和车桥上的下支架相连接。盖板上装有橡胶缓冲块，以限制弹簧的最大变形，并防止弹簧直接碰撞车架。

2．螺旋弹簧非独立悬架

螺旋弹簧非独立悬架由螺旋弹簧、减震器、纵向推力杆和横向推力杆组成。一般只用于轿车的后悬架，如图 8-15 所示。

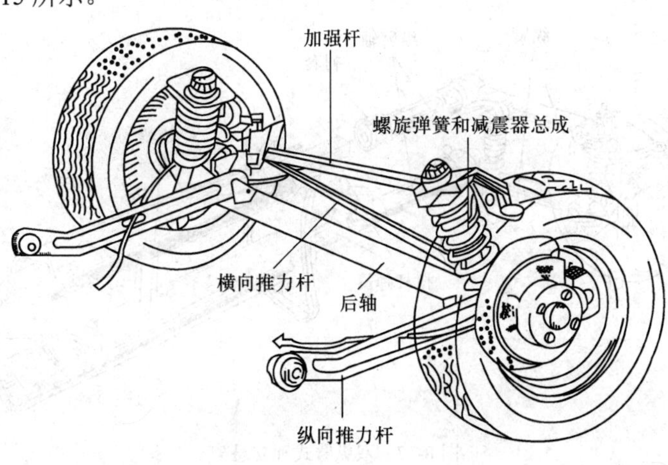

图 8-15　螺旋弹簧非独立悬架

七、独立悬架

日前，大多数轿车的前后悬架都采用了独立悬架的形式。常见的独立悬架系统为双横臂式、纵臂式、麦弗逊式和多杆式独立悬架。

1. 双横臂式独立悬架

双横臂式独立悬架的两个横摆臂有等长和不等长两种，如图 8-16 所示。摆臂等长的独立悬架当车轮上下跳动时，虽然车轮平面不倾斜、主销轴线的方向也不发生变化，但轮距发生较大的变化，这将引起车轮的侧滑和轮胎的磨损。而摆臂不等长的独立悬架当车轮上下跳动时，虽然车轮平面、主销轴线、轮距都发生变化，但如果选择长度比例合适，可使车轮和主销的角度及轮距变化不大，这种独立悬架被广泛用在轿车前轮上。

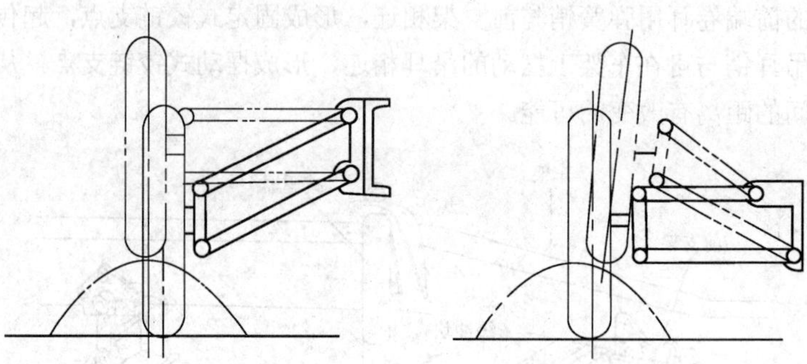

（a）摆臂等长的独立悬架　（b）摆臂不等长的独立悬架

图 8-16　双横臂式独立悬架示意图

2. 纵臂式独立悬架

纵臂式独立悬架也分为单纵臂式和双纵臂式两种。

单纵臂式独立悬架如果用于前轮，车轮上下跳动时会使主销后倾角变化很大，所以单纵臂式独立悬架都用于后轮。

双纵臂式独立悬架的两纵摆臂一般长度相等，形成平行四连杆机构，如图 8-17 所示。这种悬架当车轮上下跳动时，车轮外倾角、轮距和主销后倾角都不发生变化，所以适用于前轮。

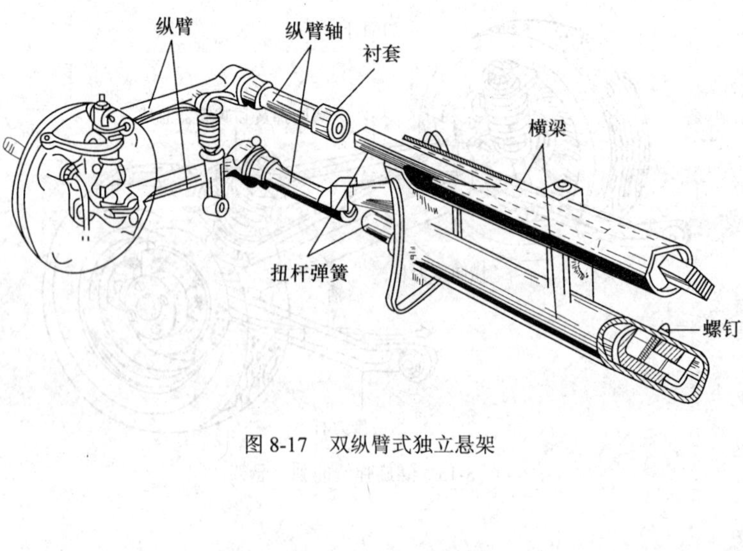

图 8-17　双纵臂式独立悬架

3．麦弗逊式独立悬架

麦弗逊式悬架是目前轿车和某些轻型客车应用比较普遍的悬架结构形式。如图 8-18 所示，筒式减震器为滑动立柱，横摆臂的内端通过铰链与车身相连，外端通过球铰链与转向节相连。减震器的上端与车身相连，减震器的下端与转向节相连，车轮所受的侧向力大部分由横摆臂承受，其余部分由减震器活塞和活塞杆承受。筒式减震器上铰链的中心与横摆臂外端球铰链中心的连线为主销轴线，此结构也为无主销结构。当车轮上下跳动时，减震器下支点随前悬架摇臂摆动，故主销轴线角度是变化的，这说明车轮是沿着摆动的主销轴线而运动。

4．多杆式独立悬架

独立悬架中多采用螺旋弹簧，因而对于侧向力、垂直力以及纵向力需增设导向装置，即采用杆件来承受和传递这些力，因而一些轿车上为减轻车重和简化结构采用多连杆式悬架，如图 8-19 所示。上连杆用上连杆支架与车身（或车架）相连，上连杆外端与第三连杆相连。上连杆的两端都装有橡胶隔振套。第三连杆的下端通过重型止推轴承与转向节连接。下连杆与普通的下摆臂相同，其内端通过橡胶隔振套与前横梁相连接，球铰将下连杆的外端与转向节相连。多杆前悬架系统的主销轴线从下球铰延伸到上面的轴承，它与上连杆和第三连杆无关。

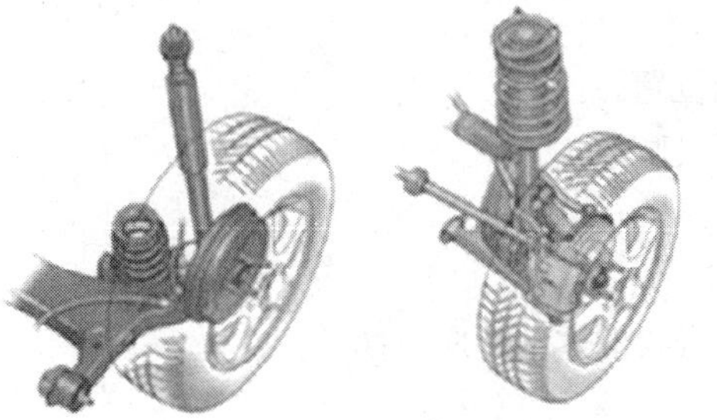

图 8-18　麦弗逊式独立悬架

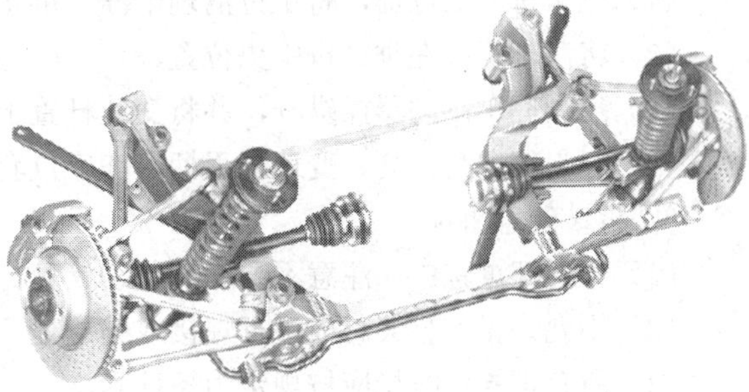

图 8-19　多杆式独立悬架

八、工作页

1．填空题

（1）多数结构形式的悬架主要由__________、__________和__________3 部分组成。这 3 个组成部分分别起__________、__________和__________的作用，然而 3 者的共同任务则是传力。

（2）弹性元件是指__________、__________扭杆弹簧、__________和气体弹簧等。

（3）油气弹簧以__________作为弹性介质，而用__________作为传力介质。

（4）减震器和__________是并联安装的。汽车悬架系统中广泛采用__________减震器。

（5）双向作用筒式减震器一般都具有 4 个阀，即___________、___________、流通阀和__________。

（6）悬架可分为__________悬架与__________悬架两种类型。

（7）独立悬架相对于非独立悬架的优点是____。

2．判断题

（1）采用独立悬架的车桥通常为断开式。（　　）

（2）钢板弹簧各片在汽车行驶过程中会出现滑移。（　　）

（3）扭杆弹簧的左右扭杆，经过一段时间的装车使用后，为了避免疲劳损坏，只要安装位置

合适，左右扭杆可以互换安装使用。(　　)

(4) 汽车悬架的作用是弹性地连接车桥和车架（或车身），缓和行驶中车辆受到的冲击力。(　　)

3．论述题

评价自己本任务的学习掌握情况。

任务二 前悬架总成拆装及检修

一、实训准备

1．实训器材

(1) 普通桑塔纳轿车。

(2) 常用工、量具。

(3) 拆装专用工机。

2．准备工作

(1) 汽车进入工位前，将工位清理干净，准备好相关的器材。

(2) 将汽车停驻在举升机中央位置。

(3) 拉紧驻车制动器操纵杆，并将变速杆置于空挡位置。

(4) 套上转向盘护套、变速杆手柄套和座位套，铺设脚垫。

3．拆装注意事项

(1) 在拆卸过程中，注意不要损坏制动软管。

(2) 不允许对前悬架总成进行焊接或整形处理，不合格的零部件应更换。

(3) 所有螺栓和螺母应按规定力矩拧紧。

(4) 所有自锁螺母必须更换新件。

二、前悬架总成拆装

1．前悬架总成的拆卸

(1) 取下车轮装饰罩。

(2) 旋下轮毂与传动轴的紧固螺母，车轮必须着地，如图 8-20 所示。

(3) 卸下垫圈，拧松车轮紧固螺母，拆下车轮。

(4) 旋下制动钳紧固螺栓，如图 8-21 所示，取下制动盘。

(5) 取下制动软管支架，并用铁丝将制动钳固定在车身上（见图 8-21 中上部箭头）。

(6) 拆下球头销紧固螺栓（见图 8-21 中下部箭头）。

图 8-20 旋下轮毂与传动轴的紧固螺母

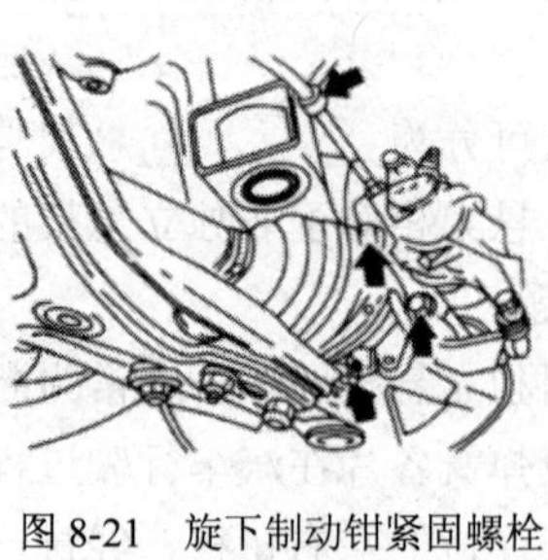

图 8-21 旋下制动钳紧固螺栓

（7）压下转向横拉杆接头，如图 8-22 所示。

（8）拆下横向稳定器的紧固螺栓，如图 8-23 所示。

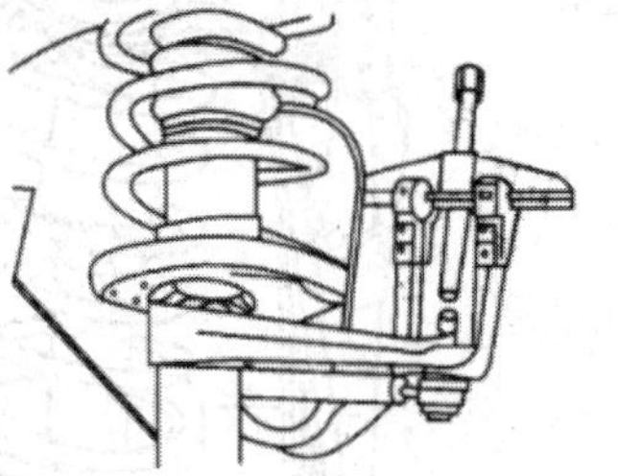

图 8-22　压下转向横拉杆接头

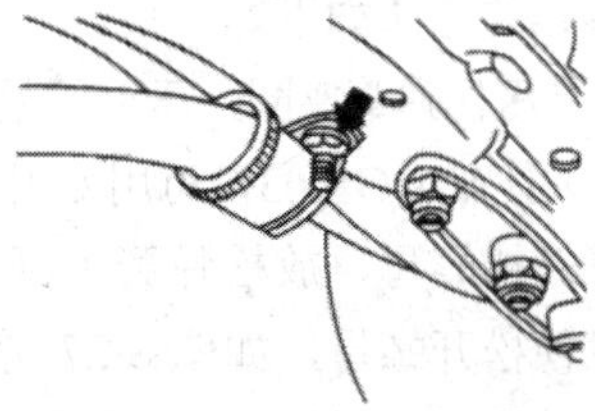

图 8-23　拆下横向稳定器紧固螺栓

（9）拆下传动轴与轮毂的固定螺母。

（10）向下掀压前悬架下摇臂，从车轮轴承壳内拉出传动轴；或利用两个固定车轮凸缘上的螺孔，将压力装置 V.A-G1389 固定在轮毂上，用压力装置从轮毂中拉出传动轴，如图 8-24 所示。然后卸下压力装置。

（11）取下盖子，支承减震器支柱下部或沿反方向固定。旋下活塞杆螺母，用内六角扳手阻止活塞杆的转动，如图 8-25 所示。

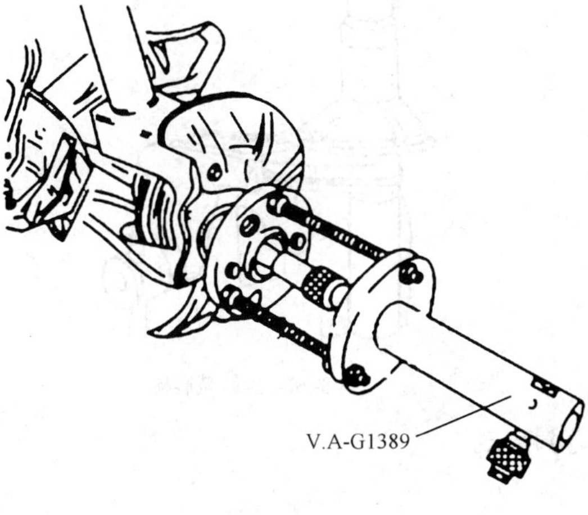

图 8-24　用压力装置从轮毂中拉出传动轴

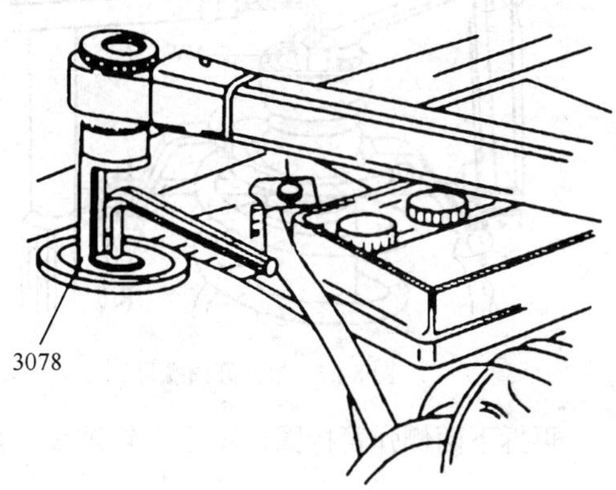

图 8-25　旋下活塞杆螺母

2．前悬架总成的安装

安装顺序与拆卸顺序相反。但在安装时应注意以下事项。

（1）不允许对前悬架总成进行焊接或整形处理，不合格的要更换新的零部件总成。

（2）安装传动轴时，应擦净传动轴与轮毂花键齿面上的油污，去除防护剂的残留物。将外等速万向节（RF 节）花键面涂上一圈 5mm 宽的防护剂 D6，然后进行传动轴装配。涂防护剂 D6 的传动轴装车后应停车 60min 之后才可使用。

（3）安装时，所有螺栓和螺母的紧固力矩应符合规定。所有自锁螺母，必须更换新件。

三、前悬架的检修

1．减震器的检查和更换

在车辆行驶过程中，如减震器发出异常的响声，则说明该减震器已损坏，必须更换。一般减震器是不进行修理的，如有很小的渗油现象不必调换，如漏油较多，可通过拉伸和压缩减震器来检查渗油现象。漏出的减震器油不能再加入减震器内重新使用，漏油的减震器不能再使用。

更换减震器的方法如下。

（1）用拉具压住弹簧座圈，压缩压紧弹簧，如图 8-26 所示。如果没有专用工具 V.A-G1403，可用专用工具 VW340 代替。

（2）松开开槽螺母，放松弹簧，可以用扳手 A 阻止活塞杆的转动，以便松开螺母，如图 8-27 所示。

（3）拆卸减震器，如图 8-28 所示。

（4）按照拆卸相反的顺序安装减震器。

2．前悬架支柱总成的检修

（1）拆卸。拆下制动盘，拆下挡泥板，压出轮毂，如图 8-29 所示。

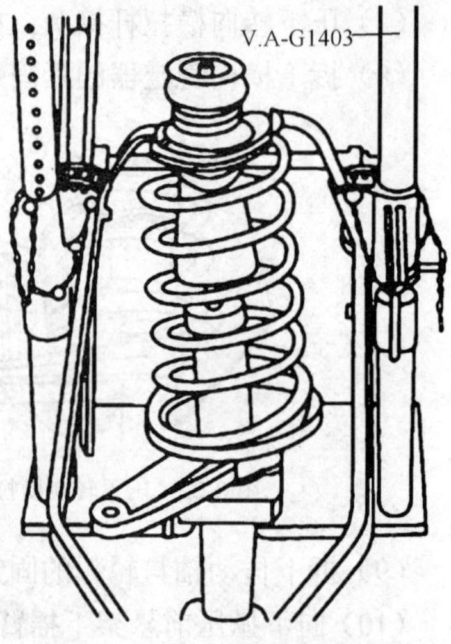

图 8-26　用拉具压缩压紧弹簧

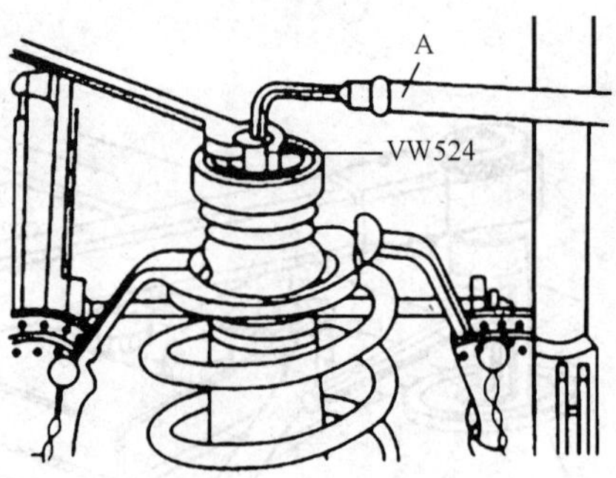

图 8-27　松开开槽螺母

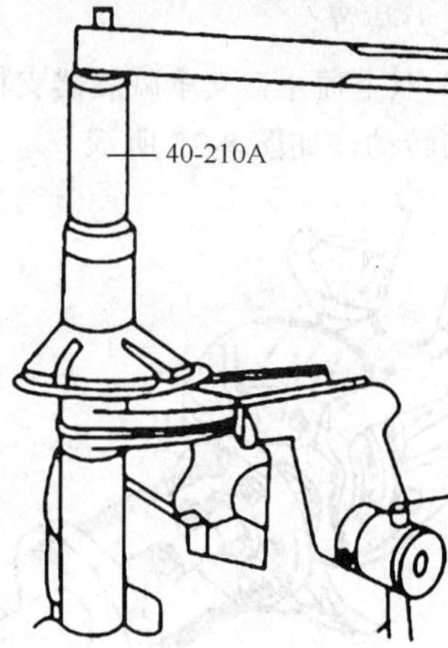

图 8-28　拆卸减震器

再拆下两侧弹簧挡圈，压出车轮轴承，如图 8-30 所示。

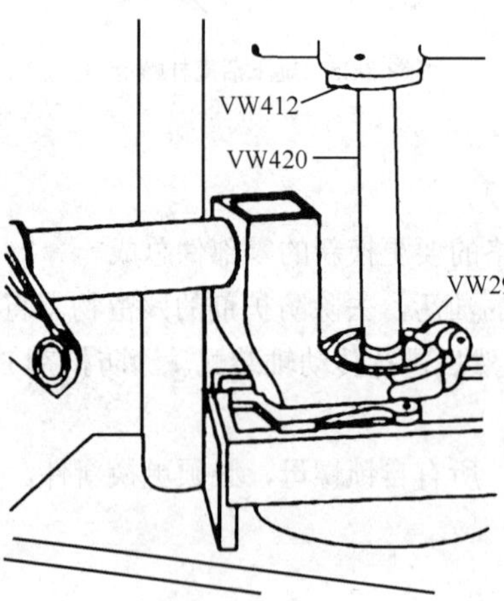

图 8-29　压出轮毂

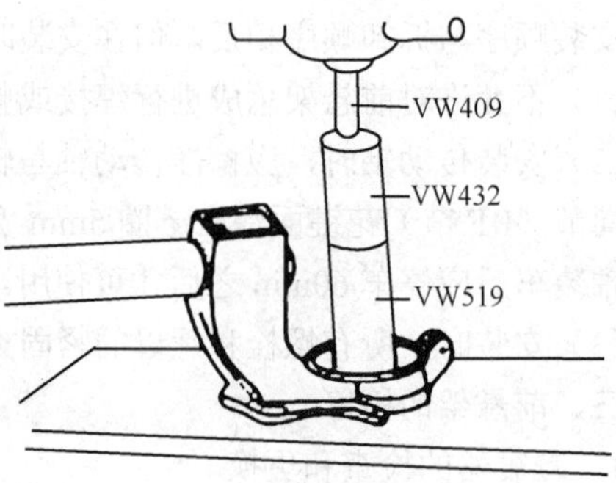

图 8-30　压出车轮轴承

拉出轴承内圈，如图 8-31 所示。

（2）检查。在零件全部解体后，应进行清洗、检查，必要时要进行测量。

（3）安装与调整。先装外弹簧挡圈，在车轮轴承座涂上润滑脂，然后压入轴承，压至极限位置，最后装上内弹簧挡圈，如图 8-32 所示。

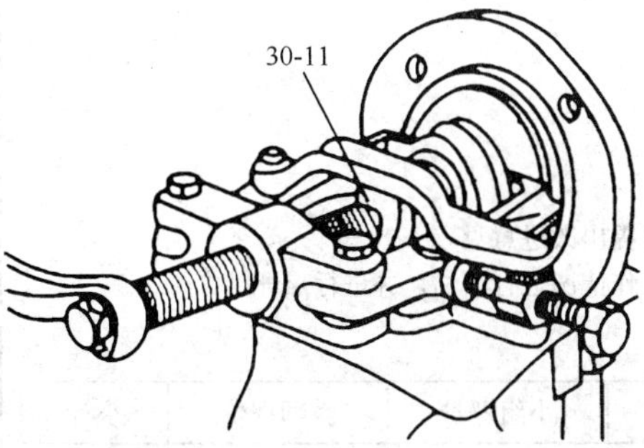

图 8-31　拉出轴承内圈

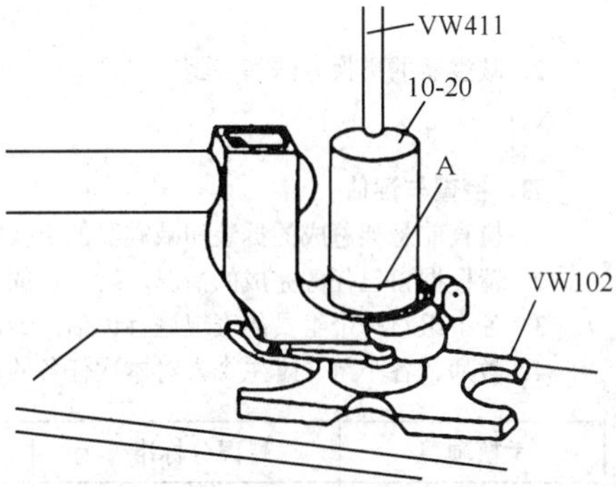

图 8-32　将轴承 A 压至终止位置

调整内、外弹簧挡圈开口的位置，使其相差 180°，然后转动轴承内圈，观察其是否正常。在轮毂花键和轴承颈上涂上润滑脂，然后压入轴承内，如图 8-33 所示。

用 3 个 M6 螺栓固定挡泥板，使其紧贴在车轮轴承座的凸缘上。用非纤维材料擦净制动盘工作表面，不能有油污。装上制动盘，且紧贴在轮毂的结合面上。

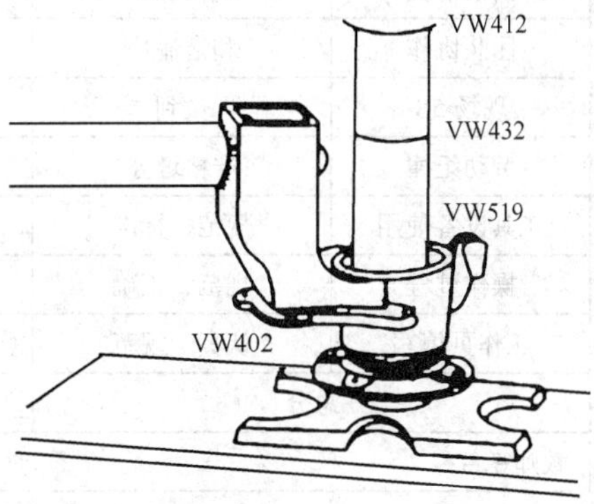

图 8-33　压入轮毂

四、工作页

学生依据维修手册的要求及操作步骤，在教师的指导下完成本工作任务，并填写任务工单。

任务名称	前悬架总成拆装及检修	实训设备	套筒扳手、扭力扳手、专用工具、组合工具、普通桑塔纳轿车等
客户任务	一辆普通桑塔纳轿车的左前减震器出现漏油，需更换，更换减震器需要拆装前悬架总成		
任务目的	能正确使用工具，掌握前悬架总成拆装及检修的方法和步骤		
一、知识要点 1．独立悬架和非独立悬架。 2．独立悬架的优点和类型。 **二、决策与计划** 根据任务要求，确定所需要的设备、工具，并对小组成员进行合理分工，制订详细的工作计划。 1．讨论前悬架总成拆装及检修所需要的设备、工具。 2．小组成员分工。			

3．制订前悬架总成拆装及检修的操作步骤。

三、实施过程记录

1．前悬架总成的拆卸步骤。

2．减震器的更换方法和步骤。

四、检查与评估

1．检查前悬架总成的拆装和减震器的更换步骤是否正确。
2．请根据自己任务完成的情况，对自己的工作进行自我评估，并提出改进意见。
3．各小组对每个组员的表现进行评估，给出点评；教师对小组工作情况进行评估，并进行点评。
4．教师、各小组、学生个人对本次任务的评价给出量化。

考核项目	评分标准	分数	学生自评	小组评价	教师评价	小计
安全生产	有无安全隐患	10				
活动情况	积极主动	5				
团队协作	和谐愉快	5				
现场 5S	做到	10				
劳动纪律	严格遵守	5				
工具设备使用	规范、标准	10				
操作过程	规范、正确	50				
工作页填写	认真、规范	5				
总分						
教师签名：		时间：			总评	

项目九 9 转向系统的构造与维修

知识目标

◎ 熟悉机械转向系统的组成和工作过程。
◎ 掌握机械转向器的类型、结构与工作原理。
◎ 熟悉动力转向系统的组成和工作过程。
◎ 了解转向控制阀的结构与原理。

能力目标

◎ 能够正确选择与使用工具、设备，并规范进行转向器的拆装和转向器的检修。

任务一 转向系统的认知

一、转向系统的功用及分类

1．转向系统的功用

转向系统是指由驾驶人操纵，能实现转向轮偏转和回位的一套机构。转向系统在汽车上的安装位置如图 9-1 所示。

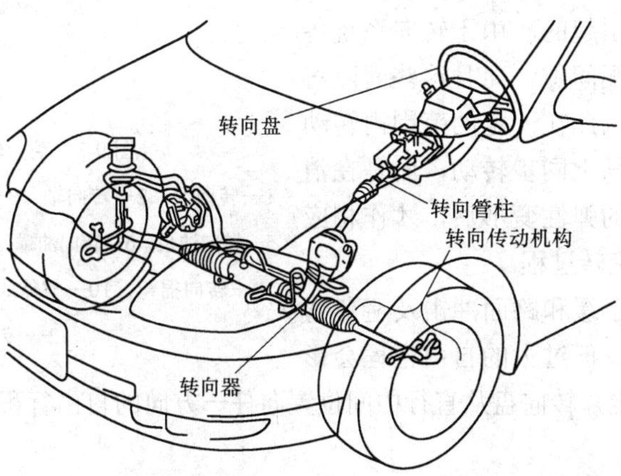

图 9-1　转向系统在汽车上的安装位置

转向系统的功用是按照驾驶人的意愿改变汽车的行驶方向和保持汽车稳定的直线行驶。

2．转向系统的分类及基本组成

汽车转向系统按转向动力源的不同分为机械转向系统和动力转向系统两大类。

机械转向系统以驾驶人的体力作转向动力源，系统的所有传动件都是机械的，结构及组成如图 9-2 所示。

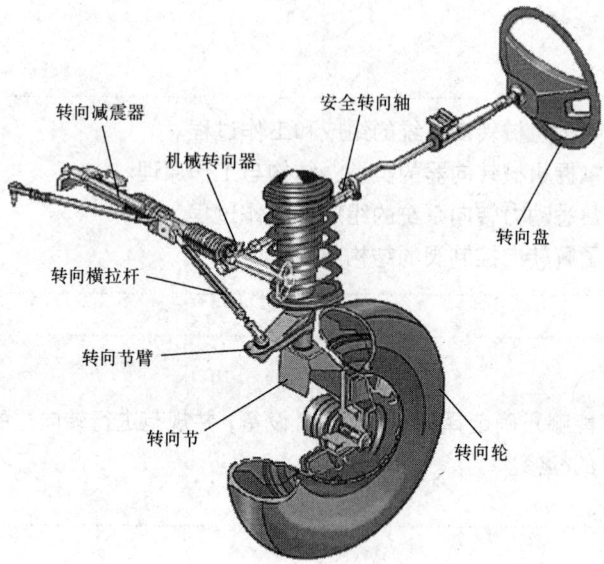

图 9-2 机械转向系统的组成

动力转向系统是兼用驾驶人体力和发动机（或电动机）的动力作为转向能源的转向系统。动力转向系统是在机械转向系统的基础上加设一套转向加力装置而形成的，如图 9-3 所示。

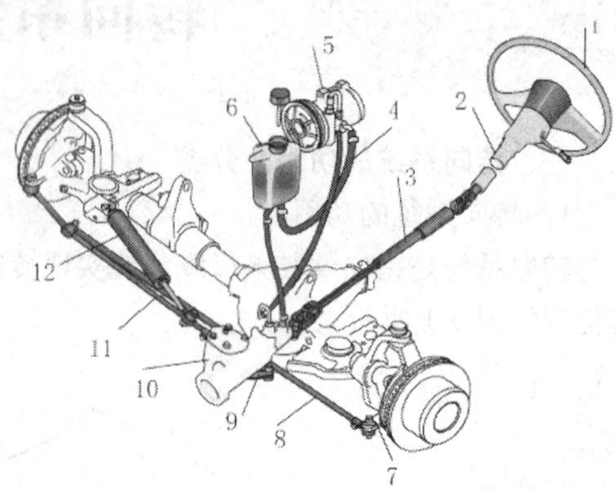

图 9-3 动力转向系统的组成

1—转向盘；2—转向轴；3—转向中间轴；4—转向油管；5—转向油泵；6—转向油罐；7—转向节臂；8—转向横拉杆；9—转向摇臂；10—整体式转向器；11—转向直拉杆；12—转向减震器

3．转向盘的自由行程

转向盘的自由行程是指转向盘在空转阶段的角行程，这主要是由于转向系统各传动件之间的装配间隙和弹性变形所引起的。由于转向系统各传动件之间都存在着装配间隙，而且这些间隙将随零件的磨损而增大，因此在一定的范围内转动转向盘时，转向节并不马上同步转动，而是在消除这些间隙并克服机件的弹性变形后，才作相应的转动，即转向盘有一空转过程。

转向盘自由行程对于缓和路面冲击及避免驾驶人过于紧张是有利的，但过大的自由行程会影响转向灵敏性。一般规定，转向盘从直行中间位置向任一方向的自由行程不应超过 10°～15°。

二、机械转向系统

汽车机械转向系统由转向操纵机构、机械转向器和转向传动机构 3 大部分组成。

1．机械转向器

转向器是转向系统中的降速增矩装置，其功用是增大由转向盘传到转向节的力，并改变力的传动方向。

按转向器中传动副的结构形式分，可以分为齿轮齿条式、循环球式、蜗杆曲柄指销式、蜗杆滚轮式等几种。现代汽车的转向器已逐渐成熟，蜗杆滚轮式在早期的国产解放汽车上使用，现已改为循环球式转向器。国产东风系列货车早期装用蜗杆曲柄指销式转向器，目前在其生产的部分货车上已改用循环球式转向器，蜗杆曲柄指销式转向器也开始淘汰。奥迪、奇瑞等很多轿车上采用齿轮齿条式转向器。

当作用力从转向盘传到转向摇臂时称为正向传动（相应的传动效率称为正传动效率）；反之，转向摇臂所受到的道路冲击力传到转向盘，称为逆向传动（相应的传动效率称为逆传动效率）。

作用力很容易地由转向盘经转向器传到转向摇臂，而转向摇臂所受的路面冲击也比较容易经转向器传到转向盘，这种转向器称为可逆式转向器，其正、逆传动效率都很高。可逆式转向器有利于汽车转向后转向轮自动回正，但也容易将坏路对车轮的冲击力传到转向盘，出现“打手”现象。

（1）齿轮齿条式转向器。齿轮齿条式转向器分两端输出式和中间（或单端）输出式两种结构形式，如图 9-4 所示。齿轮齿条式转向器采用一级传动副，主动件是齿轮，从动件是齿条。

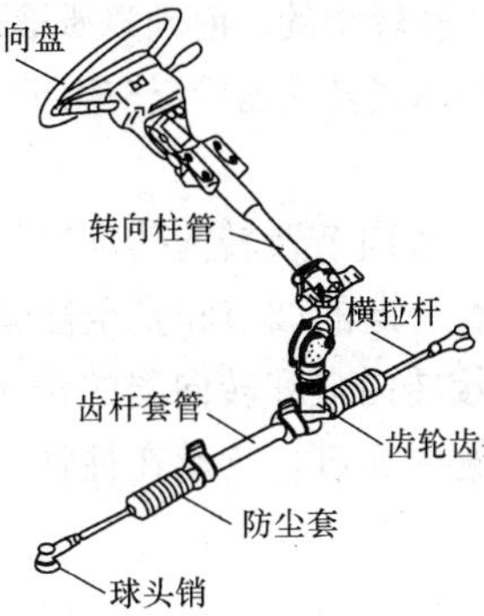

（a）两端输出式

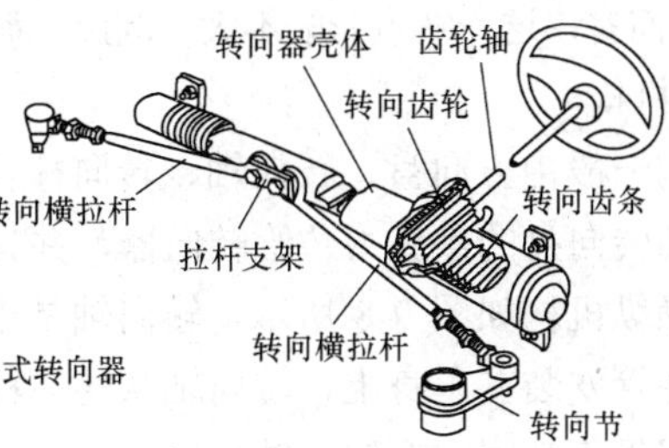

（b）中间输出式

图 9-4 齿轮齿条式转向器结构形式

工作原理如图 9-5 所示，当转动转向盘时，带动转向齿轮转动，使与之啮合的转向齿条沿轴向移动，从而使左右横拉杆带动转向节左右转动，使转向车轮偏转，实现汽车转向。

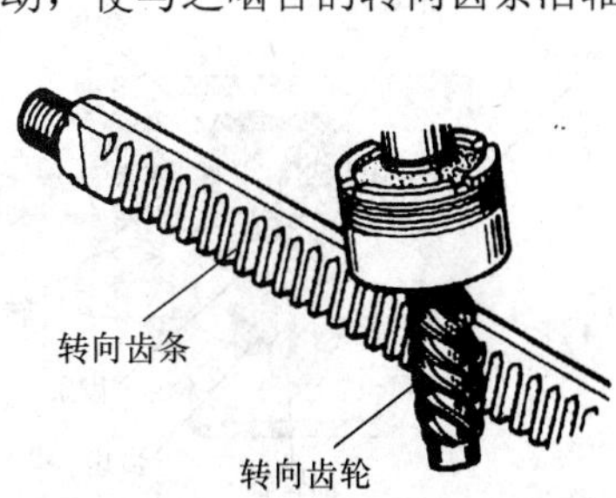

图 9-5 齿轮齿条式转向器传动原理图

齿轮齿条式转向器结构简单，可靠性好，便于独立悬架的布置；同时，由于齿轮齿条直接啮合，转向灵敏、轻便，在各类型汽车上的应用越来越多。

（2）循环球式转向器。循环球式转向器是目前国内外汽车应用最广泛的一种转向器。与其他形式的转向器相比，循环球式转向器在结构上的主要特点是有两级传动副，第一级是螺杆与螺母，第二级是齿条与齿扇，如图 9-6 所示。

循环球式转向器工作原理如图 9-7 所示，循环球式转向器工作时，转向螺杆转动，在摩擦力的作用下，所有钢球在螺母与螺杆之间形成“球流”，并推动齿形螺母沿螺杆轴线前后移动，然后通过齿条带动齿扇摆动，并使摇臂轴旋转，带动摇臂摆动，最后由传动机构传至转向轮，使转向轮偏转以实现转向。

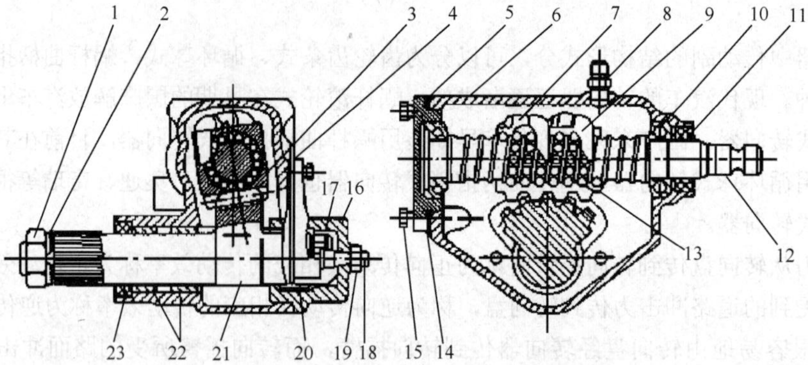

图 9-6 循环球式转向器结构组成

1—螺母；2—弹簧垫圈；3—转向螺母；4—转向器壳体垫片；5—转向器壳体底盖；6—转向器壳体；7—导管卡子；8—加油螺塞；9—钢球导管；10—球轴承；11、12—油封；13、15—滚针轴承；14—齿扇轴（摇臂轴）；16—锁紧螺母；17—调整螺钉；18、21—调整垫片；19—侧盖；20—螺栓；22—钢球；23—转向螺杆

循环球式转向器的最大优点是传动效率高、操纵轻便、且工作可靠、使用寿命长。其主要缺点是结构复杂、制造精度要求高、且逆效率也高。不过，对于较轻型的、前轴载质量不大而又经常在良好路面上行驶的汽车而言，这一缺点影响不大。因此，循环球式转向器广泛应用于各类各级汽车。

2．转向操纵机构

转向操纵机构一般由方向盘、转向轴、转向柱管、万向节及转向传动轴等组合而成，它的作用是将驾驶员转动转向盘的操纵力传给转向器，并具有一定的调节和安全性能。

汽车的转向操纵机构如图 9-8 所示。转向轴是连接转向盘和转向器的传动件，并传递它们之间的转矩。转向柱管安装在车身上，转向轴从转向柱管中穿过，支承在柱管内的轴承和衬套上。转向盘利用键和螺母将其固定在转向轴的轴端。

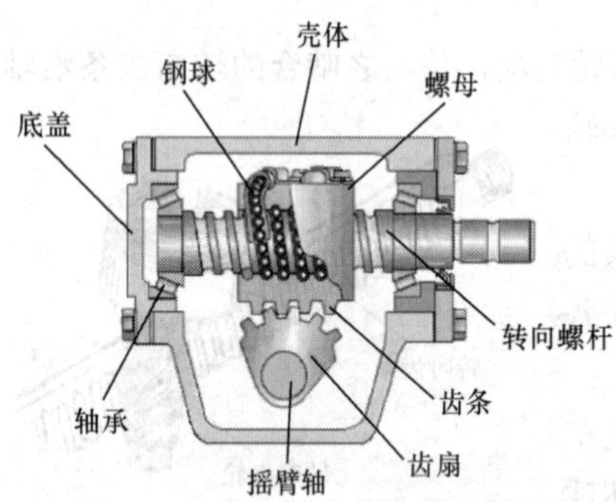

图 9-7 循环球式转向器工作原理图

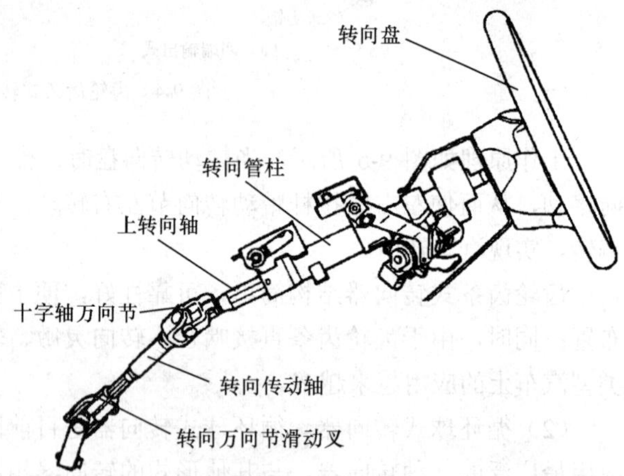

图 9-8 转向操纵机构

近年来，由于公路的改善和汽车车速的提高，许多国家都制定了严格的安全法规。对于轿车，除要求装有吸能式转向盘外，还要求转向柱管也必须备有缓和冲击的吸能装置。如图 9-9 所示，为奥迪轿车转向操纵机构，正常行驶时，上、下转向轴 2 和 3 通过销钉 5 配合来传递转向力矩。当撞车时，上、下转向轴及时分开，避免了转向盘随车身后移，从而保证了驾驶员的安全。桑塔

纳轿车、红旗轿车的转向操纵机构与此类似。

上述操纵机构，没有吸能装置，图 9-10 为钢球滚压变形式转向盘柱的球式能量吸收装置，主要由转向轴、钢球套筒、上下柱管、塑料销、钢球等组成。 转向轴分上轴和下轴，由塑料销连接。塑料套筒内装满钢球，挤压在上柱管和下柱管之间，这些钢球为四段两组。上面的钢球与下面的钢球交错排列，以使转向盘柱在脱开时不在同一道糟内滚动。

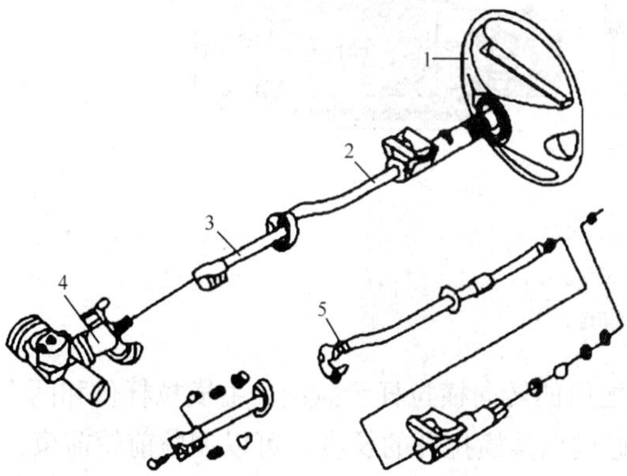

图 9-9　奥迪轿车转向操纵机构

1—转向盘；2—上转向轴；3—下转向轴；
4—转向器；5—销钉

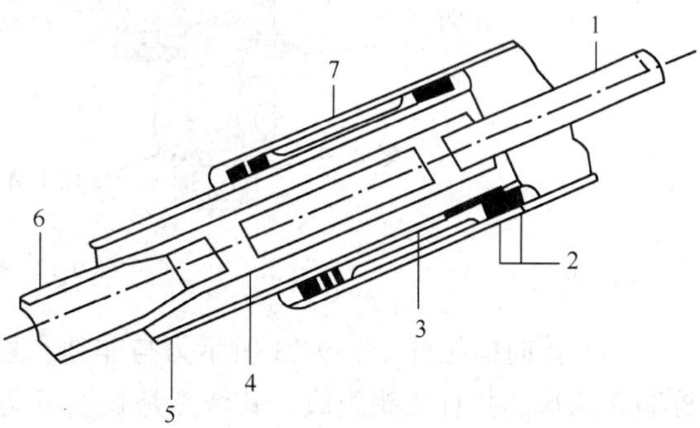

图 9-10　球式能量吸收机构

1—上主轴；2—钢球；3—钢球套筒；4—塑料销；
5—下柱管；6—下主轴；7—上柱管

断开式套管固定架通过两个封壳和螺栓锁紧在仪表板杆系统上，封壳则利用 4 个塑料销安装在套管固定架上。

球式能量吸引装置工作过程如下。

当汽车发生碰撞时，转向器对转向轴施加激烈的轴向冲击力，冲击（一次冲击）将转向轴上的塑料销剪断，下主轴向上滑，套上上主轴，以防止转向盘移动伤害驾驶员。一次冲击后，如果驾驶员的身体撞击转向盘（二次冲击）时，断开式套管固定架脱离封壳。将封壳的塑料销切断，转向盘柱下陷。当转向盘柱下陷时，钢球便会滚动，然而由于下柱管的内径较小，限制钢球自由滚动，钢球将柱管部件向外推出。在这种情形下，它们之间所产生的阻力有助于吸收碰撞发生的冲击。

此外，转向轴和转向柱管的吸能装置还有其他形式，但基本原理相似。

3．转向传动机构

转向传动机构的功用是将转向器输出的力和运动传给转向轮，使两侧转向轮偏转以实现汽车转向，并保证左右转向轮的偏转角按一定关系变化。

（1）转向摇臂。图 9-11 所示为常见转向摇臂的结构形式。循环球式转向器和蜗杆曲柄指销式转向器通过转向摇臂与转向直拉杆相连。转向摇臂的大端用锥形三角细花键与转向器中摇臂轴的外端连接，小端通过球头销与转向直拉杆作空间铰链连接。

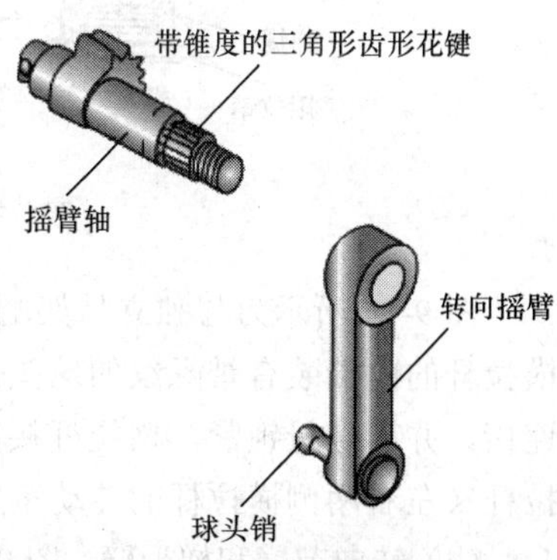

图 9-11　转向摇臂

（2）转向直拉杆。图 9-12 所示为汽车的转向直拉杆，它是连接转向摇臂和转向节臂的杆件，具有传力和缓冲作用。在转向轮偏转且因悬架弹性变形而相对于车架跳动时，转向直拉杆与转向摇臂及转向节臂的相对运动都是空间运动，为了不发生运动干涉，三者之间的连接件都是球形铰链。

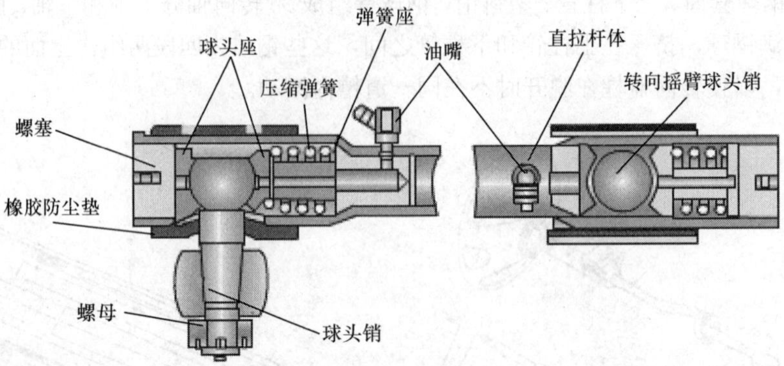

图 9-12　转向直拉杆

（3）转向横拉杆。图 9-13 所示为与非独立悬架配用的转向横拉杆示意图，由横拉杆体和两个旋装在两端的拉杆接头组成。其特点是长度可调，通过调整横拉杆的长度，可以调整前轮前束。

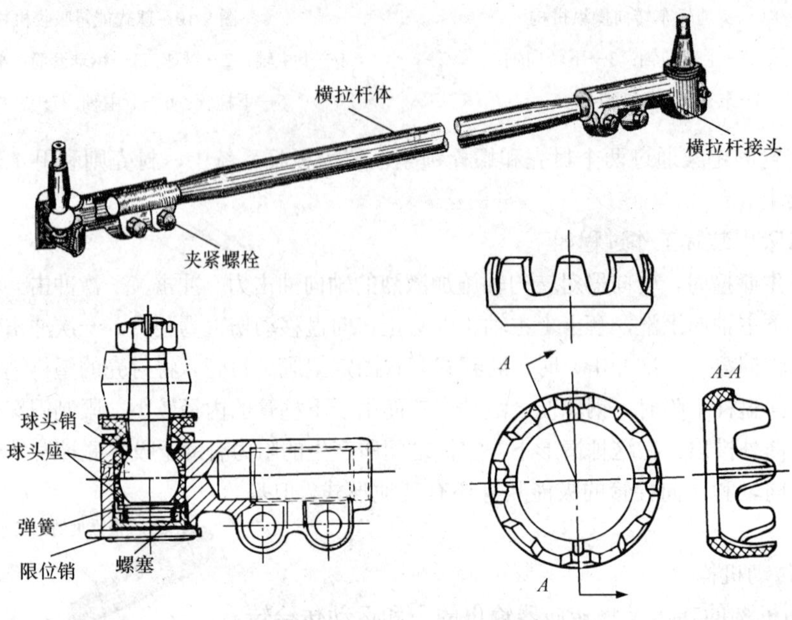

图 9-13　与非独立悬架配用的转向横拉杆示意图

图 9-14 所示为与独立悬架配用的转向横拉杆示意图。转向器齿条的两端制有内螺纹。转向横拉杆的内端装有带螺纹的球头，并将其旋入齿条中。横拉杆的外端也通过螺纹与横拉杆接头连接，并用螺母锁紧。横拉杆接头外端通过球头销与转向节连接。松开锁紧螺母，转动转向横拉杆（左右两侧横拉杆的转动量应相同）可以调整前轮前束。

（4）转向节臂和梯形臂。图 9-15 所示为解放 CA1092 型汽车的转向节臂和梯形臂。转向直拉杆通过转向节臂与转向节相连。转向横拉杆两端经左、右梯形臂与转向节相连。转向节臂和梯形臂带锥形柱的一端与转向节锥形孔相配合，用键和锁紧螺母防止松动。臂的另一端带有锥形孔，与相应的拉杆球头销锥形柱相配合，同样用螺母紧固后插入开口销将螺母锁住。

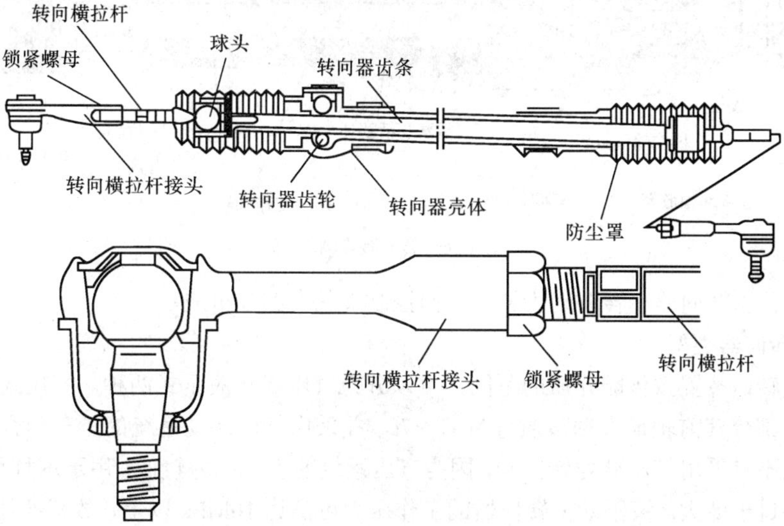

图 9-14 与独立悬架配用的转向横拉杆示意图

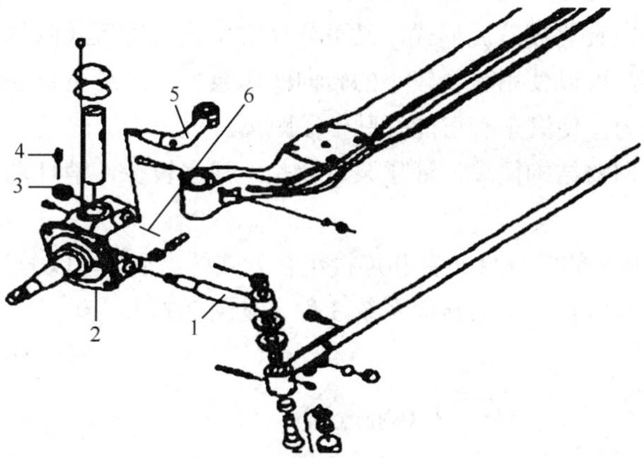

图 9-15 解放 CA1092 型汽车的转向节臂和梯形臂

1—左转向梯形臂；2—转向节；3—锁紧螺母；4—开口销；5—转向节臂；6—键

（5）转向减震器。为了衰减由于道路不平而传递给转向盘的冲击、振动，防止转向盘“打手”，稳定汽车行驶方向，许多轿车装有转向减震器。转向减震器一端与车身（或前桥）铰接，另一端与转向直拉杆（或转向器）铰接。转向减震器的结构如图 9-16 所示，其工作原理与悬架中的减震器相类似。

三、液压动力转向系统

由于重型汽车和超低压胎的轿车转向时阻力较大，为了减轻驾驶员的疲劳强度，改善转向系统的技术性能，一般采用动力转向系统。汽车转向时，所需的能量只有小部分是驾驶员提供，而大部分是发动机驱动转向油泵旋转，将发动机输出的部分机械能转化为压力能。并在驾驶员控制下，对转向传动装置或转向器中某一传动件施加不同方向的随动渐进压力，从而实现转向。

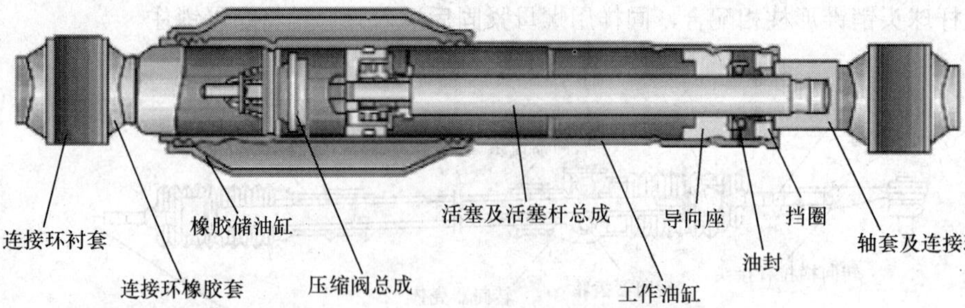

图 9-16 转向减震器结构

动力转向器由转向器、转向动力缸和转向控制阀三大部分组成。

1．动力转向器类型

（1）动力转向装置按传能介质的不同，可以分为气压式和液压式两种。气压式动力转向装置主要应用于一部分其前轴最大轴载质量为 3～7t，并采用气压制动系统的货车和客车。装载质量特大的货车也不宜采用气压动力转向器，因为气压系统的工作压力较低，用于这种重型汽车上时，其部件尺寸将过于庞大。液压动力转向器的工作压力可高达 10MPa 以上，故其部件结构紧凑、尺寸很小。液压系统工作时无噪声，工作滞后时间短，而且能吸收来自不平路面的冲击。因此，液压式动力转向装置已在各级各类汽车上得到了广泛应用。

（2）液压式动力转向装置按液流形式，又可分为常压式和常流式两种。常压式液压动力转向器有储能器积蓄液压能，可以使用流量较小的转向液压泵，而且还可以在液压泵不运转的情况下保持一定的转向加力能力，使汽车有可能行驶一段距离。

常流式液压动力转向器结构简单，液压泵寿命长，泄漏较少，消耗功率也较小，广泛应用于各种汽车。

（3）根据转向加力装置的零部件布置和连接组合方式的不同，可以分为整体式动力转向系统、半整体式动力转向系统和组合式动力转向系统 3 种（见图 9-17）。

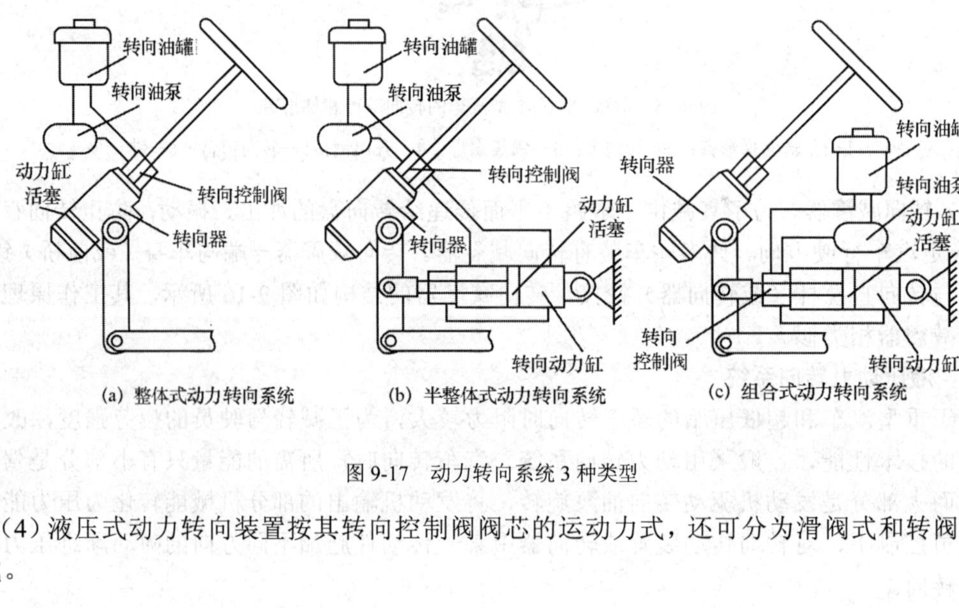

图 9-17 动力转向系统 3 种类型

（4）液压式动力转向装置按其转向控制阀阀芯的运动力式，还可分为滑阀式和转阀式两种形式。

2．液压式动力转向系统的组成和工作原理

动力转向装置由机械转向器、转向控制阀（转阀式）、转向动力缸以及将发动机输出的部分机械能转换为压力能的转向油泵（或空气压缩机）、转向油罐等组成，图 9-18 为别克凯越轿车的动力转向系统。转向油泵安装在发动机上，由曲轴通过 V 形带驱动运转向外输出油压，转向油罐有进、出油管接头，通过油管分别和转向油泵和转向控制阀连接。动力转向器为整体式动力转向器，其转向控制阀用以改变油路。

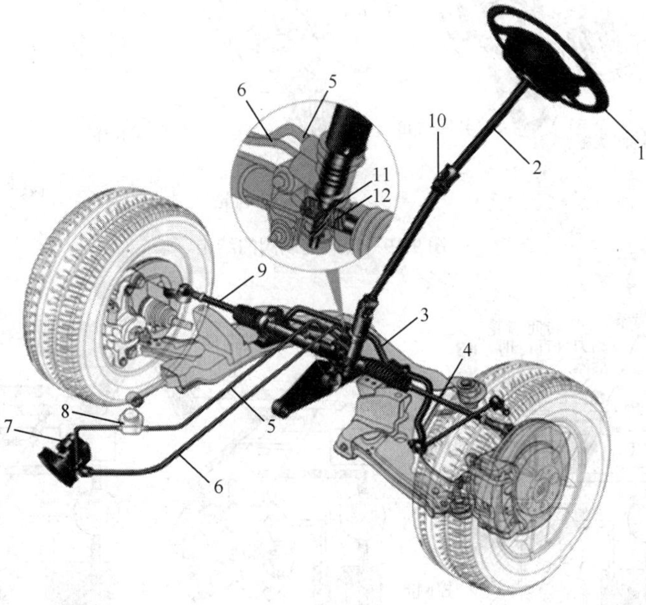

图 9-18　别克凯越轿车的动力转向系统

1—转向盘；2—转向轴；3—动力转向器；4—左侧转向横拉杆；5—低压油管；6—高压油管；7—动力转向油泵；8—储油罐；9—右侧转向横拉杆；10—万向节；11—齿轮；12—齿条

（1）液压动力转向装置。液压常流转阀式转向控制阀的结构如图 9-19 所示。转向控制阀的转子安装在转向齿轮轴上，在其中间插入控制阀扭杆并固定。在转向齿轮上部有控制阀体，它和控制阀扭杆相连。控制阀体和转向油泵相通，且在其两端有与动力缸相通的阀门孔，由其所处位置决定是否向动力缸供油。转向盘转动时，根据控制阀扭杆的扭转量提供相应的油压辅助力。转向油泵的供油压力由转向控制阀控制。高压油经过控制阀内的空隙进入动力活塞两端，使活塞左右运动，带动转向齿条运动。

动力转向装置的工作原理如图 9-20 所示。转向盘旋转时，带动控制阀扭杆旋转，使控制阀缸体旋转，阀门孔打开，开始供油。当转向盘转角很大时，控制阀扭杆转角大，进入动力缸的油液多，推动动力活塞运动，从而减轻转向操纵力。高速时，转向角转角小，进入动力缸的油液很少，转向操纵力大。当进入动力缸的油液流量很大时，过剩油液通过电磁阀流回储油罐。当转向盘旋转停止时，阀门孔被关闭，动力活塞两端的油压相同。

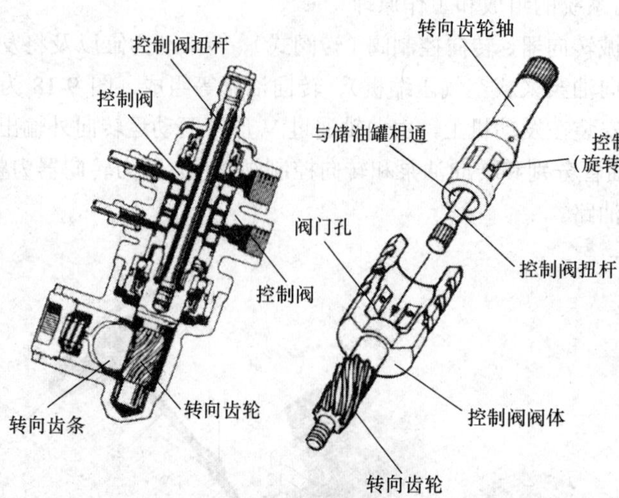

图 9-19 转向控制阀的结构

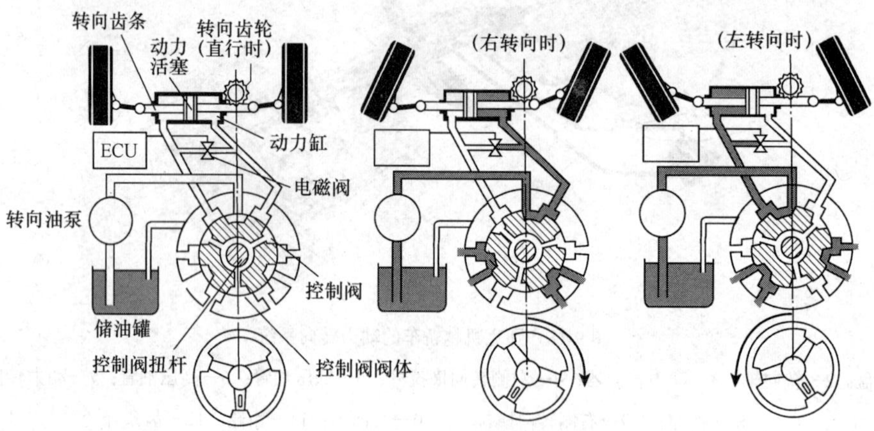

图 9-20 动力转向系统工作原理

（2）转向油泵。转向油泵是助力转向系统的动力源。转向油泵经转向控制阀向转向助力缸提供一定压力和流量的工作油液。转向油泵的结构类型有多种，常见的有齿轮式、转子式和叶片式。目前最常用的是双作用叶片式转向油泵，其工作原理如图 9-21 所示。当发动机带动油泵逆时针旋转时，叶片在离心力的作用下紧贴在定子的内表面上，工作容积开始由小变大，从吸油口吸进油液，而后工作容积由大变小，压缩油液，经压油口向外供油。再转 180°，又完成一次吸压油过程。

油泵的转子是通过发动机驱动或电动机驱动的，工作时油压及流量的变化是通过安全阀和溢流阀来实现的，如图 9-22 所示。当输出压力过高时，这个压力传到溢流阀右侧，使安全阀左移开启，高压油流回进油腔，降低了输出油压。当输出油量过大时，节流孔处油液的流速很高，但该处的压力很小，此压力经横向油道传到溢流阀右侧，使节流阀左右两侧的压差增大，在压差的作用下，节流阀压缩弹簧右移，使进油道和出油道相同，部分油液在泵内循环流动，减少了出油量。

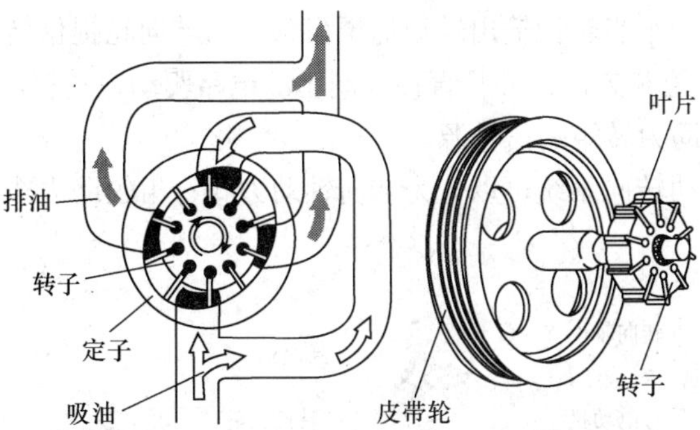

图 9-21　双作用叶片泵的结构及工作原理

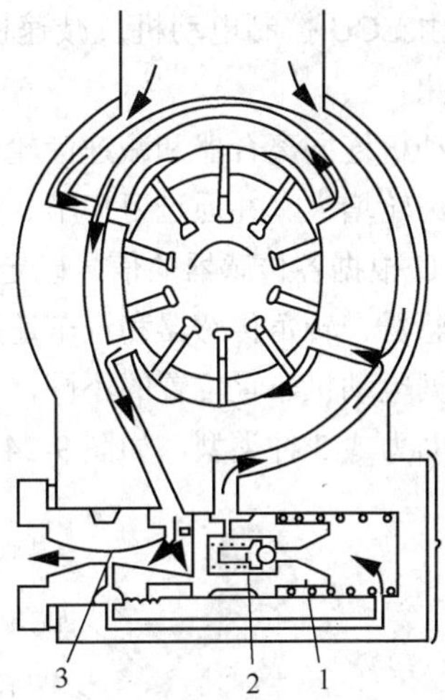

图 9-22　双作用卸荷式叶片泵调压、节流原理示意图

1—溢流阀活塞（溢流阀）；2—安全阀；3—节流孔

四、电子控制动力转向系统

电子控制动力转向系统（Electronic ControlPower Steering，EPS）可分为电动式动力转向系统、液压式电控动力转向系统等多种形式。

1．电动式动力转向系统

电动式动力转向系统主要用于轻型汽车，原因是轻型汽车发动机室自由空间狭小，对转向助力要求不大。

电动式动力转向系统结构组成如图 9-23 所示，主要由转矩传感器、转角传感器、车速传感器、电动机、电磁离合器、减速机构、电子控制单元等组成。

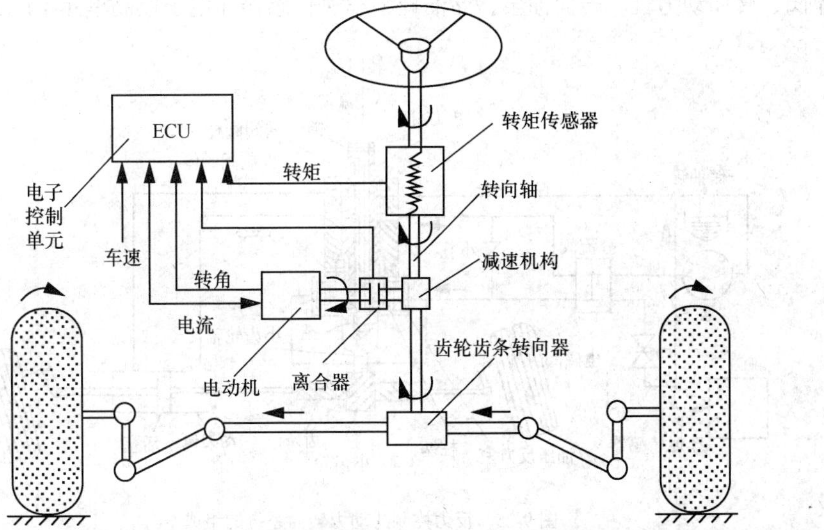

图 9-23　电动动力转向系的组成

电动动力转向系统的基本原理是根据汽车行驶速度（车速传感器输出信号）、转矩及转向角

信号，由 ECU 控制电动机及减速机构产生助力转矩，使汽车在低、中和高速下都能获得最佳的转向效果。

电动机连同离合器和减速齿轮一起，通过一个橡胶底座安装在左车架上。电动机的输出转矩由减速齿轮增大，并通过万向节、转向器中的助力小齿轮把输出转矩送至齿条，向转向轮提供转矩。ECU 根据各传感器的信号确定助力转矩的幅值和方向，并且直接控制驱动电路驱动电动机。转矩传感器、转角传感器和汽车速度传感器等为助力转矩的信号源。

根据电动机布置位置的不同，直接助力式电动转向系统可以分为转向轴助力式、齿轮助力式和齿条助力式 3 种类型，如图 9-24 所示。

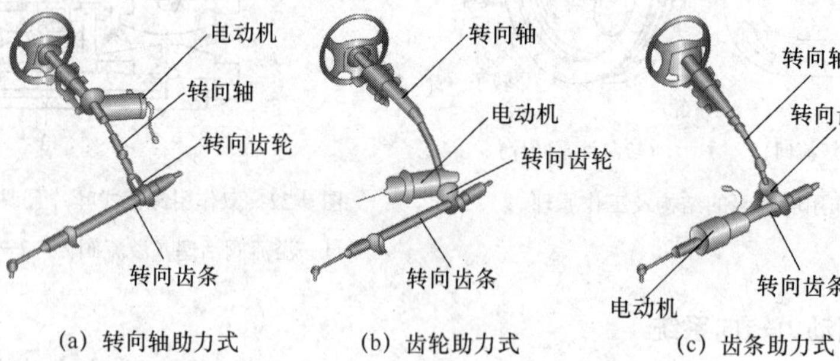

图 9-24 电动动力转向系统的类型

2．液压式电控动力转向系统

液压式电控动力转向系统在传统的液压动力转向系统的基础上增设了电子控制装置而构成的。根据控制方式的不同，可分为流量控制式、反力控制式和阀灵敏控制式 3 种形式。下面以反力控制式动力转向系统为例进行介绍。

（1）基本组成。图 9-25 所示为反力控制式动力转向系统的组成，主要由转向控制阀、电磁阀、分流阀、转向动力缸、转向油泵、储油罐、车速传感器和电子控制单元组成。

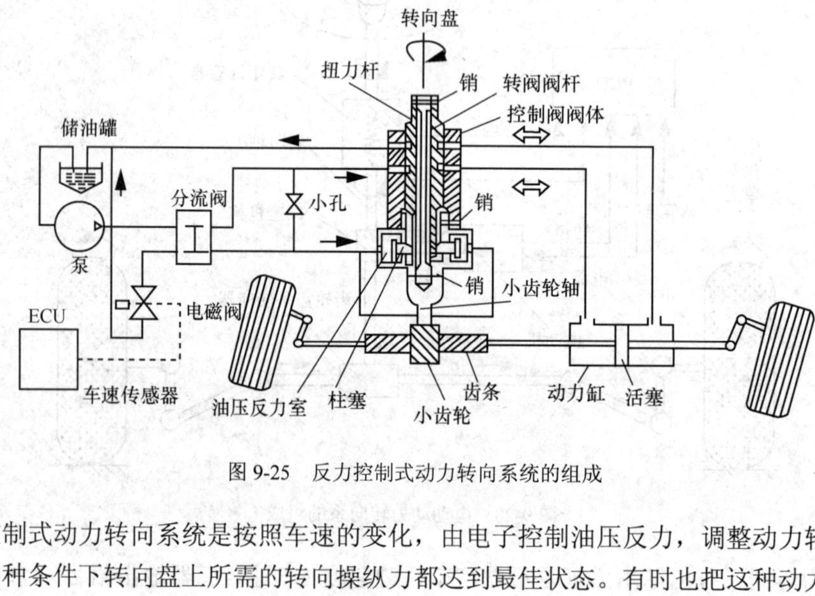

图 9-25 反力控制式动力转向系统的组成

反力控制式动力转向系统是按照车速的变化，由电子控制油压反力，调整动力转向器，从而使汽车在各种条件下转向盘上所需的转向操纵力都达到最佳状态。有时也把这种动力转向系统称为渐进型动力转向系统 PPS（ProgressivePower Steering）。

电子控制渐近型动力转向系统结构如图 9-26 所示，除了旧式动力转向装置中用来控制加力的主控制阀之外，又增设了反力油压控制阀和油压反力室。

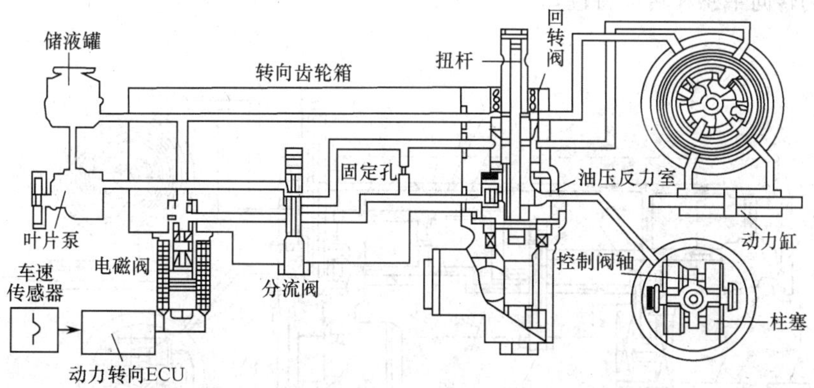

图 9-26　电子控制的渐进型动力转向系统结构

经反力油压控制阀调整后的油压加到油压反力室内，扭杆与转向轴相连，当 PPS 根据油压反力的大小改变转向扭杆的扭曲量时，就可以控制转向时所要加的力。动力转向用的微机安装在电子控制器 ECU 内，微机根据车速传感器的信号控制电磁阀的输入电流；电磁阀设在反力控制阀上。

（2）工作原理。

① 汽车静止或低速行驶时。如图 9-27 所示，汽车在低速范围内运行时，ECU 输出一个大的电流，使电磁阀的开度增加，由分流阀分出的液体流过电磁阀回到储油罐中的流量增加。油压反力室的压力减小，柱塞推动控制阀杆的力减小，因此只需要较小的转向力就可使扭杆扭转变形，使阀体与阀杆发生相对转动而使控制阀打开，油泵输出油压作用到动力缸右室（或左室），使动力缸活塞左移（或右移），产生转向助力。

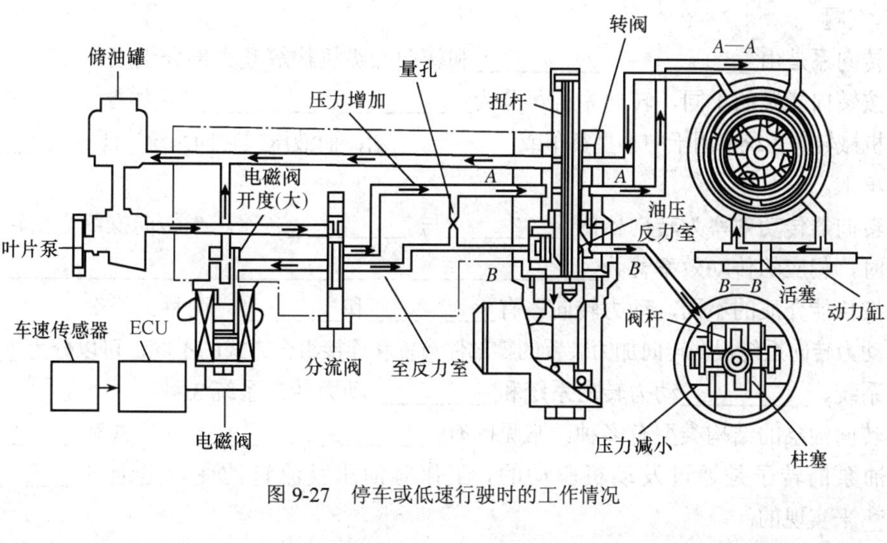

图 9-27　停车或低速行驶时的工作情况

② 汽车中、高速行驶时。如图 9-28 所示，此时转向盘微量转动时，控制阀杆根据扭转角度而转动，转阀的开度减小，转阀里面的压力增加，流向电磁阀和油压反力室中的液流量增加。当

车速增加时，ECU输出电流减小，电磁阀开度减小，流入油压反力室中的液流量增加，反力增大，使得柱塞推动控制阀杆的力变大。液流还从量孔流进油压反力室中，这也增大了油压反力室中的液体压力，故转向盘的转动角度增加时，将要求一个更大的转向操纵力，使得在中高速时驾驶人可获得良好的转向手感和转向特性。

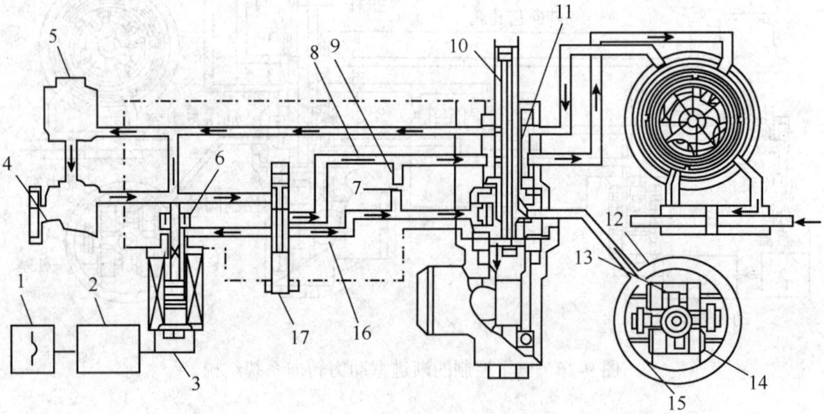

图9-28　中、高速行驶时的工作情况

1—车速传感器；2—ECU；3—电磁阀；4—叶片泵；5—储油罐；6—电磁阀开度（小）；7、9—量孔；8—压力增加；10—扭杆；11—转阀；12—油压反力室；13—控制阀杆；14—柱塞；15—压力增加；16—流量增加；17—分流阀

③ 中高速直行状态。车辆直行时，转向偏摆角小，扭杆相对转矩小，控制阀油孔开度减小，控制阀侧油压升高。由于分流阀的作用，使电磁阀侧油量增加。同时，随着车速的升高，通电电流减小，通过电磁阀流回油箱的阻尼增大，油压反力室的反力增大，使柱塞推动控制阀阀杆的力矩增大，转向盘手感增强。

五、活动页

1．填空题

（1）转向系是由__________、__________和转向操纵机构等几大部分组成。

（2）按转向能源的不同，转向系统可分为__________和__________两大类。

（3）机械转向系统多用于中小型货车或__________上；而液压式转向系统广泛应用于__________和重型货车上。

（4）转向器传功效率为转向器的__________与__________之比。当转向操纵力由转向盘传到转向摇臂时，相应的传动效率称为__________。

（5）按传能介质的不同，动力转向器有__________和__________两种。

（6）动力转向系统根据转向加力装置的零部件布置和连接组合方式的不同，可以分为__________动力转向系统、__________动力转向系统和__________动力转向系统3种。

（7）转向油泵的结构类型有多种，常见的有__________式、__________式和__________式。

（8）油泵的转子是通过发动机驱动的，工作时油压及流量的变化是通过__________和__________来实现的。

2．填图题

图9-29所示为动力转向系统的组成图，请填出名称。

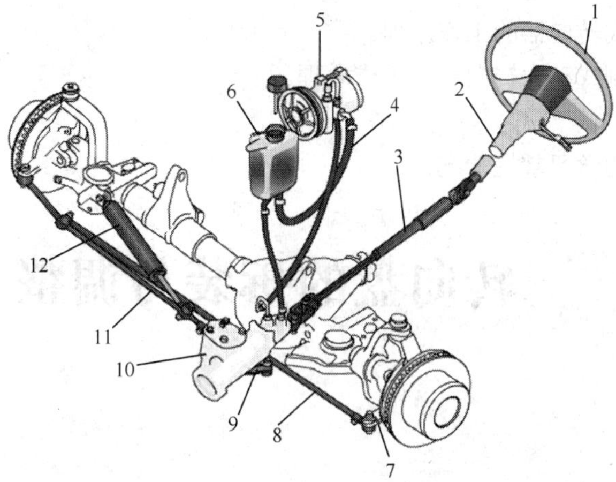

（1）__________（2）__________（3）__________（4）__________（5）__________

（6）__________（7）__________（8）__________（9）__________（10）__________

（11）__________（12）__________

3．选择题

（1）在转向系统中，转向器采用的是齿轮齿条式液压动力转向器，当转向液压泵出故障时，转向系统将（　　）实现转向功能。

A．还能　　B．不能　　C．汽车低速行驶时能　　D．不能确定

（2）转向油泵是助力转向的动力源，其作用是将输出的（　　）经转向控制阀向转向动力缸提供一定压力和流量的工作油液。

A．液压能转化为机械能　　B．机械能转化为液压能

C．液压能转化为势能　　D．动能转化为机械能

（3） 电子控制动力转向系的英文简写是（　　）。

A．ETS　　B．CCS　　C．GPS　　D．EPS

4．判断题

（1）当汽车转弯时，内侧轮胎转向半径通常小于外侧轮胎。（　　）

（2）为了提高行车的安全性，转向轴可以有少许轴向移动。（　　）

（3）可逆式转向器有利于转向轮和转向盘自动回正，但汽车在不良路面上行驶时易发生转向打手现象。（　　）

（4）转向系统角传动比是指转向盘的转角与转向盘同侧的车轮偏转角度的比值。（　　）

（5）转向盘自由行程对于缓和路面冲击，使操纵柔和以及避免使驾驶人过度紧张是有利的。（　　）

（6）汽车转向器的角传动比越大，就越容易实现迅速转向，即灵敏性较高。（　　）

（7）循环球式转向器中的转向螺母既是第一级传动副的主动件，又是第二级传动副的从动件。（　　）

（8）采用动力转向系统的汽车，当转向加力装置失效时，汽车也就无法转向了。（　　）

（9）汽车液压动力转向系统中，安全阀既可限制最大压力，又可限制多余的油液。（　　）

（10）汽车液压动力转向系统中的转阀式转向控制阀，是直接由转向轴驱动的。（　　）

5．简答题

（1）简述循环球式转向器的工作原理。

（2）简述反力控制式动力转向系的工作原理。

6．论述题

评价自己本任务的学习掌握情况。

任务二　转向盘的拆装与调整

一、实训准备

1．实训器材

（1）解放 CA1092 型货车。

（2）拉器、扭力扳手、轮式千斤顶、弹簧秤、卡环钳、百分表、塞尺、举升机、组合工具、转向盘护套、变速杆手柄套、座位套、脚垫等。

2．准备工作

（1）汽车进入工位前，将工位清理干净，准备好相关的器材。

（2）将汽车停驻在举升机中央位置。

（3）拉紧驻车制动器操纵杆，并将变速杆置于空挡位置。

（4）套上转向盘护套、变速杆手柄套和座位套，铺设脚垫。

（5）在车内拉动发动机舱盖手柄。

（6）在车外打开并支撑发动机舱盖。

（7）粘贴翼子板和前格栅磁力护裙。

二、转向盘的拆装

1．转向盘拆卸

（1）拆卸转向盘套。将转向盘向一边转到底，然后再转向另一边，记下转动圈数，回转总圈数一半，此时车轮应在中间位置上。拆下蓄电池电缆。卸下转向盘套，如图 9-29 所示。

（2）拆卸转向盘锁紧螺母。用一只手握住转向盘，另一只手用扳手拧动锁紧螺母，如图 9-30 所示，直至取下锁紧螺母。

在转向轴和转向盘上做好定位标记，使用拉器取下转向盘如图 9-31 所示。注意，使用拉器时注意不要损伤转向轴和外套管。

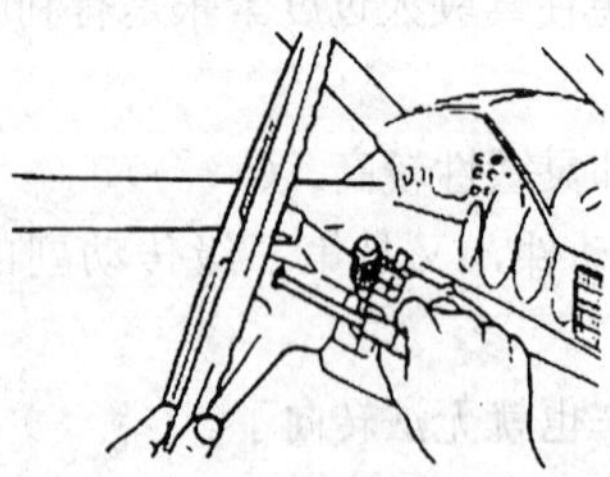

图 9-29　拆卸转向盘套

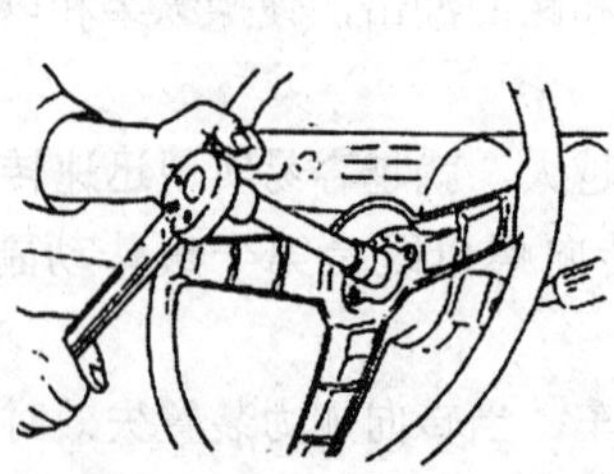

图 9-30　拆卸转向盘锁紧螺母

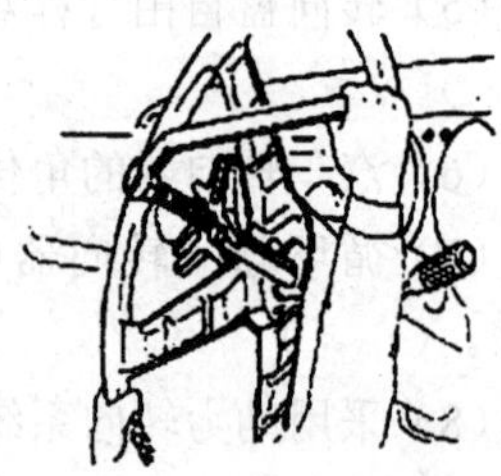

图 9-31　拆卸转向盘

2．转向盘安装

（1）安装转向盘。

① 转向盘和转向轴上的定位标记对齐。

② 按规定扭矩拧紧转向盘锁紧螺母，如图 9-32 所示。

（2）安装转向盘套。如图 9-33 所示，安装转向盘套，注意安装时不要损坏转向盘套。

三、转向盘调整

1．检查转向盘间隙

（1）将前轮转动到正前方位置。

（2）轻轻左右拨动转向盘直到前轮转动为止，如图 9-34 所示，此转动角度为转向盘的自由行程。轿车转向盘的自由行程一般为 20°～30°。

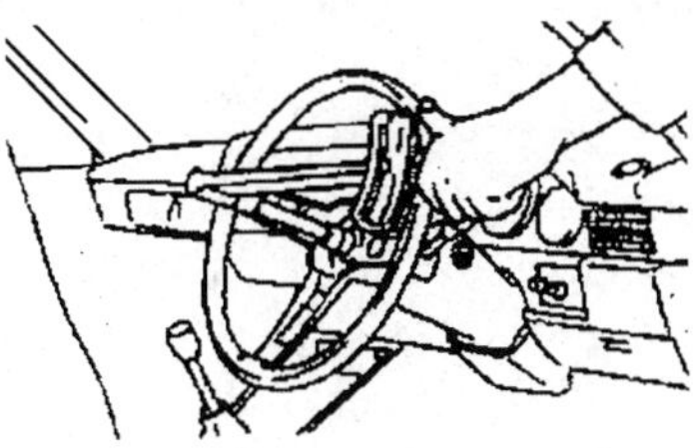

图 9-32 安装转向盘

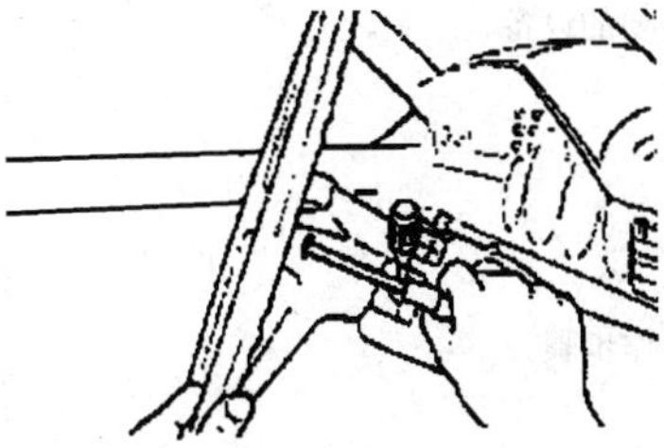

图 9-33 安装转向盘套

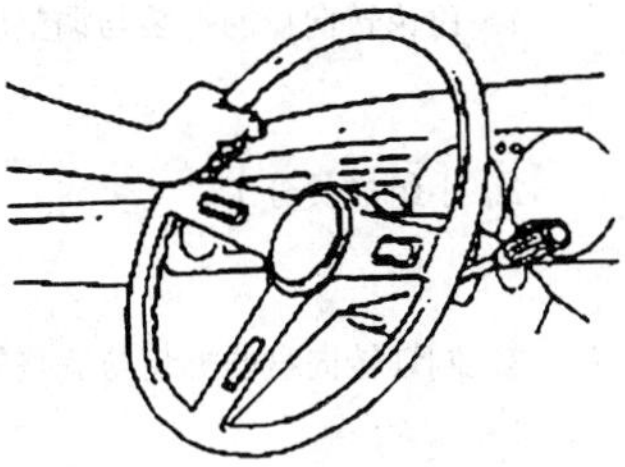

图 9-34 转向盘间隙的检查

2．调整转向盘的自由行程

（1）前轮转动正前方为止。

（2）调整转向器扇形齿轮轴调整螺母，如图 9-35 所示。若自由间隙太大，则拧紧扇形齿轮轴调整螺母，反之则放松。

（3）紧固转向器调整螺栓的锁紧螺母。

3．检查转向盘的松旷和自有间隙

（1）调整后再次进行检查。

（2）两手握住转向盘上下左右移动，如图 9-36 所示。

4．检查转向盘的操纵力

（1）支起汽车前端。

（2）用弹簧秤拉住转向盘，如图 9-37 所示。转向盘必须转动平滑并且两侧都符合规定力。

图 9-35 调整转向盘的自由行程

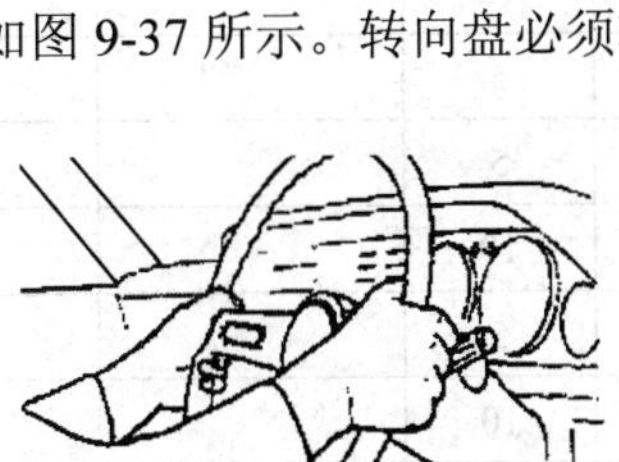

图 9-36 转向盘的松旷和自有间隙的检查

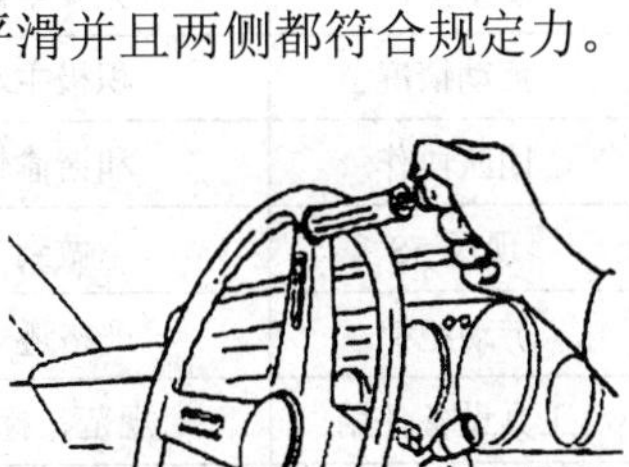

图 9-37 检查转向盘的操纵力

四、工作页

学生依据维修手册的要求及操作步骤，在教师的指导下完成本工作任务，并填写任务工单。

<table>
<tr><td>任务名称</td><td>转向盘的拆装与调整</td><td>实训设备</td><td>套筒扳手、扭力扳手、专用工具、组合工具、解放 CA1092 型货车等</td></tr>
<tr><td>客户任务</td><td colspan="3">一辆解放 CA1092 型货车出现行车事故，转向盘严重变形，需进行拆卸和调整</td></tr>
<tr><td>任务目的</td><td colspan="3">能正确使用工具，掌握转向盘的拆装与调整的方法和步骤</td></tr>
</table>

一、知识要点

1．转向系统的作用是什么？它有哪几种类型？各由哪几部分组成？

2. 什么是转向盘的自由行程？为什么转向盘会留有自由行程？自由行程过大或过小对汽车转向操纵性能会有何影响？一般范围应是多少？

二、决策与计划

根据任务要求，确定所需要的设备、工具，并对小组成员进行合理分工，制订详细的工作计划。

1．讨论转向盘的拆装与调整所需要的设备、工具。

2．小组成员分工。

3．制订转向盘的拆装与调整的操作步骤。

三、实施过程记录

拆装转向盘

1．记录拆卸步骤。

2．在拆装转向盘时，应注意哪些问题？

四、检查与评估

1．检查前悬架总成的拆装和减震器的更换步骤是否正确。

2．请根据自己任务完成的情况，对自己的工作进行自我评估，并提出改进意见。

3．各小组对每个组员的表现进行评估，给出点评；教师对小组工作情况进行评估，并进行点评。

4．教师、各小组、学生个人对本次任务的评价给出量化。

<table>
<tr><td>考核项目</td><td>评分标准</td><td>分数</td><td>学生自评</td><td>小组评价</td><td>教师评价</td><td>小计</td></tr>
<tr><td>安全生产</td><td>有无安全隐患</td><td>10</td><td></td><td></td><td></td><td></td></tr>
<tr><td>活动情况</td><td>积极主动</td><td>5</td><td></td><td></td><td></td><td></td></tr>
<tr><td>团队协作</td><td>和谐愉快</td><td>5</td><td></td><td></td><td></td><td></td></tr>
<tr><td>现场 5S</td><td>做到</td><td>10</td><td></td><td></td><td></td><td></td></tr>
<tr><td>劳动纪律</td><td>严格遵守</td><td>5</td><td></td><td></td><td></td><td></td></tr>
<tr><td>工具设备使用</td><td>规范、标准</td><td>10</td><td></td><td></td><td></td><td></td></tr>
<tr><td>操作过程</td><td>规范、正确</td><td>50</td><td></td><td></td><td></td><td></td></tr>
<tr><td>工作页填写</td><td>认真、规范</td><td>5</td><td></td><td></td><td></td><td></td></tr>
<tr><td colspan="2">总分</td><td></td><td></td><td></td><td></td><td></td></tr>
<tr><td colspan="2">教师签名：</td><td colspan="3">时间：</td><td>总评</td><td></td></tr>
</table>

任务三　转向器的拆装与检修

一、实训准备

1．实训器材

（1）循环球式转向器。

（2）扭力扳手、百分表、组合工具等。

2．准备工作

将工位清理干净，准备好相关的器材。

二、转向器的分解

1．拆下放油塞放油

（1）拆下放油塞放出润滑油，如图 9-38 所示。

（2）转动螺杆至中央位置，做好标记出螺杆与壳体的相对位置。

2．松开扇形齿轮轴调整螺母的锁紧螺母

拆下扇形齿轮齿隙调整螺钉的锁紧螺母，以及端盖螺钉，如图 9-39 所示。

3．松开扇形齿轮轴盖螺栓

从摇臂轴端部拆下调整螺钉及调整垫片，并从壳体上拆下摇臂轴。

4．松开扇形齿轮轴盖和扇形齿轮轴

（1）拧紧调整螺钉，来回移动扇形齿轮轴，如图 9-40 所示。

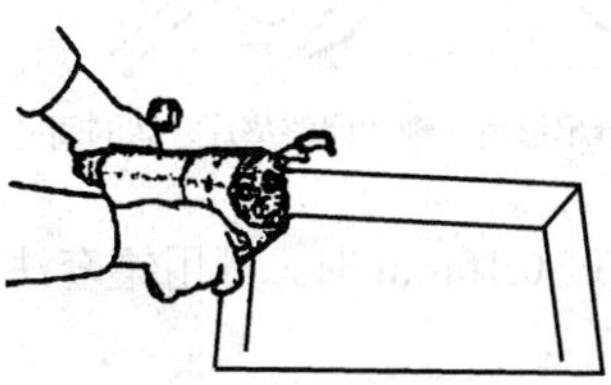

图 9-38　转向器放油

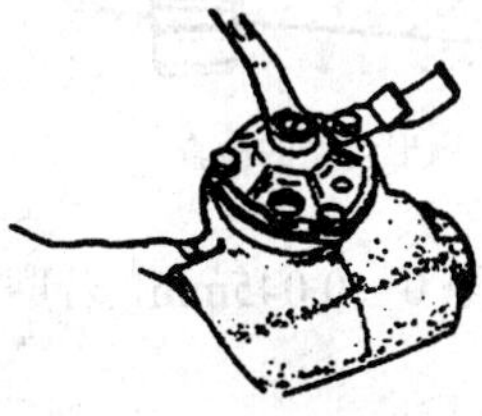

图 9-39　松开扇形齿轮轴调整螺母的锁母

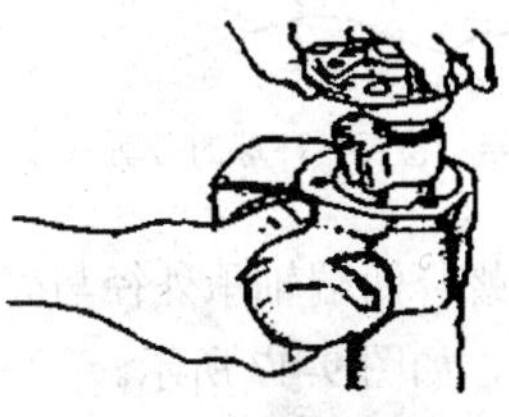

图 9-40　松开扇形齿轮轴盖和扇形齿轮轴

（2）移至中心位置抽出扇形齿轮轴。

5．拆卸蜗杆轴承调整螺钉

先拆下调整螺钉的锁紧螺母，再拆卸蜗杆轴承调整螺钉，如图 9-41 所示。

6．拆下蜗杆和轴承

如图 9-42 所示，拆下蜗杆和轴承。注意不要分解循环球转向齿轮，不要将循环球螺母移到蜗杆的末端。

三、转向器的检修

1．蜗轮轴总成的检修

检查蜗轮轴螺纹、循环球螺母齿条和轴承的损坏或磨损情况，如图 9-43 所示，按规定予以更换或维修。

2．检查循环球的滑动

当蜗杆位于垂直位置时，检查循环球螺母是否能平滑地移动，如图 9-44 所示。注意，滑动中不要让螺母同蜗杆的根部碰撞，快到螺杆根部时，要用手止住其运转。

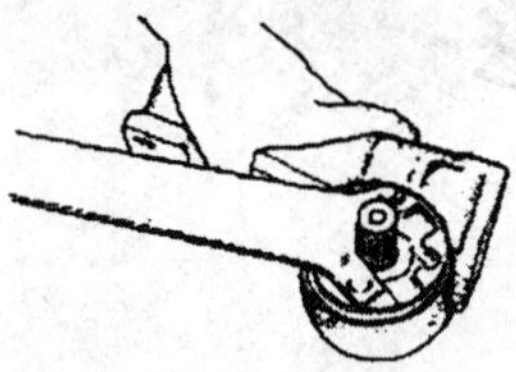

图 9-41 拆卸蜗杆轴承调整螺钉

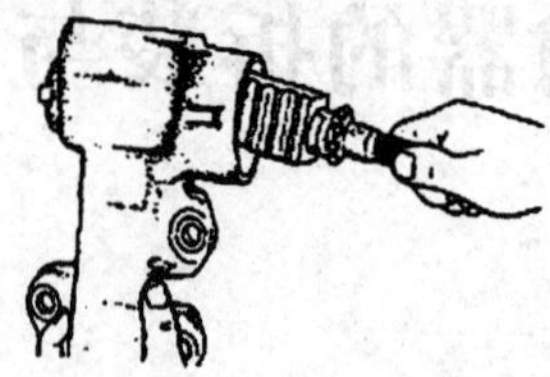

图 9-42 拆下蜗杆和轴承

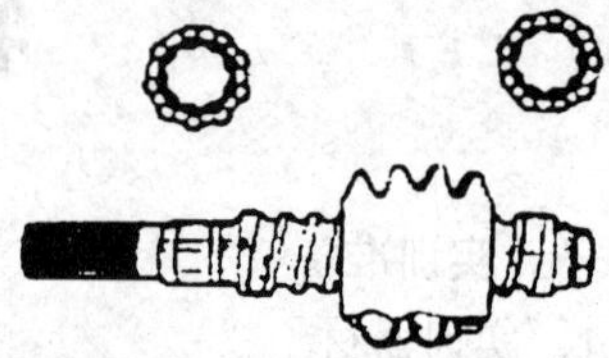

图 9-43 蜗轮轴总成的检修

3．扇形齿轮的检查

如图 9-45 所示，检查扇形轴齿轮和调整螺杆的接触表面的磨损情况，按规定予以维修或更换。

4．检查扇形齿轮轴和调整垫片之间的间隙

用塞尺检查扇形齿轮轴和调整垫片之间的间隙，如图 9-46 所示。通过改变垫片的厚度可以改变调整间隙大小。选择垫片达到同塞尺配合的最小间隙。

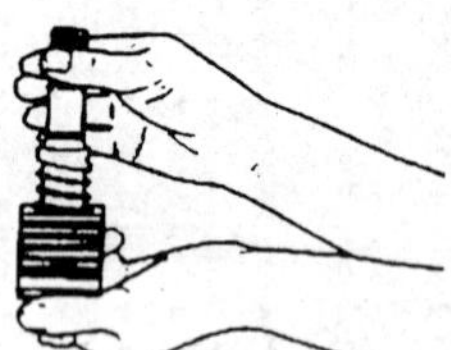

图 9-44 检查循环球的滑动

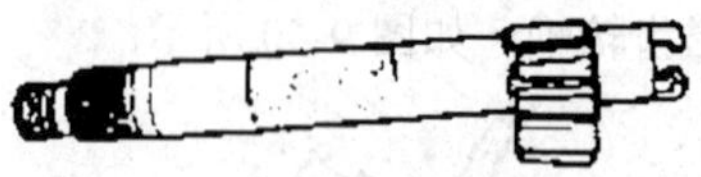

图 9-45 扇形齿轮的检查

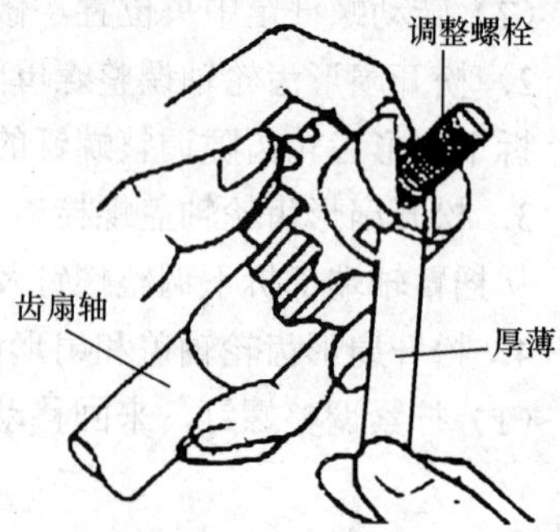

图 9-46 检查扇形齿轮轴和调整垫片之间的间隙

螺杆两端轴承外径与壳体座配合间隙 0～0.045mm，若磨损间隙超过 0.10mm 时，可用镶套法修复，如图 9-47 所示。

四、转向器调整

1．安装蜗杆总成和轴承

在油封内测涂一层黄油，轴承涂上油脂，将蜗杆总成和轴承装进壳体，如图 9-48 所示。

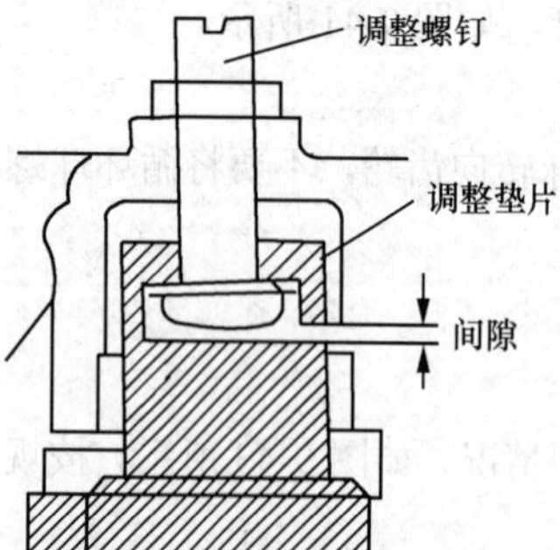

图 9-47 螺杆两端轴承外径与壳体座配合间隙示意图

图 9-48 安装蜗杆总成和轴承

2．安装蜗杆轴承调整螺母

安装蜗杆轴承调整螺母，如图 9-49 所示，安装时，旋转调整机构以使蜗杆能用手转动。

3．调整蜗杆轴承的预紧力

按以下步骤调整蜗杆轴承的预紧力。

（1）松开调整螺母。

（2）逐步旋转调整螺栓并用弹簧秤测量预紧力。

（3）用手握住循环球螺母使之固定不动。

（4）锁紧螺母后再次测量预紧力确定是否在合格的范围内，如图 9-50 所示。

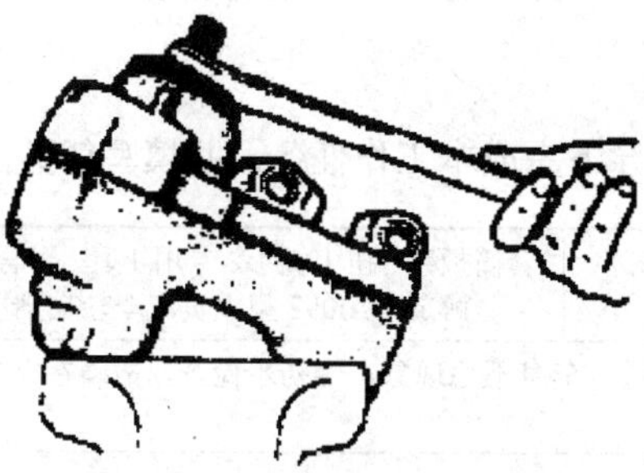

图 9-49　安装蜗杆轴承调整螺母

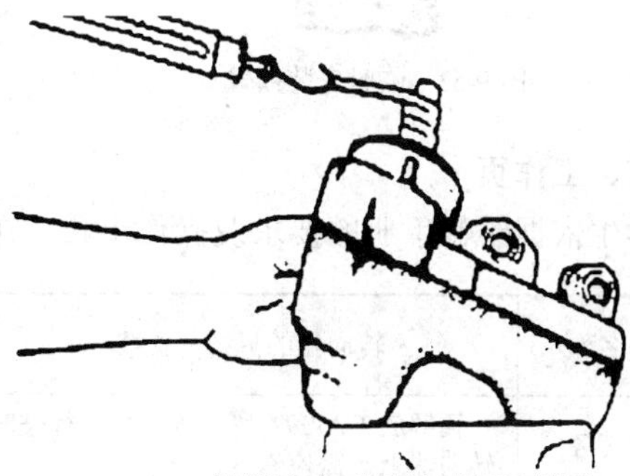

[预紧力也可通过扭力板子测量]

图 9-50　调整蜗杆轴承的预紧力

4．扇形齿轮轴的安装

安装扇形齿轮轴，如图 9-51 所示，注意安装时，要将循环球螺母调整至正中位置。

5．安装扇形齿轮轴承盖和调整螺钉

扇形齿轮轴承盖和调整螺钉的安装，如图 9-52 所示，注意，安装完成后，放松调整螺钉。

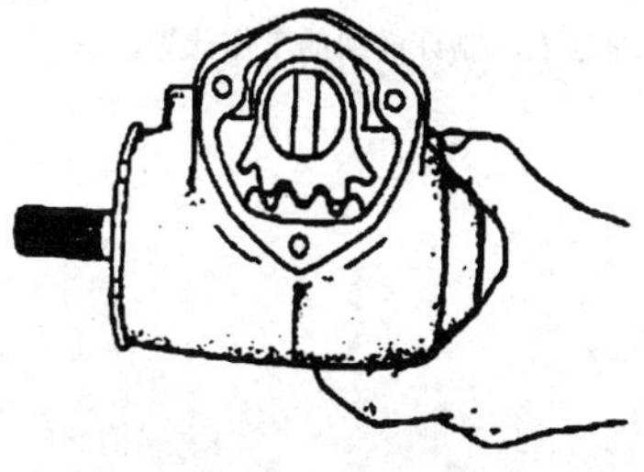

图 9-51　扇形齿轮轴的安装

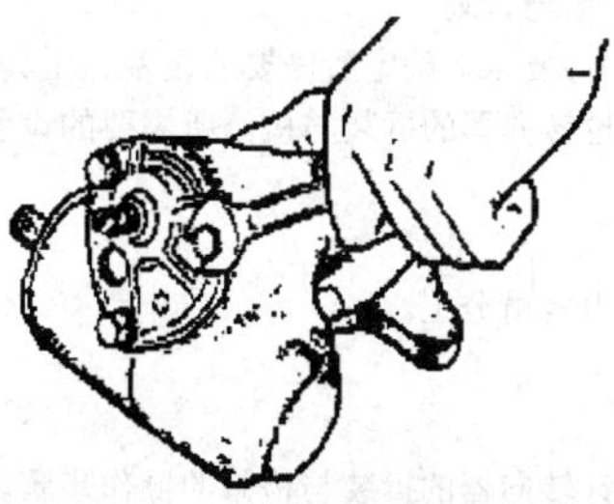

图 9-52　安装扇形齿轮轴承盖和调整螺钉

6．临时安装摇臂

安装摇臂时，要对准摇臂和扇形轴的定位标记，如图 9-53 所示。

7．调整扇形齿轮预载荷

调整扇形齿轮预载荷，如图 9-54 所示。步骤如下。

（1）找到扇形齿轮轴的旋转中心（摇臂转到同蜗杆平行的位置）。

（2）将扇形齿轮轴调整间隙调到零。

（3）将间隙逐步调大，使扇形齿轮预载荷达到原厂规定要求。

8．按原厂规定加注润滑油

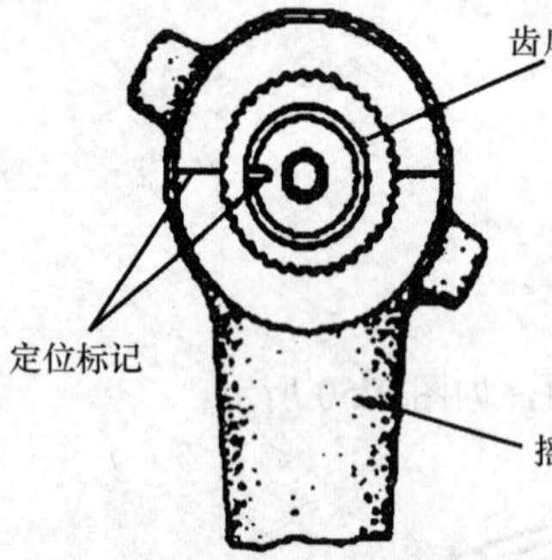

图 9-53 临时安装摇臂

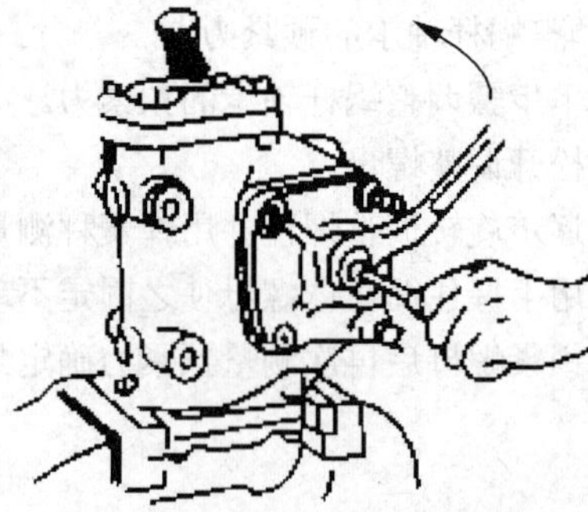

图 9-54 调整扇形齿轮预载荷

五、工作页

学生依据维修手册的要求及操作步骤，在教师的指导下完成本工作任务，并填写任务工单。

<table>
<tr><td>任务名称</td><td>转向器的拆装与检修</td><td>实训设备</td><td>套筒扳手、扭力扳手、专用工具、组合工具、解放 CAl092 型载货汽车转向器等</td></tr>
<tr><td>客户任务</td><td colspan="3">一辆解放 CAl092 型载货汽车，行驶时出现转向沉重、车身不稳现象，经初步检查，故障在循环球式转向器上，需检修</td></tr>
<tr><td>任务目的</td><td colspan="3">能正确使用工具，掌握转向器的拆装与检修的方法和步骤</td></tr>
<tr><td colspan="4">一、知识要点
1．转向器的类型。

2．循环球式转向器的工作原理。

二、决策与计划
根据任务要求，确定所需要的设备、工具，并对小组成员进行合理分工，制订详细的工作计划。
1．讨论转向器的拆装与检修所需要的设备、工具。

2．小组成员分工。

3．制订转向器的拆装与检修的操作步骤。

三、实施过程记录
1．拆装机械式转向器
（1）记录拆卸步骤。

（转向器的类型：□齿轮齿条式□循环球式）
（2）在分解该转向器时，应注意哪些问题？</td></tr>
</table>

2．对照所分解的循环球式转向器实物，写出图 9-57 中序号所对应的零件名称。

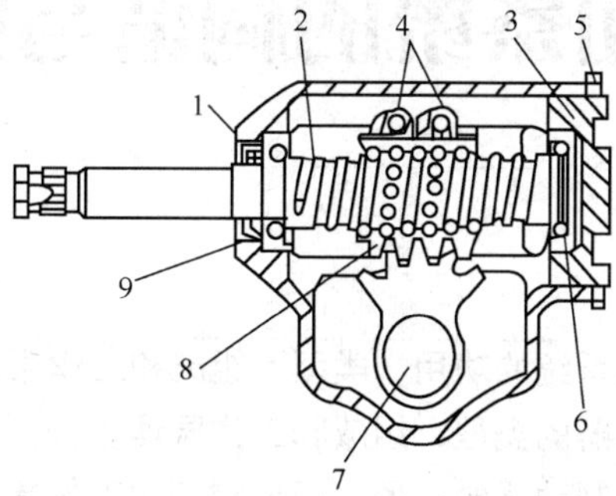

1__________　2__________　3__________　4__________　5__________

6__________　7__________　8__________　9__________

3．组装

按规范要求组装机械式转向系统。

查阅有关资料并回答：对照所拆卸的循环球式转向器，查一查在装配时有哪些项目需要调整，如果这些项目调整不当会对车辆使用造成哪些不良影响？

四、检查与评估

1．检查转向器的拆装与检修的步骤是否正确。

2．请根据自己任务完成的情况，对自己的工作进行自我评估，并提出改进意见。

3．各小组对每个组员的表现进行评估，给出点评；教师对小组工作情况进行评估，并进行点评。

4．教师、各小组、学生个人对本次任务的评价给出量化。

考核项目	评分标准	分数	学生自评	小组评价	教师评价	小计
安全生产	有无安全隐患	10				
活动情况	积极主动	5				
团队协作	和谐愉快	5				
现场 5S	做到	10				
劳动纪律	严格遵守	5				
工具设备使用	规范、标准	10				
操作过程	规范、正确	50				
工作页填写	认真、规范	5				
总分						
教师签名：		时间：			总评	

项目十 10 制动系统的构造与维修

知识目标

◎ 掌握制动系统的功用、类型、组成和工作原理。
◎ 掌握制动器的类型、组成和工作原理。
◎ 掌握辅助制动器的类型、组成和工作工作情况。
◎ 掌握辅助制动装置的作用、类型、组成和工作原理。
◎ 掌握 ABS 的作用、组成和工作原理。

能力目标

◎ 能够正确选择与使用工具、设备，并规范进行车轮制动器的检查和调整。

任务一 制动系统的认知

一、制动系统概述

1．制动系统的功用及分类

（1）制动系统的功用。汽车在保证安全行驶的前提下，应尽可能地提高行驶速度，以提高运输生产效率，同时还应视需要减速或停车。而作用在行驶汽车上的滚动阻力、上坡阻力、空气阻力虽然都能使汽车减速，但这些外力的大小都是随机、不可控制的。因此，汽车上必须装设一系列专门装置来使行驶中的汽车减速或停车。这样的装置称为制动装置，由一套或多套的制动装置构成的系统称为汽车制动系统。

汽车制动系统是汽车安全行车所必不可少的系统，其主要功用如下。

第一，使行驶中的汽车按照驾驶员的要求进行强制减速甚至停车。

第二，使已停驶的汽车在各种道路条件下（包括在坡道上）稳定驻车。

第三，使下坡行驶的汽车速度保持稳定。

（2）制动系统的类型。按功能的不同，汽车制动系统可以分为行车制动系统、驻车制动系统以及应急制动系统、安全制动系统和辅助制动系统。应急制动系统是用独立的管路控制车轮的制动器作为备用系统，其作用是当行车制动装置失效的情况下保证汽车仍能实现减速或停车；安全制动系统是当制动气压不足时起制动作用，使车辆无法行驶；辅助制动系统是为了下长坡时减轻行车制动器的磨损而设，其中利用发动机排气制动应用最广。

按照制动能源分类，汽车制动系统又可以分为人力制动系统、动力制动系统和伺服制动系统。以驾驶员的体力作为唯一制动能源的制动系称为人力制动系（如机械式驻车制动系统）。完全靠发动机的动力转化而成的气压或液压作为制动能源的制动系统称为动力制动系统（如装有空气压缩机或动力油泵的制动系统）。兼用人力和发动机动力作为制动能源的制动系统称为伺服制动系统（如装有助力装置的液压制动系统）。

2．制动系统的基本组成

汽车制动系统包括行车制动和驻车制动两大部分，如图 10-1 所示。行车制动系统用于使行驶中的车辆减速或停车，通常由驾驶人用脚操纵，一般包含制动踏板、制动主缸、制动轮缸、制动管路、车轮制动器等；驻车制动系统用于使停驶的汽车驻留原地，通常由驾驶人用手操纵，一般包含驻车制动操纵杆、拉索（或拉杆）、制动器。

此外，许多汽车还装有辅助制动装置，其作用是在行车制动装置失效的情况下保证汽车仍能实现减速或停车。经常在山区行驶的汽车，若只靠行车制动装置来限制汽车下长坡的车速，则可能导致制动器过热而降低制动效能，甚至完全失效，故还应增装辅助制动装置（排气制动装置、缓行器等）。

行车制动装置是汽车制动系统中的重要装置，一般由以下 4 个组成部分。

（1）供能装置。包括供给、调节制动所需能量以及改善传能介质状态的各种部件。如气压制动系统中的空气压缩机、液压制动系统中的人力。

（2）控制装置。包括产生制动动作和控制制动效果的各种部件，如制动踏板等。

（3）传动装置。将驾驶人或其他动力源的作用力传到制动器，同时控制制动器的工作，从而获得所需的制动力矩。包括将制动能量传输到制动器的各个部件，如制动主缸、制动轮缸等。

（4）制动器。产生阻碍车辆的运动或运动趋势的力的部件。

3．制动系统的工作原理

行车制动系统的工作如图 10-2 所示，其工作原理是将汽车的动能通过摩擦转换成热能，并释放到大气中。制动时，踩下制动踏板，制动主缸向各制动轮缸供油，活塞在油压的作用下把摩擦材料压向制动盘实现制动。

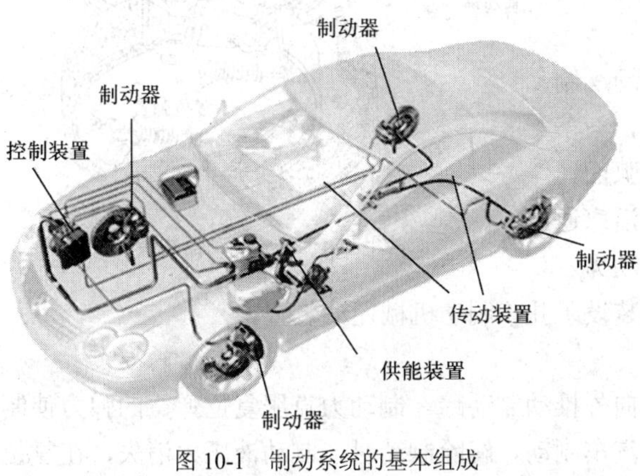

图 10-1　制动系统的基本组成

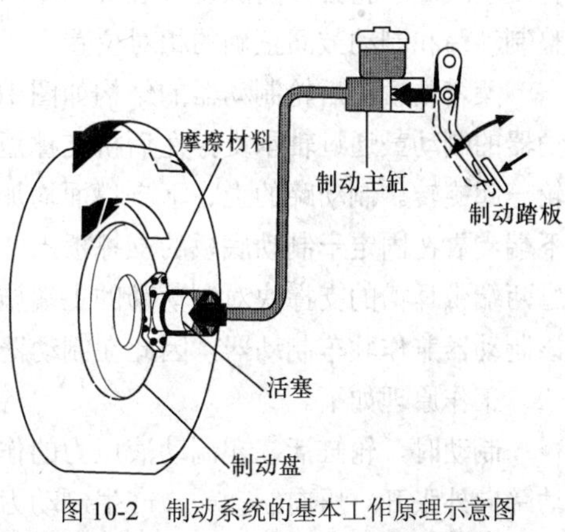

图 10-2　制动系统的基本工作原理示意图

二、车轮制动器

车轮制动器由旋转元件和固定元件两大部分组成。旋转元件与车轮相连接，固定元件与车桥相连接。根据旋转元件的不同，可以把车轮制动器分为鼓式车轮制动器和盘式车轮制动器，鼓式车轮制动器旋转元件为制动鼓，其工作表面为圆柱面；盘式车轮制动器的旋转元件则为圆盘状的制动盘，以端面为工作表面。

其工作原理是相同的，都是利用旋转元件和固定元件之间的摩擦，制动器产生制动力。如

图 10-3 所示，当制动摩擦块或制动蹄摩擦片压紧旋转的制动盘或制动鼓时，两者接触面之间产生摩擦，通过摩擦将汽车的动能转变为热能，并将热量散发到空气中，最终使车辆减速以至停车。

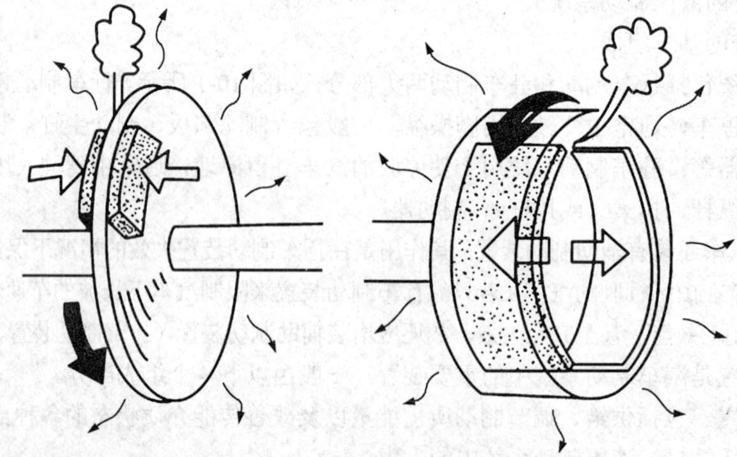

（a）盘式制动器　　（b）鼓式制动器

图 10-3　车轮制动器的原理示意图

1．鼓式制动器

（1）鼓式制动器的结构。鼓式车轮制动器主要由旋转部分、固定部分、促动装置和间隙调整装置等组成，如图 10-4 所示。旋转部分为制动鼓，固定部分是制动底板和制动蹄，制动底板固装在车桥的凸缘盘上，通过支承销与制动蹄相连；促动装置的作用是对制动蹄施加力使其向外张开，常用的促动装置有凸轮或制动轮缸，间隙调整装置的作用是保持和调整制动蹄和制动鼓间正确的相对位置。

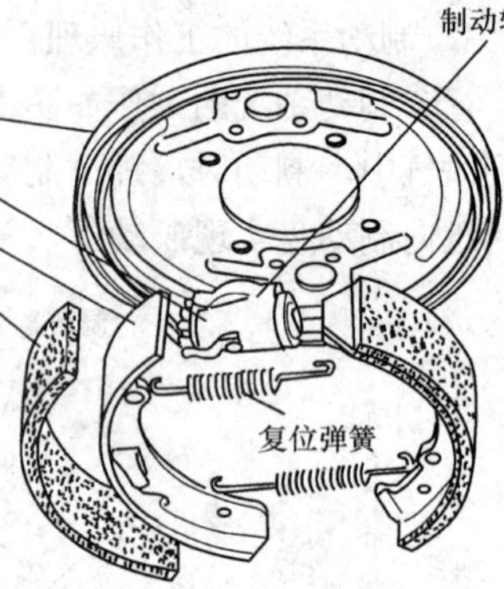

图 10-4　鼓式制动器构造

桑塔纳轿车后轮制动器的结构如图 10-5 所示。制动器的制动鼓通过轴承支撑在后桥支撑短轴上，与车轮一起旋转。制动蹄的上、下支撑面均加工成弧面，下端支靠在固定于制动底板的支撑板上。轮缸活塞通过两端带耳槽的支撑块对制动蹄的上端施加促动力。该制动器兼作驻车制动器，因此在制动器中还装设了驻车制动机械促动装置。

工作原理如下。

制动时，轮缸活塞在制动液压力的作用下向外推动制动蹄，制动力克服复位弹簧的弹力使制动蹄向外张开，压向制动鼓，产生制动力矩使汽车制动。解除制动时，制动液压力消失，在复位弹簧的作用下制动蹄复位。

桑塔纳轿车后轮制动器的制动间隙是自动调整的，其调整原理如图 10-6 所示。

两个制动蹄之间连有一制动压杆，楔杆垂直弹簧的弹力，使楔杆有下移的趋势，但楔杆的水平弹簧使楔杆与制动压杆之间产生摩擦，防止楔杆下移。如果制动间隙正常时，楔杆静止不动。

当制动间隙大于规定值时，制动蹄张开的行程加大，垂直弹簧的弹力 F_2 也增大，此 F_2 大于摩擦力 F_1，迫使楔杆下移，同时制动压杆的水平弹力也被加大，摩擦力 F_1 也相应增大，楔杆与制动压杆在新的位置处于静止状态。

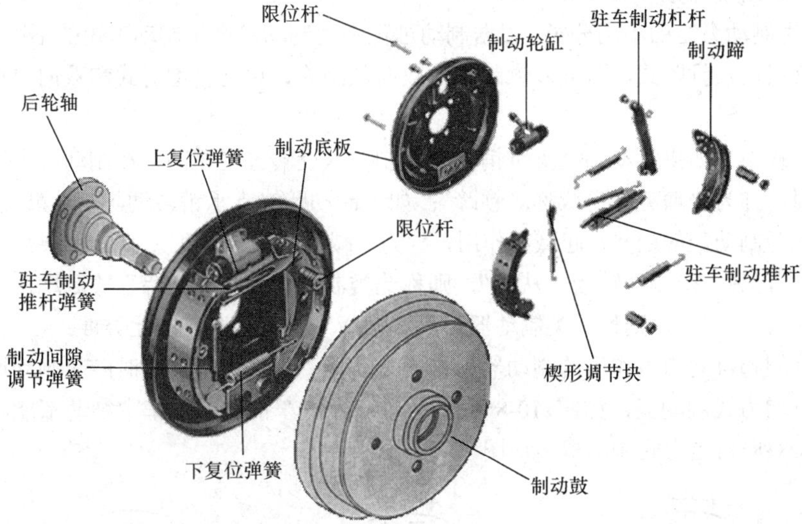

图 10-5　桑塔纳轿车后轮制动器的结构

放松制动后，制动蹄在回位弹簧作用下收拢，由于制动压杆变长，不可能恢复到制动前的位置，只能靠在新的位置上，所以磨损变大的制动间隙便得到了补偿，恢复到初始的间隙，保持规定的制动间隙值不变，实现制动间隙自动调整。

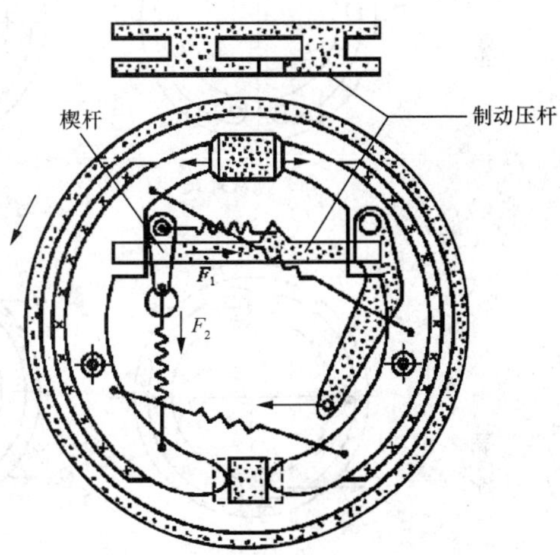

图 10-6　鼓式制动器制动间隙调整示意图

（2）鼓式制动器的分类。

① 按张开方向不同，鼓式制动器可分为内张型和外束型两种，前者的制动鼓以内圆柱面为工作表面，在汽车上应用广泛；后者制动鼓的工作表面则是外圆柱面，目前只有极少数汽车用作驻车制动器。

② 按促动装置的形式可分为轮缸式、凸轮式的楔块式，如图 10-7 所示。

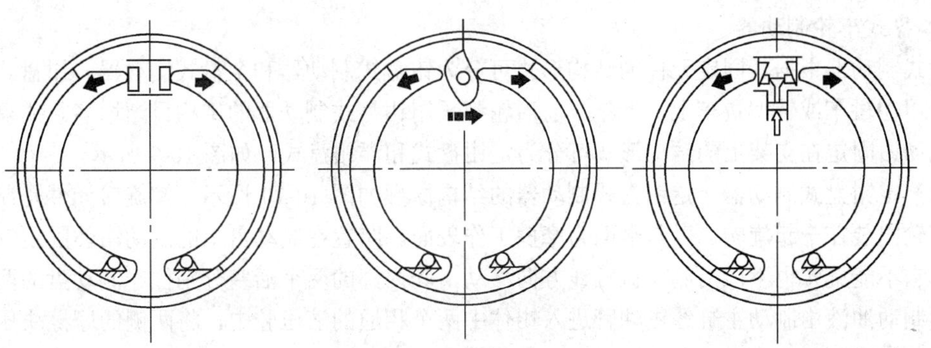

（a）轮缸式　　（b）凸轮式　　（c）楔块式

图 10-7　制动器促动装置的类型

液压传动的制动器一般采用轮缸式张开的装置形式，而气压传动的制动器一般采用凸轮式机械张开装置，或用楔杆张开的装置形式。

③ 按产生制动力矩的不同分类。根据制动过程中两制动蹄产生制动力矩的不同，鼓式制动器可分为领从蹄式、双领蹄式、双向双领蹄式、双向从蹄式、单向自增力式和双向自增力式等，如图 10-8 所示。

在制动过程中，如果制动蹄绕支承销转动与制动鼓旋转方向相同，在制动鼓上压得更紧，起到增势的作用，称为“增势蹄”或称“领蹄”；如果制动蹄绕支承销转动与制动鼓旋转方向相反，有使制动蹄离开制动鼓的趋势，起减势作用，称为“减势蹄”或称“从蹄”。如果制动器中一个制动蹄为“领蹄”，另一个制动蹄为“从蹄”，则称此类制动器为“领从蹄”式制动器；同理，如果两个制动蹄都为“领蹄”，则称此类制动器为“双领蹄”式制动器，以此类推。

在制动时能起自动增力作用的制动器为自增力动器。只在汽车前进时能起制动增力作用的制动器为单向自增力式制动器，如图 10-8（e）所示；在汽车前进或倒车中制动都能起制动增力作用的制动器为双向自增力式制动器，如图 10-8（f）所示。

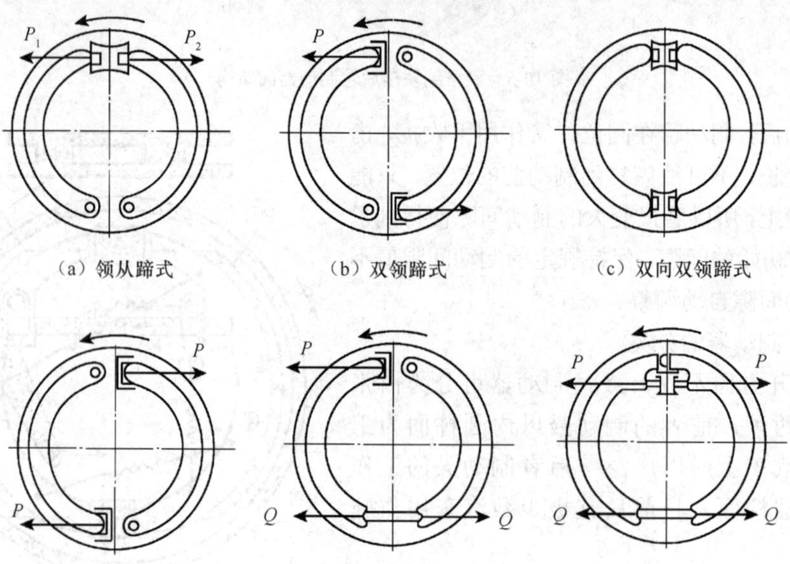

（a）领从蹄式　（b）双领蹄式　（c）双向双领蹄式

（d）双从蹄式　（e）单向自增力式　（f）双向自增力式

图 10-8　鼓式制动器的类型

2．盘式车轮制动器

盘式制动器根据其固定元件的结构形式可分为钳盘式制动器和全盘式制动器。钳盘式制动器广泛应用在轿车或轻型货车上，近年来前后轮都采用钳盘式制动器的结构日渐增多。钳盘式制动器按制动钳固定在支架上的结构形式可分为定钳盘式和浮钳盘式，如图 10-9 所示。

（1）定钳盘式制动器。定钳盘式制动器的结构原理如图 10-10 所示，其旋转元件是制动盘，它和车轮固装在一起旋转，以其端面为摩擦工作表面。跨置在制动盘上的制动钳体固定安装在车桥上，它不能旋转也不能沿制动盘轴线方向移动，其内部的两个活塞分别位于制动盘的两侧。制动时，制动油液由制动主缸经进油管进入钳体中两个相通的液压腔中，将两侧的摩擦块压向与车轮固定连接的制动盘，从而产生制动。

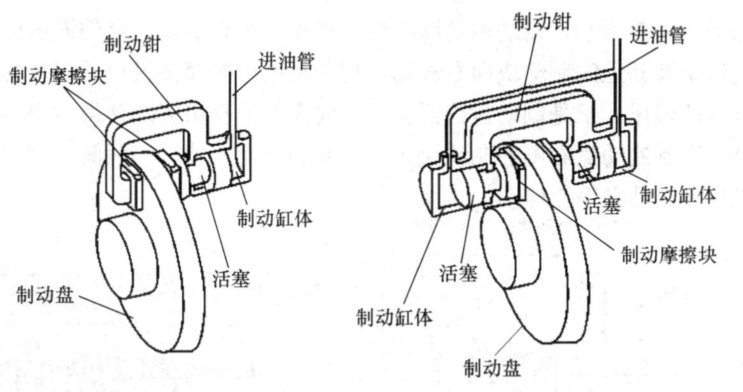

（a）浮式制动钳　　（b）定式制动钳

图 10-9　盘式制动器的类型

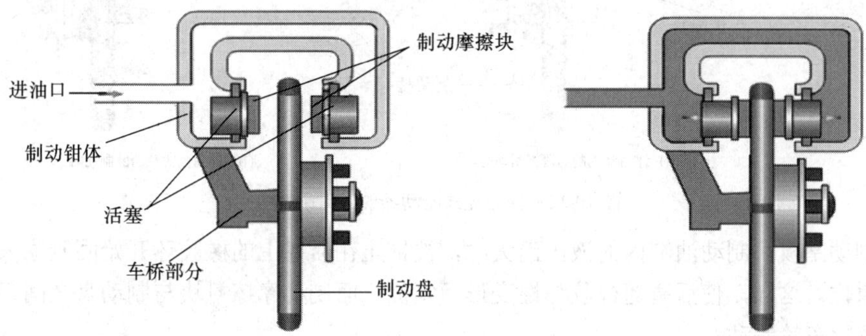

（a）定钳盘式制动器不制动时　　（b）定钳盘式制动器制动时

图 10-10　定钳盘式制动器的工作原理图

定钳盘式制动器中的油缸结构和制造工艺与一般制动轮缸相近，故在 20 世纪 50 年代中期盘式制动器问世时即采用了这种结构，直到 60 年代末仍然盛行。但是这种制动器存在以下缺点：油缸较多，使制动钳结构复杂；油缸分置于制动盘两侧，必须用跨越制动盘的钳内油槽或外部油管来连通，这必然使得制动钳的尺寸过大，难以安装在现代化轿车的轮辋内；热负荷大时，油缸（特别是外侧油缸）和跨越制动盘的油管或油道中的制动液容易受热汽化，若兼用于驻车制动，则必须加装一个机械促动的驻车制动钳。这些缺点使得定钳盘式制动器难以适应现代汽车的使用要求，而逐渐让位于浮钳盘式制动器。

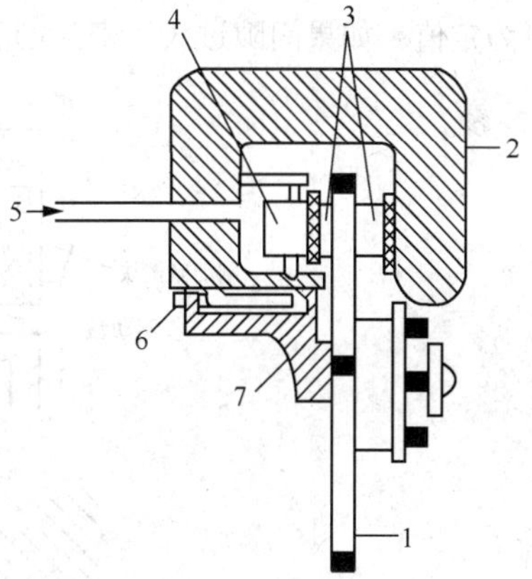

图 10-11　浮钳盘式车轮制动器结构示意图

1—制动盘；2—制动钳体；3—制动块；4—活塞；5—进油口；6—导向销；7—车桥

（2）浮钳盘式制动器。浮钳盘式制动器示意图如图 10-11 所示。它与定钳盘式制动器的不同之处在于制动钳体 2 可相对于制动盘 1 轴向滑动，制动油缸只装在制动盘 1 的内侧，数目为定钳盘式的一半，而外侧的制动块则固装在钳体上。制动时液压作用力推动活塞，使内侧制动块压靠制动盘 1，同时钳体上受到的反力使钳体连同固装在其上的外侧制动块靠到制动盘 1 的另一侧上，直到两侧制动块受力均等为止。

工作原理如图 10-12 所示，制动时，踩下制动踏板，来自制动总泵的液压油通过进油口进入制动油缸，推动活塞及其上的制动块向右移动，把制动钳内的摩擦衬块压向制动盘。同时，制动油缸内也受到同样的液压。于是制动盘给活塞一个向左的反作用力，使得活塞连同制动钳体整体沿销钉向左移动，直到制动盘右侧的制动块也压到制动盘上。此时，两侧的制动块都压在制动盘上，夹住制动盘迫使制动盘停止转动。

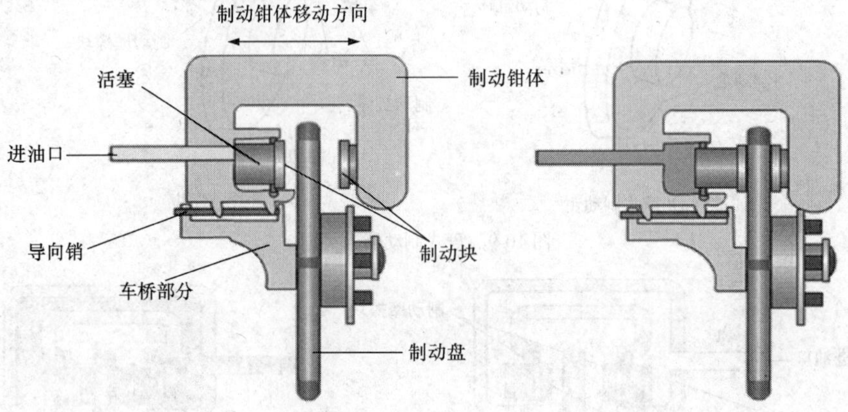

(a) 浮钳盘式制动器不制动时　　(b) 浮钳盘式制动器制动时

图 10-12　浮钳盘式制动器的工作原理图

放松制动踏板，制动油缸内的液压消失时，被推压在活塞上的橡胶环开始回到原来位置，把活塞推回原位。这样，使活塞随橡胶弹性变形而复位，而制动摩擦衬块与制动盘之间仍保持原有的间隙，解除车轮制动。

浮钳盘式制动器可自动调整制动间隙。如图 10-13 所示，制动缸体内壁槽内安装有活塞密封圈，其作用是防止制动液从活塞与制动缸体间的间隙中流出，对活塞起密封作用。液压使活塞运动，靠近活塞端的密封圈也随活塞一起变形，但槽内的密封圈不变形。当液压消失后，密封圈在橡胶恢复力的作用下往回运动，同时带动活塞往回运动，因此制动摩擦块和制动盘之间的间隙一般为定值。如果间隙过大，密封圈和活塞之间便会产生相对位移，可自动调整制动间隙。

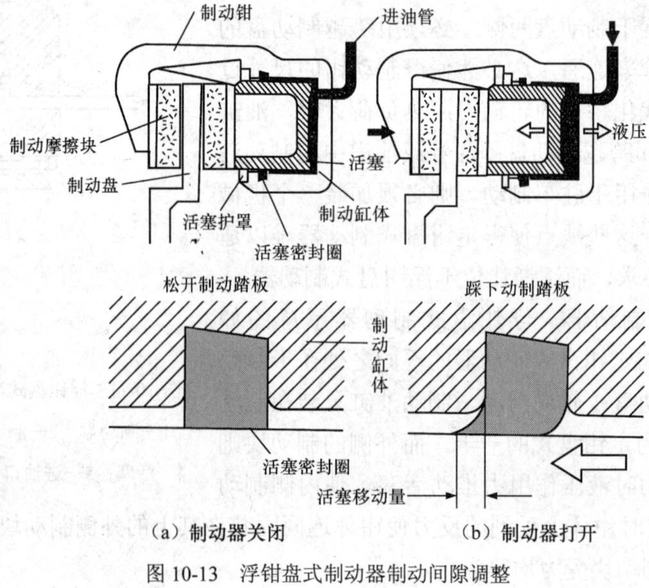

(a) 制动器关闭　　(b) 制动器打开

图 10-13　浮钳盘式制动器制动间隙调整

与定钳盘式制动器相比。浮钳盘式制动器具有热稳定性和水稳定性均好的优点。且结构简单、造价低廉。浮钳的结构还有利于整个制动器靠近车轮轮辐布置，使转向主销的小端外移，实现负的偏移距（即指主销接地点在车轮接地点的外侧），提高汽车抗制动跑偏能力。此外，浮钳盘式制动器在充当行车和驻车制动器的情况下，不用加装驻车制动钳，只需在行车制动钳油缸附近加一些用以推动油缸活塞的驻车制动机械传动零件即可。浮钳盘式制动器的缺点是刚度较差，摩擦片易产生偏磨损。

（3）驻车制动器。驻车制动器的功用是车辆停驶后防止滑溜；使车辆在坡道上能顺利起步；行车制动系统失效后临时使用或配合行车制动器进行紧急制动。

按驻车制动器在汽车上安装位置的不同，驻车制动装置分中央制动式和车轮制动式两种。前者的制动器通常安装在变速器后面，其制动力矩作用在传动轴上，后者和行车制动装置共用制动器（通常为后轮制动器），又称复合制动器，只是传动装置互相独立。驻车制动传动装置一般采用人力机械式，通过钢索或杠杆来驱动。

驻车制动装置主要由驻车制动操纵杆、制动拉索及后轮制动器中的驻车制动器等组成，如图 10-14 所示，它作用于后轮，主要是在坡路或平路上停车时使用或在紧迫情况下作紧急制动。

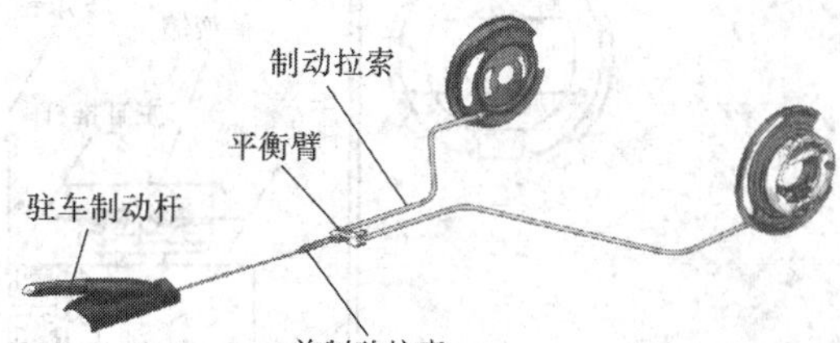

图 10-14　驻车制动系统

图 10-15 所示为驻车制动系统的工作原理。驻车制动时，拉起驻车制动操纵杆，操纵杆力通过操纵机构使驻车制动拉索收紧，拉索则拉动驻车制动杠杆的下端，使之绕上端支点顺时针转动，制动杠杆转动过程中，其中间支点推动驻车制动推杆左移，使前制动蹄压向制动鼓。前制动蹄压向制动鼓后，制动推杆停止运动，则驻车制动杠杆的中间支点变成其继续移动的新支点，于是驻车制动杠杆的上端右移，使后制动蹄压靠在制动鼓上，产生制动作用。此时，驻车制动操纵杆上的棘爪嵌入齿扇上的棘齿内，起锁止作用。

解除驻车制动时，按下驻车制动操纵杆上的按钮，使棘爪脱离棘齿，将操纵杆回到释放制动位置，松开驻车制动拉索，则制动蹄在复位弹簧的作用下复位。

对于 4 个车轮采用盘式制动器的轿车来说，驻车用的小型鼓式驻车制动器内置于后轮盘式制动器中，并通过拉索和连杆等机构固定在盘式制动器上，图 10-16 所示为别克凯越轿车驻车制动器的结构。

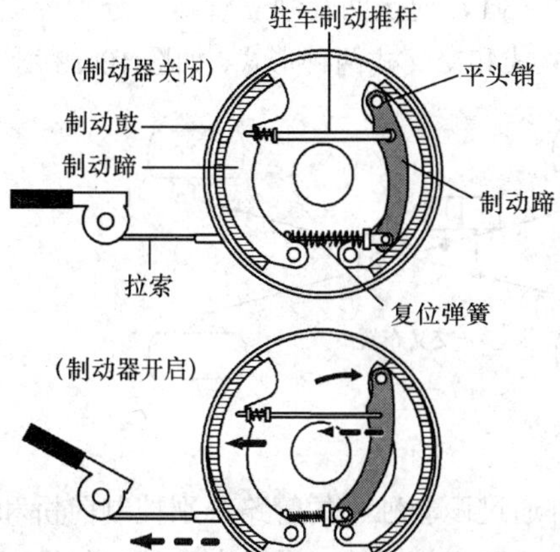

图 10-15　驻车制动系统的工作原理

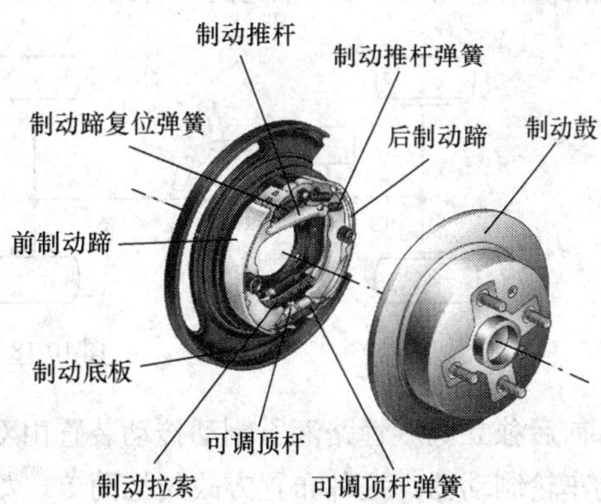

图 10-16　驻车制动器

三、液压制动传动装置

制动传动装置按传力介质的不同可分为液压式、气压式和气-液综合式；按制动管路的套数可分为单管路和双管路制动传动装置。按照交通法规的要求，现代汽车的行车制动系统须采用双管路制动传动装置，若其中一套管路损坏时，另一套仍然起制动作用，从而提高了制动的可靠性和安全性。

1．液压制动传动装置的基本组成及工作原理

如图 10-17 所示，液压式制动传动装置由制动踏板、制动主缸、储液罐、制动轮缸、油管等组成。现代汽车上采用了各种制动力调节装置，用以调节前后车轮制动管路的工作压力，常用的调节装置有限压阀、比例阀、感载比例阀和惯性阀等。

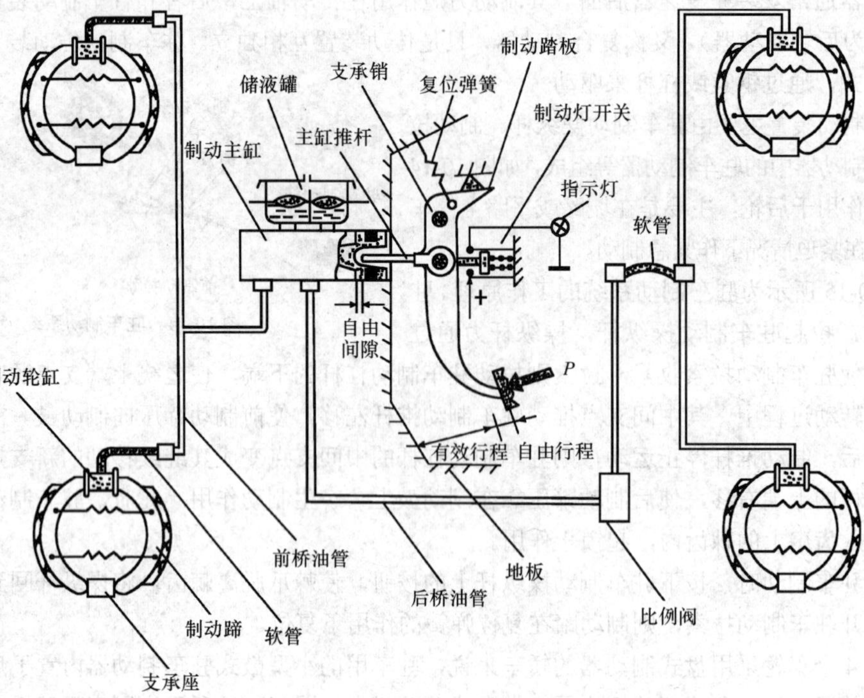

图 10-17 液压式制动传动装置的组成

双管路液压制动传动装置是利用彼此独立的双腔制动主缸，通过两套独立管路，分别控制两桥或三桥的车轮制动器。常见的双管路布置方案有前后独立式和交叉式两种形式，如图 10-18 所示。

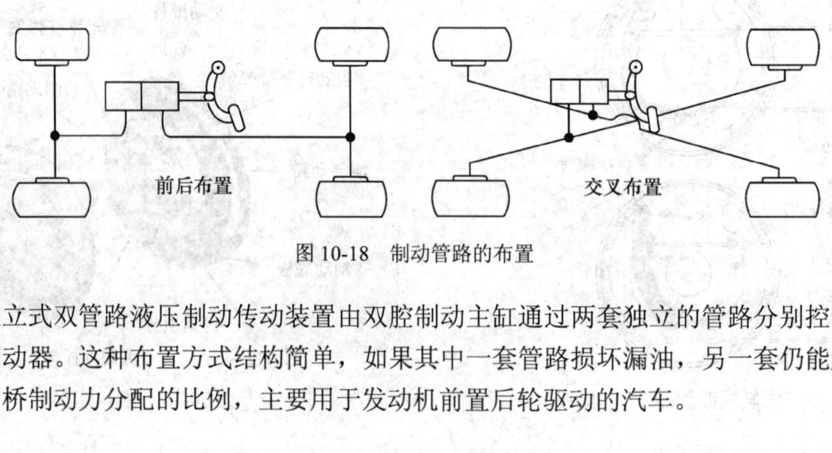

图 10-18 制动管路的布置

前后独立式双管路液压制动传动装置由双腔制动主缸通过两套独立的管路分别控制前桥和后桥的车轮制动器。这种布置方式结构简单，如果其中一套管路损坏漏油，另一套仍能起作用，但会破坏前后桥制动力分配的比例，主要用于发动机前置后轮驱动的汽车。

交叉式双管路液压制动传动装置由双腔制动主缸通过两套独立的管路分别控制前后桥对角线方向的两个车轮制动器。这种布置方式在任一管路失效时，仍能保持一半的制动力，且前后桥制动力分配比例保持不变，有利于提高制动方向稳定性，主要用于发动机前置前轮驱动的轿车上。

2．液压制动传动装置主要部件

（1）制动主缸。制动主缸通常与储液室铸成一体，也可分开制造。按交通法规的要求，现代汽车的行车制动系统都必须采用双回路制动系统，因此液压制动系统都采用串列双腔式制动主缸。目前国内轿车及大多数国外轿车都采用等径制动主缸，即制动主缸前后两腔的缸径相同，而某些国外轿车上装用了异径制动主缸，即制动主缸前后两腔的缸径不相等。图 10-19 所示为串联式双腔制动主缸的结构示意图。制动主缸位于制动踏板与管路之间，其功用是将制动踏板输入的机械力转换成液压力。

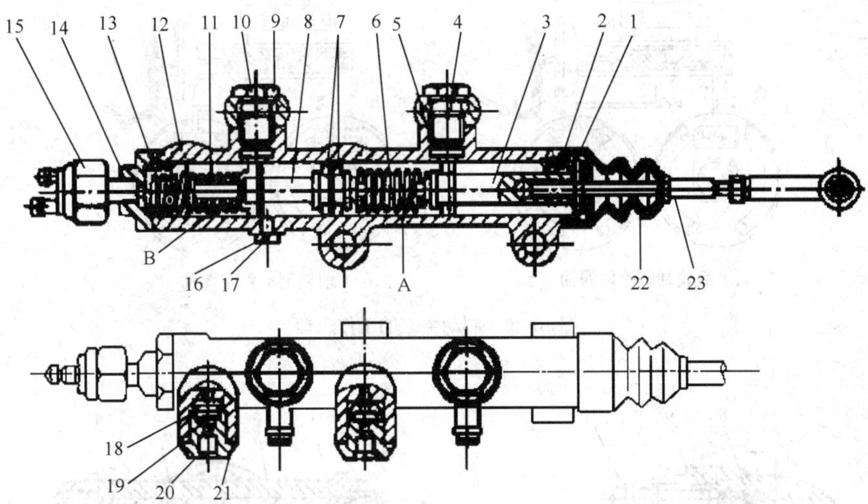

图 10-19　串联式双腔制动主缸的结构示意图

1—锁环；2、5、7、13—密封圈；3—主活塞；4—油孔垫；6、11—回位弹簧；8—前活塞；9—进油管接头；10—接头螺栓；12—缸体；14—堵塞；15—制动灯开关；16、21—密封垫；17—限位螺钉；18—回油阀弹簧；19—出油阀和回油阀；20—出油管接头座；22—护罩；23—推杆

在制动主缸上端装有储油罐，制动主缸内的活塞通过真空助力器内的推杆和制动踏板相连，制动液经制动主缸及液压管路到达制动轮缸。

工作原理如图 10-20 所示，当踩下制动踏板，两活塞在主缸推杆的作用下使两活塞运动，并将进油孔关闭，在工作腔 1、2 内产生油压，如图 10-19（b）所示，车轮制动器产生制动力。解除制动时，活塞在弹簧作用下复位，液压油自轮缸和管路中流回到制动主缸，如图 10-19（a）所示。当后轮制动管路发生泄漏时，如图 10-19（c）所示，在工作腔 2 内不能产生油压，但在工作腔 1 内仍会产生油压。当前轮制动管路发生泄漏时，如图 10-19（d）所示，在工作腔 1 内不能产生油压，活塞 A 推着活塞 B 使其顶到制动主缸缸体上，此时在工作腔 2 内产生油压。

（2）制动轮缸。制动轮缸固定在制动底板上，其作用是将制动主缸传来的液压力转变为使制动蹄张开的机械推力。由于车轮制动器的结构不同，轮缸的数目和结构形式也不同。通常分为双活塞式和单活塞式两类制动轮缸。

① 双活塞式制动轮缸。以上海桑塔纳轿车制动轮缸为例，介绍双活塞式制动轮缸。上海桑塔

纳轿车的双活塞式制动轮缸结构如图 10-21 所示。

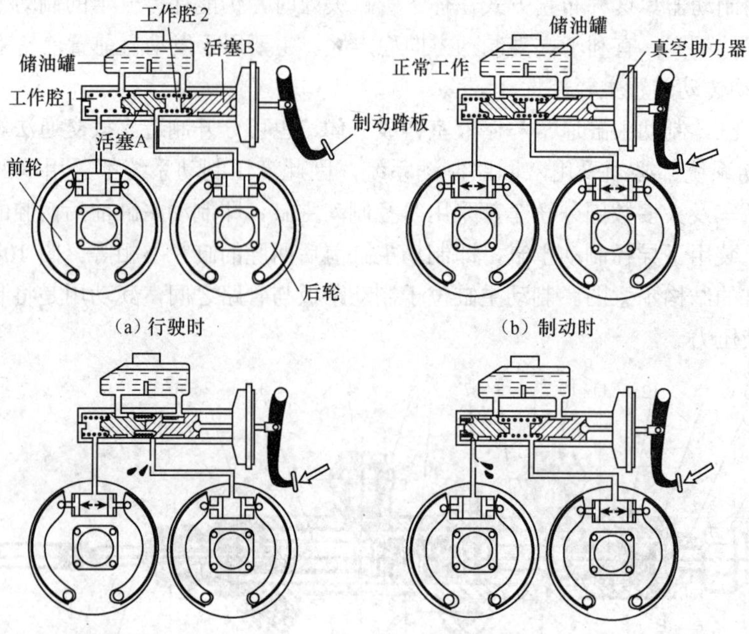

(a) 行驶时　(b) 制动时　(c) 后轮制动管路漏油　(d) 前轮制动管路漏油

图 10-20　制动主缸的工作原理

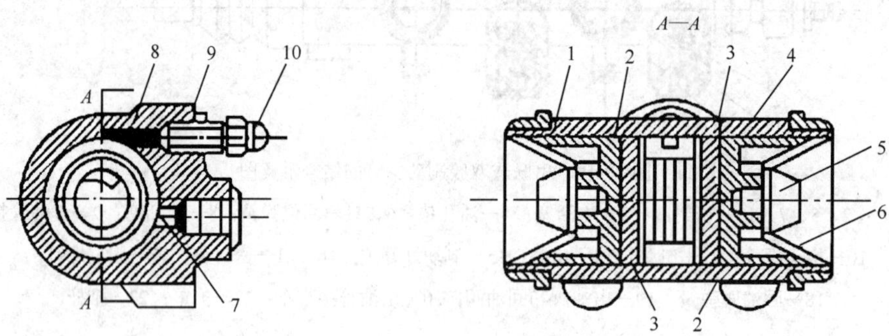

图 10-21　双活塞式制动轮缸

1—缸体；2—活塞；3—皮碗；4—弹簧；5—顶块；6—防护罩；7—进油孔；8—放气孔；9—放气螺塞；10—放气螺塞防护螺钉

缸体 1 用螺栓固定在制动底板上，缸内有两个活塞 2，两个刃口相对的密封皮碗利用弹簧压靠在两个活塞上，以保持两个皮碗之间的进油孔相通。活塞外端凸台孔内压顶块与制动蹄的上端抵紧。缸体两端防尘罩用以防止尘土和水分进入，以免活塞与缸体腐蚀而卡死。缸体上方装有放气阀用以排放轮缸中的空气。

制动轮缸受到液压后，顶出活塞，使制动蹄扩张。松开制动踏板，液压消失，靠制动蹄回位弹簧的力使活塞返回。

② 单活塞式制动轮缸。单活塞式制动轮缸的结构如图 10-22 所示。

为缩小轴向尺寸，液腔密封采用装在活塞导向面上的皮圈，进油间隙借活塞端面的凸台保持。

放气阀的中部有螺纹，尾部有密封锥面，平时旋紧压靠在阀座上。与密封锥面相连的圆柱面两侧有径向孔，与阀中心的轴向孔相通。需要放气时，先取下橡胶护罩，再连踩几下制动踏板，对缸内空气加压，然后踩下制动踏板不动，将放气阀旋出少许，空气即可排出，待空气排出将放气阀旋闭后再放松制动踏板。如此反复直到空气排尽。

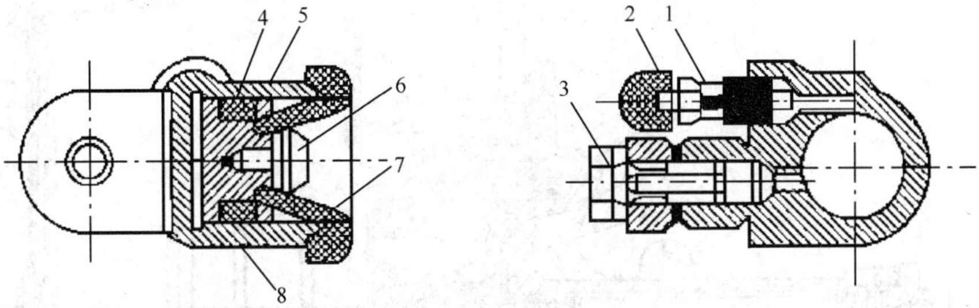

图 10-22　单活塞式制动轮缸

1—放气螺塞；2—护罩；3—进油管接头；4—密封圈；5—缸体；6—顶块；7—防护罩；8—活塞

四、真空液压制动传动装置

在普通的液压制动系统中，加装真空加力或空气加力装置，可以减轻驾驶员施加于制动踏板上的力，增加车轮制动力，达到操纵轻便、制动可靠的目的。真空加力装置是利用发动机工作时在进气管中形成的真空度（或利用真空泵）为力源的动力制动传动装置。按真空加力装置对液压系统加力部位的不同，真空加力装置可分为增压式和助力式两种形式。

1．真空增压式液压制动传动装置

真空增压式液压制动传动装置的结构如图 10-23 所示，它比普通液压制动传动装置多装了一套真空增压系统，其中包括由发动机进气歧管 9（真空源）、真空单向阀 8，真空筒 7 组成的供能装置，作为控制装置的控制阀 6，作为传动装置的加力气室 5 及辅助缸 4。

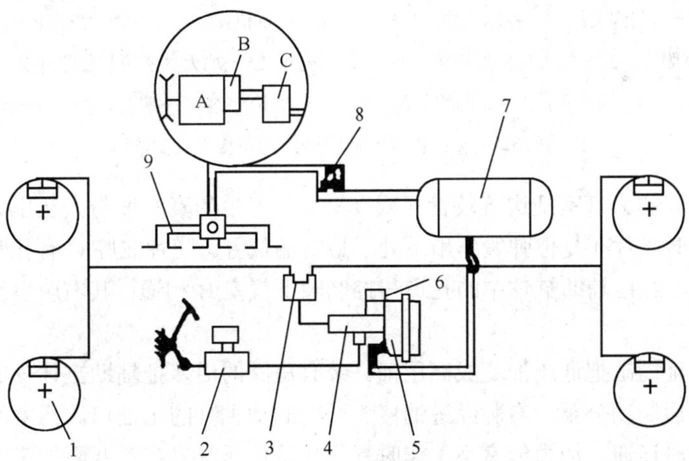

图 10-23　真空增压式液压制动传动装置

1—车轮制动器；2—制动主缸；3—双活塞安全缸；4—辅助缸；5—加力气室；6—控制阀；7—真空筒；8—单向阀；9—进气歧管；A—发动机；B—真空泵；C—单向阀

踩下制动踏板时，制动主缸 2 输出的制动油液先进入辅助缸 4，由此一面传入前后制动轮缸，另一面又作为控制压力输入控制阀 6，控制阀 6 使真空加力气室起作用，这样加力气室 5 输出的力与主缸传来的液压一同作用于辅助缸活塞上，使辅助缸输送至轮缸的液压变得远高于主缸液压。

图 10-24 所示为国产 66-Ⅳ型真空增压器。它由加力气室、辅助缸和控制阀 3 部分组成。

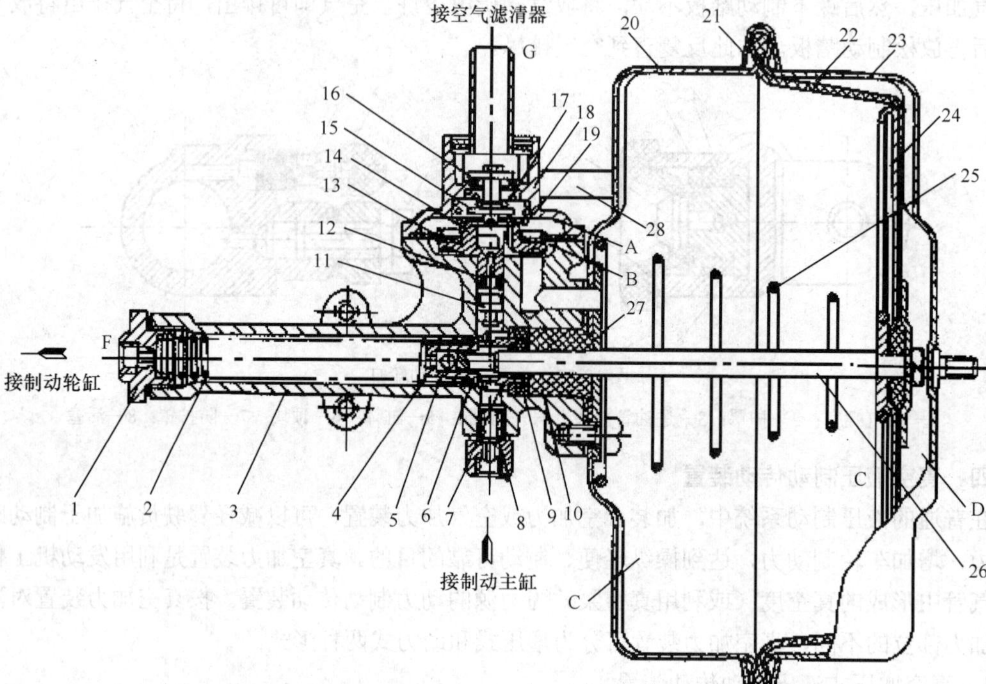

图 10-24　国产 66-Ⅳ型真空增压器

1—辅助缸出泊接头；2—辅助缸活塞复位弹簧；3—辅助缸缸体；4—辅助缸活塞；5—球阀门；6、12—皮圈；7—活塞限位座；8—辅助缸进油接头；9—双口密封圈；10—密封圈座；11—控制阀活塞；13—控制阀膜片；14—膜片座；15—真空阀；16—空气阀；17—阀门弹簧；18—控制阀体；19—控制阀膜片复位弹簧；20—加力气室前壳体；21—卡箍；22—加力气室膜片；23—加力气室后壳体；24—膜片托盘；25—加力气室膜片复位弹簧；26—推杆；27—连接头；28—通气管；A—控制阀上腔；B—控制阀下气室；C—膜片左腔；D—膜片右腔；E—接制动总泵；F—接制动分泵；G—接空气滤清器

（1）加力气室。加力气室把进气歧管（或真空泵）产生的真空度与大气压力的压力差转变为机械推力。不制动时膜片在复位弹簧作用下处于最右端位置。膜片左腔 C 有孔管经单向阀与发动机的进气歧管相通，经由辅助缸体中的孔道与控制阀下气室 B 相通；其右腔室经通气管与控制阀上腔 A 相通。

（2）辅助缸。辅助缸把低压油变成高压油。装有皮圈的活塞把辅助缸体分成两部分：左腔经出油管接头通向前后制动分泵；右腔经进油接头通向制动主缸的出油口。活塞的中部有小孔而保持左右腔在不制动时连通，加力气室不工作时复位弹簧使活塞靠在活塞限位座的右极限位置。前端嵌装球阀的推杆用于推动活塞移动，杆的后端与加力气室膜片连接。密封圈起密封和导向作用。

（3）控制阀。控制阀是控制加力气室起作用的随动控制机构。膜片的中部紧固在膜片座上，装有皮圈的控制活塞与座固装在一起，活塞处于与辅助缸右腔相通的孔中。真空阀和空气阀刚性地连接在一起，阀门弹簧在不制动时使空气阀关闭，膜片复位弹簧则使膜片保持在真空阀开启的下方位置。膜片座中央有孔道使气室 A 和气室 B 相通，因此，不制动时 4 个气室 A、B、C 和 D 相通且真空度相等。

踩下制动踏板时，如图 10-25（a）所示，总泵中的制动液即被压入辅助缸，因此时球阀还是开启的，故液压油经活塞上的孔进入各制动分泵，分泵液压即等于总泵液压。与此同时，液压还作用在控制阀活塞上，并通过膜片座压缩弹簧，使真空阀的开度逐渐减小，直至关闭，气室 A 和 B 即隔绝，这时的控制液压还不足以使空气阀开启，膜片还未开始工作，即所谓增压滞后。随着控制液压升高，液压使膜片座继续升起，压缩阀门弹簧打开空气阀，由空气滤清器进入的空气即进入气室 A 和 D。此时，气室 B 的真空度仍保持原值不变，在 D、C 两气室压力差作用下，膜片带动推杆左移，使球阀关闭。这样，制动总泵便与辅助缸左腔隔绝，辅助缸内的油液即增加了一个由加力气室膜片两侧气压差造成并经推杆传来的推动力。所以在辅助缸左腔及各分泵中的压力远高于总泵的压力。

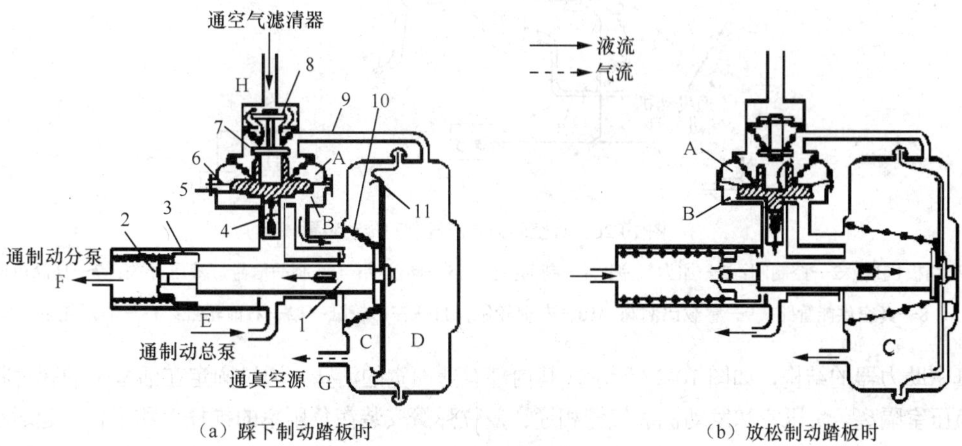

图 10-25　真空增压器的工作原理示意图

1—推杆；2—球阀门；3—辅助缸活塞；4—控制阀活塞；5—膜片座；6—控制阀膜片；7—真空阀；8—空气阀；9—通气管；10—加力气室膜片复位弹簧；11—加力气室膜片；A—控制阀上腔；B—控制阀下气室；C—膜片左腔；D—膜片右腔；E—通制动总泵；F—通制动分泵；G—通真空源；H—通空气滤清器

制动踏板在某一位置不动（即维持制动状态）时，随着进入气室空气量的增加，A 和 B 气室的压力差加大，对膜片产生向下的压力，因而膜片座及活塞随之下移，使空气阀的开度逐渐减小，直至落座关闭，此时处于真空阀、空气阀都关闭的状态（双阀关闭）。油压作用于活塞向上的压力与气室 A、B 压力差产生的向下的压力相平衡。气室 D、C 压力差作用在膜片上的总推力与控制油压作用在活塞右端的总推力之和，与高压油液作用在活塞左端的总阻抗力相平衡，辅助缸活塞即保持平衡。作用力的大小取决于控制活塞下面的液压（总泵液压），即取决于踏板力和踏板行程。

放松制动踏板时控制油压下降，控制阀活塞连同膜片座下移，使空气阀关闭，而真空阀开启，如图 10-25（b）所示，于是 D、A 两气室的空气经 B、C 两气室被吸出，从而 A、B、C 和 D 各气室又互相连通，都具有一定的真空度，以备下次制动之用。此时，所有运动部件都在各自复位弹簧的作用下复位。

当真空增压器失效或真空管路无真空度（发动机熄火）时，推杆及活塞不会动作，辅助缸中的球阀将永远开启，保持制动总泵和分泵之间的油路畅通。此时，整个系统工作原理与普通液压制动传动机构相同，但所需的踏板力要大得多。总泵在自复位弹簧的作用下复位。

2．真空助力式液压制动传动装置

轿车双管路真空助力式液压制动传动装置如图 10-26 所示。串联双腔制动主缸的前腔通向左前轮制动器的轮缸 10，并经感载比例阀 9 通向右后轮制动器的轮缸 13。主缸的后腔通向右前轮制动器的轮缸 12，并经感载比例阀 9 通向左后轮制动器的轮缸 11。加力气室 3 和控制阀 2 组成一个整体部件，称为真空助力器。制动主缸直接装在加力气室的前端，真空单向阀 7 装在加力气室上，真空加力气室工作时产生的推力，也同踏板力一样直接作用在制动主缸 4 的活塞推杆上。

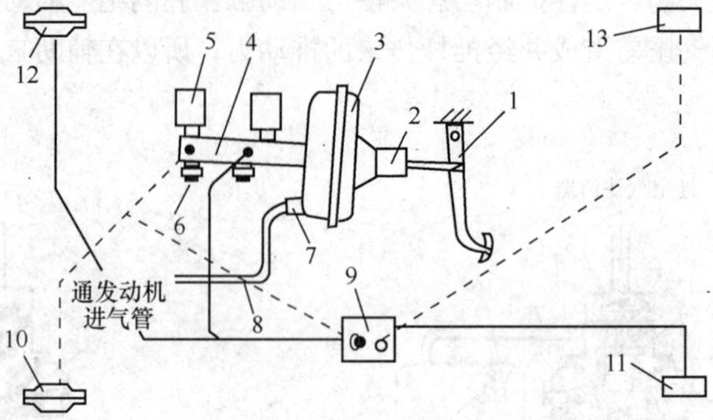

图 10-26 真空助力式液压制动传动装置

1—制动踏板机构；2—控制阀；3—加力气室；4—制动主缸；5—储液罐；6—制动信号灯液压开关；7—真阀单向阀；8—真空供能管路；9—感载比例阀；10—左前轮缸；11—左后轮缸；12—右前轮缸；13—右后轮缸

真空助力器的结构，如图 10-27 所示，其内部有薄而宽的活塞，通过固定在活塞上的膜片将空气室和负压室隔离。负压室和发动机进气管相通。复位弹簧安装在负压室的推杆上和推杆一起运动。橡胶阀门与在膜片座上加工出来的阀座组成真空阀，与控制阀柱塞的大气阀座组成大气阀。真空阀将负压室与空气室相连，空气阀将空气室和外界空气相连。发动机工作时真空助力器不工作。

如图 10-27（a）所示，负压室内的空气被吸进发动机进气管，产生负压。如图 10-27（b）所示，踩下制动踏板，真空阀关闭，空气阀打开。空气进入空气室，使空气室压力大于负压室压力，活塞向前运动。于是带动制动主缸内的活塞运动，产生制动油压。

松开制动踏板，助力器活塞在复位弹簧的作用下恢复到原来的位置，制动踏板推杆也往回运动，空气阀关闭，真空阀打开，使真空室和空气室相通。其他制动机构也恢复到原来的位置，制动油压下降，制动解除，如图 10-27（a）所示。

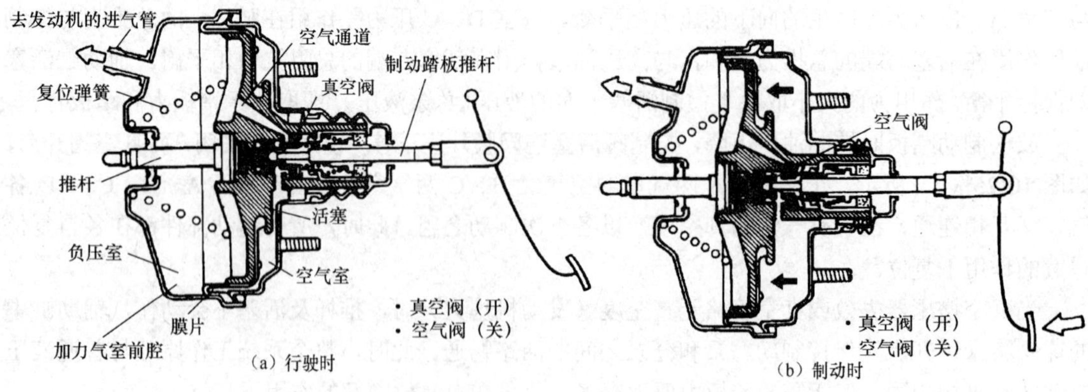

图 10-27 真空助力器的结构及工作原理

当真空助力器或真空源失效时，作用于主缸推杆上的力取决于驾驶人对制动踏板施加的踏板力，但踏板力要比未失时大得多。

五、车轮防抱死制动系统（ABS）

1．车轮防抱死制动系统（ABS）的基本组成与工作原理

汽车防抱死制动系统 ABS（Anti-locked Braking System）是一种安全控制制动系统，目前已经成为轿车及客车的标准配置。ABS 既有普通制动系统的制动功能，又能防止车轮制动抱死。

紧急制动时，制动力过大使轮胎抱死后滑动，制动距离变长且汽车不受控制。防抱死制动系统可使汽车在制动过程中车轮滑移率保持在 20%左右范围内，此时轮胎处于边滚边滑状态，制动力最大，保证了汽车的方向稳定性，防止产生侧滑和跑偏。

现代 ABS 尽管采用的控制方式、方法及结构形式各不相同，但一般都是由传感器、电子控制器（ECU）、执行器及警告灯等组成，其中传感器主要指车轮转速传感器，执行器主要是指制动压力调节器，如图 10-28 所示。

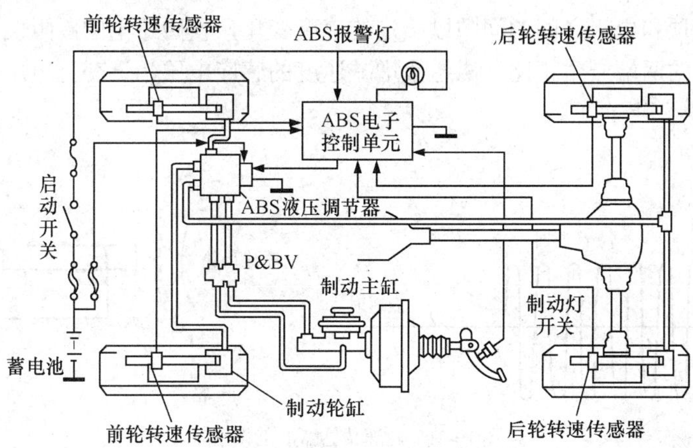

图 10-28 ABS 的基本组成

ABS 的工作原理如图 10-29 所示，汽车制动时，轮速传感器将各车轮的转速信号输入 ECU；ECU 根据每个车轮轮速传感器输入的信号对车轮的运动状态进行监测和判定，并形成响应的控制指令，再适时发出控制指令给制动压力调节器；制动压力调节器对各制动轮缸的制动压力进行调节，防止制动车轮抱死。

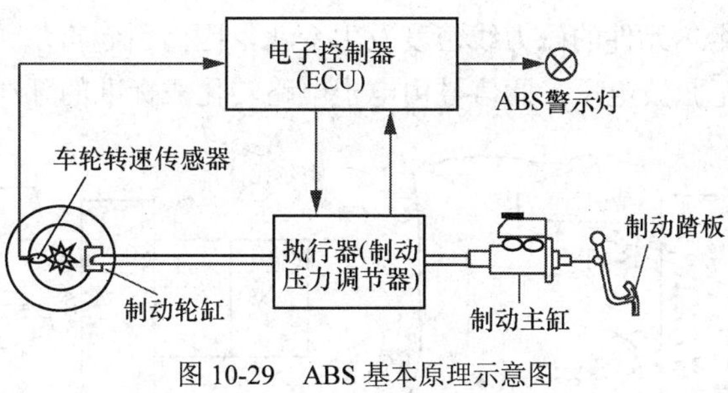

图 10-29 ABS 基本原理示意图

2．轮速传感器

轮速传感器的作用是检测车轮运动状态，获得车轮的转速信号，并将速度信号输入电子控制单元。轮速传感器的结构形式主要有电磁感应式和霍尔效应式。

（1）电磁式轮速传感器。电磁式轮速传感器主要由传感器头和齿圈两部分组成，它可以安装在车轮上，也可以安装在主减速器或变速器中，如图 10-30 所示。

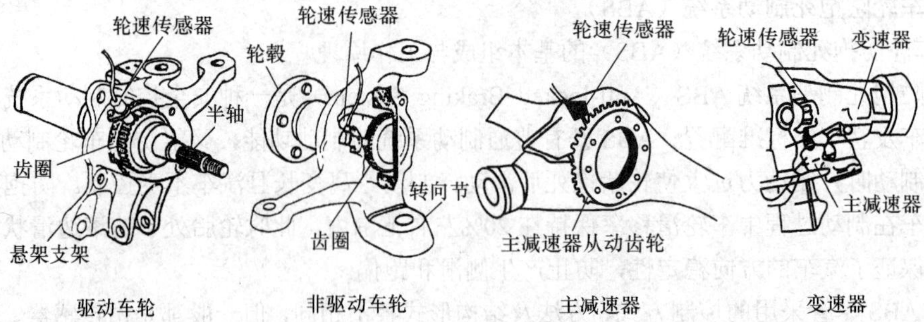

图 10-30 轮速传感器的安装位置

电磁式轮速传感器的工作原理如图 10-31 所示，齿圈随车轮或传动轴一起转动，齿圈在磁场中旋转时，齿圈齿顶和电极之间的间隙以一定的速度变化，使磁路中的磁阻发生变化，磁通量周期地增减，在线圈的两端产生正比于磁通量增减速度的感应电压，该交流电压信号输送给 ECU。

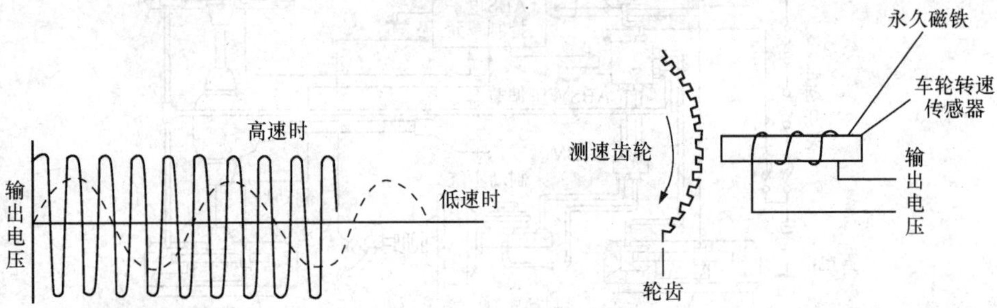

图 10-31 轮速传感器的工作原理

（2）霍尔式轮速传感器。霍尔式轮速传感器也是由传感头和齿圈组成，其齿圈的结构及安装方式与电磁式轮速传感器的齿圈相同，传感头由永磁体、霍尔元件和电子电路等组成。

霍尔式轮速传感器的工作原理如图 10-32 所示，永磁体的磁力线穿过霍尔元件通向齿圈，齿圈相当于一个集磁器。当齿圈位于图 10-32（a）所示位置时，穿过霍尔元件的磁力线分散，磁场相对较弱；而当齿圈位于图 10-32（b）所示位置时，穿过霍尔元件的磁力线集中，磁场相对较强。齿圈转动时，使得穿过霍尔元件的磁力线密度发生变化，因而引起霍尔元件电压的变化，霍尔元件将输出一毫伏级的准正弦波电压，此信号由电子电路转化成标准的脉冲电压。

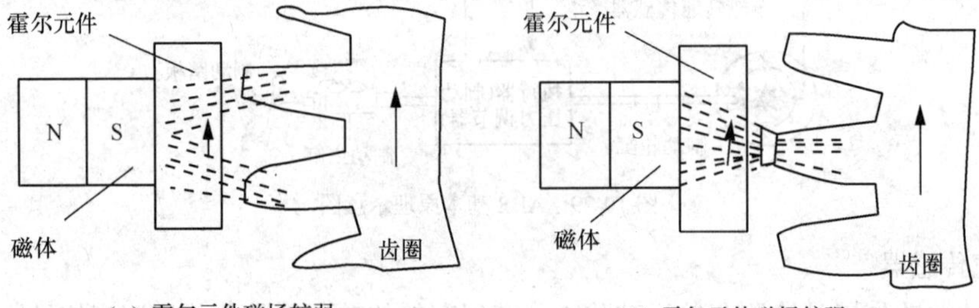

（a）霍尔元件磁场较弱　（b）霍尔元件磁场较强

图 10-32 霍尔式轮速传感器

霍尔式轮速传感器克服了电磁式传感器的缺点，其输出信号电压幅值不受转速的影响，频率响应高，抗电磁波干扰能力强。因而，霍尔传感器在ABS中应用越来越广泛。

3．电子控制单元

电子控制单元（ECU）是ABS的控制中枢，其功用是接收轮速传感器及其他传感器输入的信号，对这些输入信号进行测量、比较、分析、放大和判别处理，通过精确计算，得出制动时车轮的滑移率、车轮的加速度和减速度，以判断车轮是否有抱死趋势。再由其输出级发出控制指令，控制制动压力调节器去执行压力调节任务。

电子控制单元还具有监控和保护功能，当系统出现故障时，能及时转换成常规制动，并以故障灯点亮的形式警告驾驶人。

4．制动压力调节器

根据压力调节器的调压方式可分为循环式和可变容积式两种。循环式制动压力调节器是通过电磁阀直接控制轮缸的制动压力；而可变容积式制动压力调节器是通过电磁阀间接改变轮缸的制动压力。

（1）循环式制动压力调节器。循环式制动压力调节器由电磁阀、液压泵和电动机等部件组成。调节器直接装在汽车原有的制动管路中，通过串联在制动主缸和制动轮缸之间的三位三通电磁阀直接控制轮缸的压力，可以使制动轮缸的工作处于常规工作状态、增压状态、减压状态或保压状态，如图10-33所示。三位是指电磁阀有3个不同位置，分别控制轮缸制动压力的增压、减压或保压，三通是指电磁阀上有3个通道，分别通制动主缸、制动轮缸和储液器。

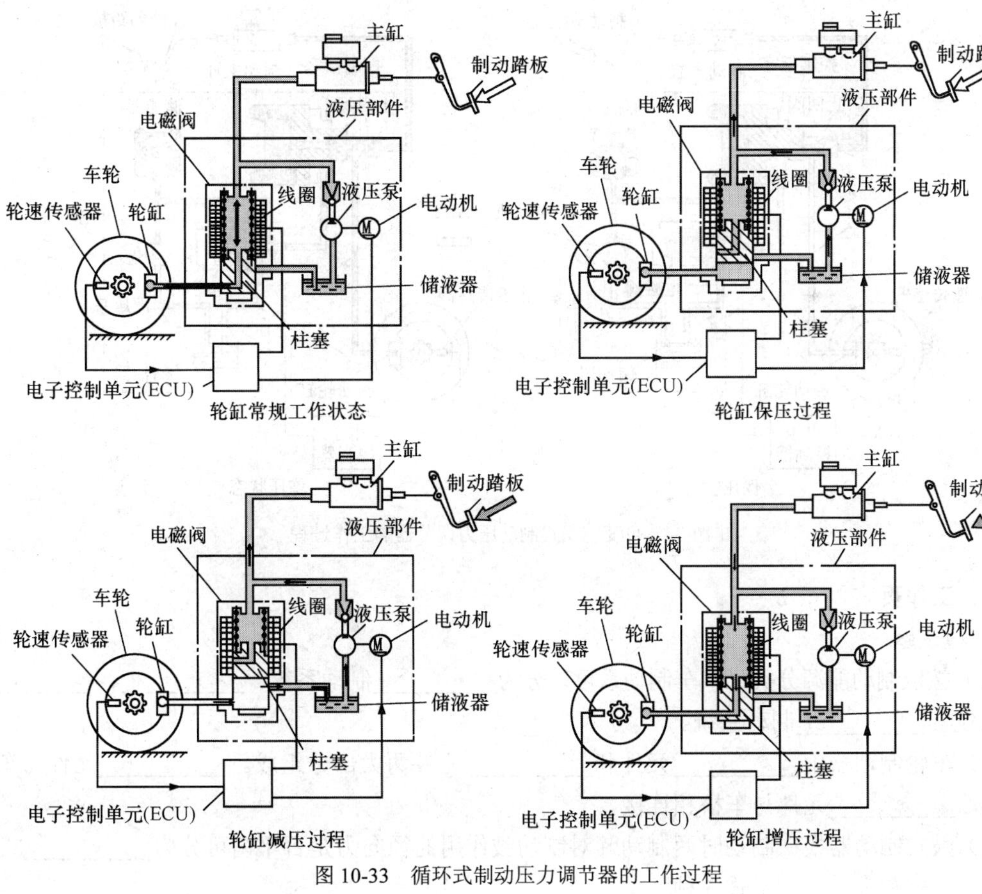

图10-33　循环式制动压力调节器的工作过程

（2）可变容积式制动压力调节器。可变容积式制动压力调节器主要由电磁阀、控制活塞、液压泵和储能器等组成，是在原液压制动系统中增设一套液压控制装置，控制制动管路中容积的增减，以控制制动压力的变化。可变容积式制动压力调节器有 4 个不同工作状态：常规制动状态、轮缸减压状态、轮缸保压状态和轮缸增压状态，如图 10-34 所示。

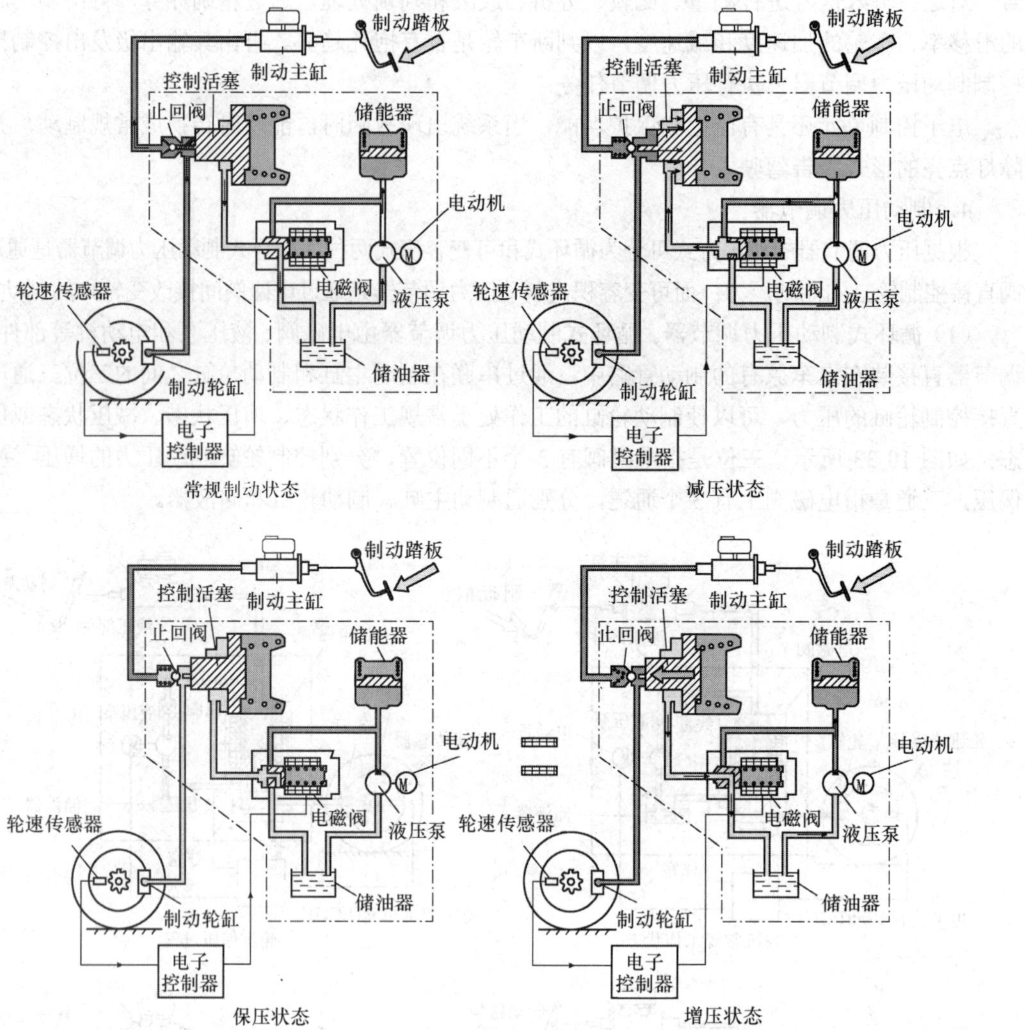

图 10-34　可变容积式制动压力调节器的工作过程

六、工作页

1．填空题

（1）按照制动能源分类，汽车制动系可以分为__________制动系统、__________、__________制动系统和__________制动系统。

（2）车轮制动器由__________元件和__________元件两大部分组成。__________元件与车轮相连接，__________元件与车桥相连接。

（3）鼓式制动器根据制动时两制动蹄对制动鼓作用的径向力是否平衡可分为__________式、__________式和__________式 3 种。

（4）盘式制动器根据其固定元件的结构形式可分为__________式制动器和__________式制动器。__________式制动器广泛应用在小型客车上。

（5）按驻车制动器在汽车上安装位置的不同，驻车制动装置分__________式和__________式两种。

（6）汽车防抱死制动系统（ABS）通常由__________、__________、__________和 ABS 警示装置等组成。

（7）根据压力调节器的调压方式不同，ABS 制动压力调节器可分为__________式和__________式两种。

2．选择题

（1）下列几种形式的制动传动机构当中，（　　）仅用在驻车制动上。

A．机械式　　B．液压式　　C．气动式　　D．以上均不是

（2）采用三位三通电磁阀 ABS 的制动压力调节器，当 ECU 向电磁线圈通入一最大电流时，系统处于（　　）状态。

A．升压　　B．保压　　C．减压　　D．常压

（3）上海桑塔纳车型采用的是（　　）制动伺服装置。

A．真空增压式　　B．真空助力式　　C．气压助力式　　D．综合式

（4）鼓式车轮制动器的旋转元件是（　　）。

A．制动蹄　　B．制动鼓　　C．摩擦片　　D．制动钳

（5）别克凯越车型前轮所采用的制动器为（　　）。

A．浮钳型盘式制动器　　B．定钳型盘式制动器

C．全盘式制动器　　D．领从蹄式制动器

（6）为了提高汽车制动的可靠性和行车安全性，现代汽车广泛采用的是（　　）制动传动装置。

A．单回路　　B．双回路　　C．三回路　　D．四回路

（7）任何制动系统都由供能装置、控制装置、传动装置和制动器四个基本组成部分组成，其中制动踏板机构属于（　　）。

A．供能装置　　B．控制装置　　C．传动装置　　D．制动器

（8）下列属于钳盘式制动器间隙自调装置中的活塞密封圈的作用的是（　　）。

A．起回位弹簧作用　　B．连接作用

C．起前两种的作用　　D．以上都不是

（9）汽车制动系统按其功能的不同可分很多类，其中在制动系统失效后使用的制动系称为（　　）。

A．行车制动系统　　B．驻车制动系统

C．应急制动系统　　D．辅助制动系统

（10）领从蹄式制动器一定是（　　）。

A．等制动力制动器　　B．不等制动力制动器

C．非平衡式制动器　　D．以上 3 个都不对

3．判断题

（1）汽车在制动时，不旋转的制动蹄对旋转着的制动鼓作用一个摩擦力矩，其方向与车轮旋转方向相反，所以车辆能减速甚至停止。（　　）

（2）车辆在前进与后退制动时，如两制动蹄都是助势蹄，则该制动器是双向平衡式制动器。（ ）

（3）盘式制动器制动效能比鼓式制动器好，是因为盘式制动器有自增力作用。（ ）

（4）盘式制动器的自动复位，是通过活塞的密封圈来实现的。（ ）

（5）鼓式制动器中，一个蹄是增势蹄时，另一个蹄就必然是减势蹄。（ ）

（6）双腔制动主缸在后制动管路失效时前制动管路也失效。（ ）

（7）最佳的制动状态是车轮完全被抱死而发生滑移时。（ ）

（8）装备 ABS 汽车在紧急制动时，制动踏板有回弹现象，即踏板回弹反应。（ ）

（9）ABS 的电控系统有故障时，汽车仍然能保持常规制动状态。（ ）

（10）轮速越高其车轮转速传感器信号频率越高。（ ）

4．填图题

按下图的序号，在横线上填入对应标号的名称。

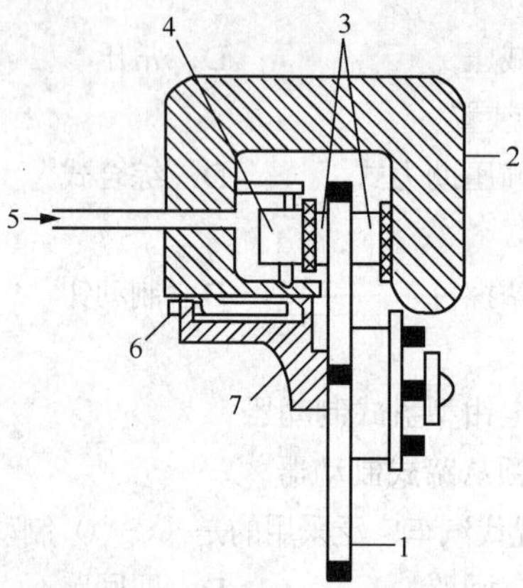

1________ 2________

3________ 4________

5________ 6________

7________

5．简答题

（1）简述真空助力器的工作原理。

（2）简述可变容积式制动压力调节器的工作原理。

6．论述题

评价自己本任务的学习掌握情况。

任务二 制动器的拆装与检修

一、实训准备

1．实训器材

（1）桑塔纳 2000 轿车。

（2）卡环钳、制动蹄回位弹簧维修工具、气枪、扭力扳手、游标卡尺、百分表、制动液加注罐、制动液回收罐、制动器调整工具、转向盘护套、变速杆手柄套、座位套、脚垫等。

2．准备工作

（1）汽车进入工位前，将工位清理干净，准备好相关的器材。

（2）将汽车停驻在举升机中央位置。

（3）拉紧驻车制动器操纵杆，并将变速杆置于空挡位置。

（4）套上转向盘护套、变速杆手柄套和座位套，铺设脚垫。

二、前轮制动器的拆装

（1）举升并支撑车辆，并拆下前轮。

（2）拆下制动器摩擦片上、下定位弹簧。

（3）用内六角扳手拧松并拆下上、下固定螺栓。

（4）取下制动钳壳体。

（5）从支架上拆下制动摩擦片。

（6）把制动钳活塞压回到制动钳壳体内。在压回活塞之间，应先从制动液罐中抽出一部分制动液，以免活塞压回时引起制动液外溢而损坏车身漆膜。

三、前轮制动器的检修

1．制动盘的检修

制动盘不应有裂纹或凸凹不平现象，制动盘端面的跳动不大于 0.06mm；如果跳动超标或有凸凹不平现象，可进行车削加工，但加工后的厚度应不小于 17.8mm（桑塔纳 2000 型轿车制动盘的标准厚度为 20.0mm），如图 10-35 所示。

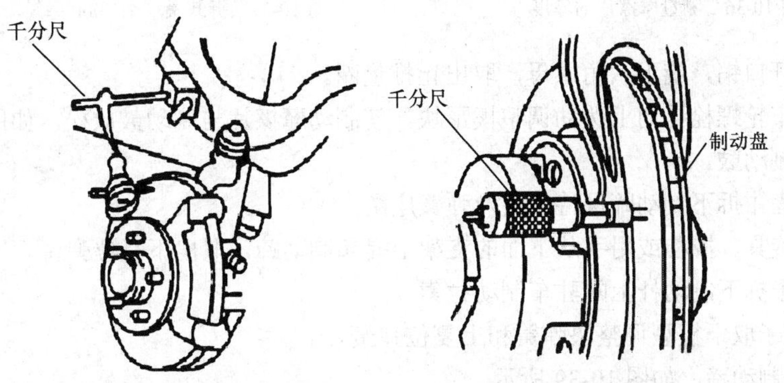

测量制动盘的端面圆跳动　　测量制动盘的厚度

图 10-35　桑塔纳 2000 型轿车前制动器制动盘磨损的测量

如果磨损量超过标准或端面跳动超过 0.06mm 时，应更换制动盘。更换制动盘时同一轴的两个制动盘必须同时更换，以确保左、右两轮的制动力相等。

2．摩擦片的检修

当汽车行驶 25000km，或者摩擦片厚度（包括底板）小于 7mm 时（见图 10-36），说明摩擦片已磨损到极限，必须更换新的摩擦片。

3．制动钳的检修

重点是检查活塞与缸筒的间隙，如果间隙大于 0.15mm 时或缸筒壁有较深的划痕时，应更换制动钳总成。

四、前轮制动器的装配与调整

（1）安装密封圈和防尘套。安装时应注意：带外密封唇边的防尘套应先用旋具将密封唇边掀入钳体的槽口内，然后再用专用工具将活塞压入缸筒内，接着将活塞装入钳体。

（2）换上新的摩擦片。

（3）装上制动钳，用 40N·m 的力矩拧紧紧固螺栓。

（4）安装上、下定位弹簧。

（5）安装完毕以后，应该按维护的技术要求和步骤进行放气，并使摩擦片能正确就位后进行调整，使之符合技术要求。

五、后轮制动器的拆卸与解体

（1）举升并支撑车辆。

（2）拆下车轮螺母及车轮（也可与轮毂一起拆下）。

（3）用专用工具撬下，如图 10-37 所示。

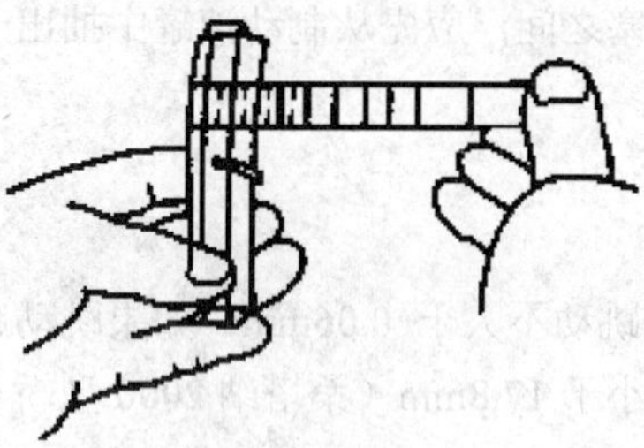

图 10-36　测量摩擦片的厚度

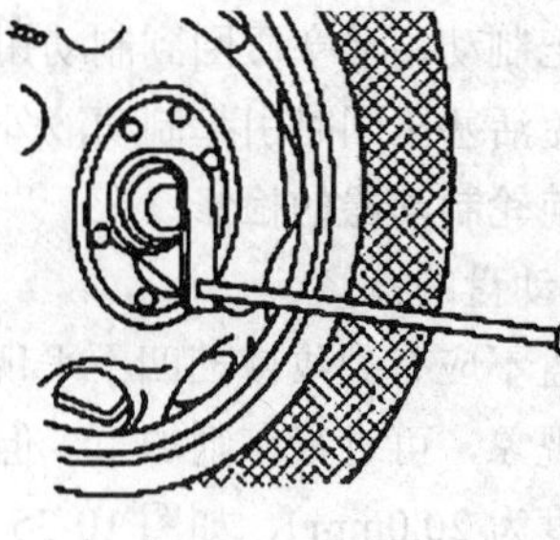

图 10-37　拆卸桑塔纳 2000 型轿车后轮制动器轮毂盖

（4）取下开口销，旋下六角螺母，取出止推垫圈。

（5）通过车轮螺栓孔向上拨动调整楔形块，使制动摩擦片与制动鼓放松，如图 10-38 所示。

（6）拉出制动鼓。

（7）用尖嘴钳拆下制动蹄保持弹簧及弹簧座圈。

（8）借助旋具、撬杠或用手从下面的支架上提起制动蹄，取出下复位弹簧。

（9）用钳子拆下制动杆上的驻车制动拉索。

（10）用钳子取下楔型调整块弹簧和上复位弹簧。

（11）拆下制动蹄，如图 10-39 所示。

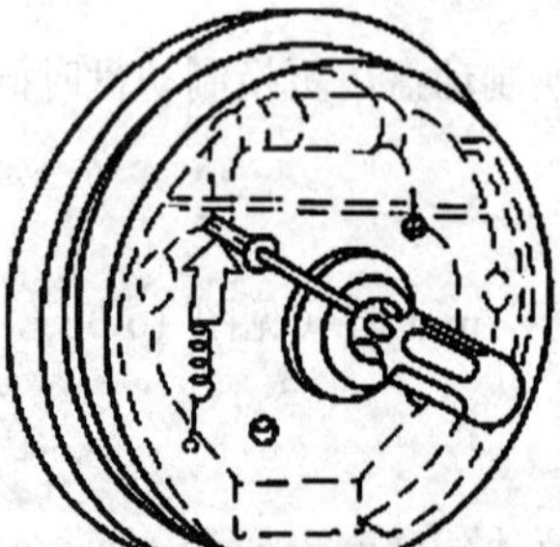

图 10-38　桑塔纳 2000 型轿车后轮制动器楔形块的拆卸

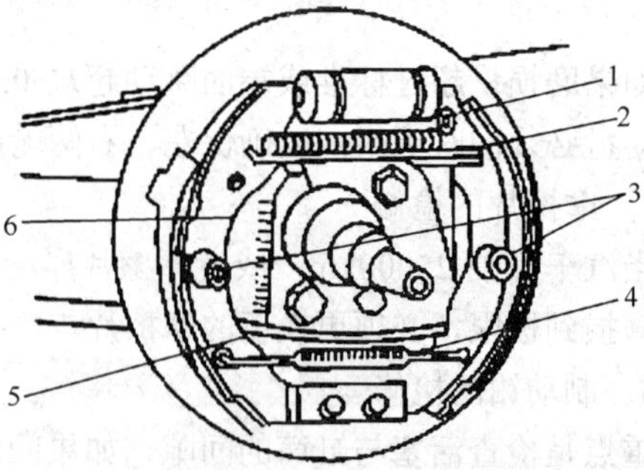

图 10-39　桑塔纳 2000 型轿车后轮制动器制动蹄的拆卸

1—上回位弹簧；2—压力杆；3—弹簧及座圈；4—下回位弹簧；5—驻车制动拉杆；6—楔形块回位弹簧

（12）将带推杆的制动蹄夹紧在台钳上，拆下定位弹簧，取下制动蹄，如图 10-40 所示。

六、后轮制动器检修

1．摩擦片的检修

检查制动蹄的磨损是否超限（不包括底板标准为 5.00mm，极限为 2.5mm），有无被制动液或油脂污损，如果有，应该更换新件。

更换摩擦片时，可连制动蹄一起更换，也可以仅更换摩擦片。如只更换摩擦片，应先去掉旧蹄片上的铆钉和孔中的毛刺；铆接新摩擦片时（新摩擦片型号为 461FF），应从中间向两端逐渐铆合。

2．制动鼓的检修

更换新摩擦片时应检查制动鼓的尺寸（测量方法见图 10-41），桑塔纳 2000 型轿车制动鼓的标准尺寸为 200.00mm，磨损极限为 201.00mm。摩擦表面的径向跳动不大于 0.05mm，车轮端面的跳动不大于 0.20mm。如果超标，必须更换新制动鼓。

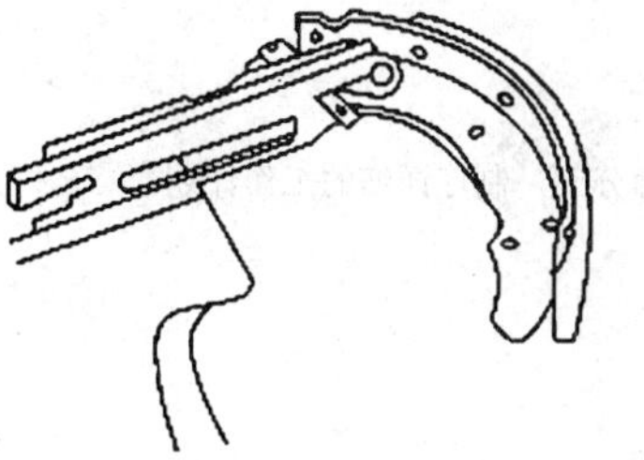

图 10-40　桑塔纳 2000 型轿车后轮制动蹄弹簧的拆卸

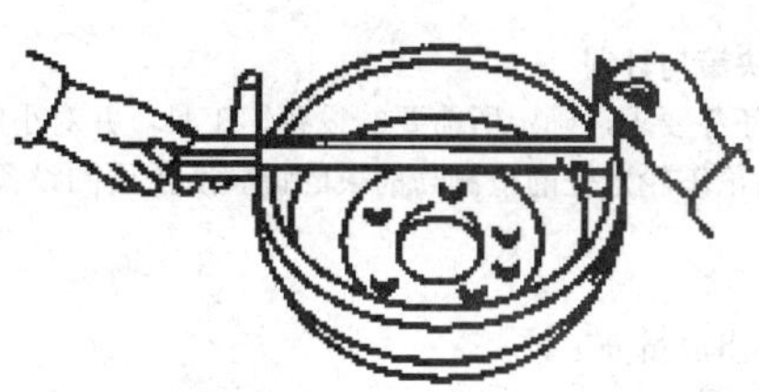

图 10-41　测量制动鼓的内径

3．制动轮缸的检修

检查橡胶皮碗是否良好、制动轮缸有无泄漏。如果制动轮缸出现划痕或锈蚀，则应该更换整个制动轮缸。

七、后轮制动器的装配与调整

（1）先组装制动轮缸。组装时必须注意清洁，活塞和皮碗安装时应涂以制动泵润滑剂，皮碗不得有磨损和膨胀现象。装配后应检查其密封性。

（2）将制动轮缸按规定力矩紧固于制动底板上。装上复位弹簧，并将制动蹄与推杆连接好。

（3）装上楔形调整块，调整块凸出的一边朝向制动底板。将另一个带有传动臂的制动蹄片装到推杆上，然后装入复位弹簧。

（4）将驻车制动拉索在传动臂上装好。

（5）将制动蹄安装在制动地板上，抵住制动轮缸。装入下复位弹簧，提起制动蹄，装到下面的支架中。

（6）装上楔形件拉力弹簧、制动蹄保持弹簧和座圈。

（7）装入制动鼓、后轮轴承和调整锁紧螺母等，检查调整后轮轴承松紧度。

（8）用力踩踏制动踏板，使制动蹄正确就位。

（9）按照制动系统维护方法和技术要求放气后检查调整好制动蹄与制动鼓间隙。

八、衬片和制动鼓的磨合

（1）在更换了制动器摩擦衬片后，对新的制动表面进行磨合。

（2）从 48km/h 的速度制动 20 次，以此来对新制动表面进行磨合。

（3）用中到强力量踩下制动踏板。切勿使制动器过热。

（4）在更换了新制动衬片后的 200km 行驶范围内避免紧急制动。

九、工作页

学生依据维修手册的要求及操作步骤，在教师的指导下完成本工作任务，并填写任务工单。

任务名称	制动器的拆装与检修	实训设备	套筒扳手、扭力扳手、专用工具、组合工具、四轮定位仪、桑塔纳 2000 轿车等
客户任务	一辆桑塔纳 2000 型轿车制动失灵，需要对制动器进行拆装和检修		
任务目的	能正确使用工具，掌握制动器的拆装与检修的方法和步骤		

一、知识要点

1．鼓式车轮制动器。

2．盘式车轮制动器。

二、决策与计划

根据任务要求，确定所需要的设备、工具，并对小组成员进行合理分工，制订详细的工作计划。

1．讨论车轮定位的检测与前束的调整所需要的设备、工具。

2．小组成员分工。

3．制订制动器的拆装与检修的操作步骤。

三、实施过程记录

1．就车检查制动器时必须遵循哪些事故预防规定？

2．准备工作：使用举升机将车辆举升到工作位置（举升前应释放驻车制动），拆下车轮。

3．检查盘式制动器。

（1）拆卸制动钳：拧下制动钳固定螺栓，将制动钳由下向上转出并用钢丝钩挂好（注意不要将软管从制动轮缸上脱开）。

（2）拆卸两个带消声垫片的制动器摩擦片。

安全提示：制动摩擦片拆卸后不得踩下制动踏板，否则会将活塞从缸体中压出。

（3）目测检查制动盘、摩擦片的表面质量状况。

制动盘：□深度擦伤 □ 异常磨损 □烧蚀 □锈蚀 □良好

摩擦片：□硬化 □破裂 □不均匀磨损 □良好

（4）检查制动盘和摩擦片的磨损情况及制动盘的跳动。

① 使用一把千分尺在距轮缘 10～15mm 处测量制动盘的厚度，沿圆周均布测 6 个点。

② 使用一把直尺测量摩擦片的厚度。

③ 使用一个百分表测量制动盘的跳动。

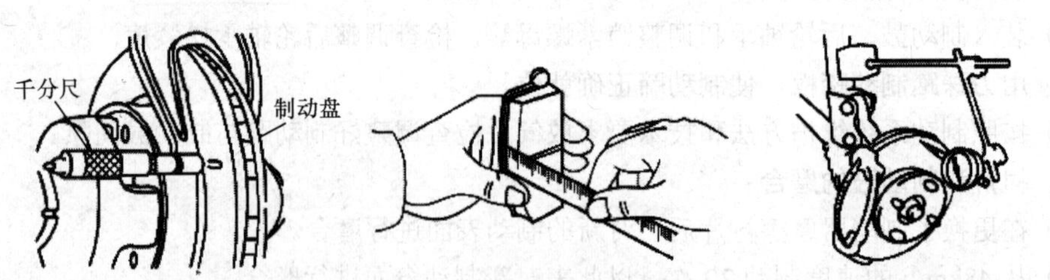

（a）制动盘厚度检查 （b）摩擦片厚度检查 （c）制动盘跳动检查

检测项目	规定值（查手册）	测量值
制动盘厚度/mm		
摩擦片厚度/mm		
制动盘跳动/mm		

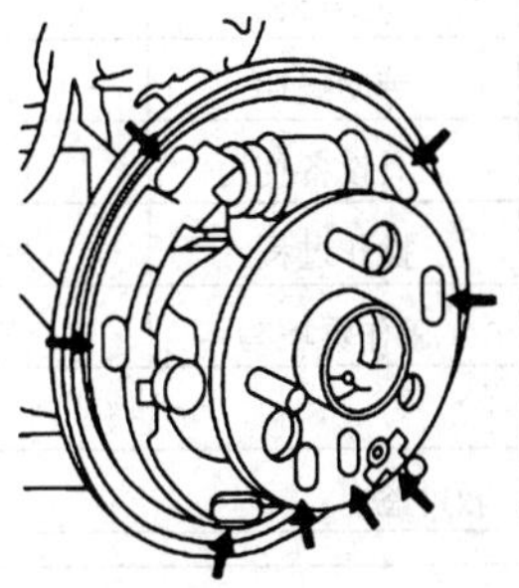

（5）检查制动分泵的泄露情况：□有泄露 □密封良好。

（6）检修完毕，安装带消声垫片的制动器摩擦片和制动钳。

4．检查鼓式制动器。

（1）拆卸制动鼓，制动鼓拆下前做好对位标记。

（2）检查制动蹄与背板滑动区域的磨损（左图中箭头指示方向）。

5．用手移动制动蹄片并检查制动蹄片移动是否顺利。

□移动顺畅 □有卡滞现象

6．检查制动蹄片与背板和固定件之间的接触面是否磨损。

□有磨损 □良好

7．检查制动蹄片、背板和固定件是否锈蚀。

□锈蚀 □良好

（1）目测检查制动鼓和制动蹄表面的质量状况。

制动鼓：□深度擦伤 □ 异常磨损 □烧蚀 □锈蚀 □良好

制动蹄摩擦衬片：□硬化 □破裂 □不均匀磨损 □良好

（2）检查制动鼓和制动蹄摩擦衬片磨损和接触情况（见下图）。

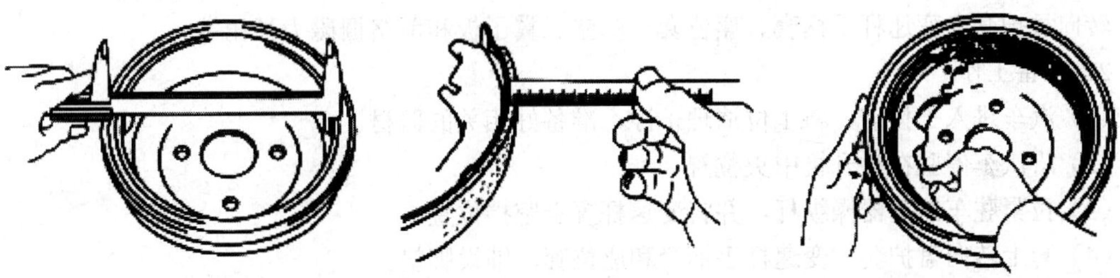

（a）测量制动鼓内径　（b）测量制动蹄摩擦衬片厚度　（c）检查制动鼓和制动蹄接触面积

检查项目	规定值	测量值
制动鼓内径/mm		
制动蹄摩擦衬片厚度/mm		
制动鼓和制动蹄接触面积		

四、检查与评估

1．检查制动器的拆装与检修的步骤是否正确。

2．请根据自己任务完成的情况，对自己的工作进行自我评估，并提出改进意见。

3．各小组对每个组员的表现进行评估，给出点评；教师对小组工作情况进行评估，并进行点评。

4．教师、各小组、学生个人对本次任务的评价给出量化。

考核项目	评分标准	分数	学生自评	小组评价	教师评价	小计
安全生产	有无安全隐患	10				
活动情况	积极主动	5				
团队协作	和谐愉快	5				
现场 5S	做到	10				
劳动纪律	严格遵守	5				
工具设备使用	规范、标准	10				
操作过程	规范、正确	50				
工作页填写	认真、规范	5				
总分						
教师签名：		时间：			总评	

任务三 防抱死制动系统（ABS）的检测及主要部件拆装

一、实训准备

1. 实训器材

（1）桑塔纳 2000 轿车。

（2）电脑故障诊断仪、举升机、扭力扳手、气动扳手、尖冲头、锤子、改锥、专用工具压力机、转向盘护套、变速杆手柄套、座位套、脚垫、翼子板和前格栅磁力护裙等。

2. 准备工作

（1）汽车进入工位前，将工位清理干净，准备好相关的器材。

（2）将汽车停驻在举升机中央位置。

（3）拉紧驻车制动器操纵杆，并将变速杆置于空挡位置。

（4）套上转向盘护套、变速杆手柄套和座位套，铺设脚垫。

（5）在车内拉动发动机舱盖手柄，在车外打开并支撑发动机舱盖。

（6）粘贴翼子板和前格栅磁力护裙。

3. 注意事项

（1）在拆卸制动压力调节器操作过程中必须小心，不能使制动液渗入到 ABS 的电子控制单元壳体中去。

（2）拆下液控单元时要直拉，不要碰坏阀体。

（3）传统制动系统的元件出故障，可能使 ABS 工作不正常。因此，不要轻易地判定 ABS 电子控制单元等元器件损坏。

（4）制动液具有较强的吸湿性，当制动液中含有水分后，其沸点降低，制动时容易产生“气阻”，使制动性能下降。因此，一般要求每 2 年或 1 年更换制动液。

（5）很多 ABS 具有液压助力，由于储能器可能蓄积有制动液，因此，在更换或补充制动液时应按一定的程序进行。

二、转速传感器的拆装

（1）拆下传感器的导线插头（见图 10-42 的箭头），再拧下内六角紧固螺栓，拆下前轮转速传感器。

（2）拆卸后轮传感器时，先翻起汽车后座垫，拔下后轮转速传感器的连接插头，如图 10-43 所示。

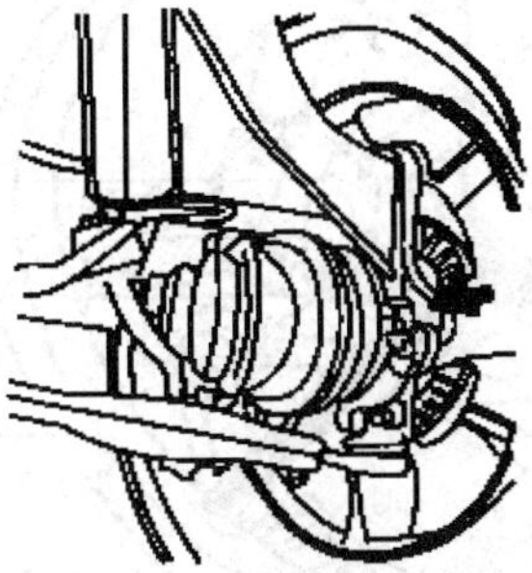

图 10-42　前轮传感器的拆卸

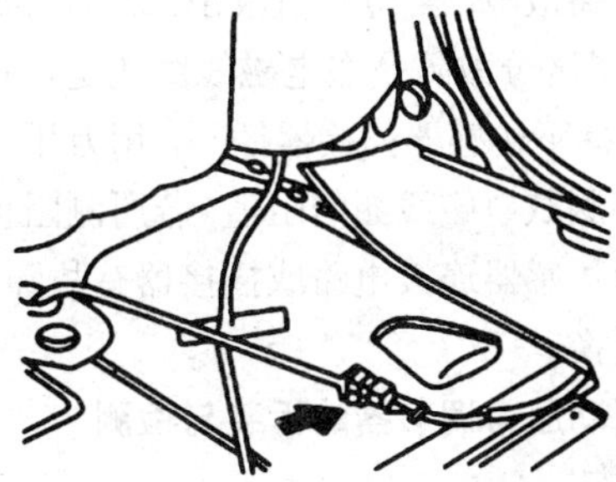

图 10-43　拔下后轮传感器的插头

（3）拧下传感器的内六角紧固螺栓，如图 10-44 所示，然后拆下后轮转速传感器。

（4）按图 10-45 所示箭头方向取下后梁上的转速传感器导线和保护罩，拉出导线和导线插头。

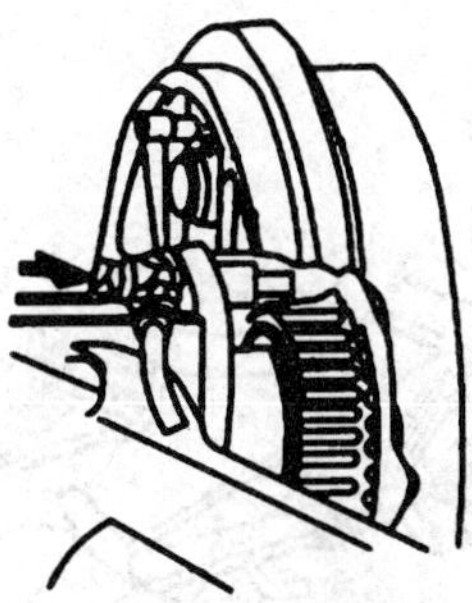

图 10-44　拆下传感器紧固螺栓

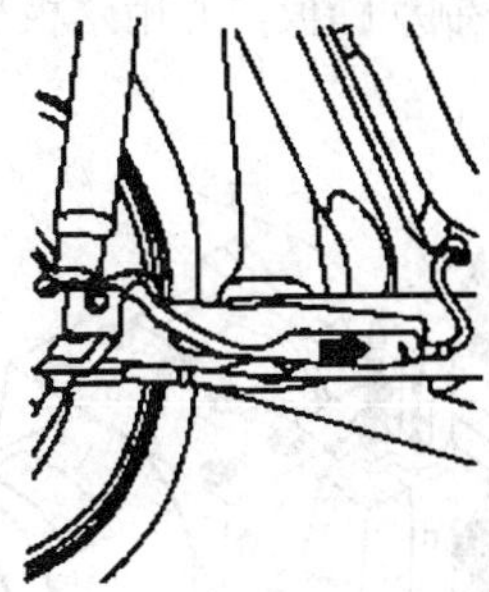

图 10-45　取下传感器导线保护罩

（5）传感器的安装与拆卸的顺序相反，但应注意安装传感前应先清洁传感器的安装孔内表面，并涂上固体润滑膏，然后装入传感器，以 10N・m 的力矩拧紧内六角紧固螺栓。

三、转速传感器的检测

1. 传感器的外观检查

外观检查车轮转速传感器时，应注意以下内容：传感器安装有无松动；传感头和齿圈是否吸有磁性物质和污垢；传感器导线是否破损、老化；插接器是否连接牢固和接触良好，如有锈蚀、脏污，应清除，并涂少量防护剂，然后重新将导线插入连接器，再进行检测。

2. 传感头与齿圈齿顶端面之间间隙的检查

传感头与齿圈齿顶端面之间间隙可用无磁性的塞尺或合适的硬纸片检查。其检查方法如图 10-46 所示。

将齿圈上的一个齿正对着传感器的头部，选择规定厚度的塞尺或合适的硬纸片，将其放入轮齿与传感器的头部之间，来回拉动塞尺，其阻力应合适。若阻力较小，说明间隙过大；若阻力较大，说明间隙过小。

3. 传感器电磁线圈及其电路的检测

使点火开关处于 OFF 位置，将 ABS 电子控制单元插接器插头拆下，查出各传感器与电子控制单元连接的相应端子，在相应端子上用万用表电阻挡检测传感器线圈与其连接电路的电阻值是否正常。桑塔纳2000型轿车ABS系统车轮转速传感器电磁线圈的电阻正常值应为 1.0～1.2kΩ。若阻值无穷大，表明传感器线圈或连接电路有断路故障；若电阻值很小，表明有短路故障。为了区分故障是在电磁线圈还是在连接电路，应拆下传感器插接器插头，用万用表电阻挡直接测试电磁线圈的阻值。若所测阻值正常，表明传感器连接电路或插接器有故障，应修复或更换。

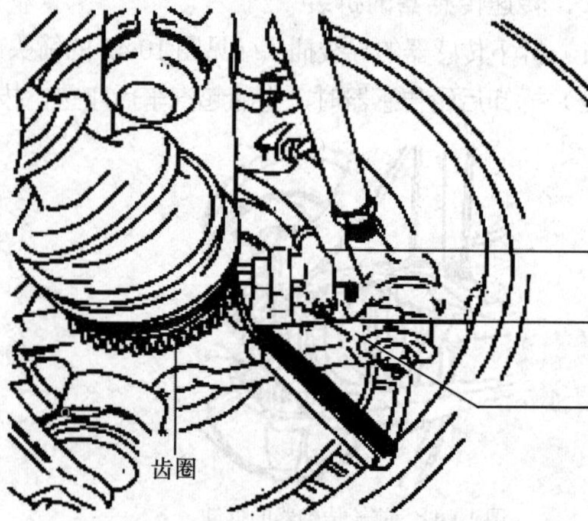

图 10-46 传感头与齿顶端面间隙的检查

四、制动压力调节器的拆装与检测

1．拆装

（1）关闭点火开关，拆下蓄电池及支架。

（2）从ABS电子控制单元上拔下25针插头，如图10-47所示。

（3）踩下制动踏板，并用踏板架定位，如图10-48所示。

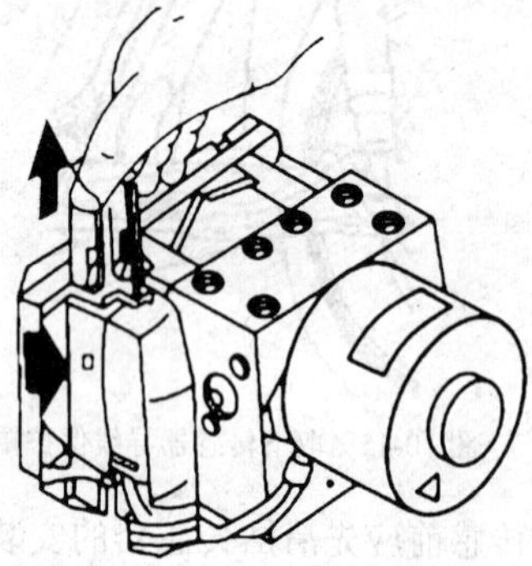
图 10-47 拔下ABS电子控制单元的插头

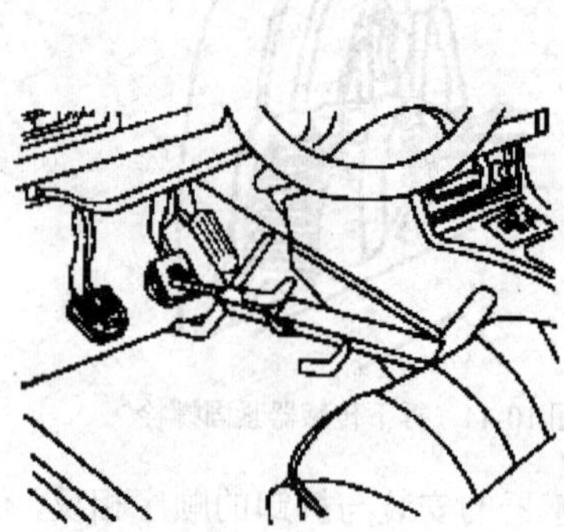
图 10-48 用踏板架固定制动踏板

（4）在ABS电子控制单元下垫一块抹布，用来吸干从开口处流出的制动液。

（5）拆下制动主缸到液控单元的制动油管A和B，并做上记号，立即用密封塞将开口部塞住，如图10-49所示。

（6）用软铅丝将制动油管A和B扎在一起，挂到高处，使开口处高于制动储液室的油平面。

（7）拆下液控单元通往各制动轮缸的油管，并做好记号，立即用密封塞将开口部塞住，如图10-50所示。

（8）将ABS电子控制单元及制动压力调节器从支架上拆下来。

2．分解

（1）压下接头侧的锁止扣，拔下ABS电子控制单元上液压泵的电线插头。

（2）用专用套筒扳手拆下ABS电子控制单元与液控单元的4个连接螺栓，如图10-51箭头所示。

（3）将液控单元与ABS电子控制单元分离。

（4）在ABS电子控制单元的电磁阀上盖一块不起毛的布。

（5）将液控单元和液压泵安放在专用支架上，以免在搬运时碰坏阀体。

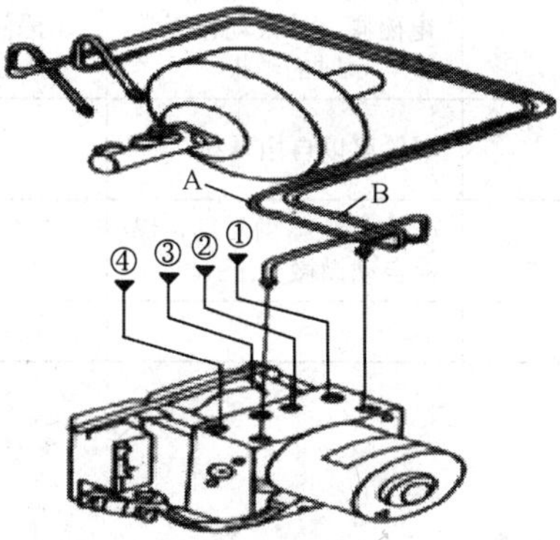

图 10-49　拆下制动油管 A 和 B

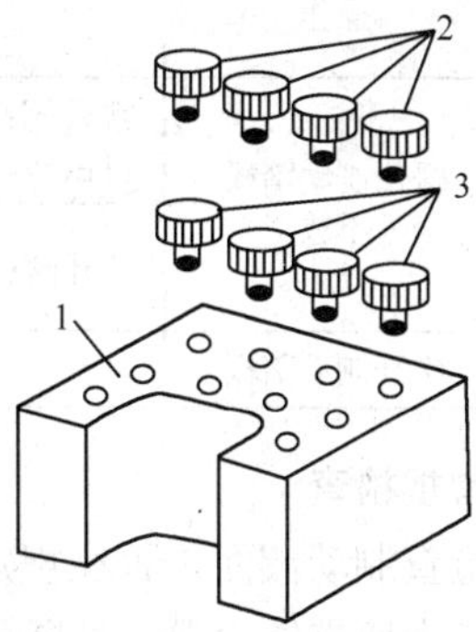

图 10-50　制动油罐密封塞

1—专用支架；2、3—阀体开口孔的密封塞

3．装配

（1）将液控单元与电子控制单元装成一体，用专用套筒扳手拧紧新的螺栓，力矩不得超过 4N・m。

（2）插上液压泵电线插头，注意锁扣必须到位。

4．安装

（1）将组装好的 ABS 电子控制单元及液控单元装到架上，以 10N・m 的力矩拧紧固定螺栓。

（2）拆下液压口处的密封塞，装上各轮制动油管，检查油管位置是否正确，以 20N・m 的力矩拧紧管接头。

（3）插上 ABS 电子控制单元的线束插头。

（4）对 ABS 充液和放气。

（5）打开点火开关，ABS 故障警告灯须亮 2s 后再熄灭。

（6）使用 V.A.G1552 先清除故障码，再查询故障码。

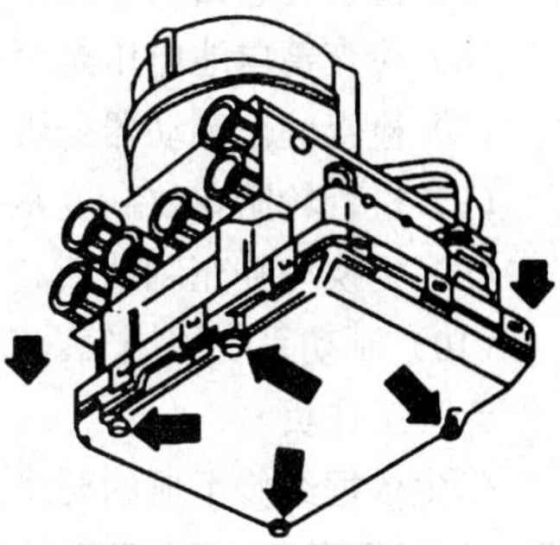

图 10-51　拆下 ABS 电子控制单元与液控单元的连接螺栓

5．检测

制动压力调节器的检测包括电磁阀、电动液压泵及继电器的检测。操作步骤及项目见表 10-1。

表 10-1　操作项目

步骤	操作	屏幕显示	电磁阀、油泵动作正常时的结果	电磁阀密封性测试结果
1	连接诊断线	输入地址码：××		
2	输入“03”确认	输入功能码：××		
3	输入“03”确认	液压泵 V64 测试	听到油泵工作噪声	
4	按“→”键	踩下制动踏板		
5	踩住制动踏板不放	常开阀：0V　常闭阀：0V　车轮抱死	车轮无法自由转动	踏板不下沉，出油阀良好
6		常开阀：通电 常闭阀：0V　车轮抱死	车轮无法自由转动	
7		常开阀：通电　常闭阀：通电　车轮可自由转动	车轮可以自由转动，踏板回弹，可听见油泵工作噪声	踏板不下沉，进油阀良好

步骤	操作	屏幕显示	电磁阀、油泵动作正常时的结果	电磁阀密封性测试结果
8	踩住制动踏板不放	常开阀：通电　常闭阀：0V　车轮可自由转动	车轮可以自由转动	
9		常开阀：0V　常闭阀：0V　车轮抱死	车轮无法自由转动，踏板自动微微下沉	
10	松开制动踏板			

五. 常规检查

（1）检查制动液面是否在规定范围内。

（2）检查所有继电器、熔断丝是否完好。插接是否牢固。

（3）检查电子控制装置导线插头、插座是否连接良好，有无损坏，搭铁是否良好。

（4）检查电动液压泵、液压单元、四个车轮转速传感器、制动液面指示灯开关的导线插头、插座和导线的连接是否良好。

（5）检查传感器头与齿圈间隙是否符合规定。传感头有无脏污。

（6）检查蓄电池电压是否在规定范围内。

（7）检查驻车制动器是否完全释放。

（8）检查轮胎花纹高度是否符合要求。

（9）更换与补充制动液。

（10）制动系统的排气。

六、工作页

学生依据维修手册的要求及操作步骤，在教师的指导下完成本工作任务，并填写任务工单。

任务名称	制动防抱死装置（ABS）的检测及主要部件拆装	实训设备	套筒扳手、扭力扳手、专用工具、组合工具、电脑故障诊断仪、桑塔纳2000轿车等
客户任务	一辆桑塔纳2000型ABS等闪亮，初步判定ABS故障，需要对ABS进行检测和对主要部件进行拆装		
任务目的	能正确使用工具，掌握制动防抱死装置（ABS）的检测及主要部件拆装的方法和步骤		
一、知识要点 1．传感器。 2．ABS。 二、决策与计划 根据任务要求，确定所需要的设备、工具，并对小组成员进行合理分工，制订详细的工作计划。 1．讨论车轮定位的检测与前束的调整所需要的设备、工具。 2．小组成员分工。 3．制订制动防抱死装置（ABS）的检测及主要部件拆装的操作步骤。			

（续）

三、实施过程记录

1．制动防抱死装置（ABS）的检测及主要部件拆装时，应注意哪些事项？

2．转速传感器的检测

（1）传感器的外观检查。

外观检查车轮转速传感器时，应注意以下内容。

①传感器安装有无松动。

□有无松动　□无松动

②传感头和齿圈是否吸有磁性物质和污垢。

□ 有磁性物质和污垢　□ 无磁性物质和污垢

③传感器导线是否破损、老化。

□ 破损、老化　□ 完好

④插接器是否连接牢固和接触良好。

□松动或接触不良　□ 连接牢固且接触良好

处理步骤如下。

（2）传感头与齿圈齿顶端面之间间隙的检查。

传感头与齿圈齿顶端面之间间隙可用无磁性的塞尺或合适的硬纸片检查。检查时，将齿圈上的一个齿正对着传感器的头部，选择规定厚度的塞尺或合适的硬纸片，将其放入轮齿与传感器的头部之间，来回拉动塞尺，其阻力大小＿＿＿＿＿＿，说明＿＿＿＿＿＿。

3．传感器电磁线圈及其电路的检测

使点火开关处于 OFF 位置，将 ABS 电子控制单元插接器插头拆下，查出各传感器与电子控制单元连接的相应端子，在相应端子上用万用表电阻挡检测传感器线圈与其连接电路的电阻值是否正常。桑塔纳 2000 型轿车 ABS 系统车轮转速传感器电磁线圈的电阻测量为＿＿＿＿＿＿，表明＿＿＿＿＿＿。应采取的措施是＿＿＿＿＿＿。

4．制动压力调节器的拆装步骤如下

5．制动压力调节器的检测步骤如下

四、检查与评估

1．检查制动防抱死装置（ABS）的检测及主要部件拆装的步骤是否正确。

2．请根据自己任务完成的情况，对自己的工作进行自我评估，并提出改进意见。

3．各小组对每个组员的表现进行评估，给出点评；教师对小组工作情况进行评估，并进行点评。

4．教师、各小组、学生个人对本次任务的评价给出量化。

考核项目	评分标准	分数	学生自评	小组评价	教师评价	小计
安全生产	有无安全隐患	10				
活动情况	积极主动	5				
团队协作	和谐愉快	5				
现场 5S	做到	10				
劳动纪律	严格遵守	5				
工具设备使用	规范、标准	10				
操作过程	规范、正确	50				
工作页填写	认真、规范	5				
总分						
教师签名：		时间：			总评	

参考文献

[1] 梁家生，谭鹏程. 汽车底盘构造与维修理实一体化教材［M］. 北京：人民交通出版社，2012.
[2] 周林福. 汽车底盘构造与维修（第二版）［M］. 北京：人民交通出版社，2011.
[3]［日］细川武志著. 汽车构造图册［M］. 魏朗译. 北京：人民交通出版社，2005.
[4] 王新祥. 汽车底盘构造与维修［M］. 杭州：浙江科学技术出版社，2006.
[5] 刘建民. 汽车底盘构造与维修［M］. 西安：西北工业大学出版社，2008.
[6] 金加龙. 汽车底盘构造与维修（第 3 版）［M］. 北京：电子工业出版社，2012.
[7] 丛树林，张彬. 汽车底盘构造与维修（新编版）［M］. 北京：人民交通出版社，2011.